Pasajes

LENGUA TERCERA EDICIÓN

MARY LEE BRETZ

Rutgers University

TRISHA DVORAK

University of Michigan

CARL KIRSCHNER

Rutgers University

McGRAW-HILL, INC.

New York St. Louis San Francisco Auckland Bogotá Caracas
Lisbon London Madrid Mexico Milan Montreal New Delhi Paris
San Juan Singapore Sydney Tokyo Toronto

This is an EBI book.

Pasajes: Lengua

Copyright © 1992, 1987, 1983 by McGraw-Hill, Inc. All rights reserved. Printed in the United States of America. Except as permitted under the United States Copyright Act of 1976, no part of this publication may be reproduced or distributed in any form or by any means, or stored in a data base or retrieval system, without the prior written permission of the publisher.

6 7 8 9 0 AGM AGM 9 0 9 8 7 6 5 4

ISBN 0-07-007668-5

This book was set in 10/12 New Aster by The Clarinda Company.
The designer was Janet Bollow.
The editors were Leslie Berriman, Suzanne Cowan, Celine-Marie Pascale, and Margaret Hines.
The production supervisor was Tanya Nigh.
The cover was designed by BB&K Design, Inc.
The photo researcher was Judy Mason.
The artist was Betty Beeby.
Arcata Graphics/Martinsburg was printer and binder.

Library of Congress Cataloging-in-Publication Data

Bretz, Mary Lee.
  Pasajes, lengua / Mary Lee Bretz, Trisha Dvorak, Carl Kirschner.
    p. cm.
  Spanish and English.
  Includes index.
  ISBN 0-07-007668-5
  1. Spanish language—Textbooks for foreign speakers—English.
2. Spanish language—Grammar—1950–   I. Dvorak, Trisha.
II. Kirschner, Carl, 1948– . III. Title.
PC4112.B74 1992
468.2'421—dc20
                                                          91-34076
                                                          CIP

Grateful acknowledgment is made for use of the following:

Photographs *Page 2* © Hugh Rogers/Monkmeyer Press Photo; *6* © Thomas Nebbia/ Woodfin Camp & Associates; *32* © Owen Franken; *46* © Renate Hiller/Monkmeyer Press Photo; *80* © Peter Menzel/Stock, Boston; *86* © Peter Menzel; *112* © Peter Menzel/ Stock, Boston; *140* © Bernard Wolff/Photo Researchers, Inc.; *142* © Colombia Information Services; *151* (*top, left & right; middle, left & right*) © Wide World Photos; *151* (*bottom left*) © Bob Daemmrich/The Image Works; *151* (*bottom right*) © Georg Gerster/ COMSTOCK; *166* courtesy of NASA; *168* © Mangino/The Image Works; *190* © Stuart Cohen; *220* © Stuart Cohen; *248* © Hazel Hankin/Stock, Boston; *272* © Alan Carey/ The Image Works; *276* © Owen Franken/Stock, Boston; *304* © Paul Conklin/Monkmeyer Press Photo; *326* © Peter Menzel.

(Continued on page 385)

Contents

To the Instructor

The *Pasajes* Series

Pasajes is a series of five texts intended for use in second-year college Spanish programs. The five books of the series—a core grammar text, a workbook/ laboratory manual, an activities text, a literary reader, and a cultural reader— share a common grammatical and thematic organization, so that the same structures and similar lexical items are emphasized in a given chapter across all five components. The component structure of the series aims to offer instructors a program with greater coherence and clarity, and, at the same time, more flexibility and variety than is possible with a single text (whether or not it is supplemented with a reader). The design and organization of the series are guided by the overall goal of developing functional, communicative language ability, and are built around the three objectives of reinforcement, expansion, and synthesis.

Since publication of the first edition of *Pasajes* in 1983, interest in communicative language ability has grown steadily. The focus on proficiency articulated in the *ACTFL Proficiency Guidelines* and the growing body of research on the processes involved in each of the language skills have supported the importance of communicative ability as a goal of classroom language study, while at the same time suggesting activities that enable learners to develop specific skills in each of the four traditional areas. The revisions evident in the second, and now in the third, edition of *Pasajes* have been shaped by these factors, as well as by the combined expertise of those who have used earlier versions of the materials and offered suggestions based on their experiences.

Organization of the Text

The chapter organization remains virtually identical to that of the second edition and is as follows.

- **Introduction of theme** The opening spread of each chapter presents a photo illustrative of an aspect of the chapter theme, accompanied by a brief "sensitizing" exercise intended to start students thinking about the theme and about the ideas or images they may already associate with it.
- **Primer paso** Whereas the exercises in the chapter opening spread demand more comprehension than production, allowing learners to react to

statements in a variety of ways, the **Primer paso** exercises require more energy and active participation. This section begins with the presentation and practice of theme vocabulary in the **Vocabulario para conversar** list and **Practiquemos** exercises. The vocabulary exercises have been revised to include "semantic maps" and other activities that encourage students to work with the new words at a deeper, more personal level. Suggestions for working with these new activities are found in the *Instructor's Manual*. The next subsection, **Conversemos,** is based on the description of visuals; specific questions on the drawings and cartoons practice the theme vocabulary for each chapter while reviewing grammatical structures from previous chapters. The specific questions are followed by others that are more personalized and open-ended to stimulate preliminary discussion of the chapter theme and to encourage students to use whatever resources they have to communicate their ideas.

- **Gramática**   The grammar exercises in each chapter generally appear immediately after the explanation of a particular structure; in some cases, however, only a few exercises may appear after the initial explanation, with many others included in later sections of the chapter. Various chapters contain optional **De paso** sections that discuss aspects of Spanish grammar in more depth. Some "first-year" material is presented in brief **Recuerde Ud.** sections. The answers to exercises based on facts and figures relating to Hispanic culture are found in the *Instructor's Manual*. Exercises are graduated in difficulty within each grammar section. They move from relatively controlled exercises toward more open-ended "question-answer" and "situation-reaction" exchanges. Each chapter contains many **¡Necesito compañero!** exercises that have been specifically designed to be done by students in pairs or small groups. The number of picture description activities has been increased, particularly those that call on students to create characters and stories through extended description and narration (**Guiones**). A major activity is new to this edition: the **Sondeo** invites students to take a class poll on particular questions related to the chapter themes, and the new **Improvisaciones** section provides an opportunity for students to engage in role play. Suggestions for working with these activities are found in the *Instructor's Manual*. Also new to each chapter are realia-based activities that encourage the development of critical thinking skills.

- **Estrategias para la comunicación**   Students often want to express ideas that are beyond their linguistic abilities. Rather than avoiding such situations, *Pasajes* encourages students to confront them directly. In each chapter, the **Estrategias** section teaches students specific strategies for becoming more effective communicators: how to say what you don't know how to say, how to recover lost messages, how to hold up your end of a conversation, and so on. Suggestions for implementing the **Estrategias** sections are found in the *Instructor's Manual*.

- **¡OJO!**   This section discusses word discrimination and various idiomatic usages. As with other grammatical exercises, all **¡OJO!** practice sections include review of materials from previous chapters.

- **Repaso**   The exercises in this section are of two kinds. The first reviews only material from previous lessons, while the second focuses on grammatical points presented in that particular chapter. Answers to the **Repaso** exercises are in Appendix IV at the end of the book.

Major Changes in the Third Edition

- The total amount of grammatical material to be covered has been reduced.
- Many grammar explanations have been streamlined and clarified.
- The vocabulary activities within the **Primer paso** section have been revised to make them more engaging and interactive.
- Most purely mechanical or repetitive exercises have been reworked and moved to the Workbook, allowing *Lengua* exercises to focus on more meaningful, communicative language use. More support (suggestions, useful vocabulary, and so on) is now provided for most open-ended exercises.
- New activities such as **Sondeo** and **Improvisaciones** are highly interactive, encouraging students to use their language skills in purposeful ways: obtaining and sharing information, negotiating interactions, and explaining and defending points of view.
- New realia-based activities appear in every chapter.

Supplementary Materials

Cuaderno de práctica: Expresión oral, comprensión, composición

This combined Workbook/Laboratory Manual (Bretz & Dvorak) is coordinated with the thematic content of the four volumes in the *Pasajes* series. Its chapter organization follows that of the *Lengua* volume. The written sections provide practice in vocabulary, grammar, syntax, and composition through a wide variety of both self-contained and open-ended activities, many of which are based on drawings or authentic materials.

The laboratory section of each chapter of the *Cuaderno* promotes the development of speaking skills and listening comprehension through a selection of activities, including work with pronunciation and spelling, lectures and shorter narrative passages, and visually based story sequences. Focused activities also provide extensive grammar and vocabulary review, correlated with the material presented in the *Lengua* volume.

New to this edition are activities using a variety of realia. Another first-time feature is a section called **Voces,** including authentic interviews with men and women from different areas of the Hispanic world. (These "testimonials" also appear as a new feature in the *Cultura* volume, which is accompanied by a special listening comprehension tape, described below.)

Laboratory tape program

Both audiocassette and reel-to-reel tapes to accompany the Workbook/Laboratory Manual are available free of charge to adopting institutions. The audiocassette program may be made available for purchase by students through university and college bookstores. A tapescript to accompany the *Pasajes* audiocassette program is also available.

In-class listening comprehension tape

The special listening comprehension tape based on **Voces,** the new "testimonials" section in the *Cultura* volume, and on select pieces from the *Literatura* volume, allows students to develop proficiency in understanding a broad variety of voices, descriptions, and narrative passages.

Instructor's Manual

This manual offers instructors a thorough practicum in using the *Pasajes* series in their diverse teaching situations. Coordinated with each of the four volumes in the series, it provides an overview of pedagogical methods, a set of general guidelines for using the materials, supplementary and follow-up activities, and an answer key to some of the questions and exercises in both the student texts and the Workbook/Laboratory Manual.

The third edition *Instructor's Manual* also offers suggestions on how to present some of the new activity formats introduced in the main texts, particularly the **Sondeos,** or class questionnaires, and semantic mapping activities that provide practice in vocabulary building through interaction.

MHELT 2.0 (McGraw-Hill Electronic Language Tutor)

This computer learning program includes a broad selection of the controlled grammar and vocabulary activities from the *Lengua* volume. The program, now thoroughly revised, is altogether "user-friendly" and is available for use on IBM-PC™ and Macintosh™ computers.

Instructional videos

A variety of McGraw-Hill videotapes are available to instructors who wish to offer their students additional perspectives on Hispanic language, culture, and civilization. Instructors may request a list of the videos or order the tapes by contacting the McGraw-Hill representative in their area.

Acknowledgments

The authors would like to thank again all of the instructors who participated in the development of the previous editions of *Pasajes*. Their comments, both positive and critical, were extremely influential in the shaping of the first and second editions. The authors are also indebted to the following instructors who completed various surveys that were indispensable to the development of the third edition. The appearance of their names does not necessarily constitute an endorsement of the texts or of their methodology.

John C. Akers
  North Carolina State University
Eloise Andries
  Louisiana State University at Alexandria

Catherine L. Angell
  Austin Community College
James R. Ashton
  Wheeling Jesuit College

Fern Babkes
  College of Notre Dame of Maryland
David Baravell
  Columbia University
Mary Bowen
  Livingston University
Shirley Bruton
  The George Washington University
René A. Campos
  University of Missouri
Maria Carreira
  University of Southern California
Jean Carter
  Prairie View University
Carmen Chavez
  Wofford College
Suzanne R. Chavez
  Rogue Community College
Randy W. Cohen
  Miami University
Susan de Carvalho
  University of Kentucky
A. De Filippis
  U.S. Coast Guard Academy
Heriberto Del Porto
  Westminster College of Missouri
Austin Dias
  University of Hawaii
Agnes Dimitriou
  University of California at Berkeley
Victor M. Duran
  Millikin University
E. George Erdman
  State University of New York at
    Binghamton
Mario Faye
  Tacoma Community College
Cristina Ferreira-Pinto
  Simon's Rock of Bard College
Gerri Fisher
  Delaware County Community College
Philip P. Flahive
  North Central College
Mary Friedman
  Wake Forest University
Alfredo Garcia
  Greenville Tech
Rudi Garcia
  United States Military Academy,
    West Point
Donald B. Gibbs
  Creighton University
Antonio Gil
  University of Florida
Olgalucia G. Gonzalez
  Washington and Jefferson College
Alessandra Graves
  Penn State University

Rhea Rehark Griffith
  West Hills College
Vera L. Harding
  Linn-Benton Community College
Librada Hernandez
  Furman University
Deni Heyck
  Mundeline College
Ana M. Hnat
  Houston Community College
Alice Homstad
  University of Wisconsin
Mary Ellen Ibarra-Rabin
  Northwest College
Roy Karr
  Rollins College
Mary Jane Kelley
  University of Kansas
Paula Kempchinsky
  University of Iowa
Phillip Koldewyn
  Claremont McKenna College
Judy Langston
  University of South Carolina at
    Lancaster
Lizette Laughlin
  University of South Carolina
Maria M. Leavitt
  University of Wisconsin
Linda Ledford-Miller
  University of Scranton
Donna Reseigh Long
  Ohio University
Keith Mason
  University of Virginia
Kent B. Mecum
  De Pauw University
Edward Miller, Jr.
  Whitworth College
Florence Moorhead
  University of California at Davis
Ignacio M. Muñoz
  Stephen F. Austin State University,
    Texas
Krystyna Musik
  University of Delaware
Ernest E. Norden
  Baylor University
Sue Nordquist
  Rainy River Community College,
    Minnesota
Paul O'Donnell
  University of Michigan
Orlando R. Ocampo
  Syracuse University
Dora Vasquez Older
  Brandeis University

William E. Palmer
  Salisbury State University
Diane Pearsall
  Carleton College
Joanne Peltonen
  North Dakota State University
Gerald W. Petersen
  University of Nevada
David A. Petreman
  Wright State University
Guido A. Podestá
  University of Wisconsin at Madison
Gabriela Pozzi
  University of Chicago
Daniel Rangel-Guerrero
  Western Washington University
Richard Reitz
  Catawba College
Michele Hester Reyes
  College of the Sequoias
Cheryl R. Riess
  Michigan Technological University
Shirley A. Rogers
  University of Texas at Austin
Wilder P. Scott
  University of Georgia
Theresa Ann Sears
  University of Maine
Hugh N. Seay, Jr.
  University of Tennessee at Chattanooga

Jerry Smartt
  Friends University
Karen L. Smith
  University of Arizona
Ana Maria Snell
  The John Hopkins University
Maria E.C. Steenmetz
  University of South Dakota
Anita Stoll
  Cleveland State University
Lynn K. Talbot
  Roanoke College
Shelby G. Thacker
  Asbury College
Rebeca Torres-Rivera
  Central Michigan University
Pierre L. Ullman
  University of Wisconsin at Milwaukee
Jorge H. Valdes
  College of The Holy Cross
David J. Viera
  Tennessee Technological University
Helene Weldt
  Columbia University
Linda Willem
  Butler University
Wendy Woodrich
  Lewis and Clark College
Kent Yager
  Gettysburg College

We would particularly like to acknowledge the insights and suggestions passed along to us by Dr. Deni Heyck and her students at Mundeline College.

The authors also would like to express their appreciation to the individuals who shared their experiences and their points of view with us in the **Voces** section of the *Pasajes: Lengua* tape program and *Pasajes: Cultura.*

We are grateful to the persons who read the entire text or portions of it for linguistic and cultural authenticity: Isabel Bustamante (Chile), María José Ruiz Morcillo (Spain), Laura Chastain (El Salvador), and Luis Gutiérrez (Spain). Many, many thanks to Philomena Meechan for her great activity ideas and for all the hours she spent identifying authentic materials for *Pasajes: Lengua, Actividades,* and *Cultura,* not to mention the innumerable runs for copying and posting material.

Finally, we wish to express our gratitude to the production and editorial teams at McGraw-Hill for their patience and support throughout this process. Karen Judd and Celine-Marie Pascale supervised production editing with their customary skill and eye for detail; Francis Owens, Phyllis Snyder, and Tanya Nigh handled design and production; Suzanne Cowan and Heidi Clausen took charge of development editing under the direction of Leslie Berriman and Thalia Dorwick. Many thanks also to Betty Beeby, for her beautiful artwork; Judy Mason, for photo research; and Sharla Volkersz and Lesley Walsh, for handling details that no one ever sees, but that are critical to the success of such an ambitious and demanding project.

Pasajes

Madrid, España

Bienvenidos

At the beginning of an intermediate language course some of you may be intimidated by a grammar book—"You mean after all those tenses we learned in first year, there are still *more*?!" The Spanish language is indeed rich in verb forms!—and one of the purposes of this book is to review what you have already learned and then expand on it, while at the same time helping you to see that the numerous bits and pieces of grammar—the rules and the exceptions—do in fact form a single, coherent system. *Pasajes: Lengua* explains each grammar point carefully and gives numerous examples. If you want more information, some chapters have optional **De paso** sections that describe more detailed points of grammar. At the end of each chapter is an **¡OJO!** section that helps you practice avoiding common vocabulary errors. It is unlikely that you will acquire a perfect or even near-perfect command of grammatical structures at this stage of language learning. Such command comes slowly; we hope that over the course of time the exercises, explanations, and activities in this text and in the *Cuaderno de práctica* will help you to attain greater grammatical accuracy.

Review, expand, synthesize: this threefold goal is the purpose of many intermediate textbooks. *Pasajes: Lengua* wants this and something more. We not only want you to *understand* the system, we want you to *use* it. For us this second goal is actually the first and most important, since the desire to speak, read, or write Spanish is the main reason that many of you sit patiently through grammar lessons in the first place. *Pasajes: Lengua* was written to help you make the leap from conjugating to communicating.

Developing the ability to communicate is fun, but also challenging. It requires something more than memorization or passive participation. It requires your active, involved participation in *real* communication with your instructor and fellow students. In real communication, people ask questions because they really want to know something about a topic or person. They follow up with more questions to discover in full detail whatever it is they need or want to know. And the person who is asked a question doesn't respond with a disinterested "yes" or "no"; he or she shows interest and adds information to keep the conversation going. If some participants in the conversation have a native language other than English, they don't lapse into their native language when they don't understand what is going on; they ask questions, or reword their statements, or draw pictures to clear up the confusion.

At this point, and probably for some time to come, your Spanish may seem "babyish" in comparison to the complexity of the ideas and opinions you want to express. Don't give up on your ideas or on your Spanish. Think of other ways to say what you mean: simplify, give examples, use whatever you *do* know to bridge the gap. From the **Primer paso** section that begins each chap-

ter to the **Repaso** section at the chapter's end are exercises and activities designed to encourage you to think, react, and share your ideas with your instructor and your classmates.

Don't be afraid to make mistakes, or think that they indicate some failure on your part. Mistakes are a normal, perhaps inevitable, part of language learning. Many of the activities in *Pasajes: Lengua* are deliberately designed to challenge you, to make you use all of your Spanish knowledge. We know you will make mistakes, and we want you to learn from them. You won't always be able to say exactly what you want to say, but you *can* learn to deal with that frustration creatively and effectively. In each of the chapters of *Pasajes: Lengua* and in this introduction are special sections called **Estrategias para la comunicación** that give you hints about and practice in handling many of the problems that everyone faces in real-life communication.

To communicate successfully in Spanish, you will need a strong desire to communicate combined with certain basic skills. We have tried to provide interesting exercises and activities and numerous hints to help you acquire those skills. But in the long run your level of success will depend on *you*. The potential rewards for your efforts are indeed great. After Chinese and English, Spanish is spoken by more people than any other language in the world. Hispanics are an immensely friendly, interesting, and important people whose culture is rich and varied. Your skill in Spanish is the **pasaje** that will enable you to communicate with them and to appreciate their culture in a way that a person who knows no Spanish can never experience.

Estrategias para la comunicación

¿Quieres trabajar conmigo?   *Getting started*

Do you know lots of words in Spanish, but have trouble getting them out in the right order when you really need to? Can you conjugate verbs fluently in writing in the margins of your Spanish tests, but freeze up when the task is conversation? Can you follow the gist of what people have said to you in Spanish, but start stuttering and stammering when it's your turn to talk? Don't worry—you're more typical than you think! As a matter of fact, it is very likely that even your instructor remembers a time when he or she experienced the same problems in either Spanish or English.

Learning another language is hard work; it takes a long time. For most people, it seems to be marked by periods of fast learning interspersed with plateaus during which no progress seems to take place. In a plateau stage, you may actually feel as if you are going downhill—making mistakes that you used not to make and confusing things that had previously been easy for you—instead of standing still! There isn't much that you can do to avoid plateaus, but you can make your progress through them easier and less frustrating if you keep the following tips in mind.

1. *Relax.* Making mistakes is natural, not stupid. Anyone who has ever studied a foreign language has made mistakes—lots of them!—so don't waste time worrying about how to avoid them, or being afraid that other people will think you are dumb. The more relaxed you are, the easier it gets to use a language actively.

2. *Think about how to get your message across.* Remember that there is never just one way to say anything; if you run into a snag, back up and go at it from another direction. The more involved you are in communicating, the less self-conscious you will be about real or potential mistakes, which, by the way, are generally a lot less damaging to communication than you might think.

3. *Be patient.* Learning another language takes time and lots of practice, but it does get easier. And you do get better—compare your present abilities to those of a first-semester Spanish student, or think about how much you know now that you didn't know when you were just a beginner!

To help you feel more comfortable and confident, each chapter of *Pasajes* has a number of exercises specifically designed to be done with a classmate. You may find the following phrases useful for finding a partner (**un compañero, una compañera**) and getting down to work with him or her.

¿Quieres (Quisieras) trabajar conmigo?	*Do you want (Would you like) to work with me?*
Soy... ¿Y tú?	*I'm . . . Who are you?*
¿Quién empieza? (¿Quién va a empezar?)	*Who goes first? (Who's going to start?)*
Te toca. (Ahora te toca a ti.)	*It's your turn. (Now it's **your** turn.)*
Un momento. (Espera.)	*Wait a minute.*
¡Vamos!	*Let's go! Hurry up!*
¿No será... ?	*Wouldn't it be . . . ?*
¿Vale?	*OK? Is this all right with you?*
¡Regio! (¡Fenomenal! ¡Fantástico!)*	*Good job!*
Gracias por tu ayuda.	*Thanks for your help.*

Try practicing these expressions as you work through the following activities with a classmate. Do the best you can to stay in Spanish as much as possible, helping each other with any difficulties that you encounter.

 ¡Necesito compañero!

A. You need to get the following information from someone who does not speak English. How many different ways can you think of to phrase your questions? Use single-word questions as well as complete sentences.

1. name
2. age
3. where the person is from
4. address
5. marital status
6. occupation
7. reasons for being here
8. hobbies and areas of interest

B. When you and your partner have finished, compare your question strategies with those of the rest of the class. Then use your questions to interview a different classmate.

---

*Exclamations of approval (and disapproval) tend to be very regional in most languages. **¡Regio!** is common in Chile and other areas of Latin America; **¡fenomenal!** and **¡vale!** are a bit more common in Spain; **¡magnífico!** and **¡fantástico!** are widely used by Hispanics from all national backgrounds. Ask your instructor to give you other expressions of approval that he or she is familiar with.

CAPITULO UNO

Guerrilleros mexicanos

Tipos y estereotipos

Los estereotipos se forman cuando las características que tienen (o que tenían en el pasado) *algunos* individuos son atribuidas a *todos* los miembros de un grupo. Por ejemplo, la foto que precede representa la imagen que tienen algunas personas de todos los mexicanos. ¿Reconoce Ud. los estereotipos a continuación (*following*)?

1. Los atletas _____.
2. Las mujeres _____.
3. Los estudiantes _____.
4. Los judíos _____.
5. Los norteamericanos _____.
6. Los vendedores de autos usados _____.
7. Los japoneses _____.
8. Los negros _____.

a. no saben manejar
b. sacan fotos constantemente
c. no pueden aprender lenguas
d. son deshonestos
e. bailan bien
f. son estúpidos
g. son irresponsables
h. son materialistas

Hay estereotipos para todos los grupos humanos; es triste. Algunos piensan que son inevitables. ¿Qué cree Ud.?

Vocabulario para conversar

asociar to associate
el atleta athlete
un tipo muy atlético an athletic person
la característica characteristic
cómico funny
coquetón flirtatious (*men*)
coqueta flirtatious (*women*)
la costumbre custom, habit
el empollón/la empollona nerd
el estereotipo stereotype

extrovertido extroverted, outgoing
flojo lazy; not very bright (*slang*)
la imagen image, picture
introvertido introverted, shy
listo bright, smart
perezoso lazy
pesado dull, uninteresting
el rasgo trait
típico typical
trabajador hard-working

Practiquemos

A. Asociaciones: Nombre tres acciones que Ud. asocia con cada uno de los siguientes tipos o adjetivos.

1. un empollón
2. coqueta

3. extrovertido
4. un atleta

¿Qué característica(s) asocia Ud. con cada una de las siguientes personas?

1. Lisa Simpson («The Simpsons»)
2. Arnold Schwarzenegger

3. Murphy Brown
4. Bill Cosby

B. **¡Necesito compañero!** Trabajando con un compañero de clase, arreglen las siguientes características según las categorías indicadas. Pueden poner una característica en más de una categoría. Si hay palabras en la lista que no conocen, búsquenlas en el diccionario antes de continuar.

atlético	empollón	intelectual	sensible
coquetón	extrovertido	no serio	sincero
chismoso	hablador	optimista	sofisticado
chistoso	impetuoso	perezoso	torpe
egoísta	inmaduro	seguro de sí mismo	trabajador

CONTROL	
características... *que una persona* *puede controlar*	*...que no puede* *controlar*

SEXO	
...típicas de los *hombres*	*...típicas de las* *mujeres*

Después de categorizar las palabras, identifiquen las tres características que los dos consideren las más atractivas en sus amigos personales. Comparen sus varios grupos de palabras con los de sus otros compañeros de clase. ¿Hay gran diferencia de opiniones?

Conversemos

A.   Describa Ud. los rasgos físicos de las dos estudiantes del dibujo A. ¿Qué rasgos de personalidad asocia Ud. con cada una? ¿Qué problemas van a tener como compañeras de cuarto (*roommates*)? ¿Cuál de las dos es la «estudiante típica» de esta universidad? Si ninguna, ¿cómo es la «estudiante típica»? ¿el «estudiante típico»? ¿Qué costumbres y características reflejan estas imágenes? ¿Tiene Ud. un compañero (una compañera) de cuarto? ¿Son Uds. semejantes o diferentes? Explique.

B.   En su opinión, ¿dónde están los estudiantes del dibujo B? ¿Qué hace el grupo de estudiantes de la izquierda? ¿Qué hace el estudiante de la derecha? ¿Por qué cree Ud. que está solo? ¿En qué basa su opinión? ¿Qué estereotipos hay en este dibujo? ¿Son todas las generalizaciones falsas? ¿Cuáles le parecen a Ud. más o menos verdaderas?

Gramática

I. GENDER AND NUMBER OF NOUNS

A. Gender of nouns

In Spanish, nouns (**los sustantivos**) are classified as masculine (used with the article **el/un**) or feminine (used with the article **la/una**).

el estereotipo	**la** imagen
un rasgo	**una** característica

Although any rule has its exceptions, the following two will help you to assign gender (**el género**) correctly to most Spanish nouns, based on meaning and on the last letter of the noun.

1. **Meaning**: biological sex = grammatical gender
   Whenever a Spanish noun refers to a being that is by definition male, the noun is masculine; when the noun refers to a being that is female, the noun is feminine.

el hombre *man*	la mujer *woman*
el toro *bull*	la vaca *cow*
el padre *father*	la madre *mother*

When the noun refers to a being that can be of either sex, the corresponding article indicates gender. Sometimes the word will have a different form for masculine and feminine.

el artista	**la** artista
el estudiante	**la** estudiante
el empollón	**la** empollon**a**
el profesor	**la** profesor**a**

The following nouns are exceptions; they may refer to either men or women, but have just one form.

el individuo	la persona
el ángel	la víctima

2. Last letter

a. Most nouns that end in **-l**, **-o**, **-n**, **-e**, **-r**, or **-s** are masculine.

el pape**l** *paper*	el árbo**l** *tree*
el libr**o** *book*	el grup**o** *group*
el exame**n** *test*	el pa**n** *bread*
el caf**é** *coffee*	el tomat**e** *tomato*
el amo**r** *love*	el su**r** *south*
el lune**s** *Monday*	el cumpleaño**s** *birthday*

Some common exceptions are

la mano *hand*	la foto(grafía) *photo(graph)*
la imagen *image*	la gente *people*
la clase *class*	la parte *part*

b. Most nouns that end in **-a**, **-d**, **-ión**, or **-z** are feminine.

la comid**a** *food*	la montañ**a** *mountain*
la actitu**d** *attitude*	la universida**d** *university*
la acc**ión** *action*	la televis**ión** *television*
la nari**z** *nose*	la vo**z** *voice*

Some common exceptions are

el día *day*	el sofá *sofa*
el avión *airplane*	el camión *truck*

Another group of exceptions contains many words ending in **-ma**, **-pa**, or **-ta**.

el cli**ma**	el ma**pa**	el proble**ma**
el dra**ma**	el poe**ma**	el progra**ma**
el idio**ma**	el poe**ta**	el siste**ma**

c. Most nouns that end in **-ie**, **-is**, or **-umbre** are feminine.

la ser**ie** *series*   la superfic**ie** *surface*
la cris**is** *crisis*   la apendic**itis** *appendicitis*
la cost**umbre** *custom*   la muched**umbre** *crowd*

Feminine nouns that begin with a stressed **a** sound use the masculine articles (**el/un**) when singular; in the plural, feminine articles are used with these nouns. They are always accompanied by feminine adjectives.

el agua fresc**a** *cool water*   **las** aguas fresc**as** *cool waters*
un hacha nueva *a new axe*   **las** hachas nuev**as** *the new axes*

B. Plural of nouns

There are three basic patterns for forming plural nouns in Spanish.

1. Nouns that end in a vowel add **-s**.

el hombr**e** → los hombre**s** *the men*
un libr**o** → unos libro**s** *some (a few) books*
la cart**a** → las carta**s** *the letters*

2. Nouns that end in a consonant add **-es**.

la mujer → las mujer**es** *the women*
la pare**d** → las pared**es** *the walls*
el rey → los rey**es** *the kings*
el franc**és** → los france**ses** *the Frenchmen* (*French people*)

3. With the exception of nouns of nationality (as in the last example in 2), most nouns that end in **-es** or **-is** have identical singular and plural forms. Their article indicates number.

el lun**es** → **los** lunes *Mondays*
la cris**is** → **las** crisis *the crises*

The formation of the plural causes two important changes in form.*

1. Words that end in **-z** change the **z** to **c** before adding **-es**.

un lápi**z** → unos lápi**ces**
una ve**z** → unas ve**ces**

2. Sometimes accents must be added or deleted in the plural form to maintain the stress of the singular form.

el examen → los exámenes   la nación → las naciones
la joven → las jóvenes   el interés → los intereses

―――――――――――

*See Appendix 1 ("Syllabication and Word Stress") and Appendix 2 ("Spelling Changes") for more information about these kinds of changes.

PRACTICA

A. ¿Puede Ud. identificar el género de los sustantivos subrayados? ¿Hay algunos sustantivos que no sigan las reglas de la Sección 1?

El mundo es cada vez más° pequeño. Ahora que un viaje de Nueva York a Europa dura° sólo tres horas en avión supersónico, es posible pasar el fin de semana en un pequeño pueblo de los Alpes y regresar el lunes a los rascacielos de Wall Street. Y no sólo viajan los ricos; la clase media y los estudiantes también dejan sus países en busca de nuevas experiencias y oportunidades de trabajo. El intercambio° de turistas y trabajadores es particularmente evidente en los Estados Unidos. Todos los años miles de turistas compran sus billetes para ir a México, a Colombia, a España o a otros países de habla española. Los turistas hispanos que llegan a los Estados Unidos son menos numerosos pero el número aumenta cada vez más. Y sin contar a los turistas, hay más de quince millones de personas de habla española que viven en los Estados Unidos.

cada... more and more
lasts

exchange, interchange

B. Indique el género de cada sustantivo con **el** o **la** según el caso. ¡OJO! En los casos en que un sustantivo pueda ser o masculino o femenino, dé los dos artículos.

1. _____ madre
2. _____ novelista
3. _____ dólar
4. _____ traje
5. _____ persona
6. _____ problema
7. _____ mundo
8. _____ capacidad
9. _____ vez
10. _____ mano
11. _____ cliente
12. _____ calcetín
13. _____ día
14. _____ agua
15. _____ sistema
16. _____ tradición
17. _____ animal
18. _____ verdad
19. _____ atleta
20. _____ águila
21. _____ porcentaje

C. Juanita, la típica empollona, lo sabe todo. Siempre corrige los errores de Juan, el estudiante más flojo de la clase. Con un compañero de clase, invente su conversación, según el modelo.

MODELO: Cortázar / una escritora famosa →
      JUAN: Cortázar es una escritora famosa, ¿verdad?
      JUANITA: ¡Qué va! Es un escritor.

1. Dalí / una artista estupenda
2. Matute / un novelista español
3. Miró / una pintora catalana
4. Laforet / un escritor moderno
5. Orozco / una muralista mexicana
6. Neruda / una poeta chilena
7. Montserrat Caballé / un cantante español
8. Gaudí / una arquitecta española

2. BASIC PATTERNS OF ADJECTIVE AGREEMENT

A. Gender and number of adjectives

In Spanish, adjectives (**los adjetivos**) agree with the noun they modify in gender and number, according to the following patterns.

1. Adjectives that end in **-o** have four different forms to indicate masculine, feminine, singular, and plural agreement: **-o**, **-a**, **-os**, **-as**.

el vino blanc**o**	la mantilla blanc**a**
los vinos blanc**os**	las mantillas blanc**as**

2. Most adjectives that end in any other vowel or in a consonant have the same form for masculine and feminine. Like nouns, they show plural agreement by adding **-s** to vowels and **-es** to consonants.

—— MASCULINE ——	—— FEMININE ——	—— PLURAL ——
el hombre trist**e**	la mujer trist**e**	las personas trist**es**
el libro difíci**l**	la novela difíci**l**	los poemas difíci**les**
el drama realist**a**	la comedia realist**a**	las novelas realist**as**

   EXCEPTIONS
   Adjectives of nationality that end in a consonant add **-a** to show feminine agreement.

el profesor francés	la profesora frances**a**

   Adjectives that end in **-dor**, **-ón**, and **-án** also add **-a**.

un niño encantador	una niña encantador**a**

3. When an adjective modifies two nouns, one masculine and the other feminine, the adjective is masculine plural.

Juan y María son bajos.	*Juan and María are short.*

The formation of the plural causes the same form changes* as those noted earlier for nouns.

1. Words that end in **-z** change the **z** to **c** before adding **-es**.

un niño feli**z**	→unos niños feli**ces**
una mujer capa**z**	→unas mujeres capa**ces**

2. Sometimes accents must be deleted from feminine singular adjectives in order to maintain the stress of the masculine singular.

---

*See Appendix 1 ("Syllabication and Word Stress") and Appendix 2 ("Spelling Changes") for more information.

el pueblo alemán →la gente alemana
el idioma inglés   →la lengua inglesa

In the plural forms, accents may be either added or deleted, depending on which syllables are stressed in the masculine singular.

la estudiante joven   →las estudiantes jóvenes
un problema común →unos problemas comunes

B. Shortening of certain adjectives and numerals

1. The following adjectives have a short form before a masculine singular noun.

bueno	un buen hombre	*but:*	una buena mujer
malo	un mal día		una mala actitud
alguno	algún síntoma		alguna característica
ninguno	ningún problema		ninguna imagen
primero	el primer programa		la primera película
tercero	el tercer estudiante		la tercera estudiante

2. The adjective **grande** becomes **gran** before both masculine and feminine singular nouns.

Es un gran país con una gran historia.   *It's a great country with a great history.*

3. The number **uno**—alone or in its combined forms—becomes **un** before masculine nouns. The number **ciento** becomes **cien** when it precedes any noun or a number larger than itself.

Sólo tengo un dólar. Felipe tiene veintiún dólares.   *I only have one dollar. Felipe has twenty-one dollars.*

Hay cien chicas en la escuela.   *There are a hundred girls in the school.*

Hay cien mil libros en la librería.   *There are one hundred thousand books in the bookstore.*

but:

Hay ciento cincuenta chicas en la escuela.   *There are a hundred fifty girls in the school.*

PRACTICA

A. Complete estas oraciones con la forma correcta de los adjetivos indicados.

1. Los estudiantes de esta clase (no) son ____. (francés, flojo, trabajador, extrovertido, listo, español, perezoso, empollón)
2. Esta universidad (no) es ____. (exigente [*demanding*], barato, fácil, aburrido, grande, bonito, excelente)

B. Use todos los adjetivos que pueda para describir estos sustantivos.

1. un Cadillac
2. un buen profesor
3. el planeta Marte
4. el helado

5. los perros
6. las serpientes
7. los hombres/las mujeres
8. *Sugiera un sustantivo a la clase.*

 RECUERDE UD.

Here are some useful expressions for working with a partner, and for reporting on the results of your activity.

—¿Qué piensas de eso?	—*What do you think about that?*
—Para mí es increíble.	—*In my view (From my perspective) it's increible.*

para mí	para nosotros/nosotras
para ti	para vosotros/vosotras
para él/ella/Ud.	para ellos/ellas/Uds.

—¿Estás de acuerdo conmigo?	—*Do you agree with me?*
—(No) Estoy de acuerdo contigo.	—*I (don't) agree with you.*

conmigo	con nosotros/nosotras
contigo	con vosotros/vosotras
con él/ella/Ud.	con ellos/ellas/Uds.

Note that, except for the forms used to talk about first (*me*) and second (*you*) person singular, the forms of the pronouns that follow prepositions (words like *for* and *with*) are the same as the subject pronouns (Section 5).

There is more information on the forms of the prepositional pronouns in Appendix 4 if you need to review them.

C. ¡**Necesito compañero!** ¿Está Ud. de acuerdo con las siguientes observaciones? ¿Qué piensa su compañero? ¿Por qué?

1. _____ No existe ningún estereotipo positivo.
2. _____ Un mal profesor es menos inteligente que un buen profesor.
3. _____ La prioridad de los jóvenes de la generación de los 80 fue el dinero.
4. _____ Cualquier (*Any*) mujer puede ser una buena madre.
5. _____ Las personas feas tienden a ser criminales con más frecuencia que las personas físicamente atractivas.
6. _____ Los individuos que viven en el sur de los EEUU* tienen más prejuicios que los que (*those who*) viven en el norte.

---

*This abbreviation for **Estados Unidos** will be used frequently throughout *Pasajes: Lengua.*

D. Situaciones y preguntas

1. A veces, según la apariencia externa, pensamos que la gente es de una manera determinada. Por ejemplo, ¿cómo es la persona que lleva gafas oscuras? ¿que lleva gafas gruesas (*thick*)? ¿que tiene el pelo rojo? ¿que tiene el pelo rubio? ¿Qué otros rasgos físicos se asocian con ciertos rasgos de la personalidad?

2. ¿Es verdad que la ropa que se lleva indica algo sobre la personalidad? ¿Puede Ud. dar un ejemplo concreto de esto? ¿Hay prendas (artículos) de ropa que se asocian frecuentemente con ciertas nacionalidades o grupos étnicos? Por ejemplo, ¿con qué nacionalidad o grupo étnico se asocian las siguientes prendas de ropa?

   un paraguas (*umbrella*)

   zapatos feos pero bien hechos (*well-made*), buenos para caminar

   la ropa de poliéster

   un sombrero muy grande

   zapatos puntiagudos (*pointy*) y elegantes

   los *bluejeans*

   ¿Con qué sexo se asocia la siguiente ropa?

   la ropa a rayas (*striped*)

   la ropa con volantes (*ruffles*)

   los pantalones estrechos (*tight*)

   la ropa floreada

   el traje sastre (*tailored*)

   los aretes (*earrings*) y collares (*necklaces*)

   ¿Quiénes se interesan más por la ropa, los hombres o las mujeres? ¿Es verdad o es un estereotipo?

3. ¿Revela la personalidad el tipo de auto que uno maneja? ¿Qué estereotipos asocia Ud. con el conductor (*driver*) de los siguientes autos: un Ferrari, un camión *pickup*, un Volkswagen, una camioneta (*station wagon*), un Model T? ¿Tienen hoy en día una imagen favorable o negativa los conductores de los coches grandes? ¿Por qué? ¿Qué estereotipos asociamos con los conductores de los coches pequeños? ¿Por qué?

3. EQUIVALENTS OF *TO BE*: *SER, ESTAR*

Two languages rarely express similar concepts in exactly the same way. Sometimes, two or more words in one language are expressed by a single word in another. For example, English *to do* and *to make* are both expressed by Spanish **hacer**.

When a single English expression has more than one Spanish equivalent, you must learn to choose the accurate equivalent for the particular context.

English *to be* has numerous equivalents in Spanish; among them are **ser** and **estar**.*

ser		estar	
soy	somos	estoy	estamos
eres	sois	estás	estáis
es	son	está	están

A. Principal uses of *ser*

Ser is used to establish identity or equivalence between two elements of a sentence. The two elements may be nouns, pronouns, or prepositional phrases.

Juan es médico. }
Juan = médico. }   *John is a doctor.* (profession)

El es mi amigo. }
El = mi amigo. }   *He is my friend.* (identification)

Dos y dos son cuatro. }   *Two and two are four.*
Dos y dos = cuatro. }   (equivalence)

María es mexicana. }
María = mexicana. }   *María is Mexican.* (nationality)

El reloj es de oro. }   *The watch is (made of) gold.*
El reloj = de oro. }   (material)

Ser is also used to indicate

1. origin

Los Carrillo son de España.   *The Carrillos are from Spain.*
La falda es de Guatemala.   *The skirt is from Guatemala.*

---

*Remember that *there is/are* is expressed in Spanish with **hay** (**haber**). **Hay** locates persons or things that have no specific identity. It is generally used before indefinite articles, numerals, and adjectives of quantity.

Hay **un** estudiante en el cuarto.   *There is a student in the room.*
Hay **muchos** (**diez**) estudiantes en el   *There are many (ten) students in the*
cuarto.   *room.*

In certain expressions, the verbs **tener** and **hacer** also express English *to be*.

Hace mucho calor pero en estos edificios   *It's very hot, but in these air-conditioned*
climatizados siempre **tengo** frío.   *buildings I'm always cold.*

To review the **tener** and **hacer** constructions, see Appendix 5.

2. time

Son las ocho.	*It's eight o'clock.*
Es la una y media.	*It's one-thirty.*
Es medianoche.	*It's midnight.*

3. dates

Es el cuatro de agosto.	*It's August fourth.*
Es lunes.	*It's Monday.*

4. possession

Los libros son del profesor.	*The books are the professor's.*
El carro es de Marta.	*It's Marta's car.*

5. the time or location of an event

El concierto es a las ocho.	*The concert is at eight o'clock.*
¿Dónde es el concierto? ¿en el estadio?	*Where is the concert? In the stadium?*

B. Principal uses of *estar*

Estar is used

1. to indicate location of an object

La librería está en la esquina.	*The bookstore is on the corner.*
¿Dónde está la biblioteca?	*Where is the library?*

2. to form the progressive tenses (Section 54)

Pedro está corriendo.	*Pedro is running.*

C. *Ser* (norm) versus *estar* (change) with adjectives

The preceding uses of **ser** and **estar** are very clearly defined: either **ser** or **estar** must be used in each case. With most adjectives, however, a choice between the two verbs must be made.

   Ser defines the norm with adjectives. If something that happens results in a change, **estar** is used to describe the state representing the change from the norm.

NORM	El león es feroz.	*The lion is ferocious.*
CHANGE	Le pusieron un tranquili-zante y ahora está manso.	*They gave him a tranquilizer and now he is tame (behaves tamely).*

It is part of the lion's character (**ser**) to be ferocious. However, when the lion is under the tranquilizer's influence, it acts (**estar**) in a tame manner.

NORM	El agua de Maine es fría.	*In Maine the water is cold.*
CHANGE	Hoy el agua está caliente.	*Today the water is (feels) warm.*

Here **ser** indicates the expected quality, coldness. **Estar** indicates an unexpected quality: the speaker is surprised to find the water warm, or finds it warmer than expected.

OBJECTIVE (NORM)

La nena es mona.   *The child is cute.*

SUBJECTIVE (CHANGE)

La nena está muy mona.   *The child looks especially cute.*

Here **ser** establishes the norm, what is considered objective reality. The use of **estar** indicates a judgment on the part of the speaker: he or she is describing reality as perceived, according to a subjective perspective.

OBJECTIVE (NORM)

Los postres son muy ricos.   *Desserts are delicious.*

SUBJECTIVE (CHANGE)

Este postre está muy rico.   *This dessert tastes delicious.*

Whereas Spanish distinguishes between objective reality and subjective perception of reality by the use of **ser** or **estar**, English frequently does so by using such verbs as *to seem, to taste,* and *to look* that emphasize the subjectivity of the speaker. Sometimes the contrast shown with **ser** or **estar** in Spanish is expressed by the use of entirely different words in English.

NORM	Concha { es	} alegre.	Concha is { *a happy person.*
CHANGE	{ está		{ *cheerful/giddy.*

NORM	Marcos { es un	} borracho.	Marcos is { *a drunkard.*
CHANGE	{ está		{ *drunk.*

NORM	Ellos { son	} aburridos.	They are { *boring.*
CHANGE	{ están		{ *bored.*

The distinction between **ser** and **estar** is not a distinction between temporary and permanent characteristics. For example, the characteristic **joven** is quite transitory, yet it normally occurs with **ser**; and the words **está enfermo** are used to describe even someone with a long-term or incurable illness.

PRACTICA

Note: Exercises A and B provide initial practice with the basic uses of **ser** and **estar**. There are many more exercises with these verbs after Section 4. This pattern—brief practice with a grammar point in one section, with more practice later on—is frequently followed in *Pasajes: Lengua.*

A. Dé la forma correcta: ¿**es** o **está**? Si existe más de una posibilidad, explique la diferencia.

Luis ____. (americano, alto, cansado, trabajador, aburrido, en casa, contento, mi hermano, de Cuba, guapo, aquí, estudiante, listo, perezoso, introvertido, bien hoy, sucio, enfermo, feliz)

B. Explique los usos de **ser** y **estar** según las reglas de la Sección 3.

Querida mamá,

Estas son mis notas de este trimestre. No son muy buenas, pero no hay ninguna razón para preocuparse. Después de todo, es mi primer trimestre y tengo varias preocupaciones. La universidad no es lo que° muchos piensan. Como hay muchos estudiantes, hay una gran competencia y los profesores son muy exigentes.° ¡A veces pienso que los estudiantes somos víctimas!

lo... what

demanding

Pero no todo es malo; hay cosas buenas también. Estoy contento con mi compañero de cuarto. No es el típico empollón pesado. Es un tipo fantástico. Se interesa en política, y como es alto y tiene barba, le llamamos Fidel. Hay algunos que dicen que es el típico revolucionario latino, pero no estoy de acuerdo con ellos. Ese es un estereotipo—hay una gran diferencia entre hablar de política y ser un revolucionario. Son las once de la noche y estoy todavía en la biblioteca. Está lloviendo y estoy muy cansado, pero estoy bien. Quiero saber que tú y todos en casa están bien de salud también.

Te quiere tu hijo,
Toño

4. *ESTAR* + PAST PARTICIPLES: RESULTANT CONDITION

One type of adjective occurs particularly frequently with **estar** to describe the state or condition that results from an action or change.

Tus padres están **preocupados**.	*Your parents are **worried**.*
El joven está **aburrido**.	*The young man is **bored**.*
Las sillas están **rotas**.	*The chairs are **broken**.*

This type of adjective, like others, may also directly modify nouns.

los padres **preocupados**	*the **worried** parents*
el joven **aburrido**	*the **bored** young man*
las sillas **rotas**	*the **broken** chairs*

This adjective is called the *past* or *perfect participle* (**el participio pasado**). It is formed by adding **-ado** to the stem of **-ar** verbs and **-ido** to the stem of **-er** and **-ir** verbs.

cerrar → **cerrado**   vender → **vendido**   aburrir → **aburrido**

Many Spanish verbs have irregular past participles. Here are the most common ones.

abrir:	**abierto**	hacer:	**hecho**	romper:	**roto**
cubrir:	**cubierto**	morir:	**muerto**	ver:	**visto**
decir:	**dicho**	poner:	**puesto**	volver:	**vuelto**
escribir:	**escrito**	resolver:	**resuelto**		

Compounds of these verbs have the same irregularity in the past participle: **describir** → *descrito*; **descubrir** → *descubierto*; **devolver** → *devuelto*; and so on.

PRACTICA

A. Complete las siguientes oraciones con la forma correcta del participio pasado del verbo subrayado.

1. Este ejercicio es muy agotador (*tiring*) y <u>cansa</u> rápidamente a mi abuelito; por eso, en este momento mi abuelito está ____. *Cansado*
2. Trabajamos toda la noche para <u>resolver</u> estos problemas. Esta mañana, por fin, todos los problemas están ____. ~~Resolvito~~ *resuelto*
3. Mis amigas siempre se <u>pierden</u> (*get lost*). Llevo dos horas esperándolas. Creo que están ____. *perdido*
4. Dicen que cuando las personas <u>mueren</u>, van a un lugar hermoso para descansar. Mi abuelita está *muerto* y estoy segura que está en ese lugar.
5. Durante la Edad Media (*Middle Ages*), la gente de todos los países europeos <u>escribió</u> los documentos importantes en latín. Estos documentos aquí datan de ese período y por eso están ____ en latín. *escribido*

B. Las siguientes oraciones representan generalizaciones (algunas falsas y otras ciertas) muy comunes. Complételas con la forma correcta de **ser** o **estar**, según el contexto. Luego, comente si Ud. está de acuerdo o no con cada una.

1. En los EEUU los republicanos *son* conservadores.
2. No hay suficiente disciplina en las escuelas públicas; por eso, los estudiantes de hoy día no *están* aprendiendo nada.
3. Si una mujer ____ madre, debe ____ en casa con los niños.
4. Las personas viejas con frecuencia *están* más enfermas que las jóvenes.
5. Los hombres que usan secadores (*hair dryers*) y laca (*hair spray*) *son* poco masculinos.
6. Los mejores autos del mundo *están* de Detroit.

7. Los hombres no _Sor_ muy observadores; normalmente no se dan cuenta (*realize*) si su casa _es_ limpia o sucia; no notan si su ropa _estan_ en buenas o malas condiciones.
8. Los norteamericanos _Son_ más preocupados por el dinero que los europeos.
9. Las personas que hablan en voz alta generalmente _Son_ personas que no saben mucho.
10. La calidad (*quality*) de algo caro _estar_ mejor que la de (*that of*) algo barato.

C. 🌅 **Guiones** Nuestras expectativas acerca de una situación influyen nuestra percepción. A continuación hay dos dibujos, cada uno con dos situaciones que sugieren una interpretación de lo que (*what*) pasa en el dibujo. Trabajando en grupos de tres o cuatro personas, inventen por lo menos cinco oraciones con **ser** o **estar** que describan el dibujo según la interpretación sugerida. Sigan el modelo que se ofrece para el primer dibujo.

> MODELO: SITUACION: turistas americanos
> VOCABULARIO UTIL: de vacaciones, restaurante, diccionario bilingüe, encontrar la solución →
>
> El hombre *es* Howard; la mujer *es* su esposa Louise. *Son* de Nueva York. *Están* de vacaciones en la Argentina. El restaurante *es* muy elegante. Howard *está* buscando su diccionario bilingüe porque no sabe mucho español. Louise no *está* preocupada todavía porque *está* segura que Howard va a encontrar la solución. El otro hombre *está* irritado; cree que todos los turistas *son* estúpidos.

1. SITUACION: telenovela (*soap opera*)
   VOCABULARIO UTIL: el amante (*lover*), enamorado (*in love*), el anillo de compromiso (*engagement ring*), proponer matrimonio, el ex esposo, celoso (*jealous*).
2. SITUACION: novela de espionaje
   VOCABULARIO UTIL: el agente secreto, el agente doble, el detective secreto, la información robada, la pistola

3. SITUACION: cuento de hadas (*fairy tale*)
   VOCABULARIO UTIL: la madrastra (*step-mother*) cruel, la hijastra (*stepdaughter*), fregar (ie) (*to scrub*)
4. SITUACION: anuncio (*commercial*) para detergentes
   VOCABULARIO UTIL: la vecina (*neighbor*), la recomendación, los consejos (*advice*) útiles, el mejor producto

D. ¿Qué ocurre cuando Paul y Karen pasan su primer semestre en la universidad? Describa los dibujos, usando **ser** o **estar** según el contexto e incorporando el vocabulario indicado si le parece útil.

1. padres, conservador / hijos, obediente / familia, pequeño, feliz / todos, contento
2. hijos, mayor / dejar a los padres / ir a la universidad / separación difícil, triste
3. padres, triste / perro, triste / recordar, hijos / imagen similar
4. padres, sorprendido / perro, furioso / apariencia externa de los hijos, diferente / hijos, ¿diferente interiormente (*on the inside*)?

1.   2.   3.   4.

¿Cómo se puede explicar la reacción de los padres cuando Karen y Paul vuelven a casa? ¿Se basa en algún estereotipo asociado con la apariencia externa de sus hijos? Explique.

Estrategias para la comunicación

¿Cómo? *What to do when you don't understand*

Not understanding the message happens to most people at least once a day in their native language. Many conversations contain at least one request for clarification: *"Huh?"*

"I don't follow you." "Where did you say he was going?" "Whoa! I can't understand a word you're saying!" "What was that?" "How do you spell that?"

Cope with missed messages in spoken Spanish just as you do in English: let the other person know what part of the message you haven't understood. Request general information with **¿cómo?** (*what?*). Request specific information by using the appropriate interrogative.

¿cuándo? *when?*	¿dónde? *where?*
¿cuál(es)? *which one(s)?*	¿adónde? *where to?*
¿quién(es) *who?*	¿de dónde? *where from?*
¿de quién(es)? *whose?*	¿cuánto/a? *how much?*
¿para quién(es)? *for whom?*	¿cuántos/as? *how many?*

If the person is speaking too quickly or using many unfamiliar words, request a repetition with **más despacio, por favor** (*slower, please*) or **otra vez, en palabras más simples** (*again, in simpler words*).

After the repetition, if you still aren't sure that you have understood, ask the person to write down the troublesome word or words. In English and in Spanish, a word that is difficult to understand in speech is often easily recognized in writing.

Finally, guess, using your knowledge of the context. If you are in a restaurant, a waiter is probably asking you about your reservations or about the number of people in your party, not about politics, religion, or the weather.

Practice the preceding communication strategies in these situations.

A. While talking to someone, you have understood only part of the message. Here is what you got. Which of the suggested strategies is the most useful? Sometimes more than one strategy will work.

1. «La primera clase es el jueves... a las... tarde.»

   a. ¿Cuándo es?   b. ¿Cómo?   c. ¿Habla inglés?

2. «LaestacióndetrenesestáaunastrescuadrasenlacalleColónalladodelmuseo.»

   a. Repita, por favor.   b. *¿Huh?*   c. Más despacio, por favor.

3. «Ud. necesita hablar con la señora Gadrroullpdyezia.»

   a. ¿Puede Ud. escribírmelo?
   b. Otra vez, en palabras más simples.
   c. ¿Cómo se llama?

4. «Lupe es de... »

   a. ¿Quién?   b. No comprendo.   c. ¿De dónde?

B. Once again, you have understood only part of the message. Here is what you got. Ask questions to discover what you missed.

1. «Ellos vienen... tren... tarde.»   *Cuando*
2. «¡Qué cansado estoy! Acabo de... y esta noche tengo que... »
3. «No, no, es que... ¿comprendes?»
4. «Se llama... pero no lo conozco bien.»   *Cómo se llama*
5. «Juan es un individuo muy..., ¿verdad?»   *¿individua muy que?*
6. «Salen de... a las... »

C. You hear some unfamiliar Spanish in each of the following situations. First, make some educated guesses about what the person is likely to be saying to you. Then give the questions you would use to discover the message.

1. You are walking down the street, and a well-dressed person stops you and asks a question.   2. You are standing at a bus stop, and an elderly woman approaches and asks a question.   3. You go into a clothing store, and the clerk comes up to you and asks a question.

5. SUBJECT PRONOUNS*

SINGULAR	PLURAL
yo tú él, ella, Ud.	nosotros, nosotras vosotros, vosotras ellos, ellas, Uds.

Tú is used with persons with whom you have an informal relationship: with family members (in most Hispanic cultures), with friends whom you address by their first names, with children. **Usted** (abbreviated **Ud.** or **Vd.**) is used in more formal relationships or to express respect. The plural form of **usted** is **ustedes** (**Uds.** or **Vds.**). It is also the plural form of **tú** except in most parts of Spain, where **vosotros** is used.

Spanish verb endings also indicate the person; for example, **hablo**, with its **-o** ending, can only mean *I speak*. For this reason, subject pronouns (**los sujetos pronominales**) are not used as frequently in Spanish as they are in English. Spanish subject pronouns are used, however, for clarity, emphasis, or contrast.

El no habla español pero ella sí lo habla.

He doesn't speak Spanish, but she does.

 DE PASO

In Spain and in many parts of Latin America, the use of **Ud.** is becoming less frequent. It is not uncommon to hear **tú** in contexts where formerly only **Ud.** was permitted, for example, between sales clerks and their clients. In parts of Argentina and other Latin American countries, **tú** is replaced by the pronoun **vos**. The **vos** verb endings—never the same as the **tú** endings—vary from region to region. An example of the **vos** form from Argentina is **vos hablás**, versus the more standard **tú hablas**.

---

*When two or more grammar sections occur together, with no intervening activities for the first one, you will always practice the first grammar point in the next set of exercises that you find.

6. PRESENT INDICATIVE

A. The meaning of the present indicative

The Spanish present indicative (**el presente de indicativo**) regularly expresses the following:

1. an action that is in progress or a situation that exists at the present moment
2. an action that occurs regularly or habitually, although it may not be in progress at the moment, or a situation that exists through and beyond the current moment
3. an action that will occur, or a situation that will exist in the near future

Each of these uses is evident in the following paragraph. The numbers after each verb correspond to the use previously mentioned.

En los Estados Unidos *celebramos*[2] como Día Panamericano el 14 de abril. Nuestro presidente lo ha proclamado° como una ocasión en que *debemos*[2] recordar los ideales comunes de paz y fraternidad que *ligan*[2] a las 26 naciones del Nuevo Mundo. Pero seguramente *debemos*[2] preguntar cuánta significación verdadera *puede*[2] tener un Día Panamericano en nuestro país si *sabemos*[2] tan poco de los otros países del hemisferio. Ud. *es*[2] estudiante y en este momento *lee*[1] y *entiende*[1] un texto en español. Pero entender unas palabras y entender una cultura *son*[2] dos cosas distintas. *Encontramos*[2] aun entre nuestra gente más culta, una ignorancia general de América Latina, una situación que sin duda *llega*[3] a ser peor si no *hacemos*[3] nada para cambiarla.

lo... has proclaimed it

B. The forms of the present indicative of regular verbs

The following chart presents the principal parts of stem-constant and stem-changing regular verbs.

	-ar VERBS		-er VERBS		-ir VERBS	
	hablar		**comer**		**vivir**	
no	hablo	hablamos	como	comemos	vivo	vivimos
stem	hablas	habláis	comes	coméis	vives	vivís
change	habla	hablan	come	comen	vive	viven
	cerrar		**querer**		**sugerir**	
e → ie	cierro	cerramos	quiero	queremos	sugiero	sugerimos
	cierras	cerráis	quieres	queréis	sugieres	sugerís
	cierra	cierran	quiere	quieren	sugiere	sugieren

turn

	-ar VERBS	**-er** VERBS	**-ir** VERBS
	recordar	**volver**	**dormir**
o → ue*	recuerdo recordamos recuerdas recordáis recuerda recuerdan	vuelvo volvemos vuelves volvéis vuelve vuelven	duermo dormimos duermes dormís duerme duermen
e → i			**pedir** pido pedimos pides pedís pide piden

ALK

1. The underlined segments in the chart are person/number endings:

tú	**-s**
nosotros	**-mos**
vosotros	**-is**
Uds./ellos	**-n**

   With the exception of the preterite, you will see the same person/number endings in all of the Spanish verb forms that you will study.

2. Remember that the **e → ie** and **o → ue** stem-vowel changes in **-ar** and **-er** verbs occur only when this vowel is in a stressed syllable. For this reason, these verbs never show a stem change in the **nosotros** or **vosotros** forms, or in forms where the ending is regularly stressed.

cie/rro, cie/rras	stem vowel stressed: stem change
ce/rra/mos, ce/rráis	stem vowel unstressed: no stem change
ce/rré, ce/rra/ste	stem vowel unstressed: no stem change
ce/rran/do	stem vowel unstressed: no stem change

   In vocabulary lists, stem changes will be indicated in parentheses after the verb: **cerrar (ie), volver (ue).**

3. The stem-vowel changes in **-ir** verbs follow a slightly different pattern. In the present tense, the vowel changes occur as for **-ar** and **-er** verbs, that is, when the vowel is in a stressed syllable.

pre/fie/ro, pre/fie/res	stem vowel stressed: stem change
pre/fe/ri/mos, pre/fe/rís	stem vowel unstressed: no stem change

   In other tenses and verb forms, however, different stem changes occur.[†] In vocabulary lists, these two stem changes for **-ir** verbs will be listed in parentheses after the verb: **preferir (ie, i), pedir (i, i), morir (ue, u).**

---

[*]**Jugar** is the only Spanish verb that changes **u** to **ue**: **juego, juegas,** and so on.
[†]Changes in other verb forms will be described in later chapters.

4. Remember that the stem-changing verbs **decir** (**i**), **tener** (**ie**), and **venir** (**ie**) have an additional irregularity in the first person singular (**yo**) forms: **digo, tengo, vengo**.

These common regular **-ar**, **-er**, **-ir** verbs are practiced or may be needed in the exercises that follow this section. Be sure you know their meanings before you do the exercises.

-ar: almorzar (ue), ayudar, bailar, besar, cambiar, cantar, cerrar (ie), comenzer (ie), comprar, contar (ue), descansar, encontrar (ue), escuchar, esperar, estudiar, explicar, fumar, hablar, jugar (ue), lavar, llegar, llevar, manejar, memorizar, mirar, necesitar, observar, pagar, pasar, pensar (ie), recordar (ue), regresar, terminar, tocar, tomar, trabajar, viajar

-er: aprender, beber, comer, correr, creer, entender (ie), leer, poder (ue), querer (ie), soler (ue), tener (ie), vender, volver (ue)

-ir: compartir, decir (i, i), describir, dormir (ue, u), escribir, existir, medir (i, i), mentir (ie, i), pedir (i, i), preferir (ie, i), repetir (i, i), seguir (i, i), servir (i, i), sugerir (ie, i), venir (ie, i), vestir (i, i), vivir

---

PRACTICA

A. Laura y su gemelo (*twin*) Luis son estudiantes superserios. ¿Cómo se compara Ud. con ellos? Conteste las siguientes preguntas.

1. Tenemos 12 clases este semestre. ¿Y Ud.? *Tengo 5 clases*
2. Nunca almorzamos. ¿Y Ud.? *Almorzo Todos los días.*
3. Volvemos temprano de las vacaciones para estudiar. ¿Y Ud.? *Si, volvio*
4. Solemos estudiar 11 horas al día. ¿Y Ud.? *Ya Estudio 2 horas*
5. Sólo dormimos de 3 a 4 horas cada noche. ¿Y Ud.? *Dormio 6 horas*
6. Preferimos las clases a las 8 de la mañana. ¿Y Ud.? *Yo preferio las clases tarde*
7. Recordamos todo lo que (*that*) aprendemos. ¿Y Ud.? *No recordo*
8. Pasamos al ordenador nuestras notas de clase. ¿Y Ud.? *Si, yo paso*
9. Nunca tomamos cerveza durante la semana. ¿Y Ud.? *Nunca tom tengo*

B. Complete las siguientes oraciones con todos los verbos que le parezcan apropiados para cada contexto.

1. Soy Juan Típico; soy estudiante de esta universidad. Durante el día yo normalmente (nunca) _____.
2. En un fin de semana típico, mis amigos y yo (nunca) _____.
3. En comparación con los *hippies*, los *yuppies* (nunca) _____.
4. La señora Brown es la horrible turista norteamericana que aparece en muchos estereotipos. Cuando viaja, ella (nunca) _____.
5. Tu deseo es ir a Washington como representante o senador(a). Es obvio que vas a tener mucho éxito como político/a porque (nunca) _____.

C. The forms of the present indicative of irregular verbs

You have already reviewed the irregular conjugations of **ser** and **estar**. Here are some additional Spanish verbs whose conjugations are exceptions to the regular patterns of stem and ending.

ir		oír	
voy	vamos	oigo	oímos
vas	vais	oyes	oís
va	van	oye	oyen

A number of other irregular verbs have an uncommon form only in the stem of the first person singular. Their other forms follow the regular pattern.

caer:	**caigo**, caes, cae...	saber:*	**sé**, sabes, sabe...
conocer:*	**conozco**, conoces, conoce...	salir:	**salgo**, sales, sale...
dar:	**doy**, das, da...	traer:	**traigo**, traes, trae...
hacer:	**hago**, haces, hace...	ver:	**veo**, ves, ve...
poner:	**pongo**, pones, pone...		

The following verb groups are also sometimes classed as "irregular":

verbs ending in **-guir**:	sigo, sigues, sigue...
verbs ending in **-uir**:	construyo, construyes, construye...
verbs ending in **-ger**:	escojo, escoges, escoge...

Since the changes in this third set of verbs are predictable from normal rules of Spanish spelling, they are not really irregular in the same way as the verbs in the other two sets discussed above.[†]

---

*Remember that **conocer** means *to know* with reference to people, or *to be familiar with.* **Saber** means *to know facts:* **Conozco a Juan pero no sé dónde vive**. When followed by an infinitive, **saber** means *to know how* to do something: **Sé esquiar**.
[†]See Appendix 2 ("Spelling Changes") for a review of Spanish spelling patterns, especially as they affect the verb system.

D. *Ir a, acabar de,* and *soler*

The present tense of **ir** + **a** + *infinitive* expresses English *to be going to* (*do something*). The present tense of the verb **acabar** + **de** + *infinitive* expresses English *to have just* (*done something*). The present tense of **soler** + *infinitive* expresses English *to usually* (*do something*).

Vamos a leer un cuento de amor.	*We are going to read a love story.*
¿Qué **vas a hacer** este fin de semana?	*What are you going to do this weekend?*
Acabo de terminar el examen y estuvo durísimo.	*I have just finished the exam and it seemed really tough.*
¿Quién **acaba de ver** esa película? Quiero saber si vale la pena verla.	*Who's just seen that film? I want to know if it's worth seeing.*
Suelo almorzar en la cafetería. ¿Y tú?	*I usually have lunch at the cafeteria. And you?*
Solemos estudiar con Julio, en su casa.	*We usually study with Julio, at his house.*

PRACTICA

A. Laura y Luis continúan con sus hazañas (*deeds*) de superestudiosos. Conteste las siguientes preguntas con la forma correcta de la primera persona (singular o plural) según el contexto.

1. Salimos de casa cada día a las 6:30 de la mañana. ¿Y Ud.?
2. Nunca damos fiestas durante la semana. ¿Y Ud.?
3. Siempre traemos manzanas para nuestros profesores. ¿Y Ud.?
4. Siempre sabemos la fecha de los exámenes. ¿Y Ud.?
5. Hacemos nuestra tarea con dos o tres semanas de anticipación (*ahead of time*). ¿Y Ud.?
6. Luis siempre sigue las instrucciones en los exámenes. ¿Y Uds.?
7. Laura siempre escoge clases difíciles. ¿Y Uds.?
8. Luis nunca pide más tiempo para terminar sus trabajos escritos. ¿Y Uds.?
9. Laura oye la voz de sus profesores en sus sueños (*dreams*). ¿Y Uds.?
10. Luis nunca ve la televisión durante la semana. ¿Y Uds.?

B. Las siguientes afirmaciones son falsas. Hágalas ciertas ya sea cambiando el sujeto o cambiando el verbo.

MODELO: Conozco al presidente de los EEUU. →
Escucho al presidente de los EEUU. (El vice presidente *conoce* al presidente de los EEUU.)

Algunos tipos son tan universales que esta foto en realidad no necesita explicación. ¿Quiénes son? ¿Dónde están? ¿Qué hacen? ¿Por qué?

1. Mis hermanos menores beben mucho vino y cerveza.   2. Toco música clásica en mi tiempo libre.   3. Cuando estoy nervioso/a, duermo.   4. Los niños normalmente comparten sus cosas.   5. El Presidente Bush me escribe con frecuencia.   6. Ivana Trump necesita dinero.

C. Describa lo que (*what*) van a hacer los siguientes individuos.

MODELOS: Un estudiante típico está en la librería universitaria. →
            Va a comprar una camiseta con las siglas (*initials*) de la
            universidad.
            Va a vender todos sus libros del semestre anterior.

1. Un estudiante típico está en la librería universitaria.   2. Un estudiante típico está en el supermercado.   3. Un estudiante típico está en el laboratorio de lenguas.   4. Tú y tus amigos están en un partido de fútbol norteamericano.
5. Tú y tus amigos están de vacaciones.

D. Describa lo que (*what*) acaban de hacer los siguientes individuos.

MODELOS: Un bibliotecario (*librarian*) sale de la biblioteca. →
            Acaba de ayudar a unos estudiantes.
            Acaba de trabajar en la biblioteca.

1. Una empollona sale de la biblioteca.   2. Dos novios salen de la biblioteca.
3. Tú sales de la biblioteca con un grupo de amigos.   4. Unos músicos regresan de una fiesta.   5. Tú regresas de una fiesta.

E. ¡Necesito compañero!   Con un compañero, completen las siguientes oraciones en la forma más apropiada. Luego, comparen sus respuestas con las de otros grupos en la clase. ¿Quiénes saben más del mundo?

1. Nosotros los norteamericanos almorzamos entre las 11 y la 1. Los españoles suelen almorzar _____.

   a. a las 12 en punto   b. entre la 1 y las 3   c. entre las 4 y las 6

2. Los jóvenes norteamericanos prefieren la música rock. Los jóvenes en Europa prefieren la _____.

   a. música clásica   b. música folklórica   c. música rock

3. Los niños norteamericanos juegan al béisbol desde muy jóvenes. Los niños hispanos juegan al _____.

   a. fútbol (*soccer*)   b. jai alai   c. balonmano (*handball*)

4. En Norteamérica preferimos la cerveza bien fría. En Alemania la prefieren _____.

   a. muy fría   b. tibia (ni fría ni caliente)   c. con hielo (*ice*)

5. En Norteamérica vestimos abrigos y suéteres en diciembre. En Chile y la Argentina los visten _____.

   a. en diciembre también   b. en junio   c. todo el año

6. En los Estados Unidos un ciudadano (*citizen*) puede votar a los 18 años. En muchos países de Hispanoamérica, no puede votar hasta _____.

   a. los 21 años   b. los 25 años   c. los 18 años

F.   Situaciones y preguntas

1. ¿Existen también imágenes falsas sobre los estudiantes? ¿Cuáles son algunos estereotipos sobre los estudiantes o la vida estudiantil? Por ejemplo, ¿cómo pasa el estudiante típico su tiempo libre? ¿Tiene mucho tiempo libre? ¿Va a fiestas? ¿Y Ud.? ¿Qué hace Ud. en una fiesta? ¿Qué hace un coquetón? ¿una coqueta? ¿una persona tímida?

2. En general, ¿a Ud. le gusta mucho la música? ¿Qué clase de música escucha? ¿Cuándo la escucha? ¿mientras estudia? ¿Come y bebe también mientras estudia? ¿Qué toma? ¿Escucha música mientras maneja su coche? ¿Escuchan la misma clase de música los jóvenes y los mayores (*adults*)?

3. En general, ¿a qué hora vuelve Ud. a casa después de clase? ¿Cuál es su rutina normal después de llegar a casa? ¿Trabaja o descansa primero? ¿Mira la televisión? ¿Qué programas mira con frecuencia? ¿Miran sus padres (compañeros de cuarto) los mismos programas? ¿Qué programas no miran nunca Uds.? ¿Hay muchos estereotipos en la tele? Describa algunos.

G.   El anuncio de la página 34 se basa en un estereotipo común entre muchas personas.

1. ¿Cuál es el estereotipo? En el anuncio hablan de esta creencia, pero no la llaman un estereotipo. ¿Cómo la llaman?

2. El mensaje (*message*) del anuncio se basa en un juego de palabras: las palabras «las japonesas» tienen un doble sentido (*meaning*) en el anuncio.

¿Cuáles son sus dos sentidos?

las japonesas = _____; las japonesas = _____

3. ¿Cree Ud. que es ofensiva la manera en que el anuncio utiliza este estereotipo? ¿Por qué sí o por qué no?

DEMER 80

Es cierto, las japonesas se parecen mucho.

Con la NP 200 son iguales.

Copia Nº 1   Copia Nº 3425

(por mucho que se repitan)

El mito de que todas las japonesas se parecen mucho se rompe con CANON, que consigue que con la **NP 200 todas las copias japonesas sean iguales.**

Por muchas copias que haga, la NP 200, gracias a su tambor de Cadmio y el "toner" monocomponente, mantiene en todas las copias la misma nitidez del original.

Y **es pequeña** (53'2 x 28'9 x 51'5 cms.) pero, sin embargo, consigue copias de hasta un **tamaño A3** (42'0 x 29'7 cms.), con lo que no hace falta montar rompecabezas para tener un gran formato.

Y es **muy rápida.** Consigue veinte copias (A4) en un minuto, porque a veces el tiempo es muy importante y cuesta dinero si no se aprovecha bien.

CANON posee la mayor red de servicio técnico, que le ofrece una asistencia rápida y constante, para que su copiadora esté siempre a punto.

El precio de la NP 200 es el dato que acaba por convencer a cualquiera.

NP 200

Canon ❀ Copiadora calculadora y cámara oficiales en el Campeonato Europeo de Fútbol de 1980

Canon
Copiadoras

Llámenos a este teléfono: (91) 253 12 07

y recibirá toda la información que necesite sobre este nuevo modelo y la amplia gama de COPIADORAS CANON.

Canon Copiadoras de España, S.A. Av. Islas Filipinas, 52 - MADRID −3

4. Mucha propaganda publicitaria—por ejemplo, los primeros anuncios para el automóvil Infiniti y los anuncios para «la nueva generación» del Oldsmobile—se basa en asociaciones con ciertos tipos humanos o nacionales. ¿Recuerda Ud. estos u otros anuncios similares? ¿Cómo son? ¿Los encuentra ofensivos? Comente.

H. Sondeo   ¿Qué saben los miembros de la clase acerca del mundo hispano? ¿Saben mucho o poco? ¡Haga un sondeo para saber la respuesta!

Primer paso: Recoger los datos

- La clase debe dividirse en tres grupos. Un grupo se encargará de obtener las respuestas para las preguntas 1, 2 y 3 del cuestionario que aparece a continuación; otro grupo buscará las respuestas para las preguntas 4, 5 y 6; el tercer grupo para las preguntas 7, 8 y 9.
- Cada persona de cada grupo debe entrevistar a 2 ó 3 compañeros de clase, haciéndoles preguntas para obtener la información necesaria.
- ¡OJO! Los miembros de cada grupo deben tener cuidado de entrevistar a todos los de la clase sin hacerle dos veces la misma pregunta a la misma persona.

Grupo I			
	ENTREVISTADOS		
	1	**2**	**3**
1. ¿En qué país se encuentra Buenos Aires?			
a. Portugal	——	——	——
b. el Brasil	——	——	——
c. Nicaragua	——	——	——
d. la Argentina	——	——	——
2. ¿Qué tienen en común estos hombres: Siqueiros, Rivera, Orozco?			
a. Son músicos.	——	——	——
b. Son pintores muralistas.	——	——	——
c. Son presidentes latinoamericanos.	——	——	——
d. Son toreros.	——	——	——
3. ¿En cuántos países del mundo es la lengua oficial el español?			
a. ocho	——	——	——
b. catorce	——	——	——
c. veintiuno	——	——	——
d. veintisiete	——	——	——

Grupo 2

		1	2	3

4. ¿Cuál es la capital de España?
   a. Barcelona
   b. Madrid
   c. Castilla
   d. Caracas

5. ¿Cómo se llama un famoso plato de arroz español?
   a. el flan
   b. la paella
   c. el gazpacho
   d. la chirimoya

6. ¿En qué país de Sudamérica NO es la lengua oficial el español?
   a. Brasil
   b. el Uruguay
   c. Panamá
   d. Chile

Grupo 3

		1	2	3

7. ¿Cuál de estos países asocias con el petróleo?
   a. Argentina
   b. España
   c. Venezuela
   d. Costa Rica

8. Francisco Franco...
   a. es el rey actual de España
   b. es el secretario general de las Naciones Unidas
   c. fue dictador de España
   d. es campeón de tenis

9. ¿Cuál es la lengua que tiene más hablantes nativos?
   a. el inglés
   b. el español
   c. el ruso
   d. el chino

Segundo paso: Análisis de los datos

■ Después de hacer las entrevistas, los miembros de cada grupo deben reunirse otra vez.

■ Deben compartir con los otros de su grupo la información recogida y luego hacer una tabla de resumen para sus datos. Un miembro del grupo debe servir de secretario para anotar los resultados.

■ El secretario de cada grupo debe poner la tabla de resumen en la pizarra para mostrar los resultados al resto de la clase.

¿Son sorprendentes los resultados? Comenten.

Estrategias para la comunicación

Es una cosa para...
How to say what you don't know how to say

A frequent problem in constructing messages in another language is the lack of specific vocabulary to express exactly what you want to say. When you are writing, you can usually look up words in the dictionary, but this technique is cumbersome if you are in the middle of a conversation. Here are some conversational strategies to use.

Try to think of other ways to phrase the message so that the vocabulary and structures you *do* know will be adequate. Use shorter sentences and look for synonyms.

If you need a particular word that you don't have, try defining or describing the concept for the person you are speaking to. You can use expressions such as **No sé la palabra, pero es una cosa para... Es una persona que... Es un lugar donde... Es así** (appropriate gesture) **de grande/alto/largo.** Sometimes, if you can express what the concept is *not*, your listener will be able to guess what it is. For example, even if you forget the word for *closed*, you may remember the words **no abierto.**

If the person you are speaking to is bilingual, ask for help with **¿Cómo se dice... ?**

Practice the preceding communication strategies in these situations.

A. ¡**Necesito compañero!**   You don't know how to say the following phrases in Spanish exactly as they are in English. How can you restate the message in Spanish words and structures that you *do* know?

1. He is a knowledgeable person.   2. She is well read.   3. He has been misquoted by the media frequently.   4. They are brewing coffee.   5. I get light-headed at high altitudes.   6. They are having a lot of difficulty with the task.   7. These outperform the others.   8. The report has to be proofread by a specialist.   9. The economically underprivileged require more aid.   10. If you get the chance . . .

B.   Can you define or describe the following in Spanish?

1. an envelope
2. Cremora
3. a barbershop
4. a weather forecaster
5. a key chain
6. a teaching assistant
7. a day-care center
8. a mobile home (house trailer)

7. DIRECT OBJECTS

Objects receive the action of the verb. The direct object (**el complemento directo**) is the primary object of the verbal action. It answers the question *whom?* or *what?* The direct object can be a single word or a complete phrase.

Pepe oye a **las chicas**.	*Pepe hears* (whom?) *the girls.*
María va a pagar **la cuenta**.	*María is going to pay* (what?) *the bill.*
Juan ya sabe **que vienes mañana**.	*Juan already knows* (what?) *that you're coming tomorrow.*

A. The object marker *a* (personal *a*)

In Spanish, direct objects that refer to specific persons are always preceded by the object marker **a**. This marker is not used when referring to things or to nonspecific persons. It does, however, precede **alguien** (*someone*) and **nadie** (*no one*) when these words are used as direct objects.

Vemos a Lucía.	*We see Lucía.* (specific person)
Vemos a Pablo.	*We see Pablo.* (specific person)
Ayudan a los pobres.	*They help the poor.* (specific persons)
Veo el televisor.	*I see the TV.* (thing)
Veo la mesa.	*I see the table.* (thing)
Necesitan un mecánico.	*They need a mechanic.* (nonspecific person)

but:

Necesita un computador.	*They need a computer.* (thing)
Necesitan al mecánico.	*They need the mechanic.* (specific person)
No conozco a nadie aquí. ¿Tu reconoces a alguien?	*I don't know anyone here. Do you recognize anyone?* (words **alguien** and **nadie**)

The use of the indefinite article usually means that the direct object noun is nonspecific, but the indefinite article can also precede a specific noun. The speaker's intention or the context determines if the noun is specific or nonspecific. Compare these two sentences.

Necesito un asistente.	*I need an assistant.* (any assistant)
Veo a un asistente.	*I see an assistant.* (a specific assistant)

B. Direct object pronouns

The Spanish direct object pronouns (**los pronombres del complemento directo**) replace a specific direct object noun or phrase that has already been mentioned.

me	*me*	nos	*us*
te	*you*	os	*you all*
lo (le)	*him, it, you*	los (les)	*them, you all*
la	*her, it, you*	las	*them, you all*

Pepe oye a **las chicas** pero yo no **las** oigo.
Pepe hears the girls, but I don't hear them.

Javier sabe **que vienes mañana** pero Jorge no **lo** sabe.
Javier knows that you are coming tomorrow, but Jorge doesn't know (it).

María va a pagar **la cuenta** porque Camila no **la** puede pagar.
María is going to pay the bill because Camila can't pay it.

but:

Necesito **un lápiz**. ¿Tienes **uno**?
I need a pencil. Do you have one?

In the last example, the direct object noun (**un lápiz**) is nonspecific and for this reason cannot be replaced by a direct object pronoun. Expressions that answer the question *how?* or *where?* are not direct objects and cannot be replaced by direct object pronouns.

¿Cuándo van a la fiesta?
—Vamos (allí) como a las 8:30.
When are you going (where?) *to the party? —We're going* (there) *around 8:30.*

¿Hablan muy rápidamente?
—Sí, hablan rápidamente. (Sí, hablan así.)
Do they talk (how?) *rapidly? —Yes, they talk rapidly. (Yes, they talk that way.)*

 DE PASO

There is considerable variation in the use of **lo(s)** or **le(s)** as direct object pronouns. **Lo(s)** is preferred in a large part of Hispanic America, while **le(s)** is used in many parts of Spain and in other areas of Hispanic America. Where it is used, the **le** form can refer only to masculine people, or to masculine animals or objects when they are personified (spoken of as if they were people). **Lo(s)** will be consistently used in this text, but you will frequently see **le(s)** used as a direct object in other reading materials.

C. Placement of direct object pronouns

Object pronouns generally precede conjugated verbs. When the conjugated verb is followed by an infinitive or present participle, the object pronoun may be attached to the end of either of these forms.

¿La casa? { ¿**La** puedes ver?
¿Puedes ver**la**?   *The house? Can you see it?*

¿El informe? { Está escribién-
do**lo** ahora.   *The report? She's writing it now.*
Lo está escri-
biendo ahora.

Direct object pronouns follow and are attached to affirmative commands. They precede negative commands.

Esos caramelos son fantásticos. ¡Cómpre**los**! — *Those candies are fantastic. Buy them!*

Esos otros son terribles. No **los** compre. — *Those other ones are awful. Don't buy them.*

Esta sangría está muy rica. ¡Pruéba**la**! — *This sangría tastes great. Try it!*

Creo que la sopa está mal. No **la** prueba. — *I think the soup's gone bad. Don't try it.*

D. When *lo* ≠ *it*

There are two important contexts where you should remember that *it* is *not* expressed by **lo**.

1. In English, the word *it* can be the subject or direct object of a sentence.

    It is pretty. (subject)   *John reads it.* (object)

   The Spanish pronouns **lo/la** correspond only to the English object *it*. The English subject *it* has no special form in Spanish and is simply not expressed.*

   Creo que está en la mesa. — *I believe it is on the table.*
   Es difícil llegar allí en carro. — *It's hard to get there by car.*
   Es necesario rechazarlo. — *It's necessary to reject it.*

2. In Spanish, nouns that are modified by adjectives are often omitted when there is enough context to keep meaning clear. Omitting the noun leaves the definite article and the adjective or adjective phrase standing alone. The

---

*The subject pronouns **él** and **ella** are occasionally used to express the English subject *it*, but this usage is infrequent.

los or **las** may look like a direct object pronoun in this case, but it is really just the definite article.

Las personas mayores necesitan dormir menos que **las** (personas) **jóvenes**.

Old people need to sleep less than young ones.

El vestido azul es bonito, pero prefiero **los** (vestidos) **rojos**.

The blue dress is pretty, but I prefer the red ones.

PRACTICA

A. Exprese las siguientes oraciones en español según el contexto establecido por la palabra española. ¡OJO! *It* como complemento verbal sí se expresa.

1. el dinero: It is important to look for it. We need it.
2. el pájaro: Do you know that it can't fly (**volar**)?
3. el programa: The children used to watch it, but now it's cancelled.
4. la revista: I have read it. It's very short but boring.
5. la casa: He wants to buy it, but it's very expensive.
6. la población: It's necessary to study it.

B. En los siguientes diálogos, hay un contexto que hace innecesaria la repetición de unos sustantivos. Cambie los sustantivos repetidos por los complementos pronominales adecuados. ¡OJO! No es posible usar complementos pronominales en todos los casos.

1. —¿Piensa Ud. visitar a sus padres este fin de semana?
   —No, no pienso visitar a mis padres, pero pienso llamar a mis padres por teléfono.
   —¿Llama a sus padres con frecuencia?
   —No, sólo llamo a mis padres de vez en cuando.
2. —¿Sabe María contar bien esa historia?
   —Sí, cuenta esa historia muy bien.
   —¿Cuándo va a contar la historia en clase?
   —El próximo miércoles. ¿Quiere Ud. oír la historia?
3. —¡Ojo! ¡El niño va a romper los vasos!
   —No, va a tocar los vasos solamente, porque los colores son muy bonitos.
   —Yo también creo que son bonitos, pero no toco los vasos. ¡Valen tanto!
4. —¿Tenemos que comprar estos libros para esa clase?
   —Sí, tienen que comprar estos libros y un cuaderno de ejercicios también.
   —¿Dónde se compran esos materiales?
   —Creo que podemos comprar esos materiales en la librería.
5. —¿Suele Alvaro preparar las comidas?
   —Sí, en general prepara las comidas, pero a veces su compañero prepara las comidas también.
   —¿Quién prepara mejor las comidas?
   —No sé, pero creo que Alvaro es muy buen cocinero.

C.   Conteste las preguntas según los dibujos. Use complementos pronominales donde sea posible.

1. ¿Come la niña la carne? ¿Come las legumbres? ¿la ensalada? ¿el pan? ¿Bebe la leche? ¿Come las galletas? ¿Es una niña normal?
2. ¿Qué tratan de hacer (*are trying to do*) María y Enrique? ¿Tratan de coger la pelota? ¿Quién la va a coger? ¿Ve María a Enrique? ¿Ve Enrique a María? ¿Quién ve a los dos?
3. ¿Huele (*Smells*) las salchichas el perro? En su opinión, ¿qué va a hacer? ¿Lo ve el dueño? ¿Por qué no?
4. ¿Corre el ladrón por el parque? ¿Quién lo busca? ¿Qué hace el ladrón con el dinero? ¿Quién lo ve? ¿El los ve a ellos? ¿Qué va a pasar después?

1.   2.   3.   4.

D.    **¡Necesito compañero!**   Haga y conteste las siguientes preguntas. Luego comparta con la clase lo que ha aprendido sobre su compañero.

1. Puedes almorzar dónde y con quién desees. ¿Dónde almuerzas y con quién?
2. ¿Qué es algo que otra persona siempre va a encontrar en tu cuarto? ¿Por qué lo va a encontrar allí?
3. ¿Qué sabes hacer muy bien? ¿Por qué lo haces tan bien?
4. ¿Qué objeto muy agradable recuerdas de tu niñez (*childhood*)? ¿Por qué lo recuerdas?
5. Si en el futuro tienes mucho dinero, ¿cómo lo vas a gastar?
6. Puedes pedir cualquier rasgo físico. ¿Qué rasgo pides y por qué lo quieres?
7. ¿Tienes que estudiar español obligatoriamente o lo estudias por interés? ¿y el inglés? ¿y la biología? ¿el arte? ¿las matemáticas?
8. ¿Qué piensas tú que *yo* hago muy bien?

¡ojo!

trabajar—funcionar

The English verb *to work* can be used to refer either to physical labor or to the functioning of a mechanical device.

*We all **work** hard for a living.*
*My watch doesn't **work** anymore.*
*How does this gadget **work**?*

In Spanish, *to work* meaning *to do physical labor* is expressed by the verb **trabajar**; *to work* meaning *to function* is expressed by the verb **funcionar**.

Todos **trabajamos** mucho para vivir.
Mi reloj ya no **funciona**.
¿Sabes cómo **funciona** este chisme?

cuerdo—sano

The Spanish equivalent of *sane* is **cuerdo**; the Spanish word **sano** corresponds to the English *healthy*. Note that both adjectives are frequently used with **estar**.

Ellos sabían que don Quijote no estaba muy **cuerdo**.	*They knew that Don Quijote was not very sane.*
Como todos están bien **sanos**, trabajan más.	*Since they are all quite healthy, they work harder.*

bajo—corto—breve

Shortness of height is expressed in Spanish with **bajo**; *shortness of length* is expressed by **corto**. English *short* in the sense of *concise, brief* is expressed with either **corto** or **breve**. Note that these adjectives are generally used with **ser**.

Mis padres son **bajos** y por eso yo sólo mido cinco pies.	*My parents are short, and because of that, I'm only five feet tall.*
Tus pantalones son demasiado **cortos**.	*Your pants are too short.*
La conferencia fue muy **breve** (**corta**).	*The lecture was very brief (concise, short).*

mirar—buscar—parecer

The English verb *to look* is expressed in Spanish by **mirar** when the meaning is *to look at* or *to watch*. The command form of **mirar** is often used to call someone's attention to something (like *Look* [*here*] is used in English). *To look for* is expressed by **buscar**.

—¿Qué **buscas**?	*—What are you looking for?*
—La guía de programas; quiero **mirar** la televisión.	*—The program guide; I want to watch TV.*
—Aquí está. **¡Mira!** Ponen «Star Trek» a las 8:00.	*—Here it is. Look! "Star Trek" is on at 8:00.*

When *to look* is used in the sense of *to look like, to seem,* or *to appear,* use
parecer.

> Este programa **parece** intere-
> sante.
>
> **Parece** que va a llover.

> *This program looks interesting.*
>
> *It looks like it is going to rain.*

PRACTICA

A.   Dé la palabra española que se corresponde mejor con la palabra en *letras
cursivas.*

Trabajar

1. We don't have *to work* today because it's a state holiday.   2. The elevator
Gracian isn't *working* very well.   3. No *cuerdo* person would walk in there.   4. The cat-
tle are as *healthy* as they have ever been.   5. The garden is planted with *low*
bushes.   6. The stick was too *short* to reach the ceiling.   7. A good speech is
always *short* and to the point.   8. *Look!* There goes Robert Redford!   9. We
were *looking at* that camera, but it *looks* too expensive for us.   10. I'm *looking
for* summer sandals. Those in the window *look* comfortable.

B.   Elija la palabra que mejor complete la oración.

1. Las vacaciones siempre son demasiado (*cortas/bajas*).
2. ¿Sabes dónde (*funciona/trabaja*) la madre de Ernesto?
3. La película era muy (*breve/baja*).
4. Ese hombre (*mira/parece*) italiano.
5. El reloj no (*funciona/trabaja*) muy bien.
6. ¿Cuántas horas (*funcionas/trabajas*) tú hoy?
7. Lo pusieron en un manicomio (*asylum*) porque no estaba (*sano/cuerdo*).
8. Ud. debe visitar Austria si (*busca/mira*) la tranquilidad.
9. No es muy (*cuerdo/sano*) respirar este aire; produce cáncer.
10. Todos los hijos de la familia eran muy (*cortos/bajos*).

C.   Situaciones y preguntas

1. ¿Trabajan sus padres? ¿Donde? ¿Trabaja Ud. ahora? ¿Dónde trabaja?
   ¿Cuántas horas trabaja al día? ¿a la semana? ¿Es difícil trabajar y estudiar
   al mismo tiempo? ¿Qué tipo de trabajo buscan generalmente los estudiantes de aquí?
2. ¿Es nuevo el coche de sus padres (de Ud.)? ¿Parece nuevo? ¿Siempre funciona bien? ¿Qué hace Ud. cuando no funciona?
3. ¿Es mejor ser alto o bajo? ¿Qué problemas tiene una persona alta? ¿Y una
   persona baja?
4. ¿Prefieres las clases cortas o largas? ¿Por qué? ¿Qué crees que prefiere la
   mayoría de los estudiantes? ¿Prefieres las películas breves o largas?
5. ¿Quiénes miran más la televisión, Uds. o sus padres? Los personajes de la
   televisión, ¿parecen reales o representan estereotipos? En su opinión, ¿crea
   estereotipos la televisión o simplemente refleja los que ya existen?

 **Repaso***

A. Complete el párrafo, dando la forma correcta del verbo. Cuando se dan varias palabras entre paréntesis, escoja la palabra apropiada.

Los estereotipos, ¿inevitables?

Los estereotipos (*ser/estar*[1]) malos—todos (*ser/estar*[2]) de acuerdo en eso. (*Ser/Estar*[3]) necesario pensar en (*los/las*[4]) personas como individuos y no como representantes de distintos grupos. Cuando alguien (*considerar*[5]) a un individuo como miembro de un determinado grupo, siempre (*expresar*[6]) generalizaciones que en su mayor parte° (*ser/estar*[7]) falsas. Estas generalizaciones, a su vez,° (*producir*[8]) estereotipos que luego (*causar*[9]) (*muchos/muchas*[10]) problemas. Pero cuando (*intentar*[11]) nosotros eliminar las generalizaciones, pronto (*estar*[12]) ante° (*un/una*[13]) dilema: en realidad, ¿(*ser/estar*[14]) posible pensar en cada uno de los cinco billones de habitantes del mundo como individuos? Hasta cierto punto, las generalizaciones (*ser/estar*[15]) inevitables.

También, todos (*comprender*[16]) que el hombre no (*vivir*[17]) aislado sino que° (*formar*[18]) parte de un grupo cultural. Y (*ser/estar/haber*[19]) (*gran/grandes*[20]) diferencias entre los grupos. Decir que no (*ser/estar/haber*[21]) grupos diferentes o que todos los grupos (*ser/estar*[22]) iguales es, en el fondo,° la peor° de las generalizaciones.

en... *largely*

a... *in turn*

faced with

sino... *but rather*

en... *if the truth be told*
la... *the worst*

B. Describa cómo *son* las personas que están delante del espejo. Luego describa cómo *están* reflejadas las personas en el espejo. ¿Están todos contentos con su nueva apariencia?

Imagine Ud. que está delante de un espejo que cambia su apariencia o personalidad de una manera favorable. ¿Cómo está Ud. reflejado/a en el espejo? ¿Y cómo es Ud. en realidad?

---

*The answers to activity A in all **Repaso** sections are found in Appendix 6.

CAPITULO DOS

La sardana, Palamós (Cataluña), España

La comunidad humana

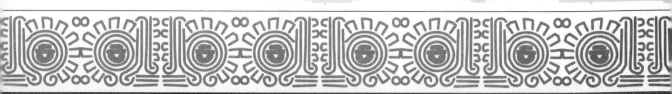

Cada uno de nosotros es miembro de varios grupos o comunidades humanas. Por ejemplo, en esta foto las personas olvidan las diferencias de edad y de profesión para formar un grupo y participar en el rito de «la sardana», un baile catalán que se baila cada domingo en frente de la catedral de Barcelona (España) y en otros pueblos de Cataluña.

A continuación hay una lista de algunos factores que sirven para agrupar a las personas en distintas formas. ¿Pertenece Ud. a un grupo determinado por alguno de estos factores? ¿Qué otros factores puede Ud. añadir?

la familia   la generación
el sexo   un club social
la profesión   la región geográfica
un interés especial (en los de-   un grupo étnico
    portes, por ejemplo)   una escuela
la religión   una habilidad (para el baile,
la raza   por ejemplo)
la nación

¿Cuál es el grupo más exclusivo? ¿Qué grupo incluye a más personas? ¿Cuál es el más importante para Ud.? El famoso filósofo Sócrates dijo que él no era ateniense (*Athenian*) ni griego (*Greek*), sino ciudadano (*citizen*) del mundo. ¿Y Ud.? ¿Pertenece a grupos que incluyan a los miembros de otras culturas? ¿otras religiones? ¿razas? ¿generaciones?

Vocabulario para conversar

el antepasado ancestor
apreciar to hold in esteem, think well of
  el aprecio esteem
compartir to share
con respecto a with respect to
el contraste contrast
el descendiente descendant
despreciar to look down on
  el desprecio scorn, contempt
discriminar to discriminate

el indígena native
el indio Indian
(no) llevarse bien (con) to (not) get
  along well (with)
la mezcla mixture
lo moderno modern things
el nativoamericano Native American
la población population
la raza race
lo tradicional traditional things

Practiquemos

A. ¿Qué palabra o frase de la columna B asocia Ud. con cada palabra o frase de la columna A? Explique en qué basa su asociación. ¿Son sinónimos? ¿antónimos? ¿Es una un ejemplo de la otra?

A		B	
el antepasado	lo tradicional	generoso	el nieto
el descendiente	la raza	despreciar	el inmigrante
el indígena	la mezcla	el abuelo	la historia
apreciar	el conflicto	los habitantes	la combinación
compartir	la población	la biología	llevarse bien

B. ¿Con qué asocia Ud. cada una de las siguientes palabras o frases? Identifique por lo menos tres asociaciones que evoca cada palabra. Explique el porqué de su selección.

1. lo moderno
2. el contraste
3. discriminar
4. el indio

Conversemos

A. En el dibujo, ¿qué contrastes nota Ud. entre lo tradicional y lo moderno con respecto a las características de la ciudad? ¿con respecto a la gente? ¿Hay el mismo contraste en una ciudad típica de los Estados Unidos?

B. Describa Ud. a las personas del dibujo. ¿Qué grupos diferentes puede Ud. identificar? ¿Cómo puede Ud. identificarlos? ¿Qué semejanzas y diferencias nota Ud. entre los diversos grupos?

C. ¿En qué situaciones entran en conflicto las personas del dibujo? ¿Existen los mismos conflictos en una ciudad típica de los Estados Unidos? ¿dentro de cualquier grupo humano? En el dibujo, ¿se puede ver el aprecio por los indígenas? ¿en qué sentido? ¿Existe esta actitud hacia los indígenas en los Estados Unidos? Explique.

D.   ¿Es Ud. descendiente de indios norteamericanos? ¿De dónde son sus ante-pasados? ¿Qué sabe Ud. de ellos? ¿Conoce Ud. bien a sus abuelos? ¿a sus bisa-buelos (*great-grandparents*)?

E.   ¿Se lleva bien con sus parientes? ¿Los visita con frecuencia? ¿Ellos lo/la visitan a Ud.? ¿Lo/La comprenden bien? En general, entre los miembros de su familia, ¿hablan Uds. de asuntos (*issues*) políticos? ¿de asuntos religiosos? ¿de asuntos económicos? ¿De qué asuntos normalmente *no* hablan? ¿Aceptan sus padres las ideas de Ud.? ¿Acepta Ud. las ideas de ellos?

 **Gramática**

8. IMPERSONAL *SE* AND PASSIVE *SE*

The word **se** has many uses in Spanish. Here are two of the most frequent.

A. The impersonal *se*

> **se** + third person singular verb

The **se impersonal** is used with a third person singular verb to express the impersonal English subjects *one, you, people (in general),* or *they.*

Será difícil tener una sociedad justa si **se considera** al indio como un ser inferior.	*It will be difficult to have a just society if you consider the Indian an inferior being.*
Se dice que los indios son inca-paces de participar en la vida moderna.	*They say that Indians are incapa-ble of participating in modern life.*
Algunos quieren cambiar la vi-sión negativa que **se tiene** del indio.	*Some want to change the negative view that people have of the Indian.*

Here, the use of **se** indicates that people are involved in the action of the verb, but no specific individuals are identified as performing the action.

B. The passive *se**

$$\text{se} + \text{third person} \left\{ \begin{array}{l} \text{singular} \\ \text{plural} \end{array} \right\} \text{verb} + \text{noun}$$

$$\text{noun} + \text{se} + \text{third person} \left\{ \begin{array}{l} \text{singular} \\ \text{plural} \end{array} \right\} \text{verb}$$

The **se pasivo** is very similar to the **se impersonal**. As with the impersonal construction, the agent of the action is either unknown or unimportant to the message of the sentence. The speaker simply wishes to communicate that an action is being done *to* something. The verb is in the third person singular or plural, depending on whether the thing acted upon is singular or plural.

Entre algunos gitanos españoles **se hablan** el español y el caló.

Among some Spanish gypsies Spanish and Caló (gypsy argot) are spoken.

Se utiliza el caló cuando es conveniente guardar secretos.

Caló is used when it is useful to keep secrets.

To summarize

1. In both the impersonal and the passive constructions, **se** indicates that *there is no specific agent or doer of the action.*
2. In both constructions, *the verb is singular or agrees with the direct object.* If the object is plural, the verb is plural; otherwise it is singular.

PRACTICA

A. Conteste las siguientes preguntas con **se**. Luego, diga si Ud. está de acuerdo o no, y por qué.

MODELO: ¿Creen muchas personas que la vida de un estudiante es fácil? →
Sí, **se cree** que la vida de un estudiante es fácil, pero no es verdad. La vida de un estudiante está llena (*full*) de dificultades y problemas.

---

*You will learn more about the **se pasivo** construction in Section 41.

1. ¿Creen muchas personas que todos los estudiantes fuman mariguana?
2. En los Estados Unidos, ¿come la gente muchas hamburguesas?
3. ¿Hablan español en el Brasil?
4. ¿Piensan muchos que la discriminación racial o étnica es peor hoy en día?
5. ¿Van a resolver pronto los problemas del déficit?
6. En general, ¿comen todos muy bien en las residencias?
7. Aquí, durante el primer año, ¿dan una fiesta cada semana?
8. ¿Deben las personas discriminar a causa del estado civil?
9. En esta universidad, ¿escriben los estudiantes una tesis en el último año?
10. Normalmente en esta universidad la gente no trabaja mucho, ¿verdad?

B.   ¿Qué opina Ud.? Usando un elemento de la columna A y otro de la columna B, forme oraciones para completar las siguientes frases. Explique su respuesta.

En los Estados Unidos, con respecto a
1. las relaciones interpersonales...
2. el mundo de los negocios...
3. el mundo académico...

——— A ———		——— B ———
se aprecia(n)	la paciencia	la cooperación
se desprecia(n)	los prejuicios	la disciplina
se tolera(n)	el espíritu	las reacciones
se fomenta(n) (*is/are*	competitivo	emocionales
encouraged)	la agresividad	la creatividad
	las diferencias	el sentido del
	individuales	humor
	la objetividad	la independencia
	las responsabilida-	el respeto
	des personales	el egoísmo

C.   Situaciones y preguntas

1. ¿En qué países del mundo se vive bien? ¿Qué se necesita para vivir bien? ¿Se puede vivir en los Estados Unidos sin coche? ¿sin saber inglés? ¿sin saber leer? ¿Se consigue un buen puesto (*job*) sin título universitario? ¿Se consigue un buen puesto *con* título universitario? ¿Qué otra cosa se necesita para conseguir un buen puesto? ¿para ser feliz?
2. ¿En qué restaurante de esta ciudad se come barato (*cheaply*)? ¿En qué librería se encuentran muy buenos libros de arte? ¿En qué librería se venden libros de texto? ¿En qué bar se oye mucha música «jazz»? ¿En qué residencia se dan muchas fiestas?
3. ¿Qué clase de comida se come en este país? ¿en el sur de los Estados Unidos? ¿en el oeste? ¿en los barrios alemanes? ¿en los barrios latinos?

¿Dónde se encuentran los barrios alemanes en este país? ¿los barrios latinos? ¿los barrios chinos? ¿los barrios italianos? ¿las comunidades habitadas por los indios?

D. ¡**Necesito compañero!** En grupos de dos, completen las siguientes oraciones con la forma apropiada de **se**. Luego compartan sus opiniones con el resto de la clase.

> MODELO: En Italia ____. →
> En Italia se hacen muchos *westerns* y se come mucho espagueti.

1. En la clase de español ____.
2. En esta universidad ____.
3. En McDonald's ____.
4. En las calles de una ciudad grande ____.
5. En las escuelas secundarias ____.
6. En este estado ____.
7. En los países hispanos ____.
8. En los pasillos (*halls*) de mi residencia ____.
9. En una fiesta universitaria ____.
10. *Invente una oración incompleta para que la complete la clase.*

9. INDIRECT OBJECTS

Remember that objects receive the action of the verb. The direct object is the primary object of the verbal action, answering the question *what?* or *who?*

> Los niños llevan **regalos** a la fiesta.
>
> *The children take **gifts** to the party.*
>
> ¿Conocen Uds. a **la señora**?
>
> *Do you know **the woman**?*

The indirect object (**el complemento indirecto**) is the person or thing involved in or affected by the action in a secondary capacity.

> Los niños le llevan regalos a **su amiguito**.
>
> *The children take gifts to **their friend**.*
>
> Ellos le piden dinero al **gobierno**.
>
> *They request money from **the government**.*
>
> Paula les abre la puerta a **los niños**.
>
> *Paula is opening the door for **the children**.*

As the preceding examples show, the indirect object frequently answers the question *to whom?*, *for whom?*, or *from whom?* Note, however, that in Spanish the indirect object noun is preceded by the preposition **a**, regardless of the corresponding English preposition.

Indirect object pronouns

The Spanish indirect object pronouns (**los pronombres de complemento indirecto**) are identical to the direct object pronouns, except in the third person singular and plural.

me	*me, to me*	nos	*us, to us*
te	*you, to you*	os	*you all, to you all*
le	$\begin{cases} him,\ to\ him \\ her,\ to\ her \\ you,\ to\ you \end{cases}$	**les**	$\begin{cases} them,\ to\ them \\ you\ all,\ to\ you\ all \end{cases}$

Mis padres **me** prestan dinero.	*My parents lend **me** money.*
Los señores García **le** escriben a **su hijo** con frecuencia.	*Mr. and Mrs. García write to **their son** frequently.*
Dear Abby **les** da consejos a **muchas personas**.	*Dear Abby gives advice to **many people**.*

As in the last two examples, both an indirect object pronoun and an indirect object noun frequently appear together in the same sentence, especially when the indirect object is being mentioned for the first time. Once the meaning of the indirect object pronoun is clear, however, the indirect object noun can be dropped.

Like direct object pronouns, indirect object pronouns

1. precede conjugated verbs and negative commands.

Siempre **me** escriben a principios del mes.	*They always write **me** at the beginning of the month.*
No **me** escriba a esta dirección.	*Don't write **me** at this address.*

2. can precede or follow infinitives and present participles.

No **le** voy a prestar el dinero. ⎫ No voy a prestar**le** el dinero. ⎭	*I'm not going to lend **him** the money.*

3. follow and are attached to affirmative commands.

Escríba**me** a mi nueva dirección.	*Write **me** at my new address.*

Third person object pronouns may have more than one meaning: **le** = *to him, to her, to you*; **les** = *to them, to you all*. This ambiguity is often clarified by using a prepositional phrase with **a**.

Le doy el libro	$\begin{cases} a\ él. \\ a\ ella. \end{cases}$	*I'm giving the book* $\begin{cases} to\ him. \\ to\ her. \end{cases}$
Les escribo	$\begin{cases} a\ ellos. \\ a\ Uds. \end{cases}$	*I'm writing* $\begin{cases} to\ them. \\ to\ you\ all. \end{cases}$

The prepositional phrase with **a** is also used for emphasis.

Me da el libro **a mí,** no **a ella.**   *He's giving the book to **me**, not to **her**.*

With verbs whose meaning involves written or oral communication, *what is being communicated* is the direct object; *the person to whom the message is given* is the indirect object.

Comprendo el ruso pero no **lo** hablo.	*I understand Russian but I don't speak it.*
Mi madre es mi mejor amiga y **le** hablo todos los días.	*My mother is my best friend and I speak to her every day.*
¿El informe? ¿**Lo** vas a escribir?	*The report? Are you going to write it?*
¿Tu amiga? ¿**Le** vas a escribir?	*Your friend? Are you going to write to her?*

Some frequently occurring verbs of this kind include **admitir**, **contestar**, **decir**, **escribir**, **gritar**, **hablar**, **preguntar**, and **telefonear**. Make sure you know their meanings before beginning the exercises in this section.

PRACTICA

A.   Anita es la directora de relaciones públicas de un yate de recreo (*cruise ship*). Como parte de su trabajo, tiene que asegurar (*to make sure*) que todos los viajeros se relacionen y se diviertan durante el crucero. Complete sus sugerencias según las palabras que aparecen entre paréntesis.

MODELO: *Yo* comprendo todo. ¿Por qué no *me* dices tu problema? (Juan) →
Juan comprende todo. ¿Por qué no le dices tu problema?

1. Aquí viene *Pablo.* ¿Por qué no *le* hablan Uds.?
   (María y Juan, Elena, Pablo y Raúl, yo)
2. Aquí estoy *yo,* pues. ¿Por qué no *me* dices nada?
   (Fernando, ellos, nosotros, Carmen)
3. *Juan* tiene las entradas. ¿Por qué no *le* compra algunas?
   (yo, ellos, nosotros, Ud., tú)
4. *El* entiende la situación. ¿Por qué no *le* hacen ellos preguntas?
   (tú, nosotras, Uds., vosotros)
5. *Ellos* desembarcan pronto. ¿Vas a escribir*les*?
   (yo, los señores Gambas, ella, Manolo y yo)

B.   En grupos de 3 ó 4 personas, describan los siguientes dibujos, usando los verbos indicados para contestar las preguntas generales a continuación e incorporando complementos pronominales cuando sea posible. ¡Usen la imaginación y recuerden las estrategias para la comunicación!

- ¿Quiénes son esas personas?
- ¿Cuál es la relación entre ellas?
- ¿Cómo son, físicamente?
- ¿Dónde están?
- ¿Cuál es el contexto general?
- ¿Qué hacen?
- ¿Por qué lo hacen?

1. explicar, escuchar, hacer una pregunta, pasar un recado (*note*)   2. acabar de, mandar, escribir, dar las gracias   3. jugar, gritar, hacer la tarea   4. leer, pedir, dar

1.   2.   3.   4.

C.   ![] ¡**Necesito compañero!**   Con un compañero de clase, formen oraciones con los siguientes elementos. En las listas de la izquierda aparecen posibles personas (Uds. pueden decidir quién es el agente y quién es el afectado [= complemento indirecto]), en las lista del medio, posibles acciones y en la lista de la derecha, posibles complementos directos. Traten de hacer todas las combinaciones posibles y de incorporar pronombres de complemento indirecto en sus oraciones.

MODELOS: Los conquistadores les quitan tierras a los indios.

Los colonos les piden ayuda a los indios.

– AGENTES O AFECTADOS –	——— ACCION ———	—— COMPLEMENTO ——
indios/conquistadores/ colonos	comprar	consejos
	contestar	dinero
presidente/congreso	dar	preguntas
niños/padres	(no) decir	tierras
médicos/pacientes	explicar	tradiciones
hermanos menores/ hermanos mayores	hacer	la verdad
	pedir	la obediencia
	quitar	ayuda
	traer	comida
		juguetes

D.   Mire el anuncio de la página 57.

1. ¿Qué se vende? ¿Qué aspecto del producto le atrae más a Ud.?
2. ¿A quiénes va dirigido (*is directed*) el anuncio? ¿a los norteamericanos? ¿a los europeos? ¿a los hispanos? ¿Qué hay en el anuncio que se lo indica?
3. ¿Por qué dice el anuncio que Venezuela es «un secreto»? En general, cuando se piensa en el Caribe, ¿en qué países se piensa?
4. La persona que más se va a entusiasmar por visitar Venezuela al leer este anuncio, ¿qué tipo de persona será (*might be*)?

- unos padres que buscan unas vacaciones activas para toda la familia
- un ejecutivo (una ejecutiva) que quiere escaparse de una vida frenética
- una pareja a quien le encanta visitar museos y otros lugares históricos

¿Qué hay en el anuncio que se lo indica?

5. Imagine que Ud. necesita hacer un anuncio publicitario para atraer turismo a su pueblo (*hometown*). ¿Cuáles de sus aspectos va a presentar? ¿A qué público (*audience*) va a dirigir su anuncio? ¿Cómo captará su interés?

10. SEQUENCE OF OBJECT PRONOUNS

When both a direct and an indirect object pronoun appear in a sentence, the direct object (usually a thing) follows the indirect object (usually a person).

—No entiendo el problema. ¿**Me lo** puede explicar?

—Sí, **te lo** explico ahora mismo.

—*I don't understand the problem. Can you explain it to me?*

—*Yes, I'll explain it to you right now.*

When both the direct and indirect object pronouns are in the third person, the indirect object pronoun (which usually refers to a person) is replaced by **se**.

le/les +	lo la los las	→	**se** +	lo la los las

María todavía no tiene los papeles. —Bien. **Se los** envío.	*María still doesn't have the papers. —Fine, I'll send them to her.*
Los Rodríguez se mudan a una casa más grande. —Ya lo sé. Mi compañía **se la** está construyendo.	*The Rodríguez' are moving to a bigger house. —I know. My company is building it for them.*
Esas familias necesitan comida y medicinas. —De acuerdo. La agencia puede mandár**selas**.	*Those families need food and medicine. —Fine, the agency can send them to them.*

PRACTICA

A.   ¿A quién puedo darle las siguientes cosas? ¿a Ud. o a un amigo? ¡OJO! ¡Es preferible guardar lo mejor para sí mismo (*yourself*) y darles lo demás a los otros, como se hace en los modelos!

> MODELOS: ¿mucho trabajo? → Se lo puedes dar a él (ella).
>
> ¿un día de vacaciones? → Me lo puedes dar a mí.

COSAS: dinero, una gatita, un boleto de lotería, unas botas de goma (*rubber*), unos discos de música clásica, una botella de champaña, un diccionario bilingüe, una foto del presidente, un pasaje de ida (*one-way*) a Australia

Y ahora, ¿a quiénes puedo hacer los siguientes favores? ¿a Ud. y a su mejor amigo/a o a otras dos personas? Conteste según los modelos.

> MODELOS: ¿lavar la ropa? → Nos la puedes lavar a nosotros.
>
> ¿regalar un disco de Frank Sinatra? →
> Se lo puedes regalar a ellos.

FAVORES: preparar la cena, servir pulpo (*octopus*), enviar unas flores, limpiar el cuarto, conseguir entradas para la película *Teenage Mutant Ninja Turtles*, regalar unos calcetines morados (*purple*), dar una casa en Acapulco

B.   En los siguientes diálogos, hay un contexto que hace innecesaria la repetición de unos sustantivos. Cambie los sustantivos repetidos por los complementos pronominales adecuados.

1. —¿Explican los indios sus costumbres a los europeos?
   —Sí, explican sus costumbres a los europeos.
2. —¿Quitan los conquistadores las tierras a los indios?
   —Sí, quitan las tierras a los indios.
3. —¿Prometen los europeos devolver las tierras a los indios?
   —Sí, prometen devolver las tierras a los indios pero nunca entregan las tierras a los indios.
4. —¿Venden los indios su artesanía a los turistas?
   —Sí, venden su artesanía a los turistas.
5. —¿Piden los indios cambios al gobierno?
   —Sí, piden cambios al gobierno, pero el gobierno no quiere dar los cambios a los indios muy pronto.

C. Situaciones y preguntas

1. ¿Le das tus discos favoritos a tu hermanito? ¿Le das tu suéter más nuevo? ¿Qué le das? ¿Qué más te pide él? ¿Se lo das? ¿Qué *no* le das en ninguna circunstancia?
2. ¿Le compras flores a tu novio/a? ¿Le cantas canciones de amor? ¿Le compras diamantes? ¿Qué le vas a regalar para su cumpleaños? ¿Le vas a dar una fiesta? ¿un *picnic*? ¿Le escribes cartas románticas? ¿Se las escribes en español? ¿Quién te escribe cartas románticas a ti?
3. ¿Siempre les hablo yo en español? Si no, ¿cuándo no lo hago? ¿En qué lengua les explico la gramática? Cuando me hacen Uds. preguntas, ¿me las hacen en español? ¿Me entregan (*hand in*) siempre la tarea a tiempo? Cuando no lo hacen, ¿me dan escusas (*excuses*) o me lo dicen sinceramente?
4. ¿A quién le pide Ud. ayuda cuando... tiene un problema de salud? ¿un problema económico? ¿un problema en sus estudios? ¿un problema sentimental? ¿Para qué clase de problema le piden ayuda a Ud. sus amigos?

D. ¡Necesito compañero! Con un compañero de clase, hagan y contesten las siguientes preguntas. Usen complementos pronominales siempre que puedan.

1. Tu padre te da una raqueta de tenis pero se la devuelves. ¿Por qué?
2. Mi compañero/a de cuarto y yo te pedimos 100 dólares pero no nos los das. ¿Por qué no?
3. Casi siempre le dices la verdad a tu esposo/compañero de cuarto (esposa/compañera de cuarto), pero esta tarde no se la piensas decir. ¿Por qué no?
4. Tú quieres comprarle un Jaguar a tu novio/a pero no te lo permiten tus padres. ¿Por qué no?
5. Tú y tus amigos creen que su profesor de antropología es antipático pero no se lo dicen. ¿Por qué no?
6. Yo te envío un cheque de 1.000 dólares, pero tú me lo devuelves. ¿Por qué?
7. Acabas de recibir una carta de tu novio/a, pero no se la piensas leer a tus padres. ¿Por qué no?
8. *Invente una situación y preséntela a la clase.*

11. IMPERFECT INDICATIVE

Events or situations in the past are expressed in two simple past tenses in Spanish: the imperfect and the preterite.

A. Regular forms of the imperfect

-ar VERBS		-er/-ir VERBS	
tomaba	tomábamos	quería	queríamos
tomabas	tomábais	querías	queríais
tomaba	tomaban	quería	querían
almorzaba	almorzábamos	escribía	escribíamos
almorzabas	almorzábais	escribías	escribíais
almorzaba	almorzaban	escribía	escribían

The imperfect form of **hay** (**haber**) is **había** (*there was/were*).

Note that, in the imperfect, the first and third person singular forms are identical. There is no stem change or **yo** irregularity in any verb. Note the placement of accents, and the familiar person/number endings **-s, -mos, -is,** and **-n**.

B. Irregular imperfect forms

ser		ir		ver	
era	éramos	iba	íbamos	veía	veíamos
eras	érais	ibas	ibais	veías	veíais
era	eran	iba	iban	veía	veían

Only these three Spanish verbs are irregular in the imperfect. The verb **ver** is irregular only in that its stem retains the **e** of the infinitive ending in all persons of the imperfect.

C. Uses of the imperfect

The imperfect tense (**el imperfecto**) derives its name from the Latin word meaning "incomplete." It is used to describe actions or situations that were not finished or that were in progress at the point of time in the past that is being described. The use of the imperfect tense to describe the past closely parallels the use of the present to describe an action in progress in the present.

—— DESCRIPTION OF ——	———— PRESENT ————	———— PAST ————
an action or condition in progress	Leo el periódico. *I'm reading the paper.*	Leía el periódico. *I was reading the paper.*
an ongoing action or condition	La casa está en la esquina. *The house is on the corner.*	La casa estaba en la esquina. *The house was on the corner.*
the hour (telling time)	Son las ocho. *It is 8 o'clock.*	Eran las ocho. *It was 8 o'clock.*
habitual or repeated actions	Salgo con mi novio los viernes. *I go out with my boyfriend on Fridays.* Estudio por la mañana. *I study in the morning.*	Salía con mi novio los viernes. *I used to go out with my boyfriend on Fridays.* Estudiaba por la mañana. *I used to study in the morning.*
an anticipated action	Mañana tengo un examen. *Tomorrow I have an exam.* Vamos a ir a la playa. *We're going to go to the beach.*	Al día siguiente tenía un examen. *On the next day I had (was going to have) an exam.* Ibamos a ir a la playa. *We were going to go to the beach.*

When the imperfect tense is used, attention is focused on the action in progress or on the ongoing condition, with no mention made of, or attention called to, the beginning or end of that situation. For this reason, the imperfect is used to describe the background for another action: the time, place, or other relevant information. Note these uses of the imperfect in the following paragraph.

Era medianoche y no había nadie en la pequeña plaza. Julia caminaba lentamente. Era una mujer alta y delgada. No parecía ni muy joven ni muy vieja. Tenía el pelo negro, ni muy largo ni muy corto. Mientras caminaba, pensaba en las actividades que había compartido° allí con sus amiguitas.° Durante el año escolar siempre venían a la plaza para almorzar. Compartían sus secretos y chismeaban° de los asuntos que pasaban en el pequeño pueblo. Luego, como adolescentes, venían a la plaza con sus novios y hablaban de las cosas que iban a hacer y se reían y se divertían.

había... *she had shared / childhood friends gossiped*

PRACTICA

A. Cambie los verbos en el presente por el imperfecto.

Durante el siglo° pasado y la primera parte de éste, las dife-   *century*
rencias entre la vida urbana y la rural son[1] más notables que en
la época actual ya que° hay[2] menos contacto entre las dos   *ya... since*
zonas. En aquel entonces,° la gente que vive[3] en el campo no   *En... Back then*
tiene[4] la ventaja de los rápidos medios de comunicación; no
ve[5] la televisión, ni escucha[6] la radio ni va[7] al cine. Estos tres
medios de comunicación todavía no existen.[8] Muchos no
saben[9] leer y por eso no leen[10] ni periódicos ni revistas. Las
noticias culturales, políticas y científicas que reciben[11] los
habitantes de las ciudades llegan[12] al campo con mucho
retraso.° El campesino, especialmente si está[13] a bastante   *delay*
distancia de una ciudad, no se da[14] cuenta de° los cambios   *no... doesn't realize*
sociales que ocurren[15] en los centros urbanos. Al mismo
tiempo, los de la ciudad muchas veces no entienden[16] ni
pueden[17] apreciar los asuntos que les preocupan[18] a las
personas que viven[19] en el campo.

B. Ponga el verbo en el imperfecto y luego diga si está de acuerdo o no.

Cuando yo (*ser*) un niño (una niña) de 9 años...

1. la vida me (*parecer*) muy complicada.   2. (*tener*) los mismos intereses
que tengo ahora.   3. (*ser*) consciente de ser miembro de un grupo étnico.
4. (*obedecer*) a mis padres en todo.   5. (*preferir*) estar con otros; no me
(*gustar*) estar solo/a.   6. (*buscar*) aventuras con mis amiguitos.   7. (*tener*)
miedo de los animales.   8. me (*interesar*) la historia de mis antepasados.

Y ahora ¿cómo es Ud.? Identifique por lo menos una oración a la que reaccionaría (*you would react*) en una forma diferente ahora.

C. 🔆 **¡Necesito compañero!**   Haga preguntas a su compañero para averiguar a quién acudía él o ella (*he or she turned to*) a la edad indicada en los
siguientes casos y por qué. Se debe usar el imperfecto del verbo señalado y
tratar de incorporar complementos pronominales en las respuestas.

> MODELO: ¿A quién le pedías dinero cuando tenías 13 años? →
> Se lo pedía a mi hermano mayor porque él siempre lo tenía y no
> les decía nada a mis padres.

1. pedir dinero (13)
2. pedir consejos (académicos/sentimentales) (16)
3. dar consejos (académicos/sentimentales) (16)
4. contar chistes (10)
5. hacer favores especiales (10)
6. pedir protección/ayuda en caso de peligro (*danger*) o injusticia (8)

D. Situaciones y preguntas

1. ¿Qué no podía hacer la mujer en 1900 que sí puede hacer ahora? ¿Qué otros grupos tienen más derechos/oportunidades ahora que en 1900? ¿los indios? ¿los grupos inmigrantes? ¿los negros? ¿los obreros? ¿los viejos? ¿los jóvenes? ¿los hombres? ¿la policía? Justifique su opinión con ejemplos concretos.

2. ¿Qué no sabíamos en 1900 que sabemos ahora? ¿Qué inventos tenemos ahora que no teníamos entonces? ¿Qué problemas tenemos que no teníamos? ¿Qué problemas teníamos entonces que no tenemos ahora?

3. ¿Cree Ud. que la vida de sus abuelos era más complicada que nuestra vida actual? ¿menos complicada? ¿Por qué? ¿Dónde vivían sus abuelos cuando eran jóvenes? ¿Dónde vivían sus padres cuando eran jóvenes?

E. **Sondeo** ¿Había menos conflicto en el mundo en el pasado con respecto a los asuntos sociales? Haga un sondeo de la clase para saber lo que piensan sus compañeros al respecto.

Primer paso: Recoger los datos

■ La clase debe dividirse en tres grupos. Un grupo se encargará de obtener las respuestas para las preguntas 1, 2 y 3 del cuestionario que aparece a continuación; otro grupo buscará las respuestas para las preguntas 4, 5 y 6; el tercer grupo, para las preguntas 7, 8 y 9.

■ Cada persona de cada grupo debe entrevistar a 2 ó 3 compañeros de clase para obtener la información necesaria.

■ ¡OJO! Los entrevistadores deben hacer las preguntas *en el imperfecto,* y utilizar la siguiente escala para anotar (*to jot down*) las opiniones. Los miembros de cada grupo deben tener cuidado de entrevistar a todos los de la clase sin hacerle dos veces la misma pregunta a la misma persona.

> 1 = estoy de acuerdo
> 3 = no sé, no estoy seguro/a
> 5 = no estoy de acuerdo

Grupo I			
	E N T R E V I S T A D O S		
¿Estás de acuerdo? Hace 50 años...	**A**	**B**	**C**
1. ...*haber* menos tensiones raciales.	____	____	____
2. ...el indio norteamericano *recibir* mejor trato.	____	____	____
3. ...los inmigrantes *integrarse* mejor en la cultura norteamericana.	____	____	____

Grupo 2

¿Estás de acuerdo? Hace 50 años...	A	B	C
4. ...los afroamericanos *tener* más derechos.	___	___	___
5. ...las relaciones entre padres e hijos *ser* más estables.	___	___	___
6. ...el problema de los *homeless* no *existir*.	___	___	___

Grupo 3

¿Estás de acuerdo? Hace 50 años...	A	B	C
7. ...la mujer *tener* más derechos.	___	___	___
8. ...los gobiernos del mundo *ser* más democráticos.	___	___	___
9. ...*haber* más tensión y violencia entre distintos grupos religiosos.	___	___	___

Segundo paso: Análisis de los datos

- Después de hacer las entrevistas, los miembros de cada grupo deben reunirse otra vez.
- Deben compartir con los otros de su grupo la información recogida y luego hacer una tabla de resumen para sus datos. Un miembro del grupo debe servir de secretario/a para anotar los resultados.
- El secretario (La secretaria) de cada grupo debe poner la tabla de resumen en la pizarra para mostrar los resultados al resto de la clase.

¿Cómo es el perfil de la clase, optimista o pesimista? ¿Creen que el mundo es mejor hoy de lo que era hace 50 años? Comenten.

Estrategias para la comunicación

¿Y tú?   *The difference between an interview and a conversation*

Imagine that you are overhearing the following conversation.

> —Hi! I'm Karen Jones. What's your name?
> —Paul Smith.
> —Are you a student here?
> —Yes.
> —What are you studying?
> —Chemistry.

—Oh! Are you taking Chem 452 this semester?
—No.
—Oh. Well . . . See you around.
—Bye.

It doesn't take Karen long to conclude that Paul is not very interested in continuing the conversation. Without meaning to, you may be conveying the same message if you merely answer questions with the minimum necessary information and never ask questions of your own in response. Note what a different impression some simple changes make in this conversation between Karen and Paul.

—Hi! I'm Karen Jones. What's your name?
—Paul Smith.
—Are you a student here?
—Yes, *and you?*
—*Me, too.* What are you studying?
—Chemistry, *but I'm only in my second year.*
—Oh! Are you taking Chem 452 this semester?
—No, *but I will have to next term. Are you a chem major, too?*
—*No, biology, but we have several of the same requirements. Do you know . . .*

If you really do want to carry on a conversation with someone, remember that you have to be an active participant in it.

Practice the preceding communication strategies in these situations.

 ¡Necesito compañero!

A. Usando las siguientes preguntas—u otras semejantes—como punto de partida (*point of departure*), charle con un compañero de clase. Cada respuesta debe *ir más allá de lo absolutamente necesario.* Cada vez que contesta una pregunta, trate de agregar otra pregunta u otra información a la conversación. ¿Cuánto tiempo pueden pasar desarrollando una pregunta antes de pasar a la siguiente?

1. ¿Vas a estudiar en la biblioteca esta noche?   2. ¿Sabes hablar francés?   3. ¿Vives en un apartamento o en una residencia?   4. ¿Qué deportes practicas?   5. ¿Quieres conocer a una persona famosa?

B. Imaginen que, al hacer (*while doing*) el ejercicio A, surgieron los siguientes problemas de vocabulario: algunas palabras y frases que Uds. no saben expresar con exactitud en español. ¿Cómo se pueden expresar estas ideas sin saber las palabras exactas?

1. I don't usually study at the library because *I live a couple of blocks away* and *the bus schedule is inconvenient.*   2. I speak it *quite fluently.*   3. I live in a *co-op.*   4. I'm more of a *spectator* than a player.   5. My parents already know a number of *celebrities.*

C. Recordando usar las estrategias (1) para resolver las dificultades lingüísticas y (2) para convertir una entrevista en una conversación, use las siguientes preguntas (u otras si las prefiere) para empezar una charla con un compañero de clase.

1. ¿Cuál es tu día favorito de la semana?   2. ¿Por qué estudias en esta universidad y no en _____?   3. ¿Cómo es tu familia? ¿grande?   4. ¿Qué piensas hacer este fin de semana?   5. ¿Tienes novio o esposo (novia o esposa)?

12. REFLEXIVE PRONOUNS

A structure is reflexive (**reflexivo**) when the subject and object of the action are the same.

Yo puedo ver**me** en el espejo.   *I can see **myself** in the mirror.*

A. Reflexive pronouns

The reflexive concept is signaled in English and in Spanish by a special group of pronouns. The English reflexive pronouns end in *-self/-selves*. The Spanish reflexive pronouns (**los pronombres reflexivos**) are identical to other object pronouns except in the third person singular and plural.

	SUBJECT	REFLEXIVE	SUBJECT	REFLEXIVE
SINGULAR	yo	me... a mí mismo/a	*I*	*myself*
	tú	te... a ti mismo/a	*you*	*yourself*
	él		*he*	*himself*
	ella	se... a sí mismo/a	*she*	*herself*
	usted		*you*	*yourself*

	SUBJECT	REFLEXIVE	SUBJECT	REFLEXIVE
PLURAL	nosotros/as	nos... a nosotros/as mismos/as	*we*	*ourselves*
	vosotros/as	os... a vosotros/as mismos/as	*you*	*yourselves*
	ellos		*they*	*themselves*
	ellas	se.. a sí mismos/as		
	ustedes		*you*	*yourselves*

In English, reflexive meaning can occasionally be expressed without the pronoun, but in Spanish the use of the pronouns is obligatory. The prepositional phrases **a mí mismo**, **a ti mismo**, and so forth, are optional and can be added for extra emphasis.

——————— NONREFLEXIVE ———————   ——————— REFLEXIVE ———————

1. El niño **mira** el juguete.
   The child looks at the toy.

   El niño **se mira** (**a sí mismo**).
   The child looks at himself.

2. Los pacientes **aprecian** a los médicos.
   The patients think highly of the doctors.

   Los médicos **se aprecian** (**a sí mismos**).
   The doctors think highly of themselves.

3. **Corto** el papel.
   I cut the paper.

   Me corto un pedazo de manzana.
   I cut myself a piece of apple.

4. **Le escribiste** a Carlos, ¿no?
   You wrote to Carlos, didn't you?

   Te escribiste un recado, ¿no?
   You wrote yourself a note, right?

In a reflexive sentence, the subject may be the same as the direct object (sentences 1 and 2) or the same as the indirect object (sentences 3 and 4).

Reflexive pronouns *must* be used when the subject does some action to a part of his or her body.

¡OJO! Vas a cortar**te el dedo**.   *Careful! You're going to cut your finger.*

Since reflexive actions by definition indicate that the subject is doing something to himself/herself, the definite article—not the possessive adjective—is used with the body part or the possession in this structure.

B. Placement of reflexive pronouns

Reflexive pronouns occur in the same positions as other object pronouns. They may

1. precede conjugated verbs and negative commands.

   Me lo pongo.   *I'll put it on.*
   No **te lo** pongas.   *Don't put it on.*

2. precede or follow infinitives and present participles.

   Voy a quitár**melo** ahora. ⎫
   Me lo voy a quitar ahora. ⎬   *I'm going to take it off now.*

3. follow and be attached to affirmative commands.

   Pónga**selo**, por favor.   *Put it on, please.*

C. Use of reflexive pronouns

Many verbs that use reflexive pronouns, for example, the construction **llevarse bien/mal**, are not reflexive in the sense discussed earlier; that is, they do not convey the idea of a subject performing an action on itself. This chapter will focus on only two principal uses of reflexive pronouns: to signal true reflexive actions (Section 13) and reciprocal actions (Section 14). You will study a number of other important functions of reflexive pronouns—especially their use in certain vocabulary items and to indicate changes and the notion of *get* or *become*—in later chapters.

13. VERBS USED WITH REFLEXIVE MEANING

Any transitive verb (a verb that can take a direct object) can be used with reflexive meaning.

afeitarse *to shave*	peinarse *to comb one's hair*
bañarse *to bathe*	pintarse *to put on makeup*
(des)vestirse *to (un)dress*	ponerse *to put on (clothing)*
ducharse *to shower*	quitarse *to take off (clothing)*
lavarse *to wash*	secarse *to dry*
llamarse *to be named, called*	

Los hombres se afeitan todos los días.   *Men shave every day.*

¿Por qué no te pones el suéter?   *Why don't you put on your sweater?*

PRACTICA

A. Conteste cada pregunta, primero según el dibujo y luego según los demás sujetos indicados. Entonces elija uno de los dibujos e invente una breve historia, contando lo que va a pasar después.

VOCABULARIO UTIL: la cabeza, el pañuelo, la taza, el jabón, la brocha (*brush*), el espejo

1. ¿Qué acaban de hacer? (los estudiantes, Uds., nosotros)
2. ¿Qué hace? (la mujer, yo, tú)
3. ¿Qué hacían? (ellos, Uds., nosotros)
4. ¿Qué va a hacer? (la señora, tú, Ud.)

1.   2.   3.   4.

B. ¿Qué hace Juan con los siguientes objetos en las situaciones indicadas?

MODELO: un abrigo en un día caluroso → Se lo quita.

1. un abrigo en un día frío   2. unos guantes en un día frío   3. las uñas muy largas antes de una entrevista muy importante   4. el pelo después de caminar en un viento fuerte   5. los dientes después de comer   6. el pelo después de lavárselo

C.   Describa los siguientes dibujos con la forma correcta—o reflexiva o no reflexiva—de uno de los siguientes verbos: **bañar, matar, lavar, quitar.** Entonces elija uno de los dibujos e invente una historia, explicando por qué el individuo del dibujo hace lo que hace y describiendo las consecuencias de lo que hace.

VOCABULARIO UTIL: la serpiente, la reina, la nevada, la bota, el vaquero

1.   2.   3.   4.

D. ¡**Necesito compañero!**   Haga preguntas a su compañero para averiguar cuándo (en qué circunstancias) hace las siguientes acciones. Se debe usar la forma **tú** en las preguntas y evitar la repetición innecesaria en las respuestas, usando pronombres.

1. lavarse la cara con agua muy fría   2. comprarse un regalito   3. ponerse ropa vieja   4. ponerse ropa muy elegante   5. hablarse en voz alta   6. darse un baño largo y caliente   7. darse palmadas en la espalda (*pats on the back*) 8. gritarse

¿Son Uds. muy similares o muy diferentes? Cuando compartan su información con la clase, mencionen por lo menos *una* acción que *los dos* hacen cuando están en circunstancias semejantes.

14. THE RECIPROCAL REFLEXIVE

The plural reflexive pronouns (**nos**, **os**, **se**) can be used to express mutual or reciprocal actions, generally expressed in English with the phrase *each other.*

Nosotros **nos** escribimos muy a menudo.	*We write to each other frequently.*
Vosotros **os** veis con frecuencia, ¿no?	*You (all) see each other a lot, don't you?*
Van a hablar**se** en el bar.	*They're going to talk to each other in the bar.*

Many sentences can be interpreted as either reciprocal or reflexive constructions, as in this example.

Leonardo y Estela se miran en el espejo.

Leonardo and Estela look at each other in the mirror. (reciprocal)
Leonardo and Estela look at themselves in the mirror. (reflexive)

Where context is not sufficient to establish meaning, the reciprocal is indicated by the clarifying phrase **uno a otro** (**una a otra**, **unos a otros**, **unas a otras**).*

Leonardo y Estela se miran **uno a otro** en el espejo.

Leonardo and Estela look at each other in the mirror.

Note that masculine forms are used unless both subjects are feminine: **Nosotras nos escribimos una a otra.**

Reflexive meaning is indicated by the clarifying phrase **a (nosotros/as, vosotros/as, sí) mismos/as**.

Leonardo y Estela se miran **a sí mismos** en el espejo.

Leonardo and Estela are looking at themselves in the mirror.

PRACTICA

A. Cambie por la forma reflexiva o por la forma recíproca, según el contexto.

MODELOS: Pablo ve a María y María ve a Pablo. →
Pablo y María se ven el uno al otro.

Pablo ve a Pablo. María ve a María. →
Pablo y María se ven a sí mismos.

1. Carlitos pega a Ramoncito y Ramoncito pega a Carlitos.   2. Yo le compro un regalo a mi amigo y él me compra un regalo a mí.   3. Los conquistadores desprecian a los indios y los indios desprecian a los conquistadores.   4. Tú le sacas una foto a Lili. Lili te saca una foto a ti también.   5. Enrique se considera muy inteligente. Carlos se considera muy inteligente también.

B.   Describa los dibujos, usando los verbos indicados. Luego elija uno de los dibujos e invente una catástrofe que resulta de la acción descrita.

1. mirar, ladrar
2. abrochar

3. dar de comer
4. servir

---

*The use of definite articles in the clarifying phrase is optional: **Ellos se miran el uno al otro. Ellas se miran la una a la otra.**

1.   2.   3.   4.

C. ![sun icon] **¡Necesito compañero!**   La ayuda mutua puede ser una misma acción que dos personas se hacen, la una a la otra (yo te escucho a ti y tú me escuchas a mí). Con más frecuencia son dos acciones diferentes, según las necesidades y las capacidades de cada persona (yo te presto mis discos de jazz y tú me llevas al partido en tu coche). ¿En qué consiste la ayuda mutua en los siguientes casos? ¡OJO! En la mayoría de los casos hay que usar un pronombre o de complemento directo o de complemento indirecto. Recuerden usar las estrategias para la comunicación si necesitan expresar una palabra que no recuerdan o no saben.

MODELO: el pueblo y el gobierno →
El pueblo le da dinero al gobierno. El gobierno le da servicios al pueblo.

1. el perro y el ser humano
2. el gato y el ser humano
3. los jóvenes y los mayores
4. el pueblo y el gobierno
5. la nación en general y un grupo con el cual te identificas o al cual perteneces (*you belong*)
6. los estudiantes y los profesores
7. tú y un hermano/a o compañero/a de cuarto
8. los atletas y la universidad
9. la iglesia y los feligreses (*congregation*)
10. la compañía y los empleados

Compartan algunas de sus ideas con los otros grupos de la clase.

15. GUSTAR

English has several verb pairs in which one verb expresses a positive feeling and the other a related negative feeling.

————————— POSITIVE —————————   ————————— NEGATIVE —————————

I like that.   *I dislike that.*
That pleases me.   *That displeases me.*

Languages occasionally have a gap in these kinds of word pairs; that is, the positive form exists without a corresponding negative form, or vice versa. For example, there is no English word to express the antonym of *disgust.* Following the pattern of the other word pairs, however, we could invent such a word: **gust,* meaning to cause a positive reaction (the opposite of *disgust*).

That *gusts me.   *That disgusts me.*
He *gusts you.   *He disgusts you.*

In the hypothetical sentence *That *gusts me,* the word *that* is the subject, and *me* is the object.

A. Use of *gustar*

In Spanish, there is no gap in this word pair: **disgustar** has a counterpart, **gustar,** the equivalent of our invented English verb **to gust.* The Spanish sentence that corresponds to *That *gusts me* is **Eso me gusta.** Here, **eso** is the subject and **me** is the object. Changing the subject to **libro** produces

El libro me gusta.   *The book *gusts me.*

If the subject changes from **libro** to **libros,** the verb also changes from singular to plural.

Los libros me gustan.   *The books *gust me.*

In the Spanish **gustar** construction, the usual word order is often reversed, with the subject following the verb.

Me gusta eso.   *That *gusts me.*
Me gustan los libros.   *The books *gust me.*

The object pronouns used with **gustar** are the indirect object pronouns. Frequently, as in other sentences that contain indirect objects, a prepositional phrase is used to clarify or emphasize the object pronoun. This phrase may follow the verb or precede it.

A ti te gusta el libro.   *The book *gusts you.*
A nosotros nos gusta esquiar.   *Skiing *gusts us.*
Los perros no le gustan a Lupe.   *Dogs don't *gust Lupe.*

Note that when an action is the subject, Spanish uses the infinitive (**esquiar**) whereas English uses the present participle (*skiing*).

B. Meaning of *disgustar, gustar,* and *caer bien/mal*

You should be aware of some important differences in meaning with the verbs **disgustar** and **gustar**. **Disgustar** is not as emphatic as English *to disgust;* the verbs *to annoy* or *to upset* express its meaning more accurately. On the other hand, **gustar** expresses a strongly positive reaction—to such an extent that **gustar** is often avoided in some dialects of Spanish when talking about one's feelings toward other people. The expressions **caer bien** and **caer mal** are more commonly used in these dialects to refer to people. These phrases follow the same structural pattern as **gustar**: the person causing the reaction is the subject, and the person reacting is the indirect object.

Ese hombre me cae bien, pero esos tipos de allí me caen muy mal.	*That man over there strikes me positively, but those folks over there strike me all wrong (rub me the wrong way).*
En serio, Diego no me cae bien.	*Really, I just don't like Diego.*

PRACTICA

A.   Conteste cada pregunta según sus propias inclinaciones o preferencias.

1. ¿Qué te gusta? (los libros de historia, comer, los deportes, el coche del profesor, los viajes, leer, los partidos de tenis, la comida en las cafeterías universitarias, las películas románticas)
2. ¿A quién le gustan las fiestas? ¿a ti? ¿a la profesora? ¿a Uds.? ¿a los estudiantes?

Ahora, sigamos hablando. ¿A Uds. les gustan mucho las fiestas? ¿Les gustan los deportes? ¿Qué deportes te gustan más a ti? ¿A Uds. les gusta la comida de McDonald's? ¿Les gustan los restaurantes *fast-food* en general? ¿Les gusta vivir en casa? ¿Qué te gusta más a ti de tu residencia o de tu casa (apartamento)? ¿Qué te disgusta un poco? ¿Qué te gusta más de la universidad? ¿Qué te disgusta? ¿Te gustan las fiestas? ¿los viajes? ¿las películas sentimentales?

B.   Dé oraciones nuevas según las palabras que aparecen entre paréntesis.

Los estudiantes extranjeros me caen bien. (mi compañero/a de cuarto, los estudiantes de esta universidad, mi abuelo, los atletas, el profesor de esta clase, los padres de mi novio/esposo [novia/esposa])

Ahora, digan la verdad. ¿Les caen bien o mal: las personas deshonestas? ¿los actores de cine? ¿los políticos? ¿las personas que siempre cuentan chistes? ¿un profesor interesante pero muy exigente (*demanding*)? ¿un profesor aburrido pero poco exigente? ¿el presidente? ¿los atletas? ¿los niños pequeños?
    ¿Cuáles son las características de las personas que te caen bien? ¿que te caen mal?

C. Exprese en español.

1. They like coffee.   2. I like these novels.   3. We like modern things.
4. They don't like the movie.   5. Do you like being in agreement with others?

D. ¿Cómo puede reaccionar cada persona (o animal) de la lista hacia el elemento con que se le empareja (*it is paired*)? Exprese esa reacción usando los verbos (**dis**)**gustar** o **caer bien/mal.** Luego, justifique su opinión. ¡OJO! Recuerde que **disgustar** *no* equivale a *to disgust.*

> MODELO: yo / los deportes →
> Me gustan mucho los deportes porque soy muy buen atleta.

1. yo / deportes
2. mi amigo/a ____ / el invierno
3. nosotros / el presidente
4. los regalos / los niños
5. la música moderna / mis abuelos
6. yo / los coches de carreras (*racing*)
7. los animales / mi madre (esposa)
8. yo / las clases a las 8 de la mañana

E. De pequeño, ¿era Ud. un niño típico (una niña tipica) (como muchos de sus amigos) o era diferente? Conteste las siguientes preguntas, indicando su propia reacción y también la de otros jóvenes de su edad. Use las formas apropiadas de **gustar** en el imperfecto.

> MODELOS: De niño/a, ¿te gustaba dormir la siesta por la tarde? →
> Era un niño típico (una niña tipica): a mí no me gustaba y a los otros niños tampoco les gustaba.
>
> Era un niño (una niña) diferente: a mí me gustaba pero a los otros niños no les gustaba.

1. ¿las verduras (*vegetables*)?   2. ¿las películas animadas de Walt Disney?
3. ¿la escuela?   4. ¿la tarea?   5. ¿tomar lecciones de música o de baile?
6. ¿leer?   7. ¿estar solo/a?   8. ¿las tiras cómicas (*comic strips*) con Batman?
9. ¿hacer cosas peligrosas?   10. ¿ponerse ropa elegante?

Nombre Ud. dos preferencias más: una que le *diferenciaba* de los otros de su edad y otra que le *identificaba* con ellos.

F. ¡Necesito compañero! Con un compañero de clase, hagan y contesten preguntas para describir su vida y sus gustos y preferencias de niño. Hagan las preguntas con el verbo en el tiempo imperfecto. Pueden incluir también sus propios detalles. ¡No olviden las estrategias para la comunicación!

> MODELO: vivir: el campo, la ciudad →
> —¿Vivías en el campo?
> —Sí, y me gustaba mucho porque...

1. vivir: con quién
2. llevarte bien: con los otros miembros de la familia
3. gustar: ir al cine, al parque
4. tener: un perro, un gato; llamarse: el animal
5. gustar: asistir a la escuela
6. preferir: estar con tus amigos, estar solo/a
7. practicar: deporte; tomar: lecciones de baile o de música
8. apreciar más que nadie (*more than anyone*): a quién

¿Era Ud. más feliz cuando era niño/a? ¿Era su vida más fácil o más difícil? ¿En qué sentido? ¿Cree Ud. que su vida era más interesante que ahora? Explique.

 **¡Ojo!**

volver – regresar – devolver

Volver means *to return to a place;* with this meaning, it is synonymous with **regresar**. **Devolver** means *to return something to someone.*

Van a **volver** (**regresar**) a España este verano.	*They're going to return to Spain this summer.*
Tienen que **devolver** el libro a la biblioteca.	*They have to return the book to the library.*

llevar – tomar – hacer un viaje – tardar en

To take is generally expressed in Spanish with two verbs, **llevar** and **tomar**. **Llevar** means *to transport* or *to take* someone or something from one place to another. **Tomar** is used in almost all other cases: *to take* something in one's hand(s), *to take* a bus (train, and so on), *to take* an exam, *to take* a vacation. Two common exceptions are *to take a trip,* expressed with **hacer un viaje**, and *to take a certain amount of time to do* something, expressed by **tardar** (**tres minutos, dos horas, un año,...**) **en** plus the infinitive.

Los padres **llevan** a los niños al parque.	*The parents take their children to the park.*
Siempre **tomo** cuatro clases.	*I always take four classes.*
¿**Tomamos** el autobús de las cuatro?	*Shall we take the four o'clock bus?*
Acabamos de **hacer un viaje** por toda Africa.	*We just took a trip through all of Africa.*
¿Cuánto tiempo **tardas en** llegar a clase?	*How long does it take you to get to class?*

As a general rule, when English *take* occurs with a preposition, it will be expressed by a single verb other than **tomar** or **llevar** in Spanish. Here are some of the most common verbs of this type. You have already used many of them.

to take (something) away from	quitarle (algo) a alguien
to take back, return	devolver
to take down	bajar
to take off (clothing)	quitarse
to take out	sacar
to take up	subir

De niño, Paco siempre **le quitaba** los juguetes a su hermanita.	*As a child, Paco always took toys away from his sister.*
¿Puedes **subirle** una taza de té?	*Can you take a cup of tea up to her?*

A Note About Prepositions

Sometimes an English preposition is expressed by a corresponding Spanish preposition.

*to speak **about*** = hablar *de*	*to think **of*** = pensar *en*

Sometimes, however, an English *verb + preposition* is expressed in Spanish with only a verb; that is, there is no corresponding Spanish preposition.

*to take **back*** = devolver	*to take **off*** = quitarse

Is there any way to tell if a Spanish preposition is needed or if it is incorporated into the verb? While there is no foolproof rule, the particle versus preposition test can be helpful.

A particle is a kind of preposition that forms a close bond with a verb. An English *verb + particle* is likely to be expressed with only a *verb* in Spanish. Other prepositions form a looser bond with a verb. An English *verb + preposition* is likely to be expressed with a Spanish *verb + preposition*. To determine whether the preposition associated with an English verb is a particle, change the object of the preposition to a pronoun. *If the pronoun can directly follow the verb in English, the preposition is a particle. If the pronoun must continue to follow the preposition, the preposition is not a particle.*

Compare the following examples.

———— VERB + PARTICLE ————	→	———— SINGLE VERB ————
Take the exam *over.* Take **it** over.		rehacer
Hand in the papers. Hand **them** in.		entregar
Send out the cards. Send **them** out.		enviar

——— VERB + PREPOSITION ———	→	——— VERB + PREPOSITION ———

Fly over the city. volar por
*Fly **it** over.   Fly over **it**.

Sit on the table. sentarse en
*Sit **it** on.   Sit on **it**.

Send for the cards. mandar por
*Send **them** for.   Send for **them**.

Tell whether the following sentences contain an English *verb + particle* or a *verb + preposition*.

1. Put on the light.
2. Write for the sample.
3. Throw down the gun!
4. Don't settle for that.
5. Cut out the paper doll.
6. Don't walk through the circle.

As you know, some very common verbs break this pattern: they correspond to *verb + preposition* in English, but are expressed with a single *verb* in Spanish.

to pay for: pagar   *to look at:* mirar
to look for: buscar   *to wait for:* esperar

Nevertheless, the particle vs. preposition test is helpful in a large number of cases and may help you to avoid overusing prepositions in Spanish.

PRACTICA

A.   Lea las siguientes oraciones con cuidado e identifique las secuencias de *verbo + partícula*. Luego, busque su equivalente en el diccionario.

1. They have to *hand in* the tests tomorrow.
2. The government *gave out* free cheese during the crisis.
3. We always *walk past* the ice cream store after dinner.
4. When you *walk into* their house, the first thing you notice are the colors.
5. John *ran up* a large bill last summer.
6. Don't *look out* the window while I'm talking to you.

B.   Dé la palabra española que se corresponde mejor con la palabra en *letras cursivas*.

1. When you *return* the bottles, they will *return* your deposit.
2. Did you *take* your briefcase to the office?
3. *Take* the tea *up* to your brother.
4. When did you *return* from Europe? Can you *return* my camera now?
5. During the summer, they would *take trips* every weekend.

6. After the accident, they *took* the injured to the hospital.
7. Which train are you going *to take*?
8. *Take out* the new photo and *take* the old one *down*!
9. I think you'd better *take* these books *back* to the library.

C.   Elija la palabra que mejor complete la oración. ¡OJO! Hay también palabras del capítulo anterior.

1. ¿Quieres (*volver/devolver*) mi lápiz? Este bolígrafo no (*trabaja/funciona*) bien.
2. Cuando (*devuelven/regresan*) de Colombia, siempre (*toman/hacen*) una (*breve/baja*) excursión a Yucatán.
3. Tú no (*miras/pareces*) tranquilo hoy. ¿Qué te pasa?
4. Si (*tomas/llevas*) esa clase, todo el mundo va a pensar que no estás completamente (*sano/cuerdo*).
5. El ingeniero les explicó como (*trabajaba/funcionaba*) la máquina. No (*miraba/parecía*) muy complicado.
6. Cecilia tiene que (*regresar/devolver*) el vestido porque le está demasiado (*breve/corto*).
7. ¡(*Mira/Busca*)! El periódico dice que los ladrones (*thieves*) acaban de (*volver/devolver*) el dinero que robaron. (*Mira/Parece*) increíble, ¿verdad?
8. ¿Cuánto tiempo (*tomas/tardas/haces*) en completar estos ejercicios? (*Miran/Parecen*) muy fáciles.
9. El viejo siempre (*tomaba/llevaba*) flores al cementerio cuando visitaba a la tumba de su esposa. Cuando (*volvía/devolvía*) a casa (*miraba/parecía*) más tranquilo.
10. No es (*sano/cuerdo*) (*trabajar/funcionar*) en las minas de carbón (*coal*).

D.   Situaciones y preguntas

1. ¿Vas a volver a casa este fin de semana? ¿Qué ropa vas a llevar a casa? ¿Vas a tomar un autobús o un avión? ¿Cuánto tiempo tardas en llegar a casa? Cuando estás en casa, ¿a qué hora sueles volver por la noche? ¿Y cuando estás en la residencia?
2. Cuando eras niño/a, ¿te llevaban tus padres a visitar otros lugares? ¿Hacían Uds. viajes todos juntos? ¿Todavía haces viajes con ellos como parte de la familia? Si no, ¿con quién haces viajes ahora? ¿Prefieres hacer viajes solo/a o con otra persona (otras personas)? ¿Por qué? ¿Qué viaje te gustaría (*would you like*) hacer en el futuro?
3. ¿Cuánto tiempo tardas normalmente en hacer la tarea para esta clase? ¿y para tus otras clases? ¿Cuánto tiempo tardas en escribir un trabajo de 10 páginas en inglés? En general, ¿escribes los trabajos a máquina? ¿Usas una computadora? ¿Por qué sí o por qué no?
4. ¿Qué haces si un amigo (una amiga) te pide dinero y no te lo devuelve? ¿Qué hace la biblioteca si sacas un libro y no se lo devuelves?

 **Repaso***

A. Complete las oraciones con la forma correcta de **ser** o **estar** en el tiempo presente.

Nuestra imagen de los indios

Para muchos norteamericanos, el indio _____¹ una figura muy conocida° y misteriosa a la vez. Cuando los jóvenes todavía _____² en la escuela primaria, estudian la historia de estos «primeros americanos». Pocahontas, Hiawatha y Sitting Bull _____³ nombres tan familiares como George Washington, Betsy Ross y Abraham Lincoln. Para ellos, el indio _____⁴ solamente un personaje° histórico, romántico; _____⁵ en los libros pero no en la vida real. Por eso ellos se sorprenden cuando leen sobre los conflictos entre los indios y el gobierno federal. Aunque muchos indios prefieren _____⁶ invisibles, no todos _____⁷ contentos con el estatus inferior que esto implica, y algunos lo rechazan. _____⁸ triste notar que los conflictos de hoy _____⁹ los mismos que los conflictos de años pasados: tierra y libertad.

well-known

character

B. 🌞 **¡Necesito compañero!** Entreviste a un compañero de clase sobre su origen étnico. Luego comparta con la clase lo que ha aprendido sobre su pareja. Use los siguientes puntos como guía. Recuerde usar las formas de **tú**.

1. de dónde son sus padres y otros parientes 2. si algunos parientes todavía viven en otro país 3. si conoce a alguno de ellos 4. si tiene un antepasado famoso o interesante 5. si se habla otro idioma en su casa 6. si toda su familia suele reunirse con frecuencia 7. las costumbres—fiestas, comidas, etcétera—observadas en su familia que conservan rasgos de un grupo étnico determinado

---

*Activity A focuses on material from previous lessons; activity B reviews structures in the current lesson. The answers to activity A in all **Repaso** sections are found in Appendix 6.

CAPITULO TRES

El Día de los Muertos, México

La muerte y el mundo del más allá

La muerte es una experiencia que comparten todos los seres humanos, pero la manera en que se responde a esta experiencia y las imágenes que se asocian con ella varían mucho de cultura a cultura y también de individuo a individuo. ¿Cómo reacciona Ud. a las siguientes acciones relacionadas con la muerte?

1 = totalmente aceptable   3 = totalmente inaceptable
2 = aceptable en cierto contexto   4 = no sé

a. _____ besar a un muerto
b. _____ ser enterrado en un lugar feo
c. _____ ser incinerado (*cremated*)
d. _____ ser enterrado en un cementerio rascacielos (*skyscraper*)
e. _____ practicar la eutanasia
f. _____ donar los órganos vitales
g. _____ preparar el último testamento (*will*)
h. _____ preparar un «testamento vivo» (*living will*)
i. _____ permitir que un pariente muera en casa en vez de que muera en el hospital
j. _____ visitar el cementerio
k. _____ hacer chistes sobre la muerte
l. _____ estar en el mismo cuarto con la urna que contiene las cenizas de una persona incinerada
m. _____ leer la sección necrológica (*obituary*) en el periódico

¿Reaccionará (*might react*) en la misma forma su abuelo/a? ¿Va Ud. a reaccionar de la misma manera a los 50 años? ¿O cree que va a reaccionar de diferente manera? ¿Cómo y por qué?

Vocabulario para conversar

aceptar to accept
asustar to frighten
la bruja witch
la burla joke
la calavera skull
el cementerio cemetery
el Día de los Difuntos Halloween, All
  Souls' Eve*
disfrazar to disguise
  el disfraz costume, disguise
los dulces candy; sweets
enterrar (ie) to bury
  el entierro burial

el esqueleto skeleton
el fantasma ghost
el más allá life after death; the
  hereafter
el monstruo monster
morir (ue, u) to die
  la muerte death
  el muerto dead person
rechazar to reject
lo sobrenatural† the supernatural
la travesura prank, trick
la tumba tomb, grave

Practiquemos

A. ¿Qué palabra no pertenece al grupo? Explique por qué.

1. el Día de los Difuntos, la Navidad, el cumpleaños, las Pascuas (*Easter*)
2. apreciar, aceptar, despreciar, querer
3. asustar, el miedo, la burla, el monstruo
4. el cigarrillo, el café, la carne, los dulces

B. **¡Necesito compañero!** Siguiendo el modelo de la siguiente página, con un compañero de clase, hagan un cuadro o mapa semántico para cada una de las palabras indicadas. Empiecen poniendo en el centro la palabra objeto (*target*), y luego completen el cuadro con todas las palabras o ideas que asocien con ella según las categorías indicadas. No es necesario limitarse a las palabras de la lista del vocabulario.

1. enterrar   2. disfrazar   3. la travesura

Comparen sus cuadros con los de otros grupos. ¿Revelan experiencias muy semejantes o muy diferentes?

---

*The customs associated with Halloween in the United States and **el Día de los Difuntos** in Hispanic countries are quite different.
†An adjective combined with **lo** expresses an abstract idea. This structure is frequently expressed in English by *thing* (in the sense of *aspect*) or *-ness*.

Lo más importante es llegar a tiempo.	*The most important thing is to arrive on time.*
Prefiero **lo tradicional** a **lo moderno**.	*I prefer traditional things over modern ones.*
Los fantasmas y los espíritus se asocian frecuentemente con **lo sobrenatural**.	*Ghosts and spirits are often associated with the supernatural.*

MODELO: **asustar** →

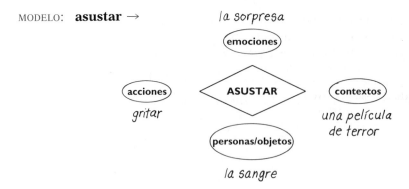

Conversemos

A. ¿En qué fecha (*date*) ocurre la escena en la página 82? ¿Por qué no es tí-pico lo que pasa en la casa esa noche? ¿Qué actividades le parecen normales a Ud.? ¿Cuáles le parecen un poco raras? En el comedor, ¿qué hace el fantasma? ¿y el esqueleto? En la cocina, ¿quién le sirve la sopa al hombre lobo (*were-wolf*)? ¿Qué hace el otro monstruo? ¿la momia? En la sala, ¿qué hace el abuelo fantasma? ¿Les gusta el cuento a los fantasmitas? ¿De qué se trata? ¿Quiénes llegan a la casa? ¿Qué van a pedir? ¿Cómo van a reaccionar? ¿Qué van a pensar?

B. Cuando Ud. era niño/a, ¿salía disfrazado/a el 31 de octubre? ¿Qué disfraz solía llevar? ¿Prefería salir disfrazado/a de personaje real o de personaje fan-tástico? ¿Por qué? ¿Hacía travesuras a veces? ¿de qué tipo? ¿Sabían de sus actividades sus padres? ¿Qué tipo de dulces le gustaba más? ¿menos? ¿Creía en los fantasmas? ¿Le gustaban los cuentos de fantasmas? Ahora que Ud. es mayor, ¿se celebra el 31 de octubre entre su grupo de amigos? ¿Cómo se celebra?

C. En los países hispanos, el 2 de noviembre se llama el Día de los Difuntos (Muertos). ¿Sabe Ud. cómo se celebra y lo que se conmemora?

Gramática

16. FORMS OF THE PRETERITE

The preterite (**el pretérito**) is the other simple past tense in Spanish. It is used when the speaker focuses on the beginning or the end of an action in the past. Note the uses of the preterite in the following passage.

Marqués, un pastor alemán,° fue durante años mi compañero   pastor... *German*
inseparable. Recuerdo el día que llegó a casa. Alguien se lo   *shepherd*

regaló a papá después de nacer. Tan pequeñito... casi un juguete. Nos hicimos amigos en un momento.

¡Qué tristeza el día que murió! Se puso malito—no sé bien cuál fue el motivo—y un par de días después amaneció muerto.° Papá y el abuelo lo llevaron junto al río. Lloré tanto que tuvieron que llevarme a mí también. Recogí° un montón de flores que luego puse junto a él.

amaneció... he never woke up
I picked

This section focuses on the forms of the preterite which fall into four main groups.

A. verbs that are regular in the preterite
B. **-ir** stem-changing verbs
C. verbs with both irregular preterite stems and endings
D. the verbs **dar**, **ir**, and **ser**

Section 18 contrasts the uses of the preterite and the imperfect.

A. Verbs that are regular in the preterite*

All regular verbs and all **-ar** and **-er** stem-changing verbs have regular preterite forms. These verbs use the stem plus the regular preterite endings. The preterite person/number endings are identical to those used in the present and imperfect, except for the **tú** form, where the preterite ending is **-ste** rather than **-s**.

-ar VERBS	**-er** VERBS	**-ir** VERBS
habl**é**	corr**í**	escrib**í**
habl**aste**	corr**iste**	escrib**iste**
habl**ó**	corr**ió**	escrib**ió**
habl**amos**	corr**imos**	escrib**imos**
habl**asteis**	corr**isteis**	escrib**isteis**
habl**aron**	corr**ieron**	escrib**ieron**

Note the written accents on the first and third person singular forms. Note also that the **nosotros** forms of **-ar** and **-ir** verbs are identical in the present and in the preterite; context will determine meaning. **-Er** verbs do show a present/preterite contrast in the **nosotros** form: **corremos/corrimos**.

---

*Verbs with infinitives ending in **-car**, **-gar**, and **-zar** have a spelling change in the first person singular of the preterite: **buscar → busqué**; **llegar → llegué**; **comenzar → comencé**. If the stem of an **-er** or **-ir** verb ends in a vowel, the **i** of the third person preterite tense ending changes to **y**: **leyó**, **leyeron**; **creyó**, **creyeron**; **construyó**, **construyeron**; and so on. These verbs also require accent marks on the second person singular and plural forms and on the first person plural of the preterite: **leíste**, **leísteis**, **leímos**; and so on. Spelling changes and accent rules like these are actively practiced in the *Cuaderno*. They are also discussed in more detail in Appendices 1 and 2.

B. -Ir Stem-changing verbs

PRESENT CHANGE	e → ie	o → ue	e → i
PRETERITE CHANGE	e → i	o → u	e → i
→	preferí preferiste prefirió preferimos preferisteis	dormí dormiste durmió dormimos dormisteis	pedí pediste pidió pedimos pedisteis
→	prefirieron	durmieron	pidieron

This type of verb shows a stem change in the present, and a slightly different change in the preterite, *in the third person singular and plural only.*

Frequently used verbs of this type include

divertirse (ie, i)   morir (ue, u)   seguir (i, i)
  (*to have a good*   pedir (i, i)   servir (i, i)
  time)   preferir (ie, i)   sonreír (i, i) (*to*
dormir (ue, u)   reírse (i, i) (*to*   *smile*)
medir (i, i)   *laugh*)   sugerir (ie, i)
mentir (ie, i)   repetir (i, i)   vestir(se) (i, i)

The verbs **reír** and **sonreír** drop the **i** of the stem in the third person singular and plural of the preterite: **rio, sonrió; rieron, sonrieron.** *

En la cultura hispana no se evita el recuerdo de la muerte. Está presente en forma seria o cómica, como aquí en estos pasteles en forma de calaveras (*skulls*) para el Día de los Difuntos, Ciudad de México, México.

---

*Note also the written accent in the second person singular and plural forms and on the first person plural: **(son)reíste, (son)reísteis, (son)reímos**. See Appendix 1.

C. Verbs with irregular preterite stems and endings

All verbs in this category have irregular stems and share the same set of irregular endings. Note that these forms have no written accents. The preterite forms of **tener** and **venir** are examples of verbs of this category.

tener		venir	
tuve	tuvimos	vine	vinimos
tuviste	tuvisteis	viniste	vinisteis
tuvo	tuvieron	vino	vinieron

The following verbs—and any compounds ending in these verbs (**tener** → *ob*tener, **venir** → *con*venir, and so on)—share the same endings as **tener** and **venir**.

andar: **anduv-**	hacer: **hic-**[†]	querer: **quis-**
decir: **dij-**	poder: **pud-**	saber: **sup-**
-ducir: **-duj-**[*]	poner: **pus-**	traer: **traj-**
estar: **estuv-**		

Verbs whose preterite stem ends in **-j** drop the **i** from the third person plural endings: **dijeron, produjeron, tradujeron, trajeron.**

The preterite of **hay** (**haber**) is **hubo** (*there was/were*).

D. *Dar, ir,* and *ser*

dar		ir/ser	
di	dimos	fui	fuimos
diste	disteis	fuiste	fuisteis
dio	dieron	fue	fueron

Dar is an **-ar** verb that uses the regular **-er** verb preterite endings. **Ser** and **ir** have identical preterite forms. Note that these forms have no written accents.[‡]

---

[*]Verbs with this form include **traducir** (**traduje, tradujiste**...), **conducir** (**conduje, condujiste**...), and **reducir** (**reduje, redujiste**...), among others.

[†]The third person singular form of **hacer** in the preterite is irregular in spelling: **hizo.**

[‡]Before 1959, all verbs had written accents in the preterite if the stress was on the preterite vowel ending. In that year, the Royal Spanish Academy (the body of Spanish language specialists that sets norms for the Spanish-speaking world) ruled that accents were not necessary on monosyllabic forms such as **di, dio; fui, fue; vi, vio; rio.**

PRACTICA

A. La familia Gambas es famosa por sus fiestas de Halloween. Cada año dan una fiesta y para estar seguros de su éxito (*success*), repiten los mismos preparativos. A continuación aparece una descripción de lo que hacen. Cambie los verbos al pretérito para indicar lo que habrán hecho (*they probably did*) el año pasado.

La familia Gambas da[1] una fiesta de Halloween el 31 de octubre. Mis amigos y yo les ayudamos[2] con los preparativos (bueno, yo ayudo,[3] pero en realidad mis amigos se sientan,[4] miran[5] televisión y no hacen[6] nada). Los niños Gambas decoran[7] la casa con papeles multicolores y ponen[8] globos (*balloons*) por todas partes. La señora Gambas hace[9] unos brebajes (*brews*) terroríficos y se los sirve[10] a los invitados. El señor Gambas prepara[11] unas tapas increíbles con una receta secreta. Yo toco[12] discos fúnebres y al final alguien cuenta[13] una historia de espantos. Algunos invitados toman[14] demasiado y todos comen[15] demasiado. Es[16] una fiesta tremenda.

B. Complete las oraciones según el modelo.

> MODELO: Hoy no pienso *comer*, pero ayer ____ mucho. →
> Hoy no pienso *comer*, pero ayer *comí* mucho.

1. Hoy no pienso *estudiar* (*manejar, correr, leer, dormir*), pero ayer ____ mucho.
2. Este año no *estudian* (*ganan, juegan, pierden, salen*), pero en noviembre del año pasado ____ mucho.
3. Este año tú no *tienes mucho dinero* (*vives cerca, vas a Latinoamérica, sigues muchos cursos, vienes a clase conmigo*), pero en el otoño del año pasado ____ .

Para completar las siguientes oraciones, ponga los verbos en el pretérito y también cambie los sustantivos por la forma correcta de los pronombres.

4. Pablo no quería *traducir el párrafo* (*repetir las palabras, darme los dulces, decirles la verdad, hacerle el favor, reírse*) pero ayer ____ .
5. Esta vez no van a *asustarnos* (*rechazar las ideas, servir cerveza a los niños, traerle regalos a Marta, ver los disfraces, sonreírnos*) pero la vez pasada sí ____ .
6. Este año mi sobrinita no *se disfraza* (*pedir dulces a los vecinos, hacerle travesuras a su hermano, sacar fotos a los amiguitos*) pero el año pasado, ____ .

C. Incorporando los verbos indicados y usando complementos pronominales cuando sea posible, narre Ud. en el pretérito la secuencia de acciones que se presenta a continuación. La secuencia incluye una famosa escena de muerte de una película norteamericana muy conocida. ¿Puede Ud. identificarla?

1. el jefe, confiarle (*to entrust*) dinero a la empleada
2. la mujer, decidir guardar (*to keep*) el dinero / poner el dinero en la bolsa / hacer las maletas
3. salir del pueblo en coche
4. llegar al Motel Bates
5. conocer a Norman / ellos, hablarse un rato / ella, firmar su nombre / Norman, darle la llave de su habitación
6. ir a su habitación / decidir ducharse
7. Norman disfrazarse de su madre / entrar al cuarto de la mujer
8. matarla a puñaladas (*to stab to death*)

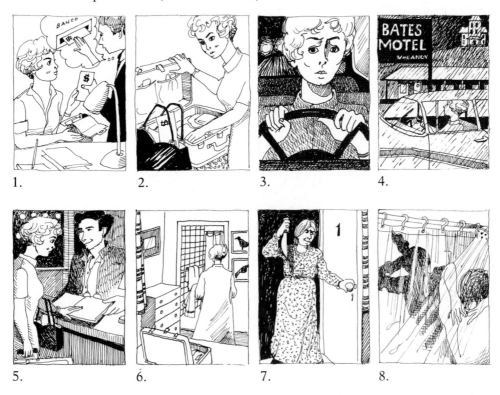

1.   2.   3.   4.

5.   6.   7.   8.

D. Situaciones y preguntas

1. ¿Qué hizo Ud. ayer? ¿Hizo algo interesante el mes pasado? ¿el año pasado? Piense Ud. en un día muy feliz. ¿Qué sucedió? Piense en un día terrible. ¿Qué pasó?
2. ¿Miró Ud. la televisión anoche? ¿Qué programas vio? ¿Cuál le gustó más? ¿menos? ¿Por qué? ¿Qué más hizo anoche? ¿Le escribió a un amigo? ¿Leyó un libro interesante?
3. Piense Ud. ahora en sus padres. ¿Qué hicieron ellos anoche? ¿Qué hizo su profesor/a de español? ¿Qué hizo un empollón? ¿un atleta típico? ¿el presidente y su esposa?

4. Piense Ud. en la primera vez que salió con un chico (una chica). ¿Con quién salió? ¿Adónde fueron? ¿Cómo llegaron allí? ¿Qué hicieron? ¿Quién pagó la cuenta? ¿Cuánto fue? ¿A qué hora volvieron a casa? ¿Besó Ud. al chico (a la chica)? ¿Salió con él (ella) otra vez? ¿Por qué sí o por qué no?

E. **Sondeo** La cantidad de trabajo que se le exige al estudiante varía bastante de profesor en profesor. ¿Cómo fue el semestre pasado para los miembros de la clase? Siguiendo los pasos que se han establecido en los capítulos anteriores, ¡haga un sondeo para preparar un perfil de la clase al respecto!

¡OJO! Los entrevistadores deben hacer las preguntas *en el pretérito*. Recuerden que los miembros de cada grupo deben tener cuidado de entrevistar a todos los de la clase sin hacerle dos veces la misma pregunta a la misma persona.

Grupo 1

	ENTREVISTADOS		
	A	**B**	**C**
1. ¿Cuántas clases *tener* el semestre pasado?	___	___	___
2. ¿Cuánto dinero *pagar* en total por los libros?	___	___	___
3. ¿Cuántos trabajos (*papers*) de más de una hoja *escribir*?	___	___	___

Grupo 2

	A	**B**	**C**
4. ¿Cuántos exámenes finales *tener*?	___	___	___
5. ¿Cuántas veces por semana *ir* a la biblioteca?	___	___	___
6. ¿Cuánto tiempo *pasar* allí cada visita (más o menos)?	___	___	___

Grupo 3

	A	**B**	**C**
7. ¿Cuántas horas *estar* en clase cada semana?	___	___	___
8. ¿Cuántas veces no *dormir* durante una noche para terminar una tarea de clase?	___	___	___
9. ¿Cuántas veces por semana *ir* al laboratorio de lenguas?	___	___	___

¿Qué tal el semestre pasado? ¿Quién en la clase tuvo un semestre más exigente (*demanding*) de lo que indica el perfil? ¿Cuál de los datos influye más en determinar la dificultad de un semestre? ¿el número de clases? ¿el número de exámenes? ¿otro dato?

F. 🌅 **Guiones**   En grupos de tres o cuatro personas, narren en el pretérito la secuencia de acciones que se presentan a continuación. Usen el vocabulario indicado y otras palabras que Uds. crean necesarias. Cuando sea posible, traten de evitar la repetición innecesaria, usando complementos pronominales. Completen la historia imaginando lo que habrá pasado (*probably happened*) después.

Una noche de Halloween

1. vestirse, pintarse, disfrazarse de
2. vestirla, pintarle la cara, disfrazarla de
3. ir de casa en casa, pedirles dulces a los vecinos, darles dulces los vecinos
4. asustar a los vecinos, hacer travesuras, divertirse mucho
5. volver a casa, comer demasiados dulces, ponerse enfermos

1.

2.

3.

4.

5.

6.

G. ✹ **¡Necesito compañero!** Con un compañero de clase, hagan y contesten las siguientes preguntas. Acuérdense de usar las estrategias para convertir una entrevista en una conversación y para resolver las dificultades lingüísticas. Luego comparta con la clase lo que ha aprendido sobre su compañero.

1. ¿Qué hiciste el Día de los Difuntos el año pasado?
2. ¿Te pusiste un disfraz? ¿De qué te disfrazaste? ¿Fuiste de casa en casa pidiendo dulces?
3. ¿Hiciste algunas travesuras?
4. ¿Diste una fiesta? ¿Quiénes vinieron a tu fiesta? ¿Qué serviste?
5. ¿Vino alguien disfrazado de esqueleto? ¿de bruja? ¿de una persona famosa?
6. ¿Se dieron premios (*prizes*) a los mejores disfraces? ¿cual ganó?

17. *HACER* IN EXPRESSIONS OF TIME

The verb **hacer** is used in two different Spanish constructions related to time: to describe the duration of an event and to describe the amount of time that has passed since an event ended.

A. *Hacer:* Duration of an action in the present

To describe the length of time that an action has been in progress, Spanish uses either of two constructions.

---

hace + *period of time* + **que** + *conjugated verb in present tense*
OR
conjugated verb in present tense + **desde hace** + *period of time*

Hace dos años que **trabajo** aquí. ⎫
Trabajo aquí **desde hace** dos años. ⎬ *I've been working (I've worked) here for two years.*
⎭

Note that English describes the same situation with a perfect form: *I have been working, I have worked.*

Questions about the duration of events can be phrased in two ways.

¿Cuánto tiempo hace que trabajas aquí?	*How long have you been working here?*
¿Hace mucho tiempo (poco tiempo, un mes) que trabajas aquí?	*Have you been working here for a long time (a short time, a month)?*

B. *Hacer:* Time elapsed since completion of an action

To describe the amount of time that has passed since an action ended (corresponding to English *ago*), Spanish uses either of two patterns. Both are very similar to those used for actions in progress.

---

hace + *period of time* + **que*** + *conjugated verb in preterite tense*

OR

conjugated verb in preterite tense + **hace** + *period of time*

Since the focus is on a completed action, the verb is conjugated in the preterite. **Hace**—present tense—is always used in this structure.

Hace cuatro años **que vi** esa película.

Vi esa película **hace** cuatro años.

I saw that film four years ago.

Questions with the *ago* structure can be phrased in two ways.

¿**Cuánto tiempo hace que** viste esa película?

How long ago did you see that movie?

¿**Hace mucho tiempo** (**poco tiempo**, **un mes**) **que** viste esa película?

Did you see that film a long time ago (a short while ago, a month ago)?

PRACTICA

A. Combine las dos oraciones de dos formas, usando una expresión con **hacer**.

MODELOS: Tengo diez años. Aprendí a leer a los seis años. →
Hace cuatro años que sé leer. (Sé leer desde hace cuatro años.)

Hace cuatro años que aprendí a leer. (Aprendí a leer hace cuatro años.)

1. Tengo veinticinco años. Empecé a asistir a la universidad cuando tenía veinte años.
2. Raúl tiene doce años. Aprendió a montar en bicicleta a los seis años.
3. La profesora fue a España en 1988 y todavía está allí.
4. La clase empezó a las once y ya son las doce menos diez.
5. El padre de Rafael se murió cuando Rafael tenía doce años. Ahora Rafael tiene veinte años.
6. Su único hijo se enfermó en 1984. Todavía está enfermo.

---

*In spoken Spanish, **que** is frequently omitted in this structure: **Hace cuatro años vi esa película.**

B.   Usando información personal, o información sobre sus amigos o gente conocida, forme oraciones relacionadas con el contexto. Use una expresión de tiempo con **hacer**. Luego explique cada oración brevemente.

MODELOS: una experiencia con lo sobrenatural →
Leí un libro de cuentos de Edgar Allan Poe *hace varios años.* Los cuentos son buenos, pero ¡no me gusta lo sobrenatural!

una preferencia personal →
Hace muchos años que *me gusta* el chocolate. Lo prefiero a todos los demás sabores (*flavors*).

1. una experiencia con lo sobrenatural   2. un episodio de gran importancia personal   3. una preferencia personal   4. una habilidad o capacidad común y corriente   5. un talento especial   6. la muerte de alguien importante   7. una experiencia feliz   8. una experiencia que prefiere olvidar   9. un episodio de gran importancia política o económica

C.   ¡**Necesito compañero!**   Con un compañero, hagan y contesten preguntas para descubrir la siguiente información. Luego comparta con la clase lo que han aprendido.

1. ¿Cuánto tiempo hace que (tú) *aprendiste a leer?* (leer una buena novela, sacar la licencia de conducir, aprender a cocinar, aprender a hablar español, salir con una persona realmente impresionante, conocer a una persona realmente estupenda, recibir un regalo, darle a alguien un regalo, llevar disfraz, cortarse el pelo, empezar a afeitarse, hacer un viaje en avión)
2. ¿Cuánto tiempo hace que (tú) *vives en este estado?* (vivir en esta ciudad, no hacer un viaje, no tomar unas vacaciones, conocer a tu novio/a, tener esa ropa que llevas, asistir a esta universidad, estudiar español, no ver a tus padres, saber manejar un coche)

D.   La sección necrológica. Examine la siguiente lista: ¿Cuáles de estos datos normalmente se incluyen en una esquela (*death notice*) en la sección necrológica de los periódicos de los Estados Unidos?

el nombre de la persona que ha
   muerto (*has died*)
los nombres de sus amigos
la dirección de su casa
información sobre la ceremonia
información sobre la causa de su
   muerte
información sobre el velorio
   (*viewing in funeral parlor*)

información sobre su profesión
los nombres de sus familiares
el nombre de la comunidad
   donde vivía
la edad del muerto
una descripción física del
   muerto

¿Hay algún vocabulario especial—abreviaturas, palabras o expresiones—que generalmente se utiliza en este tipo de anuncio? Por ejemplo, normalmente no se habla de «*the dead person*». ¿Qué otra expresión se usa? ¿Qué otros verbos se utilizan además de «*to die*»?

Las esquelas a continuación salieron en uno de los periódicos de Madrid en 1990. En grupos de dos o tres, examínenlas con cuidado.

1. ¿Contienen los mismos datos que Uds. consideran típicos de las esquelas de los Estados Unidos?   2. ¿Contienen algunos datos que normalmente NO se incluyen en las esquelas de los Estados Unidos?   3. ¿Hay algún vocabulario especial semejante al vocabulario que se usa en las esquelas en este país? 4. Dos de las esquelas son algo diferentes: ¿Qué conmemoran?   5. ¿Existe esta clase de esquela también en los Estados Unidos? Comenten.

DON ENRIQUE CRIADO CRESPO
NOTARIO JUBILADO
FALLECIO CRISTIANAMENTE
EN BARCELONA
a los setenta y tres años de edad
EL DIA 29 DE JULIO DE 1990

D. E. P.

Sus afligidos esposa, hijos y demás familia, al participar a sus amigos y conocidos tan sensible pérdida, les suplican un recuerdo en sus oraciones y la asistencia al acto del entierro, que tendrá lugar mañana, día 31, a las once de la mañana, en las capillas del I. M. S. F., área de Collserola (provincia de Barcelona), donde se celebrará la ceremonia religiosa. No se invita particularmente.

(1)

PRIMER ANIVERSARIO
JOSE LUIS ALVAREZ RUIZ
FALLECIO EN ACCIDENTE DE TRA-FICO
EL DIA 31 DE JULIO DE 1989
a la edad de veinticuatro años

D. E. P.

Sus padres y hermanos participan a sus parientes y amigos que la misa que se celebrará mañana, día 31, a las doce horas, en la parroquia de San Francisco Javier (calle Mártires de la Ventilla, número 34, Plaza Castilla), será aplicada por el eterno descanso de su alma.

(1)

ARMANDO MARTIN MUÑOZ
FALLECIO EN MADRID
EL DIA 29 DE JULIO DE 1990
Después de recibir los Santos Sacramentos

D. E. P.

Su esposa, Purificación Iniesta; sus hijas, Purificación y Elena; hijo político, Luis Jara; hermanas, hermanos políticos y demás familia

RUEGAN una oración por su alma.

La conducción del cadáver tendrá lugar hoy, lunes, día 30, a las trece horas, desde la clínica Puerta de Hierro al crematorio del cementerio de Nuestra Señora de la Almudena.

El funeral por su eterno descanso se celebrará el día 1 de agosto, a las diecinueve horas, en la parroquia del Olivar (calle del Olivar, Madrid).

(2)

EL SEÑOR
DON JOSE MOCHON SANTIAGO
HA FALLECIDO EN LEON
EL DIA 29 DE JULIO DE 1990
a los sesenta y tres años de edad
Habiendo recibido los Santos Sacramentos y la bendición de Su Santidad

D. E. P.

Su esposa, doña Carmen Toha Abella; hijos, don Popi, don Paco, doña Marisa, doña María del Carmen y don Juanjo Mochón Toha; hijos políticos, don Amador, doña Lia y don Yeyo; madre política, doña María Rebull; hermanas, doña Anita, doña María Luisa y doña Consuelo; hermanos políticos, don Pedro, doña Monse, doña Conchita, doña Toñeta, doña Daidi, don Juan, doña María José, doña Teresa, don Alvaro, doña Adriana, don Manuel, don Rafael y don Vicente; nietos, tíos, sobrinos, primos y demás familia

Suplican a usted asistan a las exequias y misa de funeral que tendrán lugar hoy, lunes, día 30 del corriente, a las doce de la mañana, en la iglesia parroquial de Santa Marina la Real, y seguidamente a dar sepultura al cadáver.

Capilla ardiente: Sala número 3. Calle Julio del Campo.
Casa doliente: San Juan de Prado, 3.

(2)

18. PRETERITE/IMPERFECT CONTRAST

When describing events or situations in the past, Spanish speakers must choose between the preterite and the imperfect. This choice depends on the aspect of the event or situation that the speaker wants to describe.

A. Beginning/end versus middle

In theory, every action has three phases or aspects: a beginning (**un comienzo**), a middle (**un medio**), and an end (**un fin**). When a speaker focuses on the beginning of an action, or views it as being finished, the preterite is used. When he or she focuses on the middle (past action in progress, a repeated past action, or a past action that has not yet happened), the imperfect is used.

Era[1] el 31 de octubre y todos los niños **estaban**[2] muy emocionados. A las 2:30, **salieron**[3] de la escuela y **caminaron**[4] hacia sus casas. Mientras **caminaban**,[5] **hablaban**[6] de las actividades que siempre **hacían**[7] en esa noche: ponerse un disfraz, recibir caramelos, asustar a los más pequeños. **Planeaban**[8] también algunas travesuras que **iban**[9] a hacer. De repente, **vieron**[10] que una extraña figura se **acercaba**.[11] **Parecía**[12] una mezcla de animal y de monstruo: **tenía**[13] la cabeza de Frankenstein y **llevaba**[14] una enorme capa negra como un vampiro. Pero **caminaba**[15] sobre cuatro patas. Asustados, los niños lo **miraron**[16] en silencio por unos instantes. Luego, todos **gritaron**[17] y **corrieron**[18] en mil direcciones para escapar de la terrible aparición. **Desaparecieron**[19] rápidamente sin notar que debajo de la capa **meneaba**[20] alegremente la cola de un perro que también **quería**[21] salir esa noche para hacer «*trick or treat*».

It **was**[1] October 31 and all the children **were**[2] very excited. At 2:30, they **left**[3] school and **walked**[4] toward their houses. While they **walked**,[5] they **talked**[6] about the activities they always **did**[7] on that night: wearing costumes, getting treats, scaring the littler ones. They also **planned**[8] some tricks that they **were going**[9] to play. All of a sudden, they **saw**[10] that a strange figure **was approaching**.[11] It **seemed**[12] a mixture of animal and monster: it **had**[13] the head of Frankenstein and **wore**[14] a huge black cape like a vampire. But it **was walking**[15] on four legs. Frightened, the children **looked at**[16] it in silence for a few seconds. Then everyone **began to shout**[17] and **run**[18] in a thousand directions to escape the horrible vision. They **disappeared**[19] rapidly without noticing that underneath the cape **was** happily **wagging**[20] the tail of a dog who also **wanted**[21] to go out that night to trick or treat.

[1]middle: in progress
[2]middle: in progress
[3]end
[4]beginning: set off
[5]middle: in progress
[6]middle: in progress
[7]middle: repeated

[8]middle: in progress
[9]middle: not yet happened
[10]beginning: the action of seeing continues after this point
[11]middle: in progress
[12]middle: in progress
[13]middle: in progress
[14]middle: in progress

[15]middle: in progress
[16]end

[17]beginning
[18]beginning

[19]end

[20]middle: in progress

[21]middle: in progress

Note that while English sometimes uses the progressive verb form—*was approaching, was wagging*—to signal an action in progress, the simple past tense—*it seemed, it had, it wore*—may also have this meaning, depending on the context. Learning to use the preterite and imperfect correctly does not involve matching English forms to Spanish equivalents but rather paying attention to contextual clues that signal middle (imperfect) or non-middle (preterite).

B. Context of usage

The contrast between middle and non-middle helps to explain why certain meanings are usually expressed in the preterite while others are expressed in the imperfect.

1. Emotions, mental states, and physical descriptions are generally expressed in the imperfect. This information is usually included as background or explanatory material—conditions or circumstances that are *ongoing* or *in progress* at a particular time.

> **Era** el 31 de octubre y todos los niños **estaban** muy emocionados.
> La figura **parecía** una mezcla de animal y de monstruo: **tenía** la cabeza de Frankenstein y **llevaba** una enorme capa negra como un vampiro.
> El perro **quería** salir también para hacer «*trick or treat*».

Descriptions of weather and feelings are often included as background "circumstances" or "explanations." See Appendix 5 for a review of some of these common idiomatic expressions with **hacer** and **tener**.

2. When a story is narrated, several successive actions in the past are expressed in the preterite. Here the focus is usually on each individual action's having *taken place* (i.e., having begun or been completed) before the next action happens.

> A las 2:30, **salieron** de la escuela y **caminaron** hacia sus casas.
> **Gritaron** y **corrieron** en mil direcciones. **Desaparecieron** rápidamente.

3. Actions that are described as simultaneous are expressed in the imperfect: the focus is on two (or more) actions *in progress* at the same time.

> Mientras **caminaban**, **hablaban** de las actividades de esa noche.
> **Planeaban** también algunas travesuras.

4. When an ongoing action in the past is interrupted by another action, the ongoing action is expressed in the imperfect. The interrupting action is expressed in the preterite.

> Mientras **caminaban**, **hablaban** de las actividades de esa noche. De repente, **vieron** que una extraña figura se **acercaba**.

5. When the endpoint of an action is indicated, the preterite is used, regardless of whether the action lasted a short time or a long time.

   Asustados, los niños lo **miraron** en silencio por unos instantes.

C. Meaning changes with tense used

In a few cases, two distinct English verbs are needed to express what Spanish can express by the use of the preterite or the imperfect of a given verb. Note that, in all of the following examples, the preterite expresses an action at either its beginning or ending point, while the imperfect expresses an ongoing condition.

	PRETERITE: ACTION	IMPERFECT: ONGOING CONDITION
conocer	**Conocí** a mi mejor amigo en 1980. *I **met** (beginning of our friendship) my best friend in 1980.*	**Conocía** a mi mejor amigo en 1985. *I **knew** (ongoing state) my best friend in 1985.*
pensar	De repente yo **pensé** que él era inocente. ***It suddenly dawned on me** (beginning of knowing) that he was innocent.*	Yo **pensaba** que él era inocente. *I **thought** (ongoing opinion) that he was innocent.*
poder	**Pude** dormir a pesar del ruido de la fiesta. *I **managed** to sleep (action takes place) in spite of the noise from the party.*	**Podía** hacerlo pero no tenía ganas. *I **was able** to (had the ability to) do it, but I didn't feel like it.*
no querer	Me invitó al teatro pero **no quise** ir. *She invited me to the theater, but I **refused** to go (action—saying no—takes place).*	Me invitó al teatro pero **no quería** ir. *She invited me to the theater, but I **didn't want** to go (ongoing mental state, no action implied).*
querer	El vendedor **quiso** venderme seguros. *The salesman **tried** to sell me insurance (action takes place).*	El vendedor **quería** venderme seguros. *The salesman **wanted** to sell me insurance (mental state, no action implied).*
saber	Elvira **supo** que Jaime estaba enfermo. *Elvira **found out** (beginning of knowing) that Jaime was sick.*	Elvira **sabía** que Jaime estaba enfermo. *Elvira **knew** (ongoing awareness) that Jaime was sick.*

tener	**Tuve** una carta. I *got* (action takes place) *a letter.*	**Tenía** varios amigos. I *had* (ongoing situation) *several friends.*
tener que	**Tuve que** ir a la oficina. I *had to* go (and did go) *to the office.*	**Tenía que** ir a la oficina. I *was supposed to* go (mental state, no action implied) *to the office.*

PRACTICA

A. Lea el siguiente párrafo por completo y luego decida si los verbos indicados indican el medio de la acción o no. Luego dé la forma correcta del verbo entre paréntesis (pretérito o imperfecto) según el caso.

La historia de un ex novio

I used to have (**tener**) a boyfriend named Hector. He was (**ser**) very tall and handsome, and we used to spend (**pasar**) a lot of time together. We would go (**ir**) everywhere together. That is, until he met (**conocer**) a new girl, Jane. He talked (**hablar**) to her once and then invited her (**invitarla**) to a big dance. He told me (**decirme**) that it was because he felt sorry for her (**tenerle compasión**), but I didn't believe him (**creérselo**). I wanted (**querer**) to kill him! But I decided (**decidir**) to do something else. Since I knew (**saber**) where she lived (**vivir**), I went (**ir**) over to her house to tell her what a rat Hector was (**ser**). But when I got there (**llegar**), I saw (**ver**) that his car was (**estar**) parked in front. I got (**ponerme**) so angry that I started (**empezar**) to slash his tires. Just then, Hector came out (**salir**) of the house. When he saw me (**verme**), he yelled (**gritar**) and ran (**correr**) toward me. . . .

*(Continúa en **Repaso**, Capítulo 6.)*

B. Exprese las siguientes oraciones en inglés.

1. Para llegar al Nuevo Mundo, Colón tuvo que cruzar el Atlántico. 2. Yo no conocía al profesor el año pasado. Lo conocí este septiembre. 3. Uds. tenían que traer los dulces. ¿Dónde están? 4. ¿Cómo supo Ud. que Paula no quiso ir? 5. ¿Sabía Ud. hablar español cuando estaba en la escuela secundaria?

C. Lea el siguiente párrafo y escoja la forma correcta del verbo, según el contexto.

Cuando yo (*fui, era*) más joven, me (*gustó, gustaba*) mucho ir a la biblioteca a leer. (*Creí, Creía*) que la biblioteca (*fue, era*) un lugar impresionante porque (*hubo, había*) muchos libros y porque todo el mundo (*habló, hablaba*) en voz baja; por eso me (*pareció, parecía*) un lugar muy serio. Generalmente yo (*fui, iba*) por las tardes porque entonces (*vi, veía*) al Sr. Moreno, un bibliotecario° muy simpático que me (*habló, hablaba*) de la historia de la biblioteca y me (*ayudó, ayudaba*) a alcanzar° los

°*librarian*
°*to reach*

libros de los estantes° más altos. Un día cuando (*llegué,*   *shelves*
llegaba), (*vi, veía*) que el Sr. Moreno no (*estuvo, estaba*). Los
otros bibliotecarios también recuerdan ese día porque (*decidí,*
decidía) sacar un libro yo solo de uno de los estantes más altos.
Como se puede imaginar, todos los libros (*cayeron, caían*) al
suelo con un tremendo ruido. Algunas personas me (*miraron,*
miraban) disgustadas y otras (*empezaron, empezaban*) a reírse
de mí. ¡Qué vergüenza!

D.   A continuación se reproduce la secuencia de acciones que se describió
anteriormente. Esta vez, además de las acciones se han agregado (*have been*
added) otros detalles descriptivos que sirven de fondo (*background*) a las acciones principales. Narre el cuento otra vez, conjugando los nuevos verbos en
el imperfecto.

1. el jefe, confiarle dinero a la empleada / *ser* una mujer joven / *trabajar* para
   la compañía / no *estar* satisfecha / *querer* un cambio
2. la mujer, *deber* depositar el dinero / decidir guardarlo / *tener* miedo de las
   autoridades / *necesitar* salir del pueblo / poner el dinero en la bolsa / hacer
   las maletas
3. salir del pueblo en coche / *estar* nerviosa

1.   2.   3.   4.

5.   6.   7.   8.

4. *estar* cansada / llegar al Bates Motel / *tener* habitaciones libres / *pensar* que allí *poder* descansar / *haber* una enorme casa cerca / *llover* y *hacer* mal tiempo

5. conocer a Norman / *ser* un joven guapo y tímido / ellos, hablarse un rato / ella, firmar su nombre / no *haber* otros huéspedes (*guests*) en el motel / Norman, darle la llave de su habitación

6. ir a su habitación / *tener* hambre / *pensar* salir a cenar más tarde / decidir ducharse primero

7. Norman, *vivir* solo con su madre / madre, *estar* muerta / Norman, *estar* un poco loco / Norman, *tener* dos personalidades / disfrazarse de su madre / entrar al cuarto de la mujer / ella, *ducharse*

8. ella, *ducharse* / no *darse* cuenta del peligro / Norman, matarla a puñaladas

E. Ud. iba a hacer algo y no lo hizo. Ahora quiere justificar su comportamiento. Conteste las preguntas, utilizando al menos una oración.

MODELO: ¿Por qué no lavaste los platos? →
Iba a lavarlos, pero tuve que coger el teléfono.

1. ¿Por qué no hiciste la cama?
2. ¿Por qué no estudiaste la lección de español?
3. ¿Por qué no le escribiste una carta a tu madre?
4. ¿Por qué no compraste las entradas para el concierto?
5. ¿Por qué no me trajiste un regalo?
6. *Invente una situación para la clase.*

F. Situaciones y preguntas

1. ¿Dónde vivía su madre cuando conoció a su padre? ¿Cómo y dónde se conocieron? ¿Cuándo y dónde se casaron? ¿Cuándo y dónde nació Ud.? ¿Qué hacía su padre cuando Ud. nació? ¿Recuerda Ud. cuando nacieron sus hermanos menores? ¿Cuántos años tenía Ud.? ¿Estaba contento/a? ¿Por qué sí o por qué no?

2. ¿Cuántos años tenía Ud. cuando fue a la escuela por primera vez? ¿Recuerda Ud. sus primeras impresiones de la escuela? Descríbalas. ¿Recuerda Ud. la última vez que Ud. estuvo en esa escuela? ¿Eran diferentes sus impresiones? Explique.

3. Ayer, a la una, yo almorzaba. ¿Qué hacías tú mientras yo comía? Anoche, yo leía el periódico a las 5:30. ¿Qué hacías tú mientras yo leía? Anoche, a las 7, yo miraba las noticias que presenta Peter Jennings. ¿Qué hacías tú? Esta mañana a las 6, yo preparaba esta clase. ¿Qué hacías tú mientras yo trabajaba?

G. 🌅 **¡Necesito compañero!** Usando los verbos indicados, y añadiendo otros detalles necesarios, narren una pequeña historia para cada dibujo. Antes de empezar, decidan qué aspecto de cada acción (el medio de la acción o no) quieren indicar y conjuguen cada verbo en el pretérito o en el imperfecto según el caso.

1. ser las 12 / jugar / llamar / no tener hambre / preferir jugar
2. recibir corbata de su tía / ser muy fea / no gustarle / decidir devolverla / hablar con la dependiente / ver a su tía
3. tener unos 10 años / ser un muchacho travieso (*mischievous*) / siempre hacer cosas que no deber hacer / encontrar unos cigarrillos / fumar / llegar su madre
4. ser una noche oscura / hacer muy mal tiempo / estar solos en la casa / leer / oír unos ruidos extraños / estar asustados / no querer ir a investigar
5. ser su aniversario / ir a comer a un restaurante elegante / pedir una gran comida / estar muy contentos / abrir la cartera para pagar la cuenta / descubrir / no tener / no aceptar tarjetas de crédito / tener que lavar los platos
6. *Hagan un dibujo y crean su propia historieta.*

1.   2.   3.

4.   5.   6.

H. ¡**Necesito compañero!**   Con un compañero de clase, hagan y contesten preguntas para descubrir la siguiente información sobre la niñez. Recuerden usar las formas de **tú** en las preguntas. ¡No se olviden de usar las estrategias para la comunicación! Luego cada uno comparta con la clase lo que ha aprendido sobre la niñez de su pareja.

1. una cosa que le gustaba muchísimo
2. un lugar que le parecía especial

3. una persona que influía mucho en su vida de una manera positiva
4. algo que tenía que hacer todos los días y que no le gustaba
5. algo que hizo sólo una vez pero que le gustó mucho
6. una cosa con la que siempre tenía mucho éxito
7. una ocasión en que estaba muy orgulloso/a de sí mismo/a
8. una cosa buena que hizo para otra persona

19. RELATIVE PRONOUNS: *QUE, QUIEN*

A series of short sentences in a row sounds choppy; often there are no smooth transitions from one idea to another. By linking several short sentences together to make longer ones, you can form sentences that have a smoother, more interesting sound.

A. Simple versus complex sentences

A *simple sentence* consists of a subject and a verb.

David compró el disfraz.	*David bought the costume.*
El disfraz estaba en la tienda.	*The costume was in the store.*
El muerto era médico.	*The deceased was a doctor.*
Enterraron al muerto ayer.	*They buried the dead man yesterday.*

A *complex sentence* is really two sentences: a main sentence (**la oración principal**) plus a second sentence (**la oración dependiente/subordinada**) that is set inside (embedded in) the main sentence. The two sentences are joined by a relative pronoun (**un pronombre relativo**).

TWO SENTENCES   David compró **el disfraz**. **El disfraz** estaba en la tienda.

EMBEDDED ELEMENT   **que** estaba en la tienda

COMPLEX SENTENCE   David compró **el disfraz que** estaba en la tienda
David bought the costume that was in the store.

TWO SENTENCES   **El muerto** era médico. Enterraron **al muerto** ayer.

EMBEDDED ELEMENT   **que** enterraron ayer

COMPLEX SENTENCE   **El muerto que** enterraron ayer era médico.
The dead man that they buried yesterday was a doctor.

Note that the same noun is present in both sentences. When the two are joined, the repeated noun is replaced by a relative pronoun. The embedded sentence is then inserted into the main sentence following the noun to which it refers.

B. *Que* versus *quien*

There are three principal relative pronouns in English: *that, which,* and *who/ whom.* The choice between *that* and *which* depends primarily on personal preference; *who* is used only if the replaced element is a person. In Spanish, *that, which,* and *who* are usually expressed by the relative pronoun **que**.

Laura leyó el libro **que** compró.	*Laura read the book that she bought.*
Los estudiantes dieron una fiesta **que** duró toda la noche.	*The students gave a party which lasted all night.*
Este es el artículo de **que** te hablé.	*This is the article that I spoke to you about.*
Vi al hombre **que** estaba aquí ayer.	*I saw the man who was here yesterday.*

Although *who/whom* is usually expressed in Spanish by **que**, there are two cases where *who/whom* is expressed by **quien(es)**

1. when *who/whom* introduces a nonrestrictive clause. Nonrestrictive clauses are embedded in sentences almost as an afterthought or an aside. They are always set off by commas. When the replaced element is a person, either **que** or **quien(es)** is used to introduce the clause. **Quien(es)** is preferred in writing, while **que** is more common in the spoken language.

Julia, **quien** (**que**) no estuvo ese día, fue el líder del grupo.	*Julia, who was not there that day, was the leader of the group.*
Carmen y Loren, **quienes** (**que**) hoy viven en Newark, son de Cuba.	*Carmen and Loren, who today live in Newark, are from Cuba.*

2. when *whom* follows a preposition or is an indirect object*

No conozco al hombre **de quien** hablaba.	*I don't know the man he was talking about* (about whom he was talking).
La persona **a quien** vendimos el auto nos lo pagó en seguida.	*The person we sold the car to* (to whom we sold the car) *paid us for it immediately.*

As these two examples show, in colloquial English we often end sentences and clauses with prepositions: *I don't know the man he was talking **about**; The person we sold the car **to** paid us for it immediately.* In Spanish, however, a sentence may never end with a preposition. When a prepositional object is replaced by a relative pronoun, the preposition and pronoun are both moved to the front of the embedded sentence, as in the following examples from more formal English: *I don't know the man **about whom** he was talking; The person **to whom** we sold the car paid us for it immediately.*

---

*When *whom* refers to a direct object, **quien** can be used, but it is more common in contemporary speech to omit the object marker and introduce the embedded element with **que**: **La persona a quien vimos allí es muy famosa.** → **La persona que vimos allí es muy famosa.**

C. Nonomission of relative pronouns

The relative pronouns are never omitted in Spanish. In contrast, their omission in English is common.

El coche que compramos no vale nada.	*The car (that) we bought isn't worth anything.*
No conoce al hombre con quien hablábamos.	*He doesn't know the man (that) we were talking with.*

Summary

These two rules will help you with relative pronouns in most cases.

1. If it is *possible* to use a relative pronoun in English, it is *necessary* to use one in Spanish.
2. Unless there is a preposition or a comma, always use **que**.

PRACTICA

A. Complete las oraciones con **que** o **quien(es)** según el contexto.

1. Mucha gente desprecia a las personas _____ son algo diferentes.
2. Las películas _____ más me asustan son las de Stephen King.
3. Hay muchos rasgos _____ compartimos con esos grupos étnicos.
4. Estoy segura que la mujer con _____ hablan es una bruja.
5. ¿Cuáles son las características _____ se asocian con lo sobrenatural?
6. Los indios de _____ hablábamos son descendientes de los primeros habitantes del continente.
7. La noche del 31 de octubre muchos niños, _____ llevan disfraces distintos, van de casa en casa pidiendo dulces.
8. Los esqueletos y calaveras con _____ se decora la casa simbolizan la muerte.

B. Junte las oraciones, omitiendo la repetición innecesaria por medio de pronombres relativos apropiados.

MODELO: El cementerio es el famoso Forest Lawn. Hablaron del cementerio. →
El cementerio de que hablaron es el famoso Forest Lawn.

1. Los disfraces representan brujas, esqueletos y fantasmas. Los niños llevan los disfraces el 31 de octubre.
2. En los Estados Unidos hay muchas personas. Estas personas tienen miedo de la muerte.
3. Pienso invitar a la fiesta a todas las personas. Trabajo con estas personas.

4. La muerte es un tema. No se habla mucho de este tema en los Estados Unidos.

5. Todas las personas eran parientes del muerto. Estas personas asistieron al entierro.

6. La mezcla de razas constituye un elemento característico de la cultura nacional. Esta mezcla resultó de la conquista.

C. Exprese las siguientes oraciones en español. Luego, diga si en su opinión son ciertas o falsas.

1. They say that a person who cannot see himself in a mirror (**espejo**) is a werewolf (**hombre lobo**). 2. The pranks that one associates with Halloween are usually not serious (**grave**). 3. Burial of the dead is a custom that is found in all human cultures. 4. They say that a person who disguises himself as a witch must have a witch's face. 5. Death is an experience that people should not talk about with young children.

Estrategias para la comunicación

Un repaso *How to build your confidence*

You already know most of the Spanish you need to understand and be understood in most situations. Your success will depend not so much on what you know, but on how you use what you know. Practice the communication strategies you have learned in these situations.

 ¡Necesito compañero!

A. No entendieron todo el mensaje. ¿Qué preguntas pueden hacer para recuperar el resto?

1. Es muy difícil hacerlo porque...
2. Esto es un... ; ...muchos en Sears.
3. Voy a... ¡Es... impresionante!
4. ...llegan mañana.
5. No puedo ver... ¿Lo... tú?

B. Simplifiquen las siguientes oraciones en inglés y luego exprésenlas en español.

1. They are really uptight.
2. If we use it up, we can't replace it.
3. The secretary typed the message and then filed it.
4. Five games in a row!
5. I have to straighten up my room when company comes.

C. Definan o describan las siguientes expresiones en español.

1. a shower curtain
2. a bicycle pump
3. a landlord
4. a thumbtack
5. a stationery store
6. a zipper

D. Conviertan las siguientes preguntas en pequeñas conversaciones.

1. ¿Adónde fuiste ayer después de la clase?   2. ¿Tienes coche?   3. ¿Es la universidad como tú la imaginabas antes de llegar?   4. De niño, ¿eras obediente o travieso? 5. ¿Te gusta escuchar música mientras estudias?

D. **Guiones**   En grupos de tres o cuatro personas, narren una pequeña historia para la secuencia de dibujos a continuación. Utilicen el pretérito y el imperfecto, y traten de evitar la repetición innecesaria con los complementos y los pronombres relativos. ¡No se olviden de utilizar las estrategias para la comunicación!

VOCABULARIO UTIL: la bibliotecaria, darse cuenta, llamar, el equipo antifantasma, proteger, medir, combatir, los rayos láser, estar satisfecho

1.

2.

3.

4.

5.

6.

 **¡Ojo!**

hora—vez—tiempo

The specific *time of day* or a specific *amount of time* is expressed with the word **hora**. *Time* as an *instance* or *occurrence* is **vez**, frequently used with a number or other indicator of quantity. **Tiempo** refers to *time* in a general or abstract sense. The Spanish equivalent of *on time* is **a tiempo**.

¿Qué **hora** es? ¿No es **hora** de comer?	*What time is it? Isn't it time to eat?*
Estudié dos **horas** anoche.	*I studied for two hours last night.*
He estado en Nueva York muchas **veces**.	*I've been in New York many times.*
No tengo **tiempo** para ayudarte.	*I don't have time to help you.*
Nunca llegan **a tiempo**.	*They never arrive on time.*

el cuento—la cuenta

These two words have totally different meanings, but their almost identical spelling can lead to confusion. **Cuento** means *story, narrative,* or *tale.* **Cuenta** means *bill (money owed)* or *calculation.*

El cuento es largo pero muy interesante.	*The story is long but very interesting.*
Mi padre me pidió **la cuenta** y después me la devolvió; no la pagó él.	*My father asked me for the bill and then gave it back to me; he didn't pay it.*

por—porque—puesto que—ya que—como

The idea of *because* is expressed in a number of ways in Spanish. Preceding a conjugated verb, **porque**, **puesto que**, **ya que**, or **como** can be used.

Ya que es muy rico, no tiene que trabajar.	*Because (Since) he is very rich, he doesn't have to work.*
Lo hicieron **porque** no había remedio.	*They did it because there was no other alternative.*
Como (**Puesto que**) era muy niña, siempre hacía muchas travesuritas.	*Since (Because) she was very young, she was always playing numerous little pranks.*

Of these five expressions, only **porque** cannot be used to begin a sentence in Spanish.

When preceding a noun, always use **por**. This use corresponds to English *because of*.

Todos la admiraban **por** su
bondad.

*Everyone admired her because of
(for) her kindness.*

PRACTICA

A. Dé la palabra española que se corresponde mejor con la palabra en *letras cursivas*.

1. The *tale* of the miller's son is known throughout the world.   2. How many *times* do I have to ask you?   3. *Because* he was very tired, he decided to stay home this *time*.   4. I can't afford to pay the *bill*.   5. I don't have *time* to talk to you *because* I am in a hurry.   6. Don't tell those scary *stories*!   7. Many people don't watch TV *because of* all the violence.   8. Is it *time* to eat yet?

B. Indique la palabra o frase que mejor complete la oración. ¡OJO! Hay también palabras de los capítulos anteriores.

1. El motor no _____; hay que _____ lo al mecánico. (*work/take*)
2. _____ no tenía trabajo, no me pudo _____ el dinero. (*Because/return*)
3. Este restaurante _____ muy caro y elegante; no sé si vamos a poder pagar _____ . (*looks/the bill*)
4. No tenemos que pagar nada _____ mi yerno (*son-in-law*) _____ aquí. (*because/works*)
5. ¿Qué _____ Uds.? ¿un vuelo (*flight*) más barato? (*look for*)
6. No, sólo queremos _____ _____. (*to return/on time*)
7. Ah, entonces deben _____ el vuelo número 403. (*take*)
8. Al principio de _____, hacía mucho frío y nevaba y el héroe _____ perdido (*lost*). (*the story/looked*)
9. El artículo es muy _____. Creo que lo puedes leer en muy poco/poca _____. (*short/time*)
10. Según _____ de los indios, estos pájaros siempre _____ aquí en la primavera. (*stories/return*)

C. Situaciones y preguntas

1. ¿Qué cuentos te gustaban de niño/a? ¿los cuentos de acción y de aventuras? ¿los cuentos de fantasía? ¿los cuentos de terror? ¿Todavía te gusta este tipo de cuento?
2. Cuando eras más pequeño/a, ¿tus padres te pagaban todas las cuentas? En general, ¿qué tipo de cuenta tenías que pagar tú personalmente? ¿Quién debe pagar la cuenta cuando un hombre y una mujer salen juntos?
3. Ya que estás en la universidad, ¿qué aspecto de la escuela secundaria crees que te preparó mejor para la universidad? ¿Por qué crees que esta universidad te aceptó?

 **Repaso**

A. En el siguiente diálogo, hay mucha repetición innecesaria de complementos. Léalo por completo y luego elimine los complementos innecesarios, sustituyéndolos por los pronombres y adjetivos apropiados.

Una conversación en la clase de español del profesor O'Higgins

O'HIGGINS: Bueno, clase, es hora de entregar° la tarea de hoy. *to turn in*
Todos tenían que escribirme una breve composición sobre la originalidad, ¿no es cierto? ¿Me escribieron la composición, pues?

JEFF: Claro. Aquí tiene Ud. la composición mía.

O'HIGGINS: Y Ud., señora Chandler, ¿también hizo la tarea?

CHANDLER: Sí, hice la tarea, profesor O'Higgins, pero no tengo la tarea aquí.

O'HIGGINS: Ajá. Ud. dejó la tarea en casa, ¿verdad? ¡Qué original!

CHANDLER: No, no dejé la tarea en casa. Sucede que mi hijo tenía prisa esta mañana, el carro se descompuso° *broke down* y mi marido llevó el carro al garaje.

O'HIGGINS: Ud. me perdona, pero no veo la conexión. ¿Me quiere explicar la conexión?

CHANDLER: Bueno, anoche, después de escribir la composición, puse la composición en mi libro como siempre. Esta mañana, salimos, mi marido, mi hijo y yo, en el coche. Siempre dejamos a Paul—mi hijo—en su escuela primero, luego mi marido me deja en la universidad y entonces él continúa hasta su oficina. Esta mañana, como le dije, mi hijo tenía mucha prisa y cogió mi libro con sus libros cuando bajó del coche. Desgraciadamente no vi que cogió mi libro. Supe que cogió mi libro cuando llegamos a la universidad. Como ya era tarde, no pude volver a la escuela de mi hijo para quitar el libro a mi hijo. Así que mi marido se ofreció a buscarme el libro. Pero no me ha traído el libro todavía. Yo llamé a mi marido antes de la clase para saber el motivo de su retraso° y él me *delay* explicó que en la ruta se descompuso el carro y que tuvo que dejar el carro en el garaje. Pero ahora también era muy tarde para él y no le quedaba tiempo para traerme el trabajo y llegar a su oficina a tiempo. Entonces...

O'HIGGINS: Entonces, ¿quién tiene su tarea ahora? ¿Tiene su tarea su hijo?

CHANDLER: No, mi marido tiene mi tarea. El le quitó la tarea a mi hijo, pero no pudo traerme la tarea antes de clase. El carro se descompuso y él...

O'HIGGINS: ...tuvo que llevar el carro al garaje. Bueno, Ud. me puede traer la tarea mañana, ¿no?

CHANDLER: Sin duda, profesor. Le traigo la tarea tan pronto como llegue a la universidad. A Ud. le va a gustar. En mi composición propongo algunas maneras creativas para combatir el aburrimiento de la rutina diaria.

O'HIGGINS: Me parece un tema extraordinariamente apropiado pero... ¡espero que sea breve!

B. Acaban de morirse las siguientes personas.

1. un hombre muy rico y muy tacaño (*stingy*)
2. un don Juan
3. una mujer que miente mucho
4. el dictador de un país muy pobre
5. una mujer que no cree en Dios

Al llegar al más allá, tienen que justificar su comportamiento en la tierra para conseguir la vida eterna. Es necesario comentar lo bueno... y también lo malo. Complete estas oraciones en la forma en que lo harían (*would do*) estas personas recién muertas.

Yo siempre _____ pero una vez _____.
Yo nunca _____ pero un día _____.
Yo solía _____ pero en 1985 _____.

CAPITULO CUATRO

Sevilla, España

La familia

La familia, según muchos sociólogos, es la unidad social fundamental, la primera y la más básica de todas las relaciones humanas. Todos tenemos una familia, y también imágenes, sensaciones y emociones siempre que (*whenever*) pensemos en la idea de «familia». Pero ¿tenemos todos las mismas imágenes? ¿Existe una familia norteamericana «típica»? ¿Cuáles cree Ud. que son sus características? Agregue (*Add*) otras respuestas si es necesario.

1. Número de hijos

    a. 1–2   b. 3–4   c. más de 4   d. 0

2. Edad de los padres

    a. 20–30   b. 30–40   c. 40–50   d. 50–60

3. Número de padres que viven en casa

    a. 1   b. 2   c. 0

4. Religión

    a. católica   b. protestante   c. judía   d. mixta   e. otra   f. ninguna

5. Vivienda

    a. casa   b. apartamento   c. «condominio»

6. El mantenimiento económico de la familia es responsabilidad

    a. principalmente de la madre   c. compartida entre los dos padres
    b. principalmente del padre   d. compartida entre padres e hijos

7. El trabajo de la casa es responsabilidad

    a. principalmente de la madre   d. compartida entre los dos padres
    b. principalmente del padre   e. compartida entre todos
    c. principalmente de los hijos

¿Cree Ud. que todos los de la clase tengan la misma imagen que Ud. cuando piensan en «familia»? Utilizando las preguntas anteriores y siguiendo los pasos que se han establecido en los Capítulos 1, 2 y 3, ¡haga un sondeo para averiguarlo!

Vocabulario para conversar

bien educado, maleducado* well-mannered, ill-mannered
el cariño affection
  cariñoso affectionate
casarse con to marry
castigar to punish
  el castigo punishment
consolar to console, comfort
  el consuelo comfort
criar to raise, bring up
  la crianza childrearing
cuidar to take care of
disciplinar to discipline
  la disciplina discipline
divorciarse de to divorce
  el divorcio divorce

enamorarse (de) to fall in love (with)
estar a cargo (de) to be in charge (of)
el hijo único only child
el huérfano orphan
llevar una vida (feliz, difícil) to lead a (happy, difficult) life
el matrimonio matrimony; married couple
mimar to spoil (*a person*)
el noviazgo courtship
el novio/la novia sweetheart; fiancé(e)
la pareja couple; partner
portarse bien (mal) to (mis)behave
la sangre blood
el viudo/la viuda widower/widow

 LOS PARIENTES

abuelo/a grandfather/mother
bisabuelo/a great-grandfather/mother
bisnieto/a great-grandson/daughter
cuñado/a brother/sister-in-law
esposo/a husband/wife (spouse)
marido husband
mujer wife
nieto/a grandson/daughter

nuera daughter-in-law
padres parents
primo/a cousin
sobrino/a nephew/niece
suegro/a father/mother-in-law
tío/a uncle/aunt
yerno son-in-law

Practiquemos

A. **¡Necesito compañero!** Trabajando con un compañero de clase, hagan un cuadro o mapa semántico para las siguientes palabras o expresiones. Empiecen poniendo en el centro del cuadro la palabra objeto, y luego complétenlo con todas las ideas o palabras que asocien con ella en las cuatro categorías indicadas. No es necesario limitarse a las palabras de la lista del vocabulario.

MODELO: **mimar** →

1. enamorarse
2. maleducado
3. portarse bien

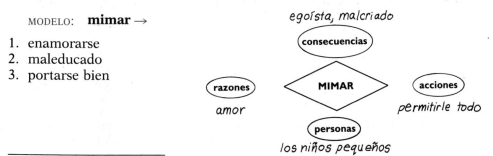

---

*Many Spanish native speakers use **estar** with **educado**; many Latin Americans use **ser**.

115

B. **¡Necesito compañero!** Es fácil ver que varias de las palabras/expresiones de la lista del vocabulario sugieren un orden cronológico: el noviazgo, el matrimonio, el divorcio. De las 28 palabras/expresiones de la lista, ¿cuántas puede Ud. poner en orden cronológico? Trabajando con un compañero, hagan una cronología para todas las palabras que puedan. Pero, ¡prepárense para explicar el porqué de cada orden a los demás estudiantes de la clase!

C. Explique la diferencia entre cada par de palabras.

1. el noviazgo/el matrimonio
2. los padres/los parientes
3. los suegros/los sobrinos
4. un huérfano/un viudo
5. el padre/los padres

D. Defina brevemente en español cada uno de los términos que se refieren a «los parientes».

MODELO: el abuelo → Mi abuelo es el padre de mi padre o de mi madre.

RECUERDE UD.

Possessive adjectives are used to identify or point out people and things and to express possession.

SINGULAR		PLURAL
mi	*my*	mis
tu	*your*	tus
su	*his, her, your, its*	sus
nuestro nuestra	*our*	nuestros nuestras
vuestro vuestra	*your*	vuestros vuestras
su	*their, your*	sus

These adjectives precede the noun to which they refer and agree with it in number and gender. If you need to review the patterns of agreement with these forms, see Appendix 7.

Conversemos

A. Identifique Ud. cada uno de los parientes que aparecen en el dibujo C. ¿Qué pasa en la reunión? ¿Qué hacen las personas? ¿Ocurren en su familia escenas similares? ¿Cuándo?

B. ¿En qué dibujos aparecen parientes viejos? ¿Qué pasa en cada uno de los dibujos? ¿Dónde están las personas y qué hacen? Compare y contraste las emociones que se presentan en los dibujos.

C. ¿En qué dibujos se ven posibles conflictos generacionales? ¿Qué pasa en cada dibujo? ¿Cuál es el conflicto en cada caso? ¿Cómo se va a resolver ese conflicto?

D. ¿Qué dibujo(s) asocia Ud. con **mimar**? ¿con **disciplinar**? ¿con **cuidar**? ¿con **cariño**? Describa en cada caso lo que pasa en el dibujo y por qué lo asocia con el verbo indicado.

E. Para Ud., ¿cuál(es) de las imágenes del **Primer paso** se corresponde(n) mejor con su propia imagen de una familia? ¿Qué otras situaciones necesita Ud. añadir para completar esa imagen? ¿Cuál de las escenas *no* es típica de su familia? Explique.

F. Cuando Ud. era niño/a, ¿qué actividades se hacían con frecuencia en su familia? ¿Había muchas actividades en que participaba toda la familia? ¿Qué actividades eran típicas del verano? ¿del fin de semana? ¿Había tareas domésticas de las que Ud. y su hermano/a (sus hermanos) estaban a cargo?

G. ¿Sabe Ud. cuáles fueron sus primeras palabras? Mirando esta guía, ¿puede notar algunas semejanzas entre la manera de hablar de los niños anglohablantes y la manera de hablar de los hispanohablantes? ¿Cuáles son los «temas» que más les interesan a los nenes (niños pequeños)?

El manantial de las palabras

Con esta guía aproximativa del lenguaje del niño, a los dos años podrás hacerte una idea de cómo evoluciona tu pequeño orador.

Dice su nombre y los de los familiares.

●

Aparece la palabra *no*.

●

Nombra su sexo: *nena* o *nene*.

●

Por primera vez dice los artículos *un* y *una*.

●

Aparecen los pronombres *yo, mío, tú, tuyo*.

●

Empieza a utilizar la forma verbal *es*.

●

Surgen las preposiciones *a, para* (relacionadas con posesión: *a mí, para mí, de mamá*). Adverbios y preposiciónes de lugar: *dónde, en*.

●

Habla de sí mismo en infinitivo o en tercera persona: *nene domí, nene hase pipí*.

●

Construye de forma imperfecta frases de dos, tres y cuatro palabras: *papa guta tele*.

●

Comprende órdenes que incluyan dos conceptos: *pon el muñeco en la caja; enséñame la niña que come*.

 **Gramática**

20. IMPERATIVES: FORMAL DIRECT COMMANDS

The imperative (**el imperativo**) is used to express direct commands (**los mandatos directos**). It has four basic forms in Spanish: third person **Ud./Uds.** (formal commands), and second person **tú/vosotros** (informal commands).

A. Regular forms of formal commands*

For almost all Spanish verbs, the stem for **Ud./Uds.** commands is the same as that of the present indicative **yo** form. The vowel ending for **-ar** verbs is **-e**; **-er** and **-ir** verbs use the ending **-a**. The person/number ending **-n** (characteristic of the third person plural) appears in the **Uds.** command forms.

INFINITIVE	INDICATIVE yo	COMMANDS Ud.	Uds.
hablar	hablo	hable	hablen
comer	como	coma	coman
vivir	vivo	viva	vivan
pensar (ie)	pienso	piense	piensen
volver (ue)	vuelvo	vuelva	vuelvan
oír	oigo	oiga	oigan
tener	tengo	tenga	tengan

Hable más despacio, por favor.	*Speak more slowly, please.*
No vuelvan Uds. mañana.	*Don't come back tomorrow.*

The use of **Ud./Uds.** makes the command more formal or more polite, but this use is optional.

B. Irregular forms of formal commands

If the **yo** form of the present indicative of a verb does not end in **-o**, the verb will have an irregular command stem. However, endings follow the same pattern as those of regular verbs.

dar: doy → dé, den	saber: sé → sepa, sepan
estar: estoy → esté, estén	ser: soy → sea, sean
ir: voy → vaya, vayan	

---

*Spelling changes in the command forms are presented in detail in Appendix 2. They are actively practiced in the **Cuaderno**.

C. Placement of object pronouns

Object pronouns are attached to the verb in affirmative commands. They are placed before the verb in negative commands.

¿Esos libros? Pónga**los** allí.
*Those books? Put **them** over there.*

¿Esas cosas viejas? No **las** ponga allí.
*Those old things? Don't put **them** over there.*

Este vino está muy bueno. Sírvanos**lo** ahora, por favor.
*This wine tastes very good. Serve **it** to us now, please.*

Este vino está muy bueno, pero no nos **lo** sirva ahora.
*This wine tastes very good, but don't serve **it** to us now.*

Attaching a pronoun or pronouns to the command form changes the number of syllables in the word. For this reason, a written accent is required on the penultimate (next-to-last) syllable of the basic command form: **ponga** → **póngalo, póngamelo.***

 RECUERDE UD.

You have already practiced the use of **que** to mean *that*. Another way to express *that*, as in *that book* or *that boy*, is **ese**. **Ese** is one of the Spanish demonstrative adjectives. Like possessive adjectives, demonstrative adjectives point out or identify people and things. Remember that in Spanish you must differentiate between *that/those* to indicate nouns that are relatively close and *that/those* to indicate nouns that are farther away.

	DEMONSTRATIVE ADJECTIVES				
	SINGULAR			PLURAL	
	masc.	*fem.*		*masc.*	*fem.*
this	este	esta	*these*	estos	estas
that (near)	ese	esa	*those (near)*	esos	esas
that (far)	aquel	aquella	*those (far)*	aquellos	aquellas

Demonstrative adjectives generally precede the noun to which they refer and agree with it in number and gender. If you need to review the patterns of agreement, see Appendix 8.

Just as direct and indirect object nouns can be replaced with pronouns to avoid unnecessary repetition, the demonstrative *adjective* + *noun* construction can be replaced with a demonstrative *pronoun*.

este libro y **aquel libro** → este libro y **aquél**
*this book and **that book*** → *this book and **that one***

---

*The one-syllable **dar** commands are exceptions to this rule. The **Ud.** command always has an accent to distinguish it in spelling from **de** (*of, from*): **dé, déme, démelo.** The **Uds.** command form has an accent only when two pronouns are added: **den, dense, dénselo.** See Appendix 1.

esta casa y **aquella casa** → esta casa y **aquélla**
*this house and **that house*** → *this house and **that one***

The forms of the demonstrative pronouns are identical to the adjectives, but with an accent on the stressed syllable: **éste**, **ésos**, **aquéllos**, and so on.

PRACTICA

A. Los Señores Gambas están en la oficina del consejero familiar. Cambie las siguientes sugerencias del consejero por mandatos formales directos. ¿Está Ud. de acuerdo con sus sugerencias?

> MODELO: Señores Gambas, Uds. deben leer mi libro sobre la crianza de los niños. →
> Lean Uds. mi libro sobre la crianza de los niños.

1. Señor Gambas, Ud. nunca debe gritar a sus hijos.   2. Señores Gambas, Uds. deben enseñarles a ser responsables.   3. Señora Gambas, Ud. no debe mimarlos.   4. Señores Gambas, Uds. no deben comprarles pistolas ni otros juguetes violentos.   5. Señora Gambas, Ud. debe obligarlos a tomar clases de música y de gimnasia.   6. Señor Gambas, Ud. debe mandarlos a escuelas privadas.   7. Señores Gambas, Uds. no deben discutir delante de los niños. 8. Señores Gambas, Uds. deben dar igual trato (*treatment*) a los niños y a las niñas.   9. Señora Gambas, Ud. no debe darles muchos dulces.   10. Señor Gambas, Ud. debe disciplinar a los hijos porque Ud. tiene más autoridad.

B. ¿Qué sugerencias ofrece Ud. para resolver las siguientes situaciones? Use mandatos formales y dé por lo menos una solución positiva y una solución negativa para cada situación.

> MODELO: Tengo hambre. →
> Sírvase un biftec, con patatas fritas y un buen vino. Pero si Ud. está a dieta, haga algún ejercicio físico y no piense en la comida.

1. Soy muy gordo/a.
2. Tengo mucha sed.
3. Tengo un examen mañana.
4. Tengo dolor de cabeza.
5. Estamos casados pero no estamos contentos.
6. Tenemos que ir a Nueva York.
7. No sé qué llevar a una fiesta elegante.
8. No tengo dinero y necesito pagar el alquiler (*rent*) de la casa.
9. Mi esposo/a está muy enfadado/a conmigo.
10. Mi coche no funciona.

C. **¡Necesito compañero!**   Ud. y su compañero trabajan para la revista mensual española *Mamás y Papás* en la sección que ofrece consejos a los nuevos padres, contestándoles sus cartas en la revista. Han llegado las siguientes cartas. ¿Qué les recomiendan Uds. a los padres en cada caso? Traten de ofrecer por lo menos dos sugerencias en forma de mandato para cada caso.

¿Por qué nos interrumpe?

Siempre que estoy hablando con mi marido, o conversando con una visita, nuestra hija María, de siete años, nos interrumpe con alguna cosa suya. O pregunta algo de sus deberes, o quiere agua, o precisamente ahora quiere contarnos algo importantísimo que le ha ocurrido. Le he dicho mil veces que interrumpir es de mala educación, pero nada, como quien oye llover.

Mi hijo se deja dominar

Supongo que no escriben muchos hombres a este consultorio, pero no soporto más observar cómo mi hijo Jaime, de tres años, se deja dominar por otro chico, uno o dos años mayor que él, hijo de unos vecinos. ¿Qué les parece, por ejemplo, la siguiente escena? Mi hijo está tranquilamente jugando con su caja de construcciones; cuando aparece el otro, acapara todos los tacos y se pone a construir un garaje. Y Jaime no sólo se lo permite, sino que incluso le mira embelesado y le alcanza los taquitos. ¿Se convertirá en un ser sin voluntad propia?

Un niño difícil

Nuestro hijo Aaron es muy cariñoso y colaborador en casa, pero en el colegio va siempre mal, y ya ha repetido 2.° de EGB. Al principio de cada curso, los profesores nos dicen que es aplicado, aunque le cuesta aprender, y al final nos dicen que es problemático, malhablado y que no se esfuerza. ¿Por qué es tan diferente en casa y en el colegio? ¿Tendríamos que ser más severos con él? ¿Sería bueno que le cambiásemos de centro?

D. **Sondeo** De nuevo les toca a los miembros de la clase ser consejeros. ¿Qué línea de conducta (*course of action*) les sugerirían (*would you suggest*) en las siguientes circunstancias? Siguiendo los pasos que se han establecido en los capítulos anteriores, ¡hagan un sondeo para saber lo que piensan sus compañeros! ¡OJO! Las respuestas deben hacerse con **un mandato formal**.

Grupo 1

Las relaciones amorosas

¿Qué línea de conducta (*course of action*) les recomienda Ud.?

	ENTREVISTADOS		
	A	B	C
1. Un amigo quiere algo más que amistad conmigo y yo no quiero eso. Hoy me compró un regalo muy caro. ¿Lo guardo (guardar: *to keep*) o se lo devuelvo?	___	___	___
2. Quiero salir con un chico que todavía no parece saber que existo. ¿Lo llamo yo o espero hasta que él se fije en mí (*he notices me*)?	___	___	___
3. Mi novio/a (esposo/a) fuma mucho y esto me irrita terriblemente. Hemos hablado de esto muchas veces pero la situación no cambia. ¿Lo aguanto (aguantar: *to put up with*) o hago algo más drástico?	___	___	___

Grupo 2

Las relaciones entre padres e hijos

¿Qué línea de conducta les recomienda Ud.? **A** **B** **C**

4. Este semestre mis notas son terribles. ¿Se lo explico a mis
   padres o no digo nada? ____ ____ ____

5. Mis padres no me comprenden para nada y siempre
   tenemos tensiones y conflictos. ¿Busco ayuda profesional
   para toda la familia o no hago nada? ____ ____ ____

6. Cuando estoy en casa de mis padres, ellos me imponen
   reglas de conducta estrictas. ¿Obedezco sus reglas o sigo
   mis propias preferencias? ____ ____ ____

Grupo 3

Los hermanos

¿Qué línea de conducta les recomienda Ud.? **A** **B** **C**

7. Tengo un hermano menor que me ha dicho, en confianza,
   que está experimentando con las drogas. ¿Se lo digo a
   mis padres o le guardo (guardar: *to keep*) el secreto? ____ ____ ____

8. Mi hermana menor tiene 16 años; es muy mala estudiante
   y quiere abandonar la escuela para buscar trabajo. ¿Le
   animo (animar: *to encourage*) o le desanimo? ____ ____ ____

9. Mis dos hermanos menores siempre quieren estar con
   mis amigos y mí y nos siguen por todas partes. ¿Les grito
   o les soborno (sobornar: *to bribe*)? ____ ____ ____

¿Qué revela el sondeo? ¿Había mucha concordancia (*agreement*) entre los consejeros? ¿Darían Uds. otras posibles sugerencias para algunos de estos problemas? ¿Cuáles son?

21. SUBJUNCTIVE MOOD: CONCEPT, FORMS OF THE PRESENT SUBJUNCTIVE

A. Subjunctive mood: Concept

As you know, one way to indicate that you want someone to do something is
to give a direct command.

    —Tóquelo de nuevo, Sam.   —*Play it again, Sam.*

But commands are not always stated directly.

—¿Cómo?	—*How's that?*
—Quiero que lo toque de nuevo.	—*I want you to play it again.*

The idea of a command is present in the last sentence, but it is now part of (embedded in) a longer sentence that begins with **Quiero que**. Embedded commands can be used to give orders to anyone, not only to persons addressed as **Ud.** or **Uds.**

Quiere que **nosotros estemos** aquí.	*She wants us to be here.*
Es necesario que **yo hable** con el jefe primero.	*It's necessary for me to talk to the boss first.*
Prefieren que **los niños lleven** botas.	*They prefer (that) the children wear boots.*

The forms used to express both direct and embedded commands are part of a general verbal system called the *subjunctive mood* (**el modo subjuntivo**).

A *mood* designates a particular way of perceiving an event.* The present tense forms you have studied thus far and the preterite and imperfect forms are part of the indicative mood (**el modo indicativo**), which signals that the speaker perceives an event as fact, as objective reality. In contrast, the subjunctive mood is used to describe what is beyond the speaker's experience or knowledge, what is unknown. In the preceding Spanish sentences, note how the information conveyed by the subjunctive forms—**estemos, hable, lleven**—is not fact, but rather someone's wish that an event take place, with the fulfillment of that wish still off in the future.

B. Subjunctive mood: Requirements for use

Two conditions must always be met for the subjunctive to be used. The first condition has to do with sentence structure: there must be a subordinate clause. The second condition has to do with meaning: the main clause must exhibit certain characteristics.

1. *Sentence Structure: Subordinate Clauses and the Use of the Subjunctive*   A clause is a grammatical construction that contains a subject and a conjugated verb. A simple sentence is a clause that expresses a complete thought. Each of the following sentences contains two clauses: an independent or main clause and a dependent or subordinate clause. The main clause can stand alone like a simple sentence; the subordinate clause (in boldface type in the examples) cannot. Subordinate clauses are usually introduced by words such as **que, porque, cuando,** and **donde.**

---

*In contrast, a *tense* indicates when—present, past, future—an event takes place.

Espero **que no lo mimen**.	*I hope they don't spoil him.*
Dudamos **que siempre se porten bien**.	*We doubt that they always behave themselves.*
Buscamos un dueño **que nos permita tener perro**.	*We're looking for a landlord who will let us have a dog.*
Piensan tener otro niño **cuando la nena sea un poquito mayor**.	*They are thinking about having another child when the little girl is a bit older.*
Es increíble **que ganes tanto dinero**.	*It's incredible that you earn so much money.*
Nunca castigan al chaval **a menos que haya lastimado a alguien**.	*They never punish the youngster unless he has hurt someone.*

The subjunctive, with few exceptions,* occurs only in subordinate clauses.

2. *Meaning: Specific Types of Messages and the Use of the Subjunctive*   The subjunctive occurs in the subordinate clause only when the main clause has certain characteristics or communicates certain messages. There are basically three types of messages that result in the use of the subjunctive in the subordinate clause:

a. when the subordinate clause describes or refers to something that is not considered real or factual. Information can be "unreal" in this sense because (1) it is only the speaker's desire that something happen or be true; (2) the speaker may actually have no real information about a topic; or (3) the speaker may be describing something that is unknown or nonexistent.

--- PERSUASION ---

Espero **que no lo mimen**.	I do not know for sure whether or not they *will* spoil the child. The action is beyond my experience; it is unknown to me at this time.

--- DOUBT ---

Dudamos **que siempre se porten bien**.	We are doubtful about the children's behavior; it is not something we have definite information about, so we cannot say for sure.

---

*Exceptions to this rule include sentences beginning with **tal vez, quizá(s)**, and **ojalá**, which are followed by the subjunctive even though there is no subordinate clause.

Tal vez (Quizás) llueva mañana.	*Maybe it will rain tomorrow.*
Ojalá traiga el impermeable.	*I hope he brings his raincoat.*

———————— DESCRIPTION OF SOMETHING UNKNOWN OR NONEXISTENT ————————

Buscamos un dueño **que nos permita tener perro**.

We are looking for such a person, but do not know whether or not he/she actually exists.

Piensan tener otro niño **cuando la nena sea un poquito mayor**.

Their having another child is going to happen at some unspecified time in the future; because it is in the future, the event is beyond our experience.

b. when the main clause makes a value judgment or expresses a subjective, emotional reaction

Es increíble **que ganes tanto dinero**.

The main clause is a comment on or a judgment about the information expressed in the subordinate clause.

c. when the subordinate clause does not describe an actual situation or event, but rather the conditions under which the event in the main clause will take place

Nunca castigan al chaval **a menos que haya lastimado a alguien**.

The subordinate clause does not say that the child has in fact hurt someone; it states only that if this condition or circumstance should exist, then the event in the main clause takes place.

In this chapter you will practice one of the uses of the subjunctive mentioned in (a), persuasion. In this case, the main clause expresses a desire or need on the part of one person; the subordinate clause does not describe an actual, real action but only the action that the speaker hopes will take place.

PRACTICA*

¿Cuáles de las siguientes oraciones tienen dos cláusulas? Identifique la cláusula principal y la cláusula subordinada en cada caso.

1. Los vecinos que viven al lado hacen mucho ruido.
2. Por lo general, mis amigos y yo estudiamos en la biblioteca y luego regresamos a casa.
3. ¿Conoces al hombre que acaba de llegar?

———————————

*There are more exercises on this grammar point in subsequent sections.

4. Creo que se llama Méndez.
5. Van a llegar tarde porque tuvieron que salir tarde.
6. Quiso venir pero no pudo.
7. Es importante considerar el asunto desde varias perspectivas.
8. Nadie sabía dónde vivía el viejo.
9. Sé cocinar muy bien.
10. Piensan ir al cine después de comer.

C. English versus Spanish subjunctive

There is no direct correspondence between the use of the subjunctive in English and in Spanish. The subjunctive does occur in English in sentences such as

> *I prefer that **she be** home by twelve o'clock.*
> *We insist that **she turn in** the work.*

But in many cases, the subjunctive in Spanish is expressed by the indicative or by an infinitive in English.

*We hope that **she is** home by twelve o'clock.*	Esperamos que **esté** en casa para las doce.
*She wants us **to send** it.*	Quiere que lo **mandemos**.

D. Forms of the present subjunctive

To form the present subjunctive, start with the first person present indicative. In **-ar** verbs, change the **-o** ending to **-e**. For **-er** and **-ir** verbs, change the **-o** to **-a**.

INFINITIVE	FIRST PERSON PRESENT INDICATIVE		FIRST PERSON PRESENT SUBJUNCTIVE
hablar	habl**o**	→	habl**e**
comer	com**o**	→	com**a**
vivir	viv**o**	→	viv**a**

The other forms of the present subjunctive are made by adding the same person/number endings (**-s, -mos, -is, -n**) as you used for the indicative.*

---

*Spelling changes indicated for the formal direct commands appear in all forms of the present subjunctive: **llegue, llegues... ; busque, busques... ; empiece, empieces... .** See Appendix 2.

INFINITIVE	PRESENT INDICATIVE: **yo**	PRESENT SUBJUNCTIVE	
hablar	hablo	hable	hablemos
		hables	habléis
		hable	hablen
comer	como	coma	comamos
		comas	comáis
		coma	coman
vivir	vivo	viva	vivamos
		vivas	viváis
		viva	vivan

In **-ar** and **-er** stem-changing verbs, the pattern of stem change is the same as in the present indicative: all forms change except **nosotros** and **vosotros**.

pensar		**volver**	
piense	pensemos	vuelva	volvamos
pienses	penséis	vuelvas	volváis
piense	piensen	vuelva	vuelvan

-Ir stem-changing verbs show the present indicative stem change in the same persons in the present subjunctive and, in addition, show the preterite stem change (**e → i**, **o → u**) in the **nosotros** and **vosotros** forms.

pedir		**morir**	
pida	pidamos	muera	muramos
pidas	pidáis	mueras	muráis
pida	pidan	muera	mueran

Most verbs that have irregular stems only in the first person singular (**yo**) of the present indicative will show that irregularity in all forms of the present subjunctive.

INFINITIVE	PRESENT INDICATIVE: **yo**	PRESENT SUBJUNCTIVE	
poner	pongo	ponga	pongamos
		pongas	pongáis
		ponga	pongan
conocer	conozco	conozca	conozcamos
		conozcas	conozcáis
		conozca	conozcan

All verbs whose present indicative **yo** form does not end in **-o** have irregular present subjunctive stems. However, endings follow the same pattern as those of regular verbs.

dar	estar	ir	saber	ser
dé	esté	vaya	sepa	sea
des	estés	vayas	sepas	seas
dé	esté	vaya	sepa	sea
demos	estemos	vayamos	sepamos	seamos
deis	estéis	vayáis	sepáis	seáis
den	estén	vayan	sepan	sean

The present subjunctive of **hay** is **haya**.

Since the first and third person singular forms of the present subjunctive are identical, subject pronouns are used when necessary to avoid ambiguity.

> ¿Quieres que vaya yo o prefieres que vaya ella?

> *Do you want me to go, or do you prefer that she go?*

PRACTICA*

Dé la persona indicada del presente del subjuntivo.

1. **yo**: hablar, romper, escribir, pensar, dormir, ser, ir, tener
2. **nosotros**: cuidar, comer, existir, volver, morir, estar, decir, traer
3. **Ud.**: lavar, correr, insistir, cerrar, medir, ser, hacer, venir
4. **ellos**: respetar, leer, abrir, oír, perder, pedir, dar, poner, ver
5. **tú**: mandar, vender, discutir, contar, sugerir, salir, saber, caer
6. **vosotros**: criar, beber, asistir, recordar, seguir, reír

22. USES OF THE SUBJUNCTIVE: PERSUASION

As you know, the subjunctive occurs in subordinate clauses only when the main clause has certain characteristics. One characteristic that requires the subjunctive is a verb in the main clause that requests someone else to do something (persuasion). The action that may or may not occur as a result of the request is beyond the speaker's objective reality; for this reason, it is expressed with the subjunctive.

> Esperan que llevemos una vida feliz.

> *They hope (that) we lead a happy life.*

---

*There are more exercises on this grammar point in subsequent sections.

| Prefiero que no me visiten con tanta frecuencia. | *I prefer that they not visit me so frequently.* |
| Es necesario que disciplinen a sus hijos. | *It is necessary for you to discipline your children.* |

Verbs of communication, like **decir** and **escribir** (Section 9), can either transmit information or convey a request. When information is transmitted, the indicative is used in the subordinate clause; when a request is conveyed, the subjunctive is used in the subordinate clause.

| INFORMATION: | El les dice que **van** al parque. | *He tells them (that) they are going to the park.* |
| REQUEST: | El les dice que **vayan** al parque. | *He tells them to go to the park.* |

Note that the indirect object pronoun corresponds to the subject of the subjunctive verb: **Juan *me* escribe que *venga;* Juan *nos* escribe que *vengamos;*** and so on.

¡OJO! It is impossible to give a list of all the verbs that can express persuasion. Remember that it is the *concept* of persuasion in the main clause that results in the use of the subjunctive in the dependent clause.

The following expressions of persuasion and their negative forms occur in the exercises in this chapter. Be sure you know their meanings before beginning the exercises.

es importante que	aconsejar que	pedir (i, i) que
es (im)posible que	decir (i, i) que	permitir que
es necesario que	desear que	preferir (ie, i) que
es preferible que	escribir que	prohibir que
importa que	esperar que	querer (ie) que
	insistir en que	recomendar (ie) que
	mandar que	sugerir (ie, i) que

PRACTICA

A. ¿Cuántos ejemplos del subjuntivo para persuadir puede Ud. identificar en el siguiente párrafo?

¿Jóvenes alguna vez? ¿Los padres? ¡Imposible! Encuentran defectos a mis amigas y amigos; me critican la ropa, el peinado,° la música... En fin, me lo critican todo. Me prohíben   *haircut* salir durante la semana pero no me dejan hablar mucho por teléfono. No hacen caso de mis problemas y hasta me critican delante de mis amigos.

Definitivamente no voy a ser como ellos. Voy a dejar que mis hijos hablen todo lo que quieran por teléfono porque la comunicación es importante. Voy a dejar que se vistan como quieran y que se peinen a su gusto. Al fin y al cabo,° ¡es su pelo! Si tienen problemas, quiero que me los cuenten y que tengan confianza en mí. Es imprescindible° que nunca los critique frente a sus amigos y que les dé mucha libertad personal, pues así aprenderán° a ser personas felices e independientes.

°Al... *After all*

°*absolutamente necesario*

°*they will learn*

Mi madre me dice que ella se hizo las mismas promesas° a mi edad, pero no me lo creo. Todas las madres dicen eso.

°*promises*

B. Las siguientes oraciones expresan algunos deseos paternos comunes. En su opinión, ¿por qué quieren que sus hijos hagan o no hagan estas acciones?

1. Sugieren que los niños no miren mucho la televisión.   2. No permiten que los hijos jueguen con pistolitas.   3. Prefieren que los hijos no escuchen la música de Prince o Madonna.   4. Recomiendan que los hijos vayan a la universidad.   5. No desean que los hijos coman entre las comidas.   6. Esperan que los hijos les escriban con frecuencia.   7. Insisten en que sean bien educados. 8. Esperan que se casen y que tengan hijitos.   9. No quieren que los hermanos se griten ni que se peguen.

C. Pat nunca hace lo que la gente le dice. Las siguientes oraciones describen las acciones de Pat. ¿*Qué* quieren que haga? ¿*Quién* quiere que lo haga? Incorpore el verbo señalado en su respuesta.

> MODELO: Pele con sus hermanitos. (decir) →
> <u>Sus padres le dicen que no pele</u> con sus hermanitos.

1. Pone los pies en los muebles (*furniture*). (pedir)
2. Nunca tiene sus libros en clase. (mandar)
3. Pone música rock muy fuerte a las 12:30 de la mañana. (preferir)
4. Se quita los zapatos en clase. (recomendar)
5. Nunca da las gracias por los favores que le hacen. (sugerir)
6. Fuma en los lugares donde hay letreros que dicen «No fumar». (decir)
7. Habla en voz alta en la biblioteca. (aconsejar)
8. Sale con otros hombres/otras mujeres. (prohibir)
9. Bebe alcohol antes de conducir su auto. (recomendar)
10. Usa la ropa de su compañero/a sin pedirle permiso. (preferir)

Como Pat, todo lo que hace este individuo también irrita a todo el mundo. ¿Qué le sugieren sus compañeros?

D. María Luisa se prepara para su primera cita. Todos sus parientes y amigos le dan consejos. Explique los consejos que le dan, siguiendo el modelo.

MODELO: padre: decir / volver temprano →
Su padre le dice que vuelva temprano.

1. madre: aconsejar / ir con otra pareja
2. hermano menor: pedir / no volver temprano
3. hermana mayor: decir / ponerse una falda larga y botas
4. abuela: recomendar / tener cuidado porque hay mucho tráfico
5. mejor amiga: sugerir / llevar un perfume exótico
6. chico con quien va a salir: pedir / traer dinero

E. **Guiones** En grupos de tres o cuatro personas, describan lo que quieren las personas en los dibujos que aparecen a continuación. Usen las siguientes preguntas como guía y añadan los detalles que necesiten.

VOCABULARIO UTIL: el supermercado, hacer cola, pagar la cuenta, el chicle, pedir el pastelito (*cupcake*), la cena

- ¿Cómo son las personas?
- ¿Quiénes son? (¿Cuál parece ser la relación entre ellos?)
- ¿Dónde están?
- ¿Cuál es el dilema?
- ¿Cómo van a resolverlo?

1.

2.

1.

2.

3.

F. 🐌 **¡Necesito compañero!** Imagine que su compañero viene a pasar un mes en su casa. Quiere que Ud. le explique un poco «las reglas». Empleando la siguiente escala y formando oraciones con el subjuntivo, explique la importancia de las siguientes acciones en sus respectivas familias.

1 = es necesario	3 = es preferible
2 = es importante	4 = no importa

MODELO: hablar con respeto a los padres →
         En mi familia, es necesario que hables con respeto a mis padres.

1. hablar con respeto a los padres   2. no dejar la ropa en el suelo   3. no decir palabrotas (*curse words*)   4. ayudar un poco con el trabajo de casa
5. decir «por favor» y «gracias»   6. estar en casa a cierta hora por la noche
7. pedir permiso para usar el coche   8. avisar antes de salir de noche   9. no poner los pies sobre los muebles   10. ir a la iglesia los domingos

G. Situaciones y preguntas

1. En todas las familias hay reglas, y en algunas hay una o dos «reglas absolutas» que los hijos absoluta e imprescindiblemente tienen que obedecer. ¿Hay alguna «regla absoluta» en su familia? ¿Qué pasa si uno no la obedece?
2. En su familia, ¿es posible que los hijos les impongan ciertas reglas a los padres? Por ejemplo, ¿es necesario que los padres pidan permiso para entrar en el cuarto de los hijos? ¿que los padres les permitan escoger la ropa o el corte de pelo? ¿que no les censuren la música o la televisión? ¿que no interfieran en sus amistades? ¿Qué reglas deben respetar los padres en su casa?
3. En su opinión, ¿es necesario que los esposos participen en la disciplina de los hijos? ¿en la educación de los hijos? En el pasado, cuando el divorcio no era tan frecuente, se pensaba que los hijos de familias con un solo padre siempre salían malos. ¿Es verdad eso hoy en día? Explique.

Estrategias para la comunicación

Por favor *How to get people to do things*

You have practiced the use of direct commands, polite questions, and embedded commands (**Es necesario que..., Quiero que...**) to convey requests to others. Another way to communicate a request is to use an expression of obligation. One such expression that you have already practiced is **deber** + *infinitive*, which suggests that a person has a duty to perform a certain action. A more forceful expression that indicates personal or individual obligation is **tener que** + *infinitive*. **Hay que** + *infinitive* indicates necessity in a general or impersonal sense. It may also express *to have to do something* when no specific person is indicated as performing the action.

Ud. debe decirme la verdad.	*You should (ought to) tell me the truth.*
Ellos no deben estar fuera a estas horas.	*They shouldn't (ought not to) be out at this hour.*
Ud. tiene que hacerlo.	*You have to (must) do it.*
Uds. tienen que ayudarme.	*You have to (must) help me.*
Hay que tomar el autobús número cinco.	*It's necessary to (One must) take bus number five.*
Hay que estudiar mucho para aprobar el examen.	*One has to (It is necessary to) study a lot in order to pass the test.*

A. Practice these expressions by rephrasing each of the following direct commands in at least two ways.

1. Salga Ud. por esta puerta.   2. Entregue el trabajo immediatamente.   3. Baje Ud. en la Avenida Juárez.   4. Compre los libros para mañana.   5. Beba Ud. menos alcohol.
6. Lleve siempre el carnet (*card*) de identidad.

B. **¡Necesito compañero!**   Un médico que no sabe español les pide a Ud. y a su compañero que le comuniquen los siguientes mandatos a una señora mayor y muy distinguida que no entiende inglés. Exprésenlos de manera cortés, usando una de las expresiones de obligación/necesidad que acaban de practicar. Recuerden usar las estrategias para expresar las palabras o expresiones que no saben decir con exactitud.

1. Take these pills twice a day; they should be taken in the morning and in the evening.
2. Get eight hours of sleep every night.   3. Stop smoking.   4. Get more exercise—regular walking would be good.   5. No more spicy foods.   6. Check back with the doctor once every two months.

23. IMPERATIVE: INFORMAL DIRECT COMMANDS

Unlike formal (**Ud., Uds.**) commands, the informal **tú** and **vosotros/as** commands have two different forms: one for affirmative and one for negative.

A. *Tú* commands

With only a few exceptions, affirmative **tú** commands are identical to the third person singular present indicative. Meaning is made clear by context.

AFFIRMATIVE **tú** COMMANDS		
-ar VERBS	**-er** VERBS	**-ir** VERBS
hablar: habl**a** pensar: piens**a**	comer: com**e** entender: entiend**e**	vivir: viv**e** pedir: pid**e**

The following verbs have irregular affirmative **tú** command forms.

decir: **di**	ir: **ve**	salir: **sal**	tener: **ten**
hacer: **haz**	poner: **pon**	ser: **sé**	venir: **ven**

The negative **tú** command for all verbs is the second person singular of the present subjunctive.

NEGATIVE **tú** COMMANDS		
-ar VERBS	**-er** VERBS	**-ir** VERBS
hablar: no habl**es** pensar: no piens**es** almorzar: no almuerc**es**	comer: no com**as** entender: no entiend**as** hacer: no hag**as**	vivir: no viv**as** pedir: no pid**as** salir: no salg**as**

B. *Vosotros* commands

The **vosotros/as** affirmative commands for all verbs are formed by replacing the **-r** ending of the infinitive with **-d**.

AFFIRMATIVE **vosotros** COMMANDS		
-ar VERBS	**-er** VERBS	**-ir** VERBS
hablar: habl**ad** pensar: pens**ad** almorzar: almorz**ad**	comer: com**ed** entender: entend**ed** hacer: hac**ed**	vivir: viv**id** pedir: ped**id** salir: sal**id**

Negative **vosotros** commands, like negative **tú** commands, are the corresponding form of the present subjunctive.

NEGATIVE **vosotros** COMMANDS		
-ar VERBS	**-er** VERBS	**-ir** VERBS
hablar: no habl**éis** pensar: no pens**éis** almorzar: no almorc**éis**	comer: no com**áis** entender: no entend**áis** hacer: no hag**áis**	vivir: no viv**áis** pedir: no pid**áis** salir: no salg**áis**

C. Summary of direct command forms

Remember that, with the exception of affirmative **tú** and affirmative **vosotros** commands, all command forms are the present subjunctive.

COMMAND FORMS OF **hablar**			
PERSON	SUBJUNCTIVE	NEGATIVE COMMANDS	AFFIRMATIVE COMMANDS
tú	hables	no hables	habl**a**
vosotros	habléis	no habléis	habl**ad**
Ud.	hable	no hable	hable
Uds.	hablen	no hablen	hablen

DE PASO

In modern Spanish, the infinitive is increasingly used to give impersonal commands, for example on signs in public places.

No fumar. *No smoking.*   No entrar. *Do not enter.*

PRACTICA

A.   A veces los padres no están de acuerdo sobre lo que debe o no debe hacer su niño/a. Este niño, por ejemplo, cuando le hace las siguientes preguntas a su mamá, recibe una contestación negativa, pero cuando se las hace a su papá, recibe una contestación afirmativa. Trabajando en grupos de tres, alternen los papeles de niño, madre y padre, incorporando complementos pronominales en las respuestas cuando sea posible.

MODELO: ESTUDIANTE 1 (niño): ¿Puedo mirar «Star Trek»?
ESTUDIANTE 2 (madre): No, no lo mires.
ESTUDIANTE 3 (padre): Sí, míralo.

1. ¿Puedo poner los discos?   2. ¿Puedo lavar el gato?   3. ¿Puedo comer estos chocolates?   4. ¿Necesito hacer la cama?   5. ¿Puedo beber esta cerveza? 6. ¿Puedo ir al cine?   7. ¿Puedo cortarme el pelo?   8. ¿Puedo salir afuera? 9. ¿Puedo invitar a mi amigo a pasar la noche conmigo?   10. ¿Puedo ponerme mi mejor ropa ahora?

B.   Un amigo suyo necesita información sobre los siguientes asuntos. Ayúdele, contestando en forma de un mandato familiar. Incorpore complementos pronominales en las respuestas cuando sea posible.

MODELO: ¿En qué lengua debo hablarle al profe cuando estoy en la clase de español?→
¡Háblale en español, claro!

1. Si vamos juntos a la universidad, ¿a qué hora vengo a recogerte? ¿a las 9 de la mañana? ¿a las 7?   2. Si el precio no es ningún obstáculo, ¿qué puedo regalarle a mi madre para su cumpleaños?   3. ¿Qué regalo quieres que te traiga

de España? ¿de México?   4. ¿Dónde se puede comer bien y barato aquí en la universidad?   5. ¿Cómo puedo dejar de fumar?   6. ¿A qué hora debo llamarte esta noche si no quiero interrumpirte la cena?   7. ¿Cómo puedo conseguir $100 inmediatamente?   8. ¿Dónde debo dejar mi coche?

C. 🌅 **¡Necesito compañero!**   Es posible que el mandato sea la forma verbal que los niños escuchan con más frecuencia. Con su compañero, haga una lista de los mandatos (por lo menos *dos* para cada situación) que los niños oyen con más frecuencia en las siguientes situaciones. Traten de usar tantos verbos diferentes como puedan.

1. en la escuela   2. en una tienda elegante   3. en la iglesia   4. en un restaurante o en una cafetería   5. en un vehículo (coche, tren, autobús, avión, etc.)

D.   Complete las siguientes oraciones de manera original, usando la forma apropiada del mandato familiar.

1. Si quieres tener muchos amigos, _____.
2. Si quieres conocer a personas rarísimas, _____.
3. Si quieres una comida excelente, no _____.
4. Si quieres estudiar con tranquilidad, no _____.
5. Si quieres evitarte problemas románticos, (no) _____.

E. 🌅 **Guiones**   En grupos de tres o cuatro personas, describan lo que pasa en los dibujos que aparecen a continuación. Usando las siguientes preguntas como guía, expresen el mandato más común que se usaría (*one would use*) en cada situación. ¡OJO! En cada caso es necesario decidir si el mandato más apropiado es *Ud., Uds.* o *tú.* ¿Pueden Uds. expresar el mensaje *de otra manera sin usar un mandato directo*? Recuerden usar las estrategias para la comunicación.

VOCABULARIO UTIL: el sillón, el periódico, fumar, el humo, toser (*to cough*), la biblioteca, molestar, hacer ruido, el camarero, una cena elegante, una cena informal, pedir

- ¿Quiénes son esas personas?
- ¿Dónde están?
- ¿Cuál es el dilema?
- ¿Qué mandato van a usar?
- ¿Cómo se va a resolver el dilema?

1.   2.   3.   4.

F.  **¡Necesito compañero!**   Ud. y su compañero son padres de tres niños y le dejan una lista de mandatos a la niñera que viene a cuidarlos. Sus hijos, que deben estar en la cama a las 9 de la noche, son

> Luis—8 años; le encanta jugar con el estéreo de su padre (es un aparato muy caro y complicado); pelea mucho con su hermanita
>
> Ana—4 años; le encanta comer caramelos pero tiene alergias al chocolate; siempre quiere ayudar con su hermanito
>
> Carlitos—18 meses; necesita tomar un biberón (*bottle*) con leche a la hora de acostarse; sólo le gusta la leche con chocolate; imita todo lo que hacen Luis y Ana

1. Hagan una lista de cinco mandatos acerca de la conducta que la niñera debe observar mientras está en su casa.
2. Hagan una lista de cinco mandatos sobre lo que ella debe hacer (o no hacer) con los niños.

¡Ojo!

ponerse—volverse—llegar a ser—hacerse

English *to become* has several equivalents in Spanish. Use **ponerse** to express *to become* to indicate a change in physical or emotional state. **Ponerse** can be followed by an adjective only.

Se puso enfermo.	*He got (became) sick.*
Se van a **poner** furiosos.	*They're going to get angry.*
A veces **me pongo** colorado.	*Sometimes I turn red.*

Volverse also indicates a change in physical or emotional state, and, like **ponerse**, is usually followed by an adjective only. In contrast to **ponerse**, **volverse** signals a sudden, dramatic change, often irreversible. It is frequently used with natural events to indicate a long-lasting physical change.

Se volvió loco.	*He went (became) crazy.*
En pocas semanas las orugas **se vuelven** mariposas.	*In a few weeks, the caterpillars will turn into butterflies.*
Cuando lo conocí, se **estaba volviendo** sordo.	*When I met him, he was going deaf.*

Llegar a ser is used when *to become* implies *to get to be,* that is, a gradual change over a period of time. It does not imply any particular effort on the part of the subject. It can be followed by either nouns or adjectives.

Llegó a ser una pintora famosa.	*She became a famous painter (in time).*

Después de muchos años **llegó a ser** rico.	*After many years he became rich.*

Hacerse is the most versatile of the Spanish equivalents for *to become.* It can be followed by adjectives or nouns. Here are two of its basic uses.

1. With reference to people, **hacerse** implies *becoming through conscious effort.*

Se hizo médico después de muchos sacrificios personales.	*He became a doctor after much personal sacrifice.*
Se hizo rica trabajando día y noche.	*She became rich by working day and night.*

2. **Hacerse** can also express *to become* with reference to general situations. **Ponerse** and **volverse** can also be used in this manner, but only with adjectives.

La situación **se hizo (se puso)** imposible.	*The situation became impossible.*

cerca—cercano—íntimo—unido

When *close* refers to the physical proximity of people or objects, Spanish **cerca** (adverb), **cerca de** (preposition), or **cercano** (adjective) is used. **Cercano** can also describe the degree of blood relationship between relatives.

Nuestra casa está muy **cerca de** la playa.	*Our house is very close to the beach.*
La ciudad más **cercana** es Albuquerque.	*The closest city is Albuquerque.*
Mi pariente más **cercano** es mi padre.	*My closest relative is my father.*

When *close* describes friendship or emotional ties, **íntimo** is used. **Unido** is used to express the closeness of family ties (but not blood relationship).

Elena y Mercedes son **íntimas** amigas.	*Elena and Mercedes are close friends.*
En contraste con la familia de los Estados Unidos, la familia hispanoamericana está muy **unida**.	*In contrast to the family in the United States, the Latin American family is very close-knit.*

importar—cuidar

When *to care* has the meaning of *to be interested in,* it is expressed in Spanish by **importar**. This construction works just like **gustar**: the person who is interested is expressed by an indirect object pronoun; the subject of the verb is the item that provokes the interest. This same construction is often equivalent to English *to mind, to matter to.*

¿**Te importa** si abro la ventana?	*Do you care (mind) if I open the window?*
No **les importa** lo que piensan los otros.	*They don't care (It doesn't matter to them) what the others think.*
¿A qué hora salimos? —No **me importa**.	*What time shall we leave? —I don't care. (It doesn't matter.)*
¿**Te importan** las notas?	*Do you care about grades? (Do grades matter to you?)*

To care for or *to take care of* is expressed with **cuidar**. It is often used reflexively.

La señora Pérez **cuidó** a su madre por muchos años.	*Mrs. Pérez cared for her mother for many years.*
Si no **te cuidas**, te vas a enfermar.	*If you don't take care of yourself, you are going to get sick.*

PRACTICA

A. Dé la palabra española que se corresponde mejor con la palabra *en letras cursivas*. En varios casos, puede haber más de una sola respuesta correcta.

1. The woman *became* a doctor after many years of studying.   2. The tone of the meeting *was becoming* nasty.   3. The child *became* upset after he was scolded.   4. In the play *Sempronio*, an old man *becomes* radioactive. 5. Beethoven *went* deaf during his adulthood.   6. They *got* very ill after eating in the school cafeteria.   7. Perhaps, with the passage of time, things will *get* better.   8. Inés is a very *close* friend of mine.   9. They live very *close* to the ocean.   10. My sister is my *closest* relative.   11. I don't *care* if you work all night—this has to be finished tomorrow!   12. Will you take *care* of my dog while I'm gone?   13. In some societies, the mother *cares* for the children while the father works outside the home.   14. Can we use pencil to write this exam? —I don't think it *matters*.   15. A lot of people really don't *care* what happens in the future.

B. Indique la palabra o frase que mejor complete la oración. ¡OJO! Hay también palabras de los capítulos anteriores.

1. Yo _____ furiosísima cuando alguien no me _____ algo que le he prestado (*lent*). (*get/return*)
2. El joven _____ enfermo _____ su palidez, pero _____ no creo que tenga nada. (*looks/because of/this time*)
3. Pensamos _____ un _____ viaje por Africa; _____ si cuesta mucho dinero. (*to take/short/we don't care*)
4. En _____, la criada (*maid*) _____ los niños cuando su padre no _____ del bosque. (*this story/cares for/returns*)
5. Los padres _____ alarmados _____ sus hijos _____ tanto tiempo en _____ a casa. (*got/because/took/return*)
6. A mis _____ _____ mucho la familia y la amistad. (*close friends/matter*)

7. Después de ____ ____ en un hospital, decidió ____ médica. (*working/once/to become*)

C.   Situaciones y preguntas

1. ¿Quién es su pariente más cercano? ¿Vive Ud. cerca de él o de ella? Si no, ¿lo (la) visita con frecuencia? ¿Tiene Ud. una familia grande? ¿muy unida? ¿Tiene un amigo íntimo entre sus parientes?

2. ¿Cree Ud. que se ha hecho (*has become*) más difícil ser padre en la actualidad? ¿Es más difícil criar una familia hoy que en el pasado? ¿Por qué sí o por qué no? ¿Cuáles son algunos de los problemas que tienen los padres actuales que no tenían *sus* padres?

3. En su opinión, ¿quién de sus compañeros de clase va a llegar a ser famoso/a? ¿Quién va a llegar a ser rico/a? ¿abogado/a? ¿vagabundo/a (*bum*)? ¿inventor? En este momento, ¿a sus padres les importan sus planes para el futuro? ¿Están ellos de acuerdo con sus planes?

En la cultura hispana, como en muchas otras, es importante mantener el contacto entre las generaciones. Este abuelo español sale a pasear con su nietecito. ¿Recuerda Ud. actividades que hacía con sus abuelos?

Repaso

A.   Complete la historia, dando la forma correcta del verbo. Cuando se dan varias palabras entre paréntesis, escoja la palabra apropiada.

La niñez de mi padre

Cuando yo (*hacerse/ponerse*[1]) irritado (*por/porque*[2]) mis problemas y dificultades, mi padre siempre (*contestarme*[3]):

—Hijo mío, tú no (*tener*[4]) ninguna idea de lo que son verdaderos problemas. No (*decir*[5]) tú nada más. Tu vida es facilísima en comparación con la que° (*llevar*[6]) yo cuando (*ser/estar*[7]) más joven. Tus tíos y yo (*tener*[8]) un horario° muy duro, te lo aseguro. Nosotros (*vivir*[9]) en la finca de tus abuelos y (*empezar:* nosotros[10]) el día antes que los pájaros porque (*ser*[11]) necesario (*ayudar*[12]) con todo el trabajo. Cada mañana (*trabajar:* nosotros[13]) desde las cinco hasta las siete. (*Limpiar*[14]) el establo y (*dar*[15]) de comer a los animales. (*Ya que/Porque*[16]) yo (*ser/estar*[17]) el menor,° siempre (*tener*[18]) que ayudar a tu abuela con el desayuno. Y después todas las mañanas tus tíos y yo (*caminar*[19]) diez millas hasta la escuela....

la... *that which*

schedule

youngest

Cada vez que mi padre (*contar*[20]) la historia, el número de millas (*hacerse*[21]) más grande.

...porque no (*haber*[22]) autobuses como el que° Uds. (*tener*[23]) ahora. La escuela (*ser/estar*[24]) pequeña y el maestro (*ser/estar*[25]) un hombre (*que/quien*[26]) creía firmemente en el valor del trabajo duro. Cada noche el maestro (*darnos*[27]) montones de trabajo. Y si uno no (*hacerlo*[28]), ¡pobre diablo! Lo (*pagar*[29]) al día siguiente cuando el maestro (*pegarle*[30]) delante de todos con un gran palo° que (*guardar*[31]) especialmente para estas ocasiones. No, hijo mío, no (*venirme: tú*[32]) con quejas.° Te recomiendo que (*leer*[33]) un libro de historia. ¡Uds. hoy lo (*pasar*[34]) muy bien!

el... *the one that*

stick
complaints

B. 🌅 **¡Necesito compañero!** Con un compañero de clase, haga preguntas con el subjuntivo para averiguar qué tipo de padre (madre) será (*will be*) en el futuro. Haga otras preguntas para explicar las respuestas de «depende».

¿Vas a permitir que tus hijos... ?

1. fumarse (*to cut*) las clases	Sí	No	Depende
2. usar las drogas alucinógenas	Sí	No	Depende
3. ver mucho la televisión	Sí	No	Depende
4. tener más libertad de la que tú tenías a su edad	Sí	No	Depende
5. llevar la ropa que quieran	Sí	No	Depende

¿Vas a insistir en que tus hijos... ?

1. asistir a la universidad	Sí	No	Depende
2. trabajar desde la adolescencia	Sí	No	Depende
3. ayudar en casa	Sí	No	Depende
4. tener buenos modales (*manners*)	Sí	No	Depende
5. aprender otra lengua	Sí	No	Depende

CAPITULO CINCO

Bogotá, Colombia

Geografía, demografía, tecnología

La geografía influye mucho en el estilo y en el nivel de vida de los habitantes de un lugar. En las ciudades, los sistemas de transporte público son mejores que los de las regiones rurales. También, los sistemas de comunicación (el teléfono, la televisión) están más avanzados en las ciudades que en las regiones rurales. En su opinión, ¿cuáles de las personas que se nombran a continuación van a preferir vivir en la ciudad? ¿en una región rural? ¿en ambos lugares? ¿Por qué?

1. un labrador (*farmer*)
2. un aficionado al cine
3. un adolescente
4. un matrimonio jubilado (*retired*)
5. un veterinario
6. un periodista
7. una muchacha de 8 años
8. un científico
9. un deportista
10. un cirujano cardiólogo

¿Dónde prefiere vivir Ud., en una ciudad grande o en el campo? ¿Qué aspectos de la vida urbana le agradan (gustan) más? ¿Cuáles le desagradan? ¿Por qué? Y, ¿qué le gusta de la vida rural? ¿Qué no le gusta?

Vocabulario para conversar

la alfabetización literacy
el analfabetismo illiteracy
  analfabeto illiterate
el arquitecto architect
la computadora* computer; calculator
desnutrido undernourished
la despoblación rural movement away
  from the countryside
diseñar to design
  el diseño design
el edificio building
en vías de desarrollo developing
el hambre hunger
la informática computer science
instruido[†] well educated
el medio ambiente environment
la modernización modernization
plantear to pose, present (*a problem*)
la población population

la pobreza poverty
el porvenir future
programar to program (*a computer*)
  la programación computer
  programming
los recursos resources
resolver (ue) to solve, resolve
la sobrepoblación overpopulation
la tecnología technology
tener en cuenta to take into account; to
  keep in mind
urbanizar to urbanize
  el urbanismo urban development;
  city planning
  la urbanización migration into the
  cities; subdivision or residential
  area
la vivienda housing

 LA VIVIENDA

alquilar to rent
  el alquiler rent
la calefacción heating
el dueño owner, landlord
la electricidad electricity

la fontanería plumbing
el gas gas
el inquilino renter, tenant
la luz light; electricity
el vecino neighbor

Practiquemos

A. ¿Qué palabra(s) de la lista del vocabulario completa(n) cada serie? ¿Por qué? Puede haber más de una palabra para cada número.

1. la vivienda, el dueño, el alquiler, _____
2. la modernización, la tecnología, la informática, _____
3. Apple, IBM, Commodore, _____
4. la casa, el apartamento, el condominio, _____
5. la calefacción, la electricidad, el gas, _____

B. A continuación hay una serie de oraciones que intentan definir algunas de las palabras del vocabulario. ¿Son exactas o inexactas las definiciones? ¿Puede Ud. sugerir modificaciones para las que encuentra inexactas?

---

*In Latin America, both **el computador** and **la computadora** are frequently used for *computer*. In Spain **el ordenador** is used.
†Remember that the word **educado** means *educated* in the sense of well-mannered.

1. Carlos tiene 4 años. No sabe leer ni escribir. Es analfabeto.   2. Una persona desnutrida no come mucho.   3. Pilar acaba de graduarse en la escuela secundaria. Es muy inteligente. Es una persona instruida.   4. Un país en vías de desarrollo es muy pobre; no tiene muchos recursos económicos.   5. El alquiler es el dinero que pagas cada mes.

C.   Estudie la palabra de la primera columna y explique la relación que tiene con cada una de las palabras de la segunda columna. Puede haber varias relaciones posibles para cada pareja.

> MODELO: el arquitecto / el urbanismo →
> El urbanismo crea trabajos para el arquitecto.

1. el arquitecto
    el diseño
    el edificio
    la tecnología
    el urbanismo

2. la sobrepoblación
    la despoblación rural
    el hambre
    la urbanización
    el agotamiento (*using up*) de los recursos naturales

3. el analfabetismo
    la inmigración
    la pobreza
    la instrucción
    el desarrollo

Conversemos

A.   En el dibujo A, ¿qué tipo de diseño le muestra el arquitecto al político? ¿Qué problemas piensan resolver? ¿Qué quiere el político? ¿Por qué sugiere eso?

B.   ¿Quiénes son las personas que se ven en el dibujo B? ¿En qué piensa la mujer? Para ella, ¿cómo es la vivienda ideal? ¿Qué necesidades tienen ella y su familia?

C.   ¿Qué cambio se observa en el dibujo C? ¿Están todos contentos en el nuevo edificio? Explique. ¿En qué son diferentes la nueva casa y la casa ideal de la mujer?

D.   ¿Qué hace el arquitecto en el dibujo D? ¿Cree Ud. que su nuevo diseño va a ser mejor que el primero? ¿Por qué opina Ud. eso? ¿Qué información debe tener en cuenta el arquitecto para mejorar su diseño?

E.   ¿Cree Ud. que el ambiente en que se vive afecta mucho a las personas? ¿En qué sentido? ¿Nos afecta la arquitectura? ¿Cómo reacciona Ud. en los siguientes lugares?

1. un cuarto sin ventanas   2. un lugar donde todos los muebles son de metal, vidrio (*glass*) o plástico   3. un lugar donde todos los muebles son de madera   4. un cuarto pintado de rojo (amarillo, azul, blanco)

F.   ¿Vive Ud. en una zona de los Estados Unidos donde la sobrepoblación es un problema? ¿En qué lugares de los EEUU es un problema la despoblación rural? ¿Cuáles son algunos de los factores que explican estas migraciones?

G.   ¿Cree Ud. que tenemos control sobre la tecnología o que la tecnología nos controla a nosotros? ¿Puede Ud. identificar un ejemplo de un punto de vista pesimista y otro optimista con respecto a esta cuestión en la televisión o el cine actual? ¿en la literatura?

H.   Imagine que el rector (*president*) de la universidad le pide sugerencias para mejorar el aspecto físico de la universidad. ¿Qué le recomienda Ud.? Y si el dueño de su apartamento (casa, residencia) quiere mejorarlo, ¿qué le sugiere?

 **Gramática**

24. MORE RELATIVE PRONOUNS

A. Review of *que* and *quien*

Remember that complex sentences are frequently formed in Spanish with the relative pronouns **que** and **quien** (Section 19). The second occurrence of the noun is replaced by a relative pronoun at the point where the two simple sentences are joined.

> David compró **el disfraz**. **El disfraz** estaba en la tienda. →
> David compró **el disfraz que** estaba en la tienda.

Remember that English *that/which/who* are generally expressed in Spanish by **que**.

Hay muchos problemas **que** la tecnología ayuda a resolver.	*There are many problems that (which) technology helps to solve.*
Todos los arquitectos **que** colaboraron en el diseño recibieron un premio.	*All the architects that (who) collaborated on the design received a prize.*

Quien, which can only refer to people, *may* be used after a comma (nonrestrictive clause) and *must* be used after a preposition to express *who/whom*.

Los programadores, **que (quienes)** trabajaron todo el fin de semana, por fin pudieron resolver el problema.

The programmers, who worked all weekend, finally managed to solve the problem.

¡Ese es el actor de **quien** hablábamos!

That's the actor we were talking about!

B. *Que* and *cual* forms: Referring to people and things in a more formal way

The simple relative pronouns **que** and **quien** are preferred in speaking in most parts of the Hispanic world. But after a preposition and after a comma, English *that/which/who* can also be expressed by compound forms, which are used in writing and in more formal situations by many native speakers.*

	TO REFER TO	
	PEOPLE	THINGS
	AFTER A PREPOSITION	
informal quien que	Llegó el arquitecto **con quien** trabajamos el año pasado.	¿Cuáles son los recursos **con que** podemos contar?
formal el/la que los/las que el/la cual los/las cuales	Llegó el arquitecto **con el que (con el cual)** trabajamos el año pasado.	¿Cuáles son los recursos **con los que (con los cuales)** podemos contar?
	AFTER A COMMA	
informal quien que	Van a mandar la comida a los pobres, **quienes (que)** la necesitan más.	Los problemas, **que** se plantearon ayer, fueron discutidos por todos.
formal el/la que los/las que el/la cual los/las cuales	Van a mandar la comida a los pobres, **los que (los cuales)** la necesitan más.	Los problemas, **los que (los cuales)** se plantearon ayer, fueron discutidos por todos.

*Since the **que** and **cual** forms are largely limited to written Spanish and to use in formal situations (unlike the classroom atmosphere in the United States), the majority of practice with them in the *Pasajes* series is in the *Cuaderno*.

As the preceding examples show, *the compound relatives, or "long forms," can refer to both people and things.* Through the definite article they show gender and number agreement with the noun to which they refer.

¡OJO! Like the relative pronoun **quien(es)**, *the long forms can occur only after a preposition or a comma. When there is no preposition or no comma, only* **que** *can be used.*

In many cases, **que** and **cual** forms are interchangeable; choosing between them is, to some extent, a matter of personal preference (like the choice between *that* and *which* in many contexts in English). However, there are contexts where one or the other is necessary or preferred.

C. *Lo que*

Lo que can also be used as a subject, predicate nominative, or direct object. As such, it expresses *that which* or noninterrogative *what*. Remember that interrogative *what* is expressed by **¿qué?**, **¿cuál?**, or **¿cómo?**

Lo que Ud. dice es verdad.	*What you say is true.*
Es **lo que** ella me escribió.	*It's what she wrote me.*
¿Qué es esto?	*What is this?*
¿Cuál es la capital?	*What is the capital?*
¿Cómo? No entiendo **lo que** Uds. dicen.	*What? I don't understand what you're saying.*

PRACTICA

A. Complete las siguientes oraciones con **que** o **quien(es)** según el contexto. A veces puede haber más de una respuesta correcta.

1. Los jóvenes _____ acaban de entrar son mis vecinos.
2. ¿Cuáles son los recursos a _____ te refieres?
3. El dueño es un individuo _____ posee algunos recursos.
4. Mis bisabuelos, _____ llegaron a este país en 1920, vinieron de Italia.
5. Las personas para _____ se construyeron estos apartamentos merecen (*deserve*) mucho más.
6. Esa no es la manera en _____ Ud. debe hablarme.

B. Junte las dos oraciones con **que** o **quien(es)** según el contexto. ¡OJO! Cuidado con la colocación (*placement*) de la preposición.

1. María Luisa es una persona. Es muy difícil trabajar con ella.
2. El hambre y la desnutrición son problemas graves. Encontramos estos problemas en casi todas partes del mundo.
3. El apartamento es muy pequeño. Comparto el apartamento con otras dos personas.
4. Tus ideas no son muy prácticas. Tus ideas me parecen muy interesantes.
5. ¿Es ese el libro? Me hablaste del libro.

C. Defina las siguientes palabras y frases en español. Cuidado con los pronombres relativos.

1. un huérfano 2. un compañero de cuarto 3. una mochila (*backpack*)
4. una pluma, un lápiz y un bolígrafo 5. una cartera (*wallet*) 6. un arquitecto

D. 🔆 **¡Necesito compañero!** ¿Qué (no) le gustaría a Ud. (*would you [not] like*) en el futuro? Con un compañero, haga y conteste preguntas para averiguar sus preferencias, y la razón de ellas. Luego comparta con la clase lo que ha aprendido. Cuidado con las formas de los pronombres relativos. Recuerden que en español *nunca se puede terminar una oración o cláusula con una preposición*. Como en el modelo, la preposición (*con*) comienza la cláusula y precede al pronombre (*quien*).

> MODELO: persona / hablar con →
> ¿Quién es la persona con quien te gustaría hablar algún día?
> —El presidente es la persona con quien me gustaría hablar, porque quiero hacerle algunas sugerencias.

1. compañía / trabajar para
2. lugar / hacer un viaje a
3. problema / resolver
4. película / ver
5. persona / hablar con
6. libro / leer
7. persona / conocer
8. lugar / vivir en
9. lugar / *no* vivir en
10. invento / vivir sin
11. invento / *no* vivir sin
12. persona / salir con

E. 🔆 **Sondeo** Los problemas ecológicos de hoy son sumamente graves y afectan a muchos aspectos de la vida humana. ¿Qué relación tienen las siguientes personas o cosas con la ecología? Siguiendo los pasos que se han establecido en los capítulos anteriores, hagan un sondeo de la clase para saber lo que piensan sus compañeros al respecto. A continuación se sugieren algunas preguntas y el formato para las respuestas que se pueden utilizar mientras se recogen los datos. Escriba las respuestas de los entrevistados en otro papel.

Posibles preguntas

¿Quiénes o qué hay en la foto número _____?

¿Qué relación tiene con el problema de la ecología?

En su opinión, ¿qué foto representa el problema ecológico más grave?

Posibles respuestas

_____ es un hombre que _____

_____, quien aparece en la foto número _____, _____

_____ es un lugar en que _____

_____, (quien/que) vive en _____, _____

Grupo 1

1. Alberto Einstein

2. el estrecho de Prince William

Grupo 2

3. el «Rainbow Warrior» de Greenpeace

4. Chernobyl

Grupo 3

5. una tortuga Galápagos

6. recipientes para el reciclaje, Madrid

Analicen sus resultados para contestar las siguientes preguntas.

1. ¿Cuántos estudiantes de la clase pudieron identificar la relación del sujeto de cada foto con la ecología?
2. ¿Qué sujetos son más conocidos? ¿Cuáles son menos conocidos?
3. ¿Qué foto representa el problema ecológico que la mayoría de los entrevistados en cada grupo considera más grave? ¿Puede toda la clase ponerse de acuerdo con respecto a una sola foto?

25. POSITIVE, NEGATIVE, AND INDEFINITE EXPRESSIONS

POSITIVE		NEGATIVE	
algo	*something*	nada	*nothing*
alguien	*someone*	nadie	*no one*
algún (alguno/a/os/as)	*some*	ningún (ninguno/a/os/as)	*none*
también	*also*	tampoco	*neither*
siempre	*always*	nunca, jamás	*never*
a veces	*sometimes*		
o	*or*	ni	*nor*
o... o	*either . . . or*	ni... ni	*neither . . . nor*
aun	*even*	ni siquiera	*not even*
todavía	*still*	ya no	*no longer*
		todavía no	*not yet*
		apenas	*hardly*

A. Patterns for expressing negation

Negation is expressed in Spanish with one of two patterns.

1. **no** + *verb*   No trabajaron.
   no + *verb* + *negative word*   No hicieron nada.
2. *negative word* + *verb*   Nadie viene.
   negative word + *verb* + *negative word*   Yo tampoco veo a nadie.

There must always be a negative before the verb: either **no** or another negative word such as **nadie** or **tampoco**. Additional negative words may follow the verb. Unlike English, Spanish can have two or more negative words in a single sentence and maintain a negative meaning. Once a negative is placed before the verb, all indefinite words that follow the verb must also be negative.

No vi a nadie.   *I didn't see anyone.*
Nunca hace nada por nadie.   *He never does anything for anyone.*

B. Use of *alguno/ninguno* and *alguien/nadie*

1. **Alguno/ninguno** mean *someone/no one* or *something/nothing* from a particular group; **alguien/nadie** express *someone/no one* without reference to a group.

Alguien/Nadie llama a la puerta.	*Someone/No one is knocking at the door.*
Hay tres niños en casa. **Alguno** (de ellos) va a abrir la puerta.	*There are three children at home. One of them/Someone will open the door.*
La compañía ha probado varios diseños nuevos, y **ninguno** (de ellos) funciona bien.	*The company has tried various new designs and none (of them) works very well.*

2. **Alguno/ninguno** and **alguien/nadie** must be preceded by the object marker **a** when they function as direct objects.

Veo **a alguien** en el pasillo.	*I see someone in the hall.*
No conozco **a ninguno.**	*I don't know any of them.*

3. As adjectives, **alguno/ninguno** agree in number and gender with the nouns they modify. They shorten to **algún/ningún** before masculine singular nouns.

Hay **algunos chicos** de España en esa clase.	*There are some guys from Spain in that class.*
No tengo **ningún amigo.**	*I don't have any friends.*

¡**OJO!** Spanish **no** cannot be used as an adjective: *no child* = **ningún niño**, *no person* = **ninguna persona**, and so on.

C. Use of other positive, negative, and indefinite expressions

1. When two subjects are joined by **o... o** or **ni... ni**, the verb may be either singular or plural. Spanish speakers tend to make the verb plural when the subject precedes the verb and singular when the subject follows.

Ni mi padre ni mi madre me visitan.	*Neither my father nor my mother visits me.*
No me visita ni mi padre ni mi madre.	

2. **Algo/nada** can be used as adverbs to modify adjectives.

Pues, sí, es algo interesante.	*Well, yes, it's somewhat interesting.*
No, no es nada interesante.	*No, it isn't interesting at all.*

3. English *more than* (*anything, ever, anyone*) is expressed with negatives in Spanish: **más que (nada**, **nunca**, **nadie)**.

Más que nada, me gusta leer.　　　*More than anything, I like to read.*

PRACTICA

A. Exprese las siguientes oraciones en español, utilizando dos maneras según los modelos.

MODELO: No one is coming tomorrow. →
Nadie viene mañana. (No viene nadie mañana.)

1. Neither modernization nor technology is the answer.　2. No one wants you to go.　3. The old people don't live here either.　4. Not even the architect could (manage to) solve the problem.　5. None of them takes any of his ideas into account.　6. No house is perfect.　7. They are still looking for a computer; they don't like any of these.　8. Now, more than ever, the destruction of the environment is a global problem.

B. Siempre hay opiniones pesimistas y también optimistas sobre cualquier tema. ¿Qué diría (*would say*) el pesimista con respecto a los siguientes temas? ¿Qué diría el optimista? Trate de usar diferentes expresiones positivas/negativas en cada oración.

MODELO: el hambre en el mundo →
EL PESIMISTA: Nunca vamos a resolver el problema del hambre.
EL OPTIMISTA: No, algún día vamos a encontrar una solución.

1. el agotamiento (*using up*) de los recursos naturales　2. la energía nuclear
3. la ciencia moderna　4. la pobreza　5. la tecnología y la industrialización

C. Situaciones y preguntas

1. ¿Cree Ud. que el medio ambiente y el clima tienen algún efecto en nuestros sentimientos? ¿Tienen algún efecto las estrellas en el hombre? ¿Lee Ud. siempre la sección del horóscopo en el periódico? ¿Por qué sí o por qué no?
2. ¿Cree Ud. que va a visitar la luna algún día? ¿Tiene algún interés en explorar el espacio? ¿en colonizar algún planeta? ¿en comunicarse con algún habitante de otro mundo? ¿A Ud. le gustan las novelas o películas de ciencia ficción?
3. ¿Tiene Ud. una computadora personal? ¿Cuánto tiempo hace que la tiene? ¿Para qué la compró? ¿Cree Ud. que la computadora es importante para tener éxito en los estudios universitarios? ¿Por qué sí o por qué no? ¿Piensa Ud. que las universidades deben exigir de todos los estudiantes cursos en *computer literacy* como requisito para la graduación?

D. ¡**Necesito compañero!**　Con un compañero de clase, hagan el papel de urbanistas (*city planners*) que están a cargo del diseño de la perfecta ciudad del futuro. Recuerden que pueden incorporar todos los avances de la tecnología moderna. ¿Cómo va a ser la ciudad? Descríbanla completando estas oraciones.

1. Algunos _____. Nadie _____.
2. La gente siempre _____. Nunca _____.
3. Todavía _____ pero ya no _____.
4. Hay algunos _____ pero ya no hay ningún _____.
5. _____ es todavía un problema serio pero _____ no lo es.

E.   Muchos dichos (*sayings*) ingleses y españoles contienen palabras negativas. Exprese los dichos españoles en inglés y luego explique—¡en español!—el significado de cada uno.

1. Más vale tarde que nunca.   2. No dejes para mañana lo que puedas hacer hoy.   3. No es oro todo lo que brilla.   4. Perro que ladra (*barks*) no muerde.
5. En boca cerrada no entran moscas.   6. No hay rosa sin espinas (*thorns*).
7. El hábito no hace al monje.

26. USES OF THE SUBJUNCTIVE: CERTAINTY VERSUS DOUBT

Certainty versus doubt is another of the main clause characteristics that determine the use of indicative or subjunctive in the subordinate clause. The subjunctive is generally used when the speaker wishes to describe something about which he or she has no knowledge or certainty. In contrast, the indicative is used to describe something about which the speaker is knowledgeable or certain, something considered objective reality.

Note the use of the indicative and subjunctive to express certainty and doubt in the following paragraphs.

Parece que el futuro se presenta conflictivo para las nuevas generaciones. Frente a la tecnología que avanza y la modernización que llega a más personas, siguen existiendo° problemas que no se han podido resolver: el analfabetismo, el desempleo, el hambre, la despoblación rural son hoy todavía una realidad.

siguen... *continue to exist*

Es dudoso que los planes del gobierno eliminen totalmente el analfabetismo ya que muchos jóvenes abandonan la escuela para buscar trabajo: es difícil pensar en los estudios cuando uno tiene hambre. Es posible que el progreso tecnológico resulte en un crecimiento de la industria y que esto proporcione° muchos trabajos nuevos. Al mismo tiempo es probable que esta misma tecnología disminuya el número de empleados no cualificados° que se necesitan. No hay duda que el joven que abandona la escuela para buscar trabajo luego puede encontrarse en una situación aún más precaria.

ofrezca, dé

no... *unskilled*

Es cierto que hay agencias que estudian formas de resolver estos problemas, pero no creo que la solución esté cerca. ¿Qué recomienda Ud.?

—— CERTAINTY: INDICATIVE ——	—— UNCERTAINTY: SUBJUNCTIVE ——
Parece que el futuro se presenta...	**Es dudoso** que los planes del gobierno eliminen...
No hay duda que el joven que abandona la escuela para buscar trabajo luego puede...	**Es posible** que el progreso tecnológico resulte... y que esto proporcione...
Es cierto que hay...	Al mismo tiempo **es probable** que esta misma tecnología disminuya...
	...**no creo** que la solución esté...

In Spanish, some impersonal expressions consistently introduce the subjunctive, even when their English equivalent indicates a greater degree of certainty. With impersonal expressions, probability/improbability and possibility/impossibility are always considered degrees of uncertainty, and therefore they always introduce the subjunctive.

—— CERTAINTY: INDICATIVE ——		—— UNCERTAINTY: SUBJUNCTIVE ——	
Es seguro que		(No) Es (im)posible que	
Es cierto que		(No) Es (im)probable que	
Es verdad que	viene.	(No) Puede ser que	venga.
Es obvio que		No es seguro que	
Es evidente que		No es cierto que	
		Es dudoso que	

PRACTICA

A. ¿Demuestran seguridad o falta de seguridad las siguientes oraciones?

1. Es evidente que a él no le gusta el cambio.   2. No estamos seguros de que aspire a ser arquitecto.   3. Vemos que Uds. tienen muchos diseños.   4. No creo que participen en la manifestación.   5. Existe la posibilidad de que haya más igualdad en el futuro.

B. ¿Qué opina Ud.? Usando una de las expresiones a continuación, reaccione a cada una de las siguientes afirmaciones. Luego justifique su respuesta brevemente. ¡OJO! En algunos casos será necesario poner el verbo en el subjuntivo.

Es (im)posible	Es verdad
Es (im)probable	Es cierto
No creo	Sé
Dudo	Estoy seguro
Espero	Creo

1. Vamos a tener colonias en la luna en el año 2000.   2. Se puede eliminar el hambre en el mundo.   3. Las computadoras ayudan a los jóvenes a aprender mejor.   4. Es más importante proteger (*to protect*) los recursos naturales que aprovecharse de (*to take advantage of*) ellos.   5. La industrialización trae graves problemas sociales.   6. Los científicos no son responsables de los usos de sus invenciones.   7. Vivimos mejor ahora que hace 50 años.   8. Hay una conexión entre el analfabetismo y la televisión.

C. Usando las siguientes preguntas como guía, describa lo que pasa en los dibujos a continuación. Cuidado con el uso del subjuntivo.

- ¿Quiénes son esas personas?
- ¿Dónde están?
- ¿Cuál es la situación?
- ¿Cuál es su reacción?

1. el vendedor, la cafetera (*coffee maker*), la batidora (*beater*), la máquina para hacer palomitas (*popcorn popper*), amasar (*to knead*), moler (*to grind*)
2. volar (ue) (*to fly*), la cometa (*kite*)
3. ponerle una multa (*to fine*), estacionar (*to park*)
4. los juguetes, la pelota de fútbol, la muñeca (*doll*)

1.   2.   3.   4.

D. ¡**Necesito compañero!**   Con un compañero de clase, comente las siguientes oraciones. Uno debe leer una oración; el otro debe reaccionar, usando una de las expresiones a continuación. Justifiquen las respuestas en cada caso. ¡OJO! No siempre es necesario usar el subjuntivo.

Creo   Es cierto   Dudo   Es importante

1. Muchos vicios de la civilización moderna se originan en las ciudades.
2. Es más fácil y mejor criar a los niños en el campo.   3. La tecnología es un aspecto positivo de la vida moderna.   4. Lo rural va desapareciendo. En el futuro, no va a haber más zonas rurales.   5. El hambre es el peor crimen del siglo XX. No se debe tolerar.   6. Es necesario aprender la lengua de un país para conocer su cultura.   7. Es más fácil aprender una segunda lengua que conocer una nueva cultura.   8. En el mundo de hoy, el ordenador tiene más importancia que el televisor.

E.   Lea el siguiente texto brevemente. ¿Cuáles de las creencias populares le parecen más probables? ¿más improbables? Conteste usando expresiones de incertidumbre o de duda como las siguientes.

es posible que...   creo que...   no creo que...
es dudoso que...   es verdad que...   puede ser que...

Cuidado con el uso del subjuntivo después de algunas de estas expresiones.

SIGNOS SOLEADOS

Si sufres de un verano alérgico, anota estas sabidurías populares sobre animales, pájaros e insectos, que intuyen los cambios de tiempo y predicen cuándo hará un día caluroso y soleado.

☐ Si el atardecer[a] es rojo y el amanecer[b] gris, seguro que hará un buen día; por el contrario, si los atardeceres son grises y el amanecer rojizo, lluvia segura, ponte a cobijo.[c]

☐ Si el gato se lame[d] la cara y las orejas, es un signo de que el día será bueno y claro.

☐ Las nubes blancas pequeñas, similares a un rebaño de ovejas[e] moviéndose de norte a oeste, indican que el tiempo seguirá siendo bueno.

☐ Si las lechuzas[f] gritan por la noche es porque esperan que se aclare el tiempo.

☐ Si las ovejas pastan colina arriba,[g] también es signo de que hará buen tiempo.

☐ Si las avispas[h] construyen sus nidos en lugares abiertos, indican que habrá una estación seca.

[a] la puesto del sol
[b] el comienzo del día
[c] ponte... *take cover*
[d] *licks*

[e] rebaño... *flock of sheep*
[f] *owls*
[g] pastan... *graze facing up hill*
[h] *wasps*

27. USES OF THE SUBJUNCTIVE: EMOTION

The subjunctive is used in subordinate clauses that follow the expression of an emotion or the expression of a subjective evaluation or judgment.

Siento mucho que la vivienda sea tan cara.	*I regret that housing is so expensive.*
Me pone triste que haya tanta hambre en el mundo.	*It makes me very sad that there is so much hunger in the world.*

Impersonal expressions that describe emotional responses to reality or a subjective commentary on it are also followed by the subjunctive in subordinate clauses.

¡Qué lástima que piensen destruir ese edificio!	*What a shame that they are planning to destroy that building!*
Es bueno que investiguemos las causas del problema.	*It is good that we are investigating the causes of the problem.*

In contrast to the uses of the subjunctive that you have learned so far, the situation described in the preceding subordinate clauses is real or experienced, and thus is part of the speaker's reality. However, the experience of the reality causes an emotional reaction on the part of the speaker, who uses the subjunctive to convey its subjective (emotional) impact. Remember that it is the *concept* of emotion—and not a specific expression—that is important. Although it is impossible to list all of the expressions of emotion, the following are some of the most common. They are used in the exercises that follow this section. Be sure you know their meaning.

estar contento/ triste que	me enoja/enfada* que	es bueno (escandaloso, fantástico, increíble, interesante, malo, sorprendente, tremendo, triste) que
sentir (ie, i) que	(no) me gusta que	¡Qué bueno (escandaloso, fantástico) que... !
tener miedo que	me pone triste/contento que	
	me preocupa que	

---

*All the expressions in this column are used like **gustar**, with indirect object pronouns.

Le (Les) pone contento que seas arquitecto.
Me (Nos) preocupa que llegues tan tarde.

PRACTICA

A. Examine los verbos subrayados en el siguiente pasaje. ¿Cuáles están en indicativo? ¿Cuáles están en subjuntivo? En el caso de los subjuntivos, ¿puede Ud. identificar la razón de su uso?

El control de la natalidad no ha sido aceptado° entre la clase baja por muchas razones. Ahora que los gobiernos y ciertos grupos se dan cuenta de° la necesidad de controlar el aumento de la población, recomiendan a la mujer que tenga menos hijos. No es sorprendente que ella rechace el control de la natalidad, ya que ella mide su propio valor dentro de la sociedad según el número de hijos que tiene. Si la sociedad no le ofrece otro papel o actividad que le permita* dar sentido° a su vida, es muy difícil que renuncie al papel de madre prolífica que le han dado° en el pasado. La poca aceptación del control de la natalidad, en combinación con la reducción espectacular de la tasa de mortalidad, hace que el crecimiento demográfico de Hispanoamérica sea el más alto del mundo después de Africa.

no... has not been accepted

se... realize

meaning

le... was given to her

B. ¿Cuál es su opinión acerca de los siguientes hechos? Exprésela usando una de las expresiones de la lista a continuación y dé una breve justificación de ella. Cuidado con el uso del subjuntivo en la oración subordinada.

| Es bueno | (No) Es sorprendente | Es increíble |
| Es malo | Es fantástico | Es triste |

1. Muchos jóvenes usan calculadoras y computadoras en la escuela primaria.
2. Muchos jóvenes aprenden otras lenguas en la escuela primaria.
3. Muchas familias ya no pueden ganarse la vida (*to earn a living*) en la agricultura.
4. Muchas personas ya no quieren ganarse la vida en el campo (*field*) de la educación.
5. La lluvia ácida está destruyendo los monumentos históricos de Europa.
6. Los japoneses controlan un gran porcentaje del mercado automovilístico de los Estados Unidos.
7. La mayoría de las personas que viven en la pobreza son mujeres y niños.
8. Hay más de 14 millones de habitantes en la Ciudad de México; el 45 por ciento de ellos tiene menos de 15 años.
9. Nadie sabe qué hacer con los desperdicios (*wastes*) radioactivos.
10. Muchos adultos norteamericanos son analfabetos.

---

*This use of the subjunctive will be discussed in Section 30.

C. 🌅 **¡Necesito compañero!**   Con un compañero de clase, prepare un comentario positivo y otro negativo sobre *tres* de los siguientes temas. Para formular sus comentarios, use las expresiones de la lista que se da a continuación. Luego compare sus comentarios con los de sus otros compañeros de clase.

POSITIVOS: es tremendo, estamos contentos, nos gusta, es interesante
NEGATIVOS: nos preocupa, tenemos miedo, no nos gusta, nos enfada

1. la tecnología   2. la explosión demográfica   3. el analfabetismo   4. las posibilidades de una paz mundial   5. los recursos naturales   6. la contaminación (*pollution*) del medio ambiente   7. la educación

D. 🌅 **Guiones**   En grupos de dos o tres, narren en el tiempo presente la siguiente historia de una invención que ha tenido gran impacto en la vida moderna. Incorporen complementos pronominales cuando sea posible y usen cada una de las siguientes expresiones por lo menos una vez.

cree que...	pide que...	está muy contento
duda que...	es necesario que...	que...
recomienda que...	es triste que...	

VOCABULARIO UTIL: la bolsa (*bag*), el carrito (*shopping cart*), las asas (*handles*), el/la cliente (*customer*), la rueda (*wheel*), pedir un préstamo (*to ask for a loan*)

Estrategias para la comunicación

¡No me gusta nada! *Talking about likes and dislikes*

The English verb *to like* is generally expressed in Spanish with **gustar**. However, likes and dislikes exist in varying degrees. You can like something so much that you love it or dislike something so much that you hate it. You may also want to change the way you communicate your likes and dislikes according to the context of the conversation.

For example, if a professor recommended a movie to you that you saw and heartily disliked, which of the following would be a more probable response to your professor's question, "How did you like it?"

The movie made me sick. It was a complete waste of time.	La película me dio asco. Fue una pérdida total de tiempo.
I didn't enjoy it as much as you did.	A mí no me gustó tanto como a Ud.

Here are some useful expressions for talking about your likes and dislikes. Note that all are conjugated like **gustar**.

STRONGLY POSITIVE	encantar	*to delight*
	fascinar	*to fascinate*
POSITIVE	gustar	*to be pleasing to*
	importar	*to be important to*
	interesar	*to be interesting to*
NEUTRAL	dar igual	*to be the same*
	no importar	*to not matter to*
NEGATIVE	no gustar	*to not be pleasing to*
STRONGLY NEGATIVE	ofender	*to be offensive to*
	disgustar	*to annoy, irk*
	molestar	*to bother, annoy*
	dar asco	*to turn one's stomach*
	no gustar nada*	*to dislike strongly*

Todo este ruido nos molesta.	*All this noise bothers us.*
Me fascinaron sus diseños.	*Your designs fascinated me.*
¿Prefieres café o té? —Me da igual.	*Do you prefer coffee or tea? —It's all the same. (It doesn't matter to me.)*

 ¡Necesito compañero!

A. Con un compañero de clase, hagan y contesten preguntas para averiguar los gustos de cada uno con respecto a lo siguiente.

¿Cuál es tu reacción a... ?

1. las películas de ciencia ficción
2. la música de Madonna
3. los chistes raciales o sexuales

---

*The verb **odiar** (*to hate*) is used by most Spanish speakers to express extremely strong passion, of the type that might lead to murder, for example.

4. la política (*the policies*) del presidente
5. la comida que se sirve en la residencia
6. las personas que fuman en los lugares donde se prohíbe fumar
7. las personas que hablan durante las películas
8. el arte de Escher (Picasso, Andy Warhol)

B. Con un compañero de clase, decidan la manera en que cada una de las personas indicadas va a reaccionar a cada fenómeno. Luego, compartan sus decisiones con el resto de la clase, justificándolas brevemente.

1. FENOMENO: la urbanización
   INDIVIDUOS: los primeros residentes de la ciudad, un dueño de apartamentos, el jefe de policía, un sociólogo
2. FENOMENO: la tecnología
   INDIVIDUOS: un campesino (*country person*), un obrero (*worker*), un médico, un estudiante
3. FENOMENO: la exploración del espacio
   INDIVIDUOS: un científico, un militar, un pobre, un hombre «medio» (*man on the street*)

 **¡Ojo!**

doler—lastimar—hacer daño—ofender

To hurt meaning *to ache* in a physical, mental, or emotional sense is expressed with **doler (ue)** in Spanish. Other English verbs that correspond to **doler** are *to grieve* and *to distress*.

When *to hurt* means *to cause* someone *bodily injury*, use **hacer daño** or **lastimar**. **Hacer daño** can also be used in a figurative sense to mean *to hurt* someone's *standing or status*.

When *to hurt* means *to injure* someone's *feelings*—through insult or slight, for example—the appropriate Spanish verb is **ofender**.

Me **duelen** mucho los pies.	*My feet hurt (ache) a lot.*
Trabajar en ese ambiente **le hizo daño a/lastimó** los pulmones.	*Working in that environment hurt (damaged) her lungs.*
Se marchó sin despedirse y eso me **dolió/ofendió**.	*She left without saying good-bye, and that hurt (grieved) me.*

tener éxito—lograr—suceder

Tener éxito means *to be successful* in a particular field or activity; it emphasizes the condition of being successful. **Lograr** means *to succeed* in doing something, *to obtain or achieve* a goal; it emphasizes the action of achieving that goal. It can also mean *to manage to* do something. **Suceder** means *to follow in succession,* or *to occur, to happen.*

Viqui siempre **tiene éxito** en las competiciones.	*Viqui is always successful in competitions.*
Julio nunca **logra** bajar de peso.	*Julio never manages to lose weight.*
Los maestros esperan **lograr** un aumento de sueldo.	*The teachers hope to obtain a salary increase.*
No saben qué va a **suceder**.	*They don't know what is going to happen.*
Reagan **sucedió** a Carter como presidente.	*Reagan succeeded Carter as president.*

pero — sino — sino que — no sólo

English *but* is expressed as **pero**, **sino**, or **sino que** in Spanish. All three are conjunctions; they join two elements of a sentence. When the element preceding *but* is affirmative, **pero** is used.

Joaquín es muy inteligente **pero** estudia mucho de todas formas.	*Joaquín is very bright, but he studies a lot anyway.*

Pero can also be used after a negative element to mean *but* in the sense of *however*. It introduces information that *contrasts with or expands* the previously mentioned concepts.

Joaquín no es muy inteligente **pero** es buen estudiante.	*Joaquín isn't very bright, but he is a good student.*
Pedro no es muy simpático **pero** trabaja muy bien con nosotros.	*Pedro isn't very nice, but he works very well with us.*

The connectors **sino** and **sino que** are used only after a negative element. They introduce information that *contradicts and replaces* the first element. Their English equivalent is *but* in the sense of *rather*. **Sino** connects a word or phrase (but not a clause) to the sentence. **Sino que** connects a clause.

El coche no es nuevo **sino** viejo.	*The car isn't new but (rather) old.*
No van a caminar **sino** manejar.	*They're not going to walk but (rather) drive.*
No quiero que me ayudes **sino que** te vayas.	*I don't want you to help me but (rather) (that you) go away.*

English *not only . . . but (also)* is expressed in Spanish by **no sólo... sino/ sino que**.

No sólo trajeron pan **sino** también queso.	*They brought not only bread but cheese also.*
No sólo vino **sino que** trajo a sus amigos.	*She not only came but (also) brought her friends.*

PRACTICA

A. Dé la palabra española que se corresponde mejor con la palabra en *letras cursivas.*

1. The teacher *hurt* my hand with the ruler.
2. He *succeeded* in delaying the match.
3. The thief didn't *hurt* my hand *but rather* my foot.
4. She is always very *successful.*
5. I don't want you to help me *but rather* to go away.
6. He wants his son to *succeed* him.
7. His hand *hurts* from the accident.
8. Juanito isn't very intelligent *but* he is a good student.
9. It *hurt* me a lot when he called me a liar.
10. The shirt isn't new *but rather* quite old.

B. Indique la palabra o frase que mejor complete la oración. ¡OJO! Hay también expresiones de los capítulos anteriores.

1. _____ el estómago cada _____ que como carne. (*Hurts me/time*)
2. El hijo creía que iba a _____ a su padre como presidente de la compañía y _____ furioso cuando nombraron a su primo. (*succeed/became*)
3. Esto _____ muy difícil. ¿Tiene Ud. _____ para ayudarme con las instrucciones? (*looks/time*)
4. Juan no quiere estudiar español _____ sí le interesan las ciencias, porque piensa _____ químico (*chemist*). (*but/become*)
5. María _____ sus llaves, y _____ dos horas en encontrarlas. (*looked for/took*)
6. _____ tiene mucho trabajo, Magda me dijo que no me podría (*would be able to*) _____ los libros hasta la semana que viene. (*Because/return*)
7. _____ me lo trajo ayer _____ me lo presentó personalmente. (*Not only/but also*)
8. Al presidente le _____ la situación en Europa. (*hurt his standing*)
9. _____ nuestro equipo nunca _____ en los partidos contra esa universidad, mucha gente _____ a casa temprano sin ver el final. (*Since/was successful/returned*)
10. El coche no es muy elegante, _____ todavía _____ muy bien. (*but/works*)

C. Situaciones y preguntas

1. ¿Tiene Ud. éxito en todas sus clases? ¿Tuvo mucho éxito el semestre pasado? ¿Cree Ud. que va a sacar una A en esta clase? ¿Qué va a suceder si Ud. saca una F?

2. ¿Hay deportes u otras actividades en las que Ud. tiene éxito? ¿en las que Ud. no tiene éxito nunca? ¿Cuáles son? ¿Le ofenden las personas que se quejan (*complain*) cuando pierden en un partido? Cuando Ud. practica deportes, ¿le duelen mucho los músculos al terminar? ¿Se hizo daño alguna vez practicando un deporte?

3. ¿Qué piensa Ud. de la ingeniería genética? ¿Cuáles son las ventajas que puede tener este tipo de tecnología? ¿las desventajas? ¿los peligros?

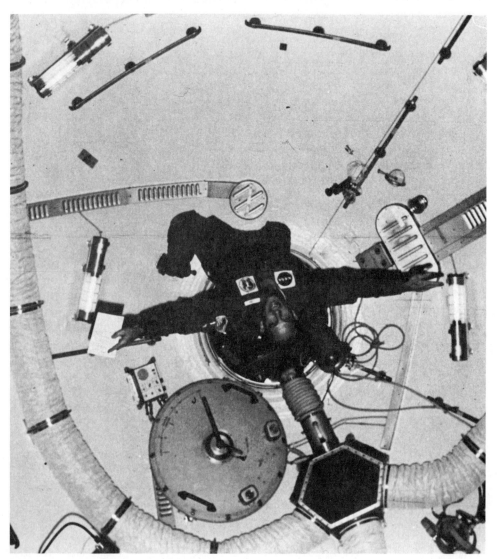

Algunas personas tienen la posibilidad de experimentar el futuro hoy. ¿Te gustaría hacer lo mismo?

 **Repaso**

A. Complete el párrafo, dando la forma correcta del verbo entre paréntesis.

¡El «hacelotodo», máquina del porvenir!

¿Se siente Ud. agobiada° por el trabajo? ¿Quiere que su vida (*ser*[1]) más interesante? ¿Quiere (*pasar*[2]) más tiempo con sus amigos o con sus familiares? ¡(*Escuchar*[3])! Ya es posible que la vida (*ser*[4]) más fácil y más divertida. ¡(*Comprar*[5]) Ud. un hermoso «hacelotodo»! ¿No tiene tiempo de preparar la comida? ¡Es mejor que (*preparársela*[6]) él! ¿Está demasiado cansada para lavar la ropa? ¡Es posible que (*lavársela*[7]) él! ¿Le molesta ir al banco y hacer las compras? ¿No quiere escribir cartas y visitar a sus suegros? ¡No (*preocuparse*[8])! ¡Permita Ud. que (*hacérselo*[9]) todo el «hacelotodo»! En la casa, en la escuela, en la oficina, el maravilloso «hacelotodo» está a sus órdenes. De ahora en adelante, ¡(*empezar*[10]) Ud. a vivir de verdad!

°¿Se... *Do you feel overwhelmed*

En una gran variedad de modelos y colores... a un precio realmente increíble... satisfacción garantizada... el maravilloso «hacelotodo». Sólo en las tiendas más elegantes.

B. En el futuro, muchos aparatos de hoy van a ser muy distintos. Identifique Ud. los siguientes aparatos del futuro. ¿Cuáles son sus funciones? ¿En qué son diferentes de los aparatos de hoy? ¿Cuáles son los aspectos de cada aparato que le gustan más? ¿los que no le gustan nada? ¿Cuál de los aparatos le parece más útil? ¿menos útil? Explique.

VOCABULARIO UTIL: la pantalla (*screen*), oler → huele (*to smell*), secar (*to dry*), planchar (*to iron*), doblar (*to fold*)

1.

2.

Sevilla, España

El hombre y la mujer en el mundo actual

Muchas personas creen que en el momento de nacer, todos los bebés son iguales, con excepción de las diferencias físicas. Los rasgos llamados «femeninos» o «masculinos» aparecen durante la juventud como resultado del contacto con la sociedad (los padres, los amigos, las escuelas). ¿Qué comportamiento esperaban sus padres de Ud.? ¿Qué expectativas tenían con respecto a las siguientes acciones?

1 = siempre   2 = con frecuencia   3 = a veces   4 = nunca

Mis padres creían que debía...

a. _____ tener éxito en los estudios
b. _____ participar en los deportes
c. _____ ayudar con las tareas domésticas *dentro* de la casa (lavar los platos, limpiar mi cuarto, etcétera)
d. _____ ayudar con las tareas domésticas *fuera* de la casa (limpiar el garaje, cortar el césped [*lawn*], etcétera)
e. _____ participar en las reuniones familiares
f. _____ tener buenos modales (*manners*)
g. _____ demostrar una actitud respetuosa y obediente
h. _____ desarrollar una actitud independiente
i. _____ ayudar con el cuidado de los hermanos menores
j. _____ aprender a bailar
k. _____ aprender a tocar un instrumento musical
l. _____ trabajar fuera de casa para ganar dinero
m. _____ casarme y tener una familia (hijos)

¿Esperaban el mismo comportamiento de Ud. y de su hermano/a? Si tenían diferentes expectativas, identifique algunas de ellas. Utilizando las preguntas anteriores y siguiendo los pasos que se han establecido en los capítulos anteriores, ¡haga un sondeo para describir las experiencias de sus compañeros al respecto!

Vocabulario para conversar

la abnegación abnegation, self-denial
  abnegado self-denying
el ama de casa (*f.*) housewife; homemaker
aspirar a to aspire to
  la aspiración aspiration, goal
el cambio change
la carrera career, profession; university
  specialty (major)
la custodia custody
educar* to socialize, form social habits
  la educación socialization
en cuanto a as far as . . . is concerned
la expectativa expectation
femenino feminine

la igualdad equality
el juguete toy
la juventud childhood; youth
la mano de obra work force
masculino masculine
la meta goal, aim
la muñeca doll
el papel role
  hacer el papel de to play the role of
la pelota ball
el puesto job
la responsabilidad responsibility
sensible sensitive
el sueldo salary

Practiquemos

A. ¿Qué palabra o frase de la columna B asocia Ud. con cada palabra o frase de la columna A? Explique en qué basa su asociación. ¿Son sinónimos? ¿antónimos? ¿Es una un ejemplo de la otra?

A		B	
el puesto	la transformación	la vejez (*old age*)	el sueldo
masculino	en cuanto a	el cambio	impersonal
el ama de	el salario	la muñeca	con respecto a
casa	el juguete	el trabajo	la tarea
sensible	la juventud	femenino	doméstica

B. ¿Con qué asocia Ud. cada una de las siguientes? ¿Por qué?

1. aspirar a
2. la carrera
3. la meta
4. hacer un papel
5. educar
6. la igualdad

---

*There do not seem to be Spanish terms that have the universal use or acceptance that *to socialize/socialization* have in English. Perhaps **educar/la educación** come closest. One can speak of parents who **inculcar valores** or **enseñar valores** to their children, but these expressions do not include the broad range of meanings that **educar/la educación** do. In many circles, the terms **socializar** and **la socialización** are beginning to be used with the same meaning as **educar** and **la educación**.

C.   Relacione cada persona de la lista A con una palabra de la lista B. Luego justifique su respuesta.

———— A ————	———————— B ————————
una mujer	1. la abnegación
una muchacha	2. la pelota
un hombre	3. la mano de obra
un muchacho	4. la responsabilidad
	5. la custodia
	6. la juventud

7. criar
8. la muñeca
9. sensible
10. la carrera
11. el cambio
12. la expectativa

Conversemos

A.   Describa las actividades de las niñas en los años 20, segun el dibujo en la página 170. ¿Eran diferentes sus juegos y sus juguetes de los de los años 90? ¿A qué carreras aspiraban las niñas? ¿y los niños? ¿Hay alguna relación entre los juegos y las aspiraciones de los niños y las niñas? ¿Piensa Ud. que realmente ocurría tal socialización? ¿Piensa que todavía ocurre? ¿Nos socializan por completo las actividades de la niñez? ¿Qué otras influencias hay?

B.   ¿En qué son diferentes las actividades femeninas de los años 90 de las de los años 20? ¿Hay diferencias entre los juegos masculinos de los 20 y los de los 90? ¿Sugiere el dibujo algunos cambios socioculturales? ¿Cuáles?

C.   ¿Hay más igualdad entre los sexos hoy en día que en 1920? Considere los siguientes contextos.

- los papeles (responsabilidades, deberes) que ambos (*both*) sexos hacen en la sociedad
- su situación económica (participación en las distintas carreras, sueldos)
- su participación política

En general, ¿qué aspecto(s) de los cambios entre los hombres y las mujeres desde 1920 considera Ud. positivo(s)? ¿Hay algunos que le parezcan negativos? Explique. ¿Qué otros cambios se van a producir entre este año y el año 2020 en cuanto a las actividades de ambos sexos?

D.   ¿Refleja el dibujo la realidad de su comunidad o de su grupo? ¿En qué sentido? ¿Cuál es el papel de la mujer en su grupo? ¿el papel del hombre? En general, ¿hace la mujer el papel de líder en nuestra sociedad? ¿Tiene el hombre la libertad suficiente para manifestar su sensibilidad? ¿para ser amo de casa?

Gramática

28. PRESENT PERFECT INDICATIVE

Both Spanish and English have simple and compound verb forms. A simple form has only one part: the verb with its appropriate ending (*I spoke*, **hablé**). A compound form has two parts: an auxiliary verb plus a participle of the main verb. In both languages there are two sets of compound forms: the perfects and the progressives.

——————— EL PERFECTO ———————

haber + *participio pasado*

Ellos ya **han terminado** el trabajo.
Lo **hemos comido** y **bebido** todo.
¿**Has escrito** el poema?

——————— PERFECT ———————

to have + *past participle*

They have already finished the work.
We have eaten and drunk up everything.
Have you written the poem?

——————— EL PROGRESIVO ———————

estar + *participio presente*

Los estudiantes **están trabajando**.
Estamos comiendo y **bebiendo**.
¿Qué **estás escribiendo**?

——————— PROGRESSIVE ———————

to be + *present participle*

The students are working.

We are eating and drinking.
What are you writing?

All simple verb forms have a corresponding perfect and progressive form. The auxiliary verbs show person/number, tense, and mood. The participles themselves do not change form. The progressives are presented in Chapter 12. The perfect forms are presented here and in Chapter 11.

A. Forms of the present perfect indicative

Haber is the auxiliary used in the Spanish perfect forms. The present perfect indicative uses the present indicative of **haber**. Other perfect forms use other tenses and moods of **haber**. The form of the past participle does not change.*

———————————

*In Chapter 1, Section 4, there is more information on the formation of the past participle, including a list of the most common irregular forms.

EL PRESENTE DEL INDICATIVO DE **haber**	+ PARTICIPIO PASADO		
	-ar	**-er**	**-ir**
he	hablado	comido	vivido
has	trabajado	podido	admitido
ha	cambiado	tenido	asistido
hemos	educado	aprendido	venido
habéis	ganado	comprendido	salido
han	escuchado	vendido	seguido

B. Uses of the perfect forms

With these forms the word *perfect* implies *completion;* that is, the action described by the verb is viewed as completed with respect to some point in time. The present perfect expresses an action completed prior to a point in the present.

He decidido cambiar de carrera.	*I have decided to change careers.*
El ama de casa **ha hecho** las tareas domésticas.	*The homemaker has done the household chores.*

In the preceding sentences, the point in the present is the moment of speaking: the decision was made and the chores were done before that time.

In most cases the use of the Spanish perfect forms corresponds closely to the use of the English perfect forms. Unlike English, however, no words can come between the elements of the Spanish perfect forms.

No lo **he visto** nunca.	*I have never seen him.*

 DE PASO

The present perfect is used more frequently in Spanish than in English. In the Spanish spoken in Spain, it occurs particularly as a substitute for the preterite. The distinction between the two is subtle or—in some dialects—nonexistent. In general, however, the use of the perfect forms implies that the action described is more relevant to the present time, particularly when the action has had some emotional impact.

Lo **he hecho** esta mañana.⎱ Lo **hice** esta mañana. ⎰	*I did it this morning.*
Mi padre **ha muerto**. ⎱ Mi padre **murió**. ⎰	*My father died.*

In the first pair of sentences, either the present perfect or the preterite can be used in most dialects, with little difference in meaning. In the second pair either choice is possible, but the use of the present perfect implies an emotional impact that continues to be felt.

PRACTICA

A. ¿Lo ha hecho alguna vez? Reaccione a las siguientes preguntas usando la forma correcta del presente perfecto del indicativo. ¡Diga la verdad y elabore su respuesta con más información!

1. ¿hacer un viaje a un lugar exótico? 2. ¿preparar una comida sin usar ningún ingrediente instantáneo o enlatado (*canned*)? 3. ¿correr en un maratón? 4. ¿escribir un poema? 5. ¿ver a una persona famosa? 6. ¿ganar un premio (*prize*)? 7. ¿reparar un aparato mecánico? 8. ¿actuar en una obra dramática? 9. ¿tener un encuentro con la policía? 10. ¿hacer una prenda (artículo) de vestir?

B. Situaciones y preguntas

1. ¿Por qué no has asistido a clase todos los días este semestre? ¿Es verdad lo que has dicho o te lo has inventado? ¿En qué otras ocasiones te has inventado una excusa por no hacer algo?
2. ¿Qué ha decidido hacer Ud. para que (*so that*) este año sea estupendo? ¿Tomó algunas resoluciones para este año? ¿Ha cumplido algunas de ellas? ¿Cuáles? ¿Ha resuelto algún problema importante? ¿Cuál fue? ¿Qué ha hecho para resolverlo?
3. ¿Ya has escogido una carrera? ¿Te ha dado consejos tu familia al respecto? ¿tus profesores? ¿Quién te ha ayudado más a tomar la decisión? ¿Por qué has decidido seguir esa carrera? ¿Has considerado las posibilidades de trabajo en el futuro? ¿Has pensado en el sueldo? ¿Qué clases has tomado para prepararte para tu futura carrera? En tu opinión, ¿es necesario que los estudios universitarios lo preparen a uno para una profesión? Explica.

C. ¡Necesito compañero! Una persona busca trabajo como periodista para el periódico universitario. Con un compañero, preparen una lista de preguntas para entrevistarle. Usen las actividades a continuación como guía, y agreguen (*add*) por lo menos tres preguntas más. Traten de usar el presente perfecto cuando el contexto lo permita.

estudiar

tener experiencia

dejar el puesto anterior

trabajar

ganar en el puesto anterior

escribir

Cuando hayan completado su lista de preguntas, úsenla para entrevistar a otro compañero de clase.

D. 🌞 **Sondeo**   Muchas personas creen que la conducta de los estudiantes es bastante uniforme—es decir, que todos hacen (y no hacen) más o menos lo mismo. Siguiendo los pasos que se han establecido en los capítulos anteriores, hagan un sondeo de la clase para investigar esto. Las preguntas y respuestas deben hacerse utilizando **el presente perfecto** de los verbos indicados. Al hacer sus entrevistas, deben anotar el sexo de cada entrevistado:
V = varón (hombre), M = mujer.

Grupo 1

Alguna vez, siendo estudiante aquí...

	ENTREVISTADOS					
	V	M	V	M	V	M
1. ¿...*trasnochar* (*to pull an all nighter*)?	___		___		___	
2. ¿...*dormirse* en una clase?	___		___		___	
3. ¿...*escribir* un trabajo de más de 20 páginas?	___		___		___	
4. ¿...*participar* en una actividad intelectual fuera de clase?	___		___		___	

Grupo 2

Alguna vez, siendo estudiante aquí...

	V	M	V	M	V	M
5. ¿...*emborrarcharse y perder* las clases al día siguiente?	___		___		___	
6. ¿...*gastar* una broma pesada (*practical joke*)?	___		___		___	
7. ¿...*participar* en una actividad política o activista?	___		___		___	
8. ¿...*hacer* algo que NUNCA habrías (*would have*) hecho en casa de tus padres?	___		___		___	

Grupo 3

Alguna vez, siendo estudiante aquí...

	V	M	V	M	V	M
9. ¿...*ir* de compras para escaparte de los estudios?	___		___		___	
10. ¿...*enamorarse*?	___		___		___	
11. ¿...*pasar* toda la noche aconsejando/escuchando a un amigo (una amiga) que tenía problemas?	___		___		___	
12. ¿...*asistir* a un evento deportivo?	___		___		___	

¿Qué revelan los resultados? ¿Es verdad que la experiencia de ser estudiante es bastante homogénea? ¿Han notado algunas diferencias entre la experiencia femenina y la masculina? Comenten.

Estrategias para la comunicación

¿Ud. quiere decir que... ? *Double-checking comprehension*

Communication sometimes breaks down because the ideas being discussed are complex and lend themselves to more than one possible interpretation. In addition to asking for more information, you can check your understanding in other ways, such as those that follow.

Paraphrase what the other person has said, and ask whether that is what he or she meant: **¿Quiere Ud. decir que... ?** Paraphrasing lets the person you are talking with know exactly what you have understood.

If you understand the words but not the message, you can indicate this by asking: **¿Qué quiere Ud. decir con eso?** In this way, you make sure that the other person knows that what you need is an explanation, not a repetition.

You can also ask for an example of the point or idea that you don't fully understand: **¿Podría Ud. darme un ejemplo de eso?** or **¿Como qué, por ejemplo?** This is an excellent strategy to use in reverse as well: when you aren't sure how to express something, try to give an example of what you mean.

A. You have heard the following statements. Paraphrase each of them to express what you think is the main idea.

1. El aprendizaje de una segunda lengua debe ser obligatorio en todas las escuelas de este país.
2. Manifestar los sentimientos es propio de (*most appropriate for*) mujeres.
3. La tecnología tiene como resultado la pérdida (*loss*) o la corrupción de los valores humanos. Sólo tenemos que hablar con un científico para saber esto.
4. La actividad criminal es producto de la sociedad, no del individuo.

B. ¡Necesito compañero! With a classmate, discuss briefly the following topics in Spanish. Try to communicate clearly and understand fully what the other person is saying. Then write a brief summary in Spanish of your partner's views.

1. No se debe permitir que las chicas jueguen al fútbol americano.
2. Cuando los padres se divorcian, los hijos deben vivir con la madre.
3. Todavía existe mucho sexismo en los Estados Unidos: todavía no hemos elegido a una mujer como presidente o vicepresidente del país.
4. El hombre ha sufrido a causa de la lucha de la mujer por la igualdad de derechos.
5. No creo que el ama de casa tenga que ser abnegada para asegurar el bienestar de la familia.

29. PRESENT PERFECT SUBJUNCTIVE

There are only two forms of the perfect subjunctive: the present perfect and the pluperfect (past perfect). The pluperfect subjunctive is presented in Section 50. The present perfect subjunctive is formed with the present subjunctive of **haber** plus the past participle.

EL PRESENTE DEL SUBJUNTIVO DE **haber**	+ PARTICIPIO PASADO		
	-ar	**-er**	**-ir**
haya	hablado	comido	vivido
hayas	trabajado	podido	admitido
haya	cambiado	tenido	asistido
hayamos	educado	aprendido	venido
hayáis	ganado	comprendido	salido
hayan	escuchado	vendido	seguido

The cues for the choice of the perfect forms of the subjunctive versus the perfect forms of the indicative are the same as for the simple forms of the subjunctive; the difference is only in the time reference. The present subjunctive always refers to an action that occurs at the same time or at a future time with respect to the main verb; the present perfect subjunctive refers to an action that has occurred before the main verb.*

— CUE —	EL PRESENTE ——— (PRESENT, FUTURE) ———	EL PRESENTE ——— PERFECTO (PAST) ———
la duda	No puedo creer que el padre **gane** la custodia. *I can't believe that the father is winning (will win) custody.*	No puedo creer que el padre **haya ganado** la custodia. *I can't believe that the father has won custody.*
	Dudo que **sean** buenos padres. *I doubt that they are (will be) good parents.*	Dudo que **hayan sido** buenos padres. *I doubt that they have been good parents.*

---

*Expressions of will or persuasion almost always imply that the subordinate action will occur some time in the future. For this reason, the use of the present perfect subjunctive, which expresses a completed action, is infrequent after these constructions.

—— CUE ——	EL PRESENTE —— (PRESENT, FUTURE) ——	EL PRESENTE —— PERFECTO (PAST) ——
la emoción	Es una lástima que muchos jovenes no **tengan** metas más altas. *It is a shame that many young people do not (will not) have higher goals.* Me pone furioso que no nos **ayude**. *It makes me furious that she does not (will not) help us.*	Es una lástima que no **haya tenido** metas más altas. *It is a shame that you have not had higher goals.* Me pone furioso que no nos **haya ayudado**. *It makes me furious that she has not helped us.*

PRACTICA

A. Dé oraciones nuevas según las palabras que aparecen entre paréntesis. La sociedad actual es menos sexista que antes, pero...

1. es triste que (*nosotros*) no *hayamos* hecho más cambios. (los negocios, tú, el gobierno, yo, vosotros)
2. dudo que la sociedad haya *combatido el sexismo*. (eliminar los estereotipos, ver el último de los cambios, resolver todos los problemas, acabar con la discriminación, comprender las dimensiones del problema)
3. *es bueno* que el gobierno haya escrito nuevas leyes (*laws*). (no creo, es verdad, me gusta, pensamos, es importante)

B. Complete las siguientes oraciones con la forma correcta del presente perfecto—del indicativo o del subjuntivo, según el contexto—del verbo en *letras cursivas*.

1. Es necesario que en el futuro *eviten* el sexismo en los cuentos infantiles; no creo que lo _____ en el pasado.
2. Es importante que en el futuro *eduquen* a los niños sin estereotipos; es triste que no los _____ así en el pasado.
3. No quiero que *exista* discriminación en el futuro aunque todos sabemos que _____ en el pasado.
4. Es bueno que ahora los hombres *estén* más liberados emocionalmente; dudo que lo _____ en el pasado.

Siga completando las oraciones; puede usar el mismo verbo u otro que tenga sentido dentro del contexto.

5. Es necesario que las mujeres aprendan a ser más independientes; es una lástima que en el pasado...
6. Es importante que entendamos ahora los efectos del sexismo; (no) creo que en el pasado...

7. Es interesante que muchas mujeres no acepten el feminismo; (no) creo que en el pasado...

8. Es fundamental que las niñas y los niños tengan buenos modelos a quienes imitar; (no) creo que en el pasado...

C. Guiones ¿Qué han hecho? En grupos de dos o tres describan los siguientes dibujos con una forma apropiada del presente perfecto del indicativo o del subjuntivo. En su descripción, identifiquen a cada persona, describan la situación o el contexto general y especulen sobre lo que le(s) va a pasar después. Recuerden usar las estrategias para la comunicación.

VOCABULARIO UTIL: atrapar (*to catch*), la pelota, el cristal, la cuenta, el carnicero, dejar plantada (*to stand someone up*), la cocina, el suelo, fregar (*to scrub*)

MODELO:

→ Lisa es una estudiante universitaria que está en su cuarto. Está muy contenta de que haya terminado por fin un trabajo para su clase de inglés. Ahora es probable que salga a tomar una cerveza.

1.

2.

3.

4.

5a.

5b.

D. ¡**Necesito compañero!** ¿Se acuerda Ud. del cuento «La bella durmiente»? Imagine que Ud. acaba de despertarse después de haber dormido durante 10 años consecutivos. Ha habido cambios de diferentes tipos, algunos de los cuales le gustan y otros no. Con un compañero de clase, hagan una lista de *dos* maneras que reflejen cómo han cambiado durante este tiempo *cuatro* de los siguientes temas. Luego, expresen su opinión acerca de cada cambio. Cuidado con el uso del subjuntivo.

> MODELO: la energía → El precio de la gasolina ha bajado un poquito.
> Me alegra mucho que haya bajado.

1. el estilo de ropa o la música   2. los automóviles   3. la política   4. la educación secundaria   5. el cine o la televisión   6. la liberación femenina   7. la situación del hombre y de la mujer

30. USES OF THE SUBJUNCTIVE: ADJECTIVE CLAUSES

A clause that describes a preceding noun is called an *adjective clause.*

> La informática es una carrera   *Computer science is a career that*
> **que paga buenos sueldos**.   *pays good salaries.*

Here **que paga buenos sueldos** is an adjective clause that modifies (describes) the noun **carrera**. Adjective clauses are generally introduced by **que**, or, when the adjective clause modifies a place, by **donde**.

> Busco una librería **que** venda   *I'm looking for a bookstore that*
> literatura feminista.   *sells feminist literature.*
> Busco una librería **donde** ven-   *I'm looking for a bookstore where*
> dan literatura feminista.   *they sell feminist literature.*

There are two general rules determining whether to use the subjunctive or indicative with adjective clauses.

1. When an adjective clause describes something about which the speaker has knowledge, the indicative is used.

> Me interesa la carrera que **paga**   *I'm interested in the career that*
> buenos sueldos.   *pays good salaries.*

This sentence indicates that the speaker knows of a career that pays good salaries—it is part of the speaker's objective reality.

2. When an adjective clause describes something with which the speaker has had no previous experience, or something that may not exist at all, the subjunctive is used.

> Me interesa una carrera que   *I'm interested in a career that*
> **pague** buenos sueldos.   *pays good salaries.*

This sentence indicates that the speaker is interested in a career—any career—that pays good salaries; such a career is part of the unknown.

Note the contrast between the indicative and the subjunctive in these sentences.

Necesito **el libro que trata** el problema de la sobrepoblación.	*I need the book* (a specific one) *that deals with the problem of overpopulation.*
Necesito **un libro que trate** el problema de la sobrepoblación.	*I need a book* (does it exist?) *that deals with the problem of over-population.*
Tengo **un libro que trata** el problema de la sobrepoblación.	*I have a book* (and therefore have direct knowledge of it) *that deals with the problem of overpopulation.*

It is the meaning of the main clause—and not the use of any particular word—that signals the choice of mood. Regardless of the way a particular sentence is phrased, *the subjunctive is used in the subordinate clause whenever the main clause indicates that the person or thing mentioned is outside the speaker's knowledge or experience.* Compare the following.

KNOWN OR EXPERIENCED REALITY: ———— INDICATIVE ————	UNKNOWN: ———— SUBJUNCTIVE ————
Busco a una mujer que **es** médica. *I'm looking for a woman who is a doctor.* (Speaker knows that this specific person exists.)	Busco una mujer que **sea** médica. *I'm looking for a woman who is a doctor.* (Speaker is not looking for any specific person; does not know if she exists.)
Hay alguien aquí que **sabe** cambiarle el pañal al niño. *There is* (exists) *someone here who knows how to change the child's diaper.*	¿Hay alguien aquí que **sepa** cambiarle el pañal al niño? *Is there anyone here who knows how to change the child's diaper?*
Conozco a una mujer que **quiere** ser química. *I know a woman* (she exists, is a specific person) *who wants to be a chemist.*	No conozco a nadie que **quiera** ser químico. *I don't know anyone who wants to be a chemist.* (There is no person within my experience that has this characteristic.)

Note that the use of the subjunctive in an adjective clause meets both of the necessary conditions for the use of the subjunctive in general. First, there is a subordinate clause in the structure of the sentence. Second, the meaning expressed in the subordinate clause concerns the speaker's unknown.

PRACTICA

A. Dé la forma correcta—presente del indicativo o presente del subjuntivo—de los infinitivos señalados según el contexto. Luego, indique si Ud. está de acuerdo o no con la oración.

1. Hay muchos niños que (*jugar*) con muñecas.   2. La CIA busca personas que (*saber*) hablar ruso.   3. No hay mujeres que (*manejar*) camiones.   4. Hay más mujeres que hombres que (*ser*) abnegadas con su familia.   5. Más científicos deben buscar una medicina que (*curar*) el cáncer.   6. No hay ningún cuento infantil que (*tener*) una heroína fuerte e independiente.   7. No hay nadie en la clase que (*estudiar*) tanto como yo.   8. Los estudiantes siempre buscan profesores que (*dar*) buenas notas y (*enseñar*) de una manera intersante.

B. Complete las siguientes oraciones con la forma correcta del subjuntivo del verbo indicado. Luego, ponga las oraciones en el orden que mejor represente la importancia que cada una tiene para Ud.

Quiero vivir en una sociedad que...

_____ no (*permitir*) ningún tipo de discriminación.
_____ (*dar*) trabajo a todos los que quieren trabajar.
_____ (*ofrecer*) seguridad económica a los que no pueden trabajar.
_____ (*estar*) libre del crimen y de la violencia.
_____ (*haber*) eliminado la pobreza.
_____ (*proteger*) la libertad individual de todos sus miembros.

C. Para tener una juventud contenta y estable, un niño necesita cierta estabilidad. Describa lo que hay que darle para que tenga una juventud sin problemas.

MODELO: un padre → El niño necesita un padre que pase tiempo con él.

1. una madre   2. unos hermanos   3. unos amigos   4. una vecindad (*neighborhood*)   5. unos maestros   6. un dormitorio (*bedroom*)

D. 🌅 **¡Necesito compañero!**   Con un compañero de clase, hagan y contesten preguntas para averiguar la siguiente información. Cuidado con el uso del subjuntivo o del indicativo, y elaboren cada respuesta con más información. Luego, compartan lo que han aprendido con el resto de la clase.

¿Conoces a alguien que... ?

1. (*haber*) tenido una A en todas sus clases el semestre pasado
2. nunca (*ponerse*) furioso
3. (*saber*) hablar más de dos lenguas
4. (*haber*) dejado de fumar
5. nunca (*haber*) tomado una bebida alcohólica
6. (*estudiar*) español *todas* las noches
7. (*ir*) a cambiar la historia del mundo (un poquito)
8. (*tener*) mucho talento artístico
9. nunca les (*haber*) pedido ayuda económica a sus padres
10. (*haber*) visitado la China

E. Describa las situaciones que se presentan en los dibujos a continuación. En su descripción, trate de identificar brevemente a los individuos, explique lo que necesitan o lo que buscan y explique por qué.

1. hacer una caminata (*to hike*) / haber perdido el camino / buscar abrigo (*shelter*) / poder descansar / el perro / traerles alcohol / el mapa / indicarles la ruta
2. el motor / haberse descompuesto / la grúa (*tow truck*) / llevar el coche / el garaje / estar cerca / el mecánico / saber reparar coches importados
3. una pareja profesional / demasiado trabajo / la criada / llevarse bien con los niños / venir a la casa / ayudar con los quehaceres domésticos / ser responsable / no pedir mucho dinero
4. la tienda de juguetes / buscar juguetes / no reforzar estereotipos / no enseñar la violencia / estimular la creatividad / servir para niños y niñas

1. 2. 3. 4.

F. Situaciones y preguntas. ¡OJO! Hay también usos del subjuntivo ya estudiados en los capítulos anteriores.

1. ¿Busca Ud. profesores que sean aburridos y poco exigentes? ¿Prefiere Ud. que sus profesores sean interesantes? ¿Busca un esposo (una esposa) que sea rico/a? ¿Por qué sí o por qué no? ¿Prefiere Ud. que sus hijos sean listos u obedientes? ¿Prefiere que ganen mucho algún día o que lleven una vida más simple?
2. ¿Qué tipo de automóvil prefieres? ¿uno que sea cómodo y gaste mucha gasolina? ¿uno que sea algo incómodo pero pequeño y económico? ¿Qué tipo de casa quieres tener algún día? ¿una casa que tenga jardín? ¿piscina (*pool*)? ¿mucho césped (*lawn*)? ¿dos pisos (*floors*)? Explica. ¿Qué otras características quieres que tenga tu casa?
3. ¿Qué tipo de novio/a buscas? ¿alguien que sea inteligente? ¿que sea rico/a? ¿que sea de tu misma religión? ¿que sea del mismo grupo étnico? ¿que sea guapo/a? ¿que piense en el matrimonio? ¿que quiera tener una familia algún día? ¿que sea una persona liberada? De todas estas cualidades, ¿cuál te parece la más importante? ¿la menos importante? ¿Por qué?

G. ☼ **¡Necesito compañero!**   Mire los anuncios de esta página. Con un compañero de clase, comenten el «mensaje» de los anuncios tanto como la estrategia que se ha empleado para comunicarlo. Las siguientes preguntas pueden servir como punto de partida. Luego, compartan sus opiniones con el resto de la clase. ¿Hay mucha diferencia de opiniones?

La cirugía estética crea cuerpos intachables que pueden modificarse hasta el infinito.

1. ¿A quiénes se dirige el anuncio en cada caso? ¿a los hombres, a las mujeres, o a los dos? ¿A quiénes quieren vender sus productos o servicios? ¿Qué mantiene el anuncio con respecto a los beneficios de la cirugía estética (lea las palabras con cuidado)? ¿Es realista lo que promete? ¿Es deseable?
2. En su opinión, ¿es la cirugía estética igualmente importante o frecuente entre los dos sexos? ¿Qué diferencias ha notado? ¿Cómo explica esto?
3. ¿Cuál es la diferencia entre la cirugía plástica y la cirugía estética? ¿Conoces a alguien que voluntariamente haya tenido una operación de cirugía estética? ¿Le ha ayudado el cambio?
4. Algunos creen que la cirugía estética es simplemente una forma más de la búsqueda de la perfección. Otros dicen que es una práctica basada en el sexismo. ¿Qué piensa Ud.?

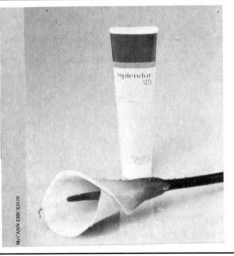

NOTICIAS Y CARICIAS QUE CAMBIARAN LA APARIENCIA DE SU CUERPO

Nueva Crema Reductora Splendor 25

Todas nosotras siempre tenemos unos centímetros de más. Especialmente después de los 25. Pero como nunca es tarde para hacerse un bien, le presentamos una extraordinaria noticia. La nueva Crema Reductora Splendor 25 y su uso constante ayudarán a eliminar esos centímetros que sobran. Pero esto no es todo. Su contenido de extracto de hiedra previene la formación de celulitis. Usted lo sabe. Splendor 25 se preocupa por la belleza de su cuerpo.

McCANN-ERICKSON

H.  **Improvisaciones.**   Hay algunos que creen que el énfasis que se pone en la belleza física en muchos anuncios es sexista... pero hay otros que no están de acuerdo con esa opinión.

En las oficinas centrales de la revista que publicó los anuncios de la página 185, los directores han recibido tantas cartas denunciando esta práctica que han decidido tener una renunión con varias personas que han protestado. En grupos de cuatro, improvisen un escenario entre los directores y los que protestan.

¿Qué razones tendrán los dos grupos para justificarse? ¡Recuerden usar las estrategias para la comunicación!

¡Ojo!

cuestión—pregunta

Question in the sense of *matter, subject,* or *topic of discussion* is expressed by the Spanish **cuestión**. The word **pregunta** refers to a *question* or *interrogation*. *To ask a question* is expressed in two ways in Spanish: **hacer una pregunta, preguntar.**

Es una **cuestión** de gran importancia.	*It's a question of great importance.*
Ese niño **hace** muchas **preguntas** difíciles.	*That child asks a lot of difficult questions.*
La niña **preguntó** mucho sobre su abuela.	*The girl asked a lot of questions about her grandmother.*

soportar—mantener—apoyar

To support in a physical sense—as walls support roofs—is expressed by **soportar**. **Mantener** means *to support financially,* or *to sustain or maintain* emotionally or physically. **Soportar** can also mean *to tolerate* or *to put up with*. **Apoyar** means *to support* in the sense of *to back* or *to favor.*

Las columnas **soportan** el techo.	*The columns support the roof.*
Mi tío rico **mantiene** a toda la familia.	*My rich uncle supports the whole family.*
No puedo **soportar** su actitud.	*I can't stand her attitude.*
Lo **apoyo** en la actual campaña política.	*I'm supporting him in the current political campaign.*

dejar de – impedir – detener(se)

Each of these expressions means *to stop*. **Dejar de** + *infinitive* means *to stop doing something*. When used negatively, it means *to fail to* or *to miss doing something*. **Impedir** means *to get in the way*, or *to hinder, prevent, or stop someone from doing something*. With this meaning, **impedir** is often followed by the subjunctive. **Detener** means *to stop or detain* in the sense of *to slow down or hold up progress* and also in the sense of *to arrest*. In its reflexive form, **detenerse**, it means *to stop moving, to pause*.

Dejé de escribir cartas porque mis amigos no me respondían.	*I stopped writing letters because my friends didn't answer.*
No **dejes de visitar** las ruinas mayas.	*Don't fail to visit the Mayan ruins.*
¿Les **impidió** el paso la nieve? —Sí, nos **detuvo** por más de una hora.	*Did the snow stop you (get in your way)? —Yes, it detained us for more than an hour.*
Le van a **impedir** que se vaya.	*They are going to stop him from leaving.*
Detuvieron a los sospechosos en la frontera.	*They stopped (to question or to arrest) the suspects at the border.*

PRACTICA

A. Dé la palabra española que se corresponde mejor con las palabras en *letras cursivas*.

1. Mary *stopped* driving after the accident.
2. Three legs *supported* the table in a precarious fashion.
3. When they heard my voice, they *stopped* immediately.
4. It's a *question* of man's inhumanity to man.
5. Traditional attitudes *have stopped* many people from doing what they really want to do.
6. Does that answer your *question*?
7. Don't *fail* to see the documentary on childrearing.
8. I have a few *questions* to ask you later on.
9. I can't *stand* that class.
10. The Republican Party *supported* his candidacy with money and publicity.
11. Known smugglers are frequently *stopped* at customs.
12. They all *supported* me when I complained to the dean.
13. I think this fence will *stop* the dog from getting out. Now, if only he would *stop* barking.
14. My parents *supported* me while I finished my studies.

B.   Escriba una oración original e interesante para cada palabra de la lista a continuación. ¿Puede Ud. usar dos o más palabras en la misma oración? ¡OJO! Hay también palabras de los capítulos anteriores.

1. la cuestión
2. soportar
3. dejar de
4. tener éxito
5. mantener
6. hacerse

7. cuidar
8. detener
9. la pregunta
10. funcionar
11. lastimar
12. unido

 # Repaso

A.   Lea el siguiente párrafo y decida si los verbos en indican el medio de la acción o no. Luego dé la forma correcta del verbo entre paréntesis, usando *el imperfecto* o *el pretérito*.

La historia de un ex novio (Parte 2*)

I looked up (**levantar la cabeza**[1]) and saw (**ver**[2]) Hector running toward me. His face was (**estar**[3]) red and angry, but I wasn't thinking about that (**pensar en eso**[4]). I knew (**saber**[5]) that I could (**poder**[6]) outrun him. "Take that, you rat!" I yelled (**gritar**[7]), and took off (**salir corriendo**[8]) down the street in the opposite direction. "I guess I showed him!" I was thinking (**pensar**[9]) when I arrived home (**llegar a casa**[10]). When I opened (**abrir**[11]) the door, my mother was coming out (**salir**[12]) of the kitchen. "Where have you been?" she asked me (**preguntarme**[13]). "Oh, down by Jane's house," I answered (**responder**[14]) casually. "She's the new girl at school." My mother smiled (**sonreír**[15]) and then explained (**explicar**[16]) that Jane's family was coming (**venir**[17]) to our house for dinner that evening and that she was happy (**gustarle**[18]) that Jane and I were already friends. I tried (**querer**[19]) to think of an excuse to get me out of dinner: I had (**tener**[20]) an exam, I said (**decir**[21]), and needed (**necesitar**[22]) to study. But my mother already knew (**conocer**[23]) that one, so it couldn't (**poder**[24]) convince her. Finally, I told her (**decirle**[25]) that Jane and I were (**ser**[26]) not exactly the best of friends. "What were you doing (**hacer**[27]) down by her house this afternoon, then?" she wanted (**querer**[28]) to know. "We were agreeing (**ponernos de acuerdo**[29]) to be enemies." My mother looked at me (**mirarme**[30]) strangely. "Perhaps this evening could be the turning point, then," she suggested (**sugerir**[31]), and returned (**volver**[32]) to the kitchen. "But, Mom . . . !" I sputtered (**balbucear**[33]). It was no use (**no haber remedio**[34]). I would have to go through with it. I sat down (**sentarme**[35]) to figure out my strategy for the evening.

_____

*The first part of this story is in Chapter 3, on page 99.

B.  **Guiones**   En grupos de tres o cuatro personas, narren en el tiempo presente lo que pasa en la siguiente serie de dibujos. ¡Recuerden usar las estrategias para la comunicación! En su narración, incluyan información sobre.

LOS PERSONAJES: ¿Quiénes son? ¿Cómo son?

LA ACCION: ¿Qué pasa? ¿Qué quiere el uno que el otro haga? ¿Por qué? ¿Qué le ha pasado?

EL DILEMA: ¿Qué descubre el hombre? ¿Cómo se lo explica a la mujer? ¿Cuál es la reacción de ella? ¿Duda que... ? ¿Se pone furiosa que... ?

LA RESOLUCION: Invente Ud. el final del cuento: ¿Qué va a pasar luego? ¿Le va a pedir la mujer al hombre que haga algo? ¿Qué le va a pedir el hombre a la mujer?

VOCABULARIO UTIL: la mecánica (*mechanic*), una llanta (que está) desinflada (*flat tire*), el camión (*truck*)

1.

2.

3.

4.

CAPITULO SIETE

Ciudad de México, México

El mundo de los negocios

En todo el mundo, durante las últimas dos décadas ha habido una tendencia hacia la creación de la tienda general (el almacén) donde se pueden comprar varias cosas en el mismo lugar. En España existen las Galerías Preciados y El Corte Inglés, en los EEUU, Macy's y Bloomingdale's. La meta de estas tiendas es ofrecer al comprador una gran variedad de mercaderías a precios asequibles (*affordable*). ¿Qué otras ventajas tiene una tienda grande? ¿Tiene desventajas? En su opinión, ¿cuáles son las ventajas y desventajas de las pequeñas tiendas especializadas? Para comprar los artículos que aparecen a continuación, ¿prefiere Ud. ir a un almacén o a una tienda especializada? ¿Por qué?

la ropa	los productos de	los zapatos
las joyas	limpieza	los juguetes
los discos	el champú y otros	una grabadora de
una cámara	cosméticos	vídeo
fotográfica		

¿Dónde prefiere Ud. tener su cuenta bancaria, en un banco grande o en uno pequeño? ¿Dónde le gusta comprar la comida, en un supermercado o en una tienda especializada? ¿Por qué?

Vocabulario para conversar

las acciones stock
  el accionista stockholder
el anuncio advertisement
los archivos files
la bancarrota bankruptcy
  estar en bancarrota to be bankrupt
  ir a la bancarrota to go bankrupt
la Bolsa stock market
la cafetera coffeepot
la compañía company
la computadora (Hispanoamérica),
  el ordenador (España) computer
el corredor de Bolsa stockbroker
declararse en huelga to strike
  la huelga strike
el despacho office (*specific room*)
el empleado employee
la empresa corporation
escribir a máquina to type
exportar to export
  la exportación export

las ganancias earnings, profits
la gerencia management
  el gerente manager, director
el hombre, la mujer de negocios businessman/woman
importar to import
  la importación import
imprimir to print
  la impresora printer
invertir (ie, i) to invest
  las inversiones investments
la libre empresa free enterprise
la marca brand (name)
la oficina office (*general term*)
las pérdidas losses
prestar to lend
  pedir prestado to borrow
  el préstamo loan
el secretario secretary
el sindicato labor union
el socio partner, associate

 EL DINERO

ahorrar to save
el almacén department store
cobrar to charge (*someone for something*)
  cobrar un cheque to cash a check
la cuenta account; bill
  la cuenta corriente checking account
  la cuenta de ahorros savings account

gastar to spend
  los gastos expenses
el mercado market
pagar a plazos to pay in installments
pagar en efectivo to pay in cash
la tarjeta de crédito credit card
la tienda* store

Practiquemos

A. Complete las siguientes oraciones con la palabra apropiada de la lista del vocabulario.

1. Un accionista es una persona que _____ dinero en una empresa.
2. Un _____ trabaja para mejorar las condiciones del empleado.
3. Las _____ representan el dinero que recibe el accionista como resultado de sus inversiones en la Bolsa.
4. Durante la Gran Depresión muchos individuos y bancos también _____ .

---

*The names of smaller specialty shops are frequently based on the item or article sold: una ***pana-dería***, *bakery;* una ***carnicería***, *butcher shop;* una ***zapatería***, *shoe store,* and so on.

5. Para ganar dinero en el extranjero (*abroad*), las empresas _____ sus productos en el mercado internacional.
6. En muchas oficinas, los empleados se reúnen cerca de _____ antes de empezar a trabajar.
7. La _____ es un sistema de negocios en cuyo funcionamiento el gobierno no interviene.
8. Muchas personas piden un _____ para comprar un carro nuevo.

B. ¿En qué condiciones haría (*would do*) una persona cada una de las siguientes acciones?

1. declararse en huelga
2. utilizar una tarjeta de crédito
3. importar un producto
4. imprimir algo en una computadora
5. escribir algo a máquina
6. pedir algo prestado
7. cobrar un cheque
8. pagar en efectivo

C. ¿Qué palabra no pertenece al grupo? Explique por qué.

1. la gerencia, el empleado, la secretaria, el sindicato
2. gastar, cobrar, prestar, comprar
3. los gastos, la bancarrota, la huelga, las pérdidas
4. el accionista, el sindicato, las inversiones, el corredor de Bolsa
5. la marca, ahorrar, las ganancias, invertir
6. escribir a máquina, los archivos, las acciones, la oficina

D. Explique la diferencia entre cada grupo de palabras.

1. pagar en efectivo / pagar a plazos
2. tomar / pedir prestado
3. la empresa / la compañía
4. la cuenta de ahorros / la cuenta corriente
5. la tienda / el almacén / el mercado

Conversemos

A. En el dibujo se ven actividades de los empleados de la compañía Dineral, S.A.* un viernes por la tarde. ¿Quién es el gerente? ¿Por qué lo cree Ud.? ¿Con quién habla? En su opinión, ¿es un buen gerente o no? ¿Por qué tiene esa impresión? ¿Qué indica el cartel (*poster*) que está en la pared de su despacho?

B. ¿Qué hacen Pedro y Carmen? A las 4:45 de la tarde, ¿es posible que tomen café? Si Ud. contesta que no, ¿por qué cree Ud. que están cerca de la cafetera? ¿Qué hacen allí? ¿De qué cree Ud. que hablan? ¿Qué hace Arturo? ¿Qué quiere?

---

*The initials **S.A.** stand for **Sociedad Anónima**, the Spanish equivalent of *Inc.*

C. ¿Cómo es Lola? ¿Qué hace ella? En su opinión, ¿es una secretaria modelo? ¿Por qué piensa Ud. eso? ¿Qué hace Isabel? ¿Qué le trae Jorge? ¿Qué quiere él que haga Isabel? ¿Cómo se va a poner ella al ver los archivos? ¿Por qué piensa Ud. eso?

D. ¿Por qué no trabaja Ramón? En su opinión, ¿qué tipo de persona es Ramón *fuera de* la oficina? ¿Es el mismo tipo de persona *dentro de* la oficina?

E. Según sus impresiones de la compañía Dineral, S.A. y sus empleados, comente las siguientes afirmaciones usando una de las expresiones a continuación. Cuidado con el contraste entre el subjuntivo y el indicativo, igual que el contraste entre el presente y el presente perfecto del subjuntivo.

Dudo...   Es posible...   Creo...

1. Lola recibe un salario muy alto.
2. Ramón trabaja sobretiempo esta noche.
3. Jorge quiere ser socio de la empresa algún día.
4. La compañía Dineral, S.A. ha ganado mucho dinero todos los años.
5. El señor Panzón ha dado aumentos (*raises*) a todos sus empleados todos los años.
6. Isabel va a trabajar el sábado.
7. Arturo y Carmen son novios.
8. A Pedro y a Carmen les gusta el café.
9. Pedro y Carmen beben mucho café durante el día.

F. Es posible que Ud. no sepa estas palabras en español. Si necesita expresarlas y no tiene a mano un diccionario, ¿cómo puede hacerse entender?

1. *swivel chair*   2. *wastebasket*   3. *photocopier*   4. *floppy disk*

 # Gramática

31. REVIEW OF PRETERITE TENSE

Since the forms of the past subjunctive (Section 33 of this chapter) are based on the third person plural of the preterite, the past subjunctive will be easier to learn if you first review the irregularities found in that preterite form.

Remember that preterite forms fall into four main groups (Section 16):

A. verbs that are regular in the preterite
B. **-ir** stem-changing verbs
C. verbs with both irregular preterite stems and irregular endings
D. the verbs **dar**, **ir**, and **ser**

Irregularities in the third person plural of the preterite occur only in groups B, C, and D.

A. Verbs that are regular in the preterite

This group includes most verbs, including **-ar** and **-er** stem-changing verbs. Can you complete the conjugations of these verbs?

trabajar: trabajé...   **vender:** vendí...   **imprimir:** imprimí...
almorzar: almorcé...   **devolver:** devolví...

B. *-ir* stem-changing verbs

These verbs show the following stem changes in the present: **e → ie, o → ue**, and **e → i**. In the preterite, there is a slightly different change, in the third person singular and plural forms only: **e → i, o → u**, and **e → i**. After reviewing this information, can you complete the preterite tense conjugation of these verbs?

e → i   **o → u**   **e → i**
preferir: preferí...   **dormir:** dormí...   **pedir:** pedí...

C. Verbs with irregular preterite stems and endings

All verbs in this group use the same preterite endings, but on stems different from their infinitive stems. **Poner** is an example of this type of verb.

poner: puse   pusimos
    pusiste   pusisteis
    puso   pusieron

Can you give the third person plural preterite form for these infinitives: **andar, decir, estar, hacer, poder, producir, querer, saber, tener, traer, venir**? If you do not know these forms well, review Section 16.

D. *Dar, ir,* and *ser*

The preterite of **dar** is formed with the endings of regular **-er/-ir** verbs, but without the accents. The preterite forms of **ir** and **ser** do not follow any of the above patterns. Can you complete the conjugations of these verbs?

dar: di...   **ir:** fui...   **ser:** fui...

RECUERDE UD.

You have seen how a *demonstrative adjective* + *noun* sequence can be replaced with a demonstrative pronoun in order to avoid unnecessary repetition.

> No quiero este puesto; quiero **ese puesto** → quiero **ése**.
> No me traiga esos archivos; tráigame **aquellos archivos** → tráigame **aquéllos**.

Possessive adjective + *noun* sequences can also be replaced by possessive pronouns. The form of the pronoun reflects the number and gender of the noun that is replaced.

| | POSSESSIVE PRONOUNS | | | |
| | SINGULAR | | PLURAL | |
	masculine	*feminine*	*masculine*	*feminine*
mine	el mío	la mía	los míos	las mías
yours	el tuyo	la tuya	los tuyos	las tuyas
his *hers* *yours*	el suyo	la suya	los suyos	las suyas
ours	el nuestro	la nuestra	los nuestros	las nuestras
yours	el vuestro	la vuestra	los vuestros	las vuestras
theirs *yours*	el suyo	la suya	los suyos	las suyas

PRACTICA

A. Entre las expresiones de la lista de la derecha escoja la que completa lógicamente cada una de las siguientes oraciones. Conjugue los infinitivos en **el pretérito**. En algunos casos, hay más de una manera de completar la oración.

MODELO: ¿Cómo sabes que...
...el informe (*report*) está listo? →
Lo sé porque la secretaria ya lo **imprimió en la computadora**.

¿Cómo sabes que...

1. ...los empleados no vienen a trabajar hoy?
2. ...los Rodríguez necesitan dinero?
3. ...Juan tiene una tarjeta de crédito?
4. ...la gerencia de la compañía no es muy buena?
5. ...esas inversiones no son sólidas?

ahorrar mucho dinero
decírmelo el corredor de Bolsa
declararse en huelga
escribirlo a máquina
(no) ir de compras
(no) ir a la bancarrota
(no) pagar en efectivo
(no) pedir un préstamo al banco

B. ¿Qué hizo Ud.? ¿Qué hicieron los otros? Conteste la pregunta según las indicaciones y explique también lo que hicieron los demás.

> MODELO: ¿Qué coche compró? → yo,   tú,   los Sres. Dólares,
>   Honda   Escort   Cadillac
> Yo compré un Honda. Tú compraste un Escort. Los Sres. Dólares compraron un Cadillac. Mi coche es pequeño y económico. El tuyo lo es también, pero el suyo es muy grande y no es muy económico. Gasta mucha gasolina.

PERSONAS: yo, tú, los señores Dólares

1. ¿Qué novela leyó?	*Salem's Lot*	*The Godfather*	*Das Kapital*
2. ¿Qué acciones compró?	Nestlé	Chrysler	IBM
3. ¿Qué tarjeta de crédito usó?	Amoco	Visa	American Express
4. ¿Qué restaurante recomendó?	Wendy's	McDonald's	La Tour d'Argent
5. ¿Qué vino pidió?	Gallo	el vino de casa	un vino de Francia

C. Narre las siguientes secuencias en el pretérito, añadiendo otras palabras y haciendo los cambios necesarios. Use pronombres cuando sea posible para evitar la repetición innecesaria. (/ / = nueva oración o cláusula)

> MODELO: **accionistas** / invertir / dinero / empresa / / sacar / ganancias / grandes →
> Los accionistas invirtieron cantidades de dinero en la empresa. Por eso sacaron ganancias grandes.

1. **empleados** / declararse en huelga / / gerencia no hacerles caso / / pedir más trabajo a los empleados / / nunca dar aumentos a los empleados
2. **empresa** / gastar mucho dinero / / no obtener ganancias / / despedir / mucho / empleados / / perder mucho dinero / / pedir préstamos a los bancos / / no poder devolver el dinero prestado a los bancos / / ir a la bancarrota
3. **nosotros** / trabajar mucho / / recibir bueno / sueldos / / decidir ahorrar / todo / dinero / / poner / parte / dinero / cuenta de ahorros / / invertir / dinero / Bolsa
4. **tú** / ver anuncios para _____ / / ir al centro / / no querer pagar las compras en efectivo / / pagar las compras a plazos
5. **yo** / buscar trabajo / / escribir un buen curriculum vitae / / vestirse profesionalmente / / ir / varios / compañías / / pedir entrevistas / / llenar / mucho / solicitudes / / hablar / jefes / / impresionar / jefes / / empezar / trabajar / el lunes

D. ¿Qué era inevitable que hicieran las siguientes personas ayer? ¿Qué acciones eran sólo probables? Dé el nombre de una persona determinada en cada categoría. Por ejemplo: Sé que ayer Dan Rather presentó las noticias en la televisión; es probable que también haya hablado con varias personas por teléfono.

1. un artista de la televisión, del cine o del teatro   2. una persona muy rica
3. un político importante   4. un estudiante típico de esta universidad
5. una persona muy conocida de esta universidad   6. un deportista famoso
7. un pariente suyo

E. ¡**Necesito compañero!**   Trabajando con un compañero de clase, describan lo que pasó la última vez que cada uno hizo las siguientes actividades.

ir al cine	usar una tarjeta de crédito
dar una fiesta	recibir un regalo
comer algo realmente delicioso	hacer algo increíble

Para ayudarse a recordar las experiencias, utilicen esto como guía.

qué
dónde
cuándo
con quién — (actividad) — motivaciones / consecuencias

F. **Sondeo**   ¿Es significante el consumo de productos importados? Siguiendo los pasos que se han establecido en los capítulos anteriores, hagan un sondeo entre los miembros de la clase para saber sus hábitos y preferencias.

Grupo 1

¿Qué opinas de la compra de productos importados? Contesta según esta escala:

1 Estoy de acuerdo   3 No tengo opinión   5 No estoy de acuerdo

	ENTREVISTADOS		
	A	B	C
1. Es importante saber si un producto es importado o nacional antes de comprarlo.	___	___	___
2. Es antipatriótico comprar productos importados si existen productos norteamericanos semejantes.	___	___	___
3. El gobierno debe limitar la importación de productos que compiten con los productos nacionales.	___	___	___
4. En general, se compran productos importados porque son más baratos que los productos nacionales.	___	___	___

Grupo 2

¿Compras productos importados? En tu casa, ¿cuál(es) de los siguientes suele(n) ser importado(s)? Si el producto es importado, ¿de qué país viene?

ENTREVISTADOS

	A	B	C
5. el café	no sí, de _____	no sí, de _____	no sí, de _____
6. la cerveza	no sí, de _____	no sí, de _____	no sí, de _____
7. el vino	no sí, de _____	no sí, de _____	no sí, de _____
8. la ropa deportiva	no sí, de _____	no sí, de _____	no sí, de _____
9. los zapatos	no sí, de _____	no sí, de _____	no sí, de _____
10. la ropa de vestir	no sí, de _____	no sí, de _____	no sí, de _____

Grupo 3

¿Compras productos importados? En tu casa, ¿cuál(es) de los siguientes suele(n) ser importado(s)? Si el producto es importado, ¿de qué país viene?

ENTREVISTADOS

	A	B	C
11. la computadora	no sí, de _____	no sí, de _____	no sí, de _____
12. los libros	no sí, de _____	no sí, de _____	no sí, de _____
13. los discos	no sí, de _____	no sí, de _____	no sí, de _____
14. el radio	no sí, de _____	no sí, de _____	no sí, de _____
15. el coche	no sí, de _____	no sí, de _____	no sí, de _____
16. el televisor	no sí, de _____	no sí, de _____	no sí, de _____

¿Qué revelan los resultados? ¿Qué tipos de productos importados se compran más? ¿De qué países vienen los productos que se consumen más? En general, ¿tiene la clase una actitud positiva o negativa con respecto al consumo de productos extranjeros? ¿Pueden identificar algunos efectos negativos que ha tenido la importación de productos? ¿Se debe hacer algo para reducir la importación de ciertos productos? ¿Qué se puede hacer?

Estrategias para la comunicación

Luego... y después...   *How to narrate events*

The difference between a list of isolated events and a story can be seen in the manner in which the events are connected within the story. Isolated events can be told in random order; a story, however, has a chronology (sequence). When a sequence of events is narrated, the parts are linked together with words or expressions that define the chronology. Each event occurs in a given order in the sequence. For example:

> This morning I got up and took a shower. *Then* I ate breakfast. *Afterwards* I got dressed and, *before* leaving for school, I called my friend Jonathan.

The italicized words link the events, outlining the sequence for the listener.
Here are some frequently used words for recounting events in Spanish.

primero *first (in a list)*	luego *then, next, later*
al principio *at first*	en seguida *immediately (after)*
antes (de eso) *before (that)*	anteriormente *before, earlier*
al mismo tiempo *at the same time*	por último *last (in a list)*
después (de eso) *after (that)*	por fin *finally*
mientras (que) *while*	finalmente *finally*
entonces *then, at that same moment*	al final *at the end*

> Esta mañana me levanté y me bañé. **Luego** tomé el desayuno. **Después** me vestí y, **antes de** salir para la universidad, llamé a mi amigo Jonathan.

Remember that in narrating events, the preterite and imperfect are used according to context (see Section 18). A series of events completed in the past is generally narrated with the preterite. Two or more events that occur simultaneously in the past, as well as feelings, thoughts, and time expressions, are usually told in the imperfect. To describe an event completed in the past while another is ongoing, the preterite and the imperfect, respectively, are used.

SERIES OF COMPLETED EVENTS: Carlos **arrancó** el carro, **salió** de la estación de gasolina y se **fue** hacia el centro.
Carlos started up the car, left the gas station, and went off toward the downtown area.

SIMULTANEOUS EVENTS: Juanito **lloraba** y Emilita **gritaba**.
Juanito was crying and Emilita was screaming.

ONGOING ACTION INTERRUPTED BY ANOTHER EVENT: Jorge me **llamó** mientras (que) **comía** el almuerzo.
Jorge called me while I was eating lunch.

Try to use linking words in the following activities.

A.   You are a detective who wants to report the following events to a client. Use the infinitives in the order given. The parenthetical cues will help you decide which tense to use.

MODELO: el Sr. Gato: levantarse, vestirse, ir al cine (*series*) →
Primero el Sr. Gato se levantó. Luego se vistió y fue al cine.

1. la criada: visitar a su hermana, comprar leche, regresar a casa (*series*)
2. el niño, su hermano mayor: comer las galletas, mirar la televisión, lavar los platos (*simultaneous events*)
3. Miguel: hablar con un amigo, entrar su hermana, gritar «socorro» (*ongoing action interrupted by another event*)
4. el profesor, los estudiantes: enseñar la materia, practicar los ejercicios, sonar el timbre (*bell*) (*your choice*)
5. el ladrón (*thief*): estar en la cárcel (*jail*), hacer planes, salir de la cárcel, comprar una pistola, robar un banco (*your choice*)
6. el marido, la esposa: estar descontento, salir con otro, querer a otro, querer divorciarse, hablar con un abogado (*your choice*)

B.   **Guiones**   La siguiente secuencia de dibujos presenta—de manera *muy* esquemática—un día en la vida de Carmen Quintero y su esposo Andrés Pereda. En grupos de tres o cuatro personas, narren la historia en el pasado, usando el pretérito o el imperfecto según las circunstancias. Agreguen por lo menos 2 ó 3 detalles más (otras acciones o explicaciones) cuando hablen de lo que ocurre en cada dibujo.

32. REVIEW OF THE USES OF THE SUBJUNCTIVE

The functions of tense and mood are different. Remember that tense indicates when an event takes place—present, past, future—and that mood designates a particular way of perceiving an event (Section 21). Through choice of mood, the speaker indicates a specific perception of reality. In general, the indicative mood signals that the speaker perceives an event as fact (objective reality). In contrast, the subjunctive mood is used to describe the unknown (what is beyond the speaker's knowledge or experience).

Remember the *two conditions* that must be met for the subjunctive to be used: sentence structure and meaning.

A. Sentence structure

The subjunctive is used in sentences that contain a subordinate clause; the subject of the main clause is different from the embedded subject. The subjunctive is used in the subordinate clause.

SIMPLE SENTENCE: Nuestra compañía quiere dominar el mercado.
Our company wants to dominate the market.

SENTENCE PLUS   Yo quiero que nuestra compañía domine el
SUBORDINATE CLAUSE: mercado.
I want our company to dominate the market.

B. Meaning

Certain meanings cue the use of the subjunctive. Those that you have already studied are given below. For each, the verb in the subordinate clause is in the subjunctive when the subject of the main clause

1. tries to *persuade* or *influence* the behavior of the subject of the subordinate clause (Section 22)

Prefiero que hables primero con   *I prefer that you speak with the*
el sindicato.   *union first.*

2. expresses a *lack of knowledge or certainty* regarding the subject of the subordinate clause (Sections 26 and 30)

No creo que tengan despachos   *I don't think they have large*
grandes.   *offices.*
No hay nadie aquí que me preste   *There's no one here who will lend*
$20.   *me $20.*

3. expresses a *value judgment* or an *emotional reaction* to the reality indicated in the subordinate clause (Section 27)

Me alegro de que hayan termi-   *I am glad that they have ended*
nado la huelga.   *the strike.*

PRACTICA

A.   Dé la forma correcta del verbo, según el contexto. Luego explique brevemente por qué se ha usado el indicativo o el subjuntivo en cada caso.

1. Me sorprende que Emilia _____ comprado acciones de la compañía Dineral, S.A. (*haber*)
2. No estoy seguro/a que José _____ el nombre del negocio. (*recordar*)
3. Es verdad que se _____ muchos productos al extranjero. (*exportar*)
4. Busco el restaurante en el que Juan y yo _____ el sábado pasado. (*comer*)
5. Los socios quieren _____ allí también. (*comer*)
6. El señor recomienda que le _____ con las inversiones. (*ayudar, nosotros*)
7. Debemos buscar un puesto que _____ un salario mejor. (*ofrecer*)
8. Prefieres _____ a comer el domingo? (*venir*)

9. Sí, yo sé que Eloísa ____ venido a hablarme. (*haber*)
10. Es escandaloso que la gerencia ____ dinero de los accionistas. (*aceptar*)

B. Haga oraciones usando palabras de la lista de la derecha.

MODELO: tengo un(a) ____ que // quiero un(a) ____ que →
Tengo un despacho que me gusta. Pero quiero uno que tenga más espacio.

1. tengo un(a) ____ que // quiero un(a) ____ que
2. hay muchos/as ____ que // no hay ningún (ninguna) ____ que
3. es evidente que ____ // es preferible que ____
4. la compañía necesita un(a) ____ que // la compañía ya tiene un(a) ____ que
5. todos sabemos que ____ // dudamos que ____
6. me gusta que ____ // me preocupa que ____

jefe	secretaria
empleado	sindicato
las grandes	gerencia
empresas	puesto
tarjeta de	anuncio
crédito	cuenta

C. ¡**Necesito compañero!** Con un compañero, hagan y contesten preguntas para averiguar la importancia que los siguientes conceptos tienen en su visión personal del mundo. Usen frases como éstas para valorar cada cosa: No es (nada) importante... Es importante... No es tan importante... Es muy importante...

MODELO: ¿ganar mucho dinero? →
No es importante que gane mucho dinero.

1. ¿trabajar en una ciudad grande?
2. ¿tener un puesto de prestigio?
3. ¿trabajar en una compañía de prestigio?
4. ¿ganar mucho dinero?
5. ¿ser respetado por los colegas?
6. ¿saber hacer algo muy, muy bien?
7. ¿ser famoso/a?
8. ¿ayudar a resolver un problema humano?
9. ¿tener un despacho grande y elegante?
10. ¿estar casado/a?
11. ¿vivir en un barrio exclusivo?
12. ¿tener un coche carísimo?
13. ¿tener un título (*title, e.g., Division Head*)?
14. ¿poder jubilarse a los 40 años?

D. Situaciones y preguntas

1. ¿Tienes trabajo ahora? Descríbelo. ¿Cómo lo conseguiste? ¿Cuántas horas a la semana trabajas? En tu opinión, ¿es bueno que un estudiante trabaje mientras todavía es estudiante? ¿Por qué sí o por qué no? ¿Has aprendido algo en tu trabajo actual que consideres que va a ayudarte en el futuro? Explica.

2. Una palabra que se escucha mucho hoy en día con respecto al empleo y los negocios es *percs*. ¿Qué entiendes por esta palabra? De las siguientes ideas, ¿cuáles son ejemplos de *percs*? ¿Quiénes son las personas que gozan (*enjoy*) de estos *percs*?

   a. tener un coche de la compañía
   b. tener un despacho propio
   c. tener teléfono en el coche
   d. poder viajar en clase turística
   e. tener una secretaria
   f. tener una cuenta para gastos relacionados con el trabajo (*expense account*)

   En el trabajo que tú consideras ideal, ¿es necesario que recibas algunos *percs*? ¿Cuáles son los más importantes desde tu punto de vista?

3. En tu opinión, ¿es mejor ser gerente o ser empleado? ¿Por qué? ¿Prefieres trabajar para otra persona o trabajar para ti mismo? ¿Por qué? ¿Qué es lo mejor de trabajar para otra persona? ¿y lo peor?

4. ¿Tienes tarjetas de crédito? ¿De qué tipo son? ¿Cuántos años tenías cuando las usaste por primera vez? Desde el punto de vista del consumidor, ¿qué es lo bueno de tener una tarjeta de crédito? ¿y lo malo? ¿y desde la perspectiva del negociante? Cuando vas de compras, ¿prefieres pagar con cheque, con tarjeta de crédito o en efectivo? ¿Qué factores determinan tu decisión?

33. PAST SUBJUNCTIVE: CONCEPT, FORMS

A. Concept

To use the past subjunctive (**el imperfecto del subjuntivo**) correctly, you do not have to learn any additional subjunctive cues but only the past subjunctive forms. Almost all the cues that signal the use of the subjunctive mood are applicable to both present subjunctive and past subjunctive. The use of present subjunctive versus past subjunctive is determined by the tense of the verb in the main clause (Section 34).

B. Forms of the past subjunctive

Without exception, the stem for the past subjunctive is the third person plural of the preterite minus **-on: hablarón → hablar-; comierón → comier-; vivierón → vivier-**. The endings for the past subjunctive for all verbs are **-a, -as, -a, -amos, -ais, -an**. Note the accent mark on all **nosotros** forms.

REGULAR **-ar**		REGULAR **-er**		REGULAR **-ir**	
hablara	habláramos	comiera	comiéramos	viviera	viviéramos
hablaras	hablarais	comieras	comierais	vivieras	vivierais
hablara	hablaran	comiera	comieran	viviera	vivieran

Any stem change or irregularity found in the third person plural of the preterite will be carried through all the persons of the past subjunctive of those verbs.

	THIRD PERSON PRETERITE		PAST SUBJUNCTIVE
REGULAR	comenzaron	→	comenzara, comenzaras, comenzáramos...
	entendieron	→	entendiera, entendieras, entendiéramos...
STEM-CHANGING	prefirieron	→	prefiriera, prefirieras, prefiriéramos...
	sirvieron	→	sirviera, sirvieras, sirviéramos...
	murieron	→	muriera, murieras, muriéramos...
IRREGULAR	**tuv**ieron	→	**tuv**iera, **tuv**ieras, **tuv**iéramos...
	pudieron	→	**pud**iera, **pud**ieras, **pud**iéramos...
	dieron	→	**d**iera, **d**ieras, **d**iéramos...
	fueron	→	**fue**ra, **fue**ras, **fué**ramos...

 DE PASO

An alternative set of past subjunctive forms is spelled with **-se** instead of **-ra**.

hablar		**comer**		**vivir**	
hablase	hablásemos	comiese	comiésemos	viviese	viviésemos
hablases	hablaseis	comieses	comieseis	vivieses	vivieseis
hablase	hablasen	comiese	comiesen	viviese	viviesen

Of the two, the **-ra** set is more common, although usage varies among countries and, within any country, according to social class. Only the **-ra** forms will be practiced in *Pasajes: Lengua*, but you should learn to recognize the **-se** forms as well, for you will see them frequently in literature and other texts.

34. SEQUENCE OF TENSES: PRESENT SUBJUNCTIVE VERSUS PAST SUBJUNCTIVE

In Spanish, the tense—present or past—of the verb in the main clause determines the tense of the subjunctive used in the subordinate clause.

1. When the verb in the main clause is in the present or present perfect, or is a command, a form of the present subjunctive* is generally used in the subordinate clause.
2. When the verb in the main clause is in the preterite or imperfect, a form of the past subjunctive is used in the subordinate clause.[†]

The following chart summarizes the correspondences for the verb forms you have studied thus far.[‡]

MAIN CLAUSE	SUBORDINATE CLAUSE
PRESENT El gerente dice... *The manager says . . .*	PRESENT SUBJUNCTIVE ...que Ud. asista. *. . . for you to attend.*
PRESENT PERFECT El gerente ha dicho... *The manager has said . . .*	...que Ud. asista. *. . . for you to attend.*
COMMAND Gerente: Dígale... *Manager: Tell him . . .*	...que asista. *. . . to attend.*
PRETERITE El gerente dijo... *The manager said . . .*	PAST SUBJUNCTIVE ...que Ud. asistiera. *. . . for you to attend.*
IMPERFECT El gerente decía... *The manager (often) said . . .*	...que Ud. asistiera. *. . . for you to attend.*

---

*Forms of the present subjunctive include the simple present and the present perfect: **hable, haya hablado; coma, haya comido**.

[†]Forms of the past subjunctive include the simple past and the pluperfect: **hablara, hubiera hablado; comiera, hubiera comido**. You will study the forms of the pluperfect subjunctive in Section 50.

[‡]The use of the future and conditional with the subjunctive is practiced in Sections 46 and 51.

PRACTICA

A. «*The bad old days.*» Dé oraciones nuevas según las indicaciones.

1. ¿Trabajaban muchas horas entonces? —Sí, era necesario que *trabajaran muchas horas.* (empezar a trabajar temprano, ser siempre puntuales, hacer mucho trabajo manual, venir a trabajar 6 ó 7 días)

2. ¿Tenían los obreros otras dificultades también? —Sí, los jefes no permitían que *tomaran vacaciones con sueldo.* (recibir atención médica gratis, tener breves descansos durante el día, llegar tarde de vez en cuando, volver al trabajo después de una larga enfermedad)

3. ¿Recibían algunos beneficios? —No tenían muchos. Por ejemplo, no había ninguna compañía que *pagara sobretiempo por trabajar sobretiempo.* (pedir sólo 40 horas a la semana, ofrecer un seguro médico, siempre mantener buenas condiciones de trabajo, seguir pagando a los empleados después de la jubilación, permitir alguna participación en la gerencia)

4. ¿Cuál fue la reacción general al movimiento sindicalista? —Muchos *pensaban* que esto representaba la destrucción de la economía. (temían, creían, estaban seguros, dudaban, sabían, esperaban)

B. Ignacio, un estudiante de esta universidad, está para graduarse en economía y español. Hace unos días, mientras se preparaba para una entrevista con la empresa AT&T, todos sus amigos, sus profesores y sus parientes le daban consejos. Repita los consejos que le daban, según el modelo.

MODELO: padre: decir / no estar nervioso →
Su padre le dijo que no estuviera nervioso.

1. madre: decir / tener confianza en su preparación académica
2. profesora de economía: recomendar / pedir un sueldo en concreto
3. mejor amigo: aconsejar / vestirse de manera conservadora
4. novia: pedir / expresar interés en obtener un trabajo en el extranjero
5. profesor de español: sugerir / demostrar su capacidad para comunicarse en esa lengua
6. abuelo: decir / hablar despacio (*slowly*) y con seguridad

C. Complete las siguientes oraciones en una forma lógica. Cuidado con el contraste entre el subjuntivo y el indicativo al igual que el contraste entre el tiempo presente y el tiempo pasado.

1. En el pasado, era necesario que las mujeres trabajadoras _____. Ahora es posible que (ellas) _____.
2. En el pasado, casi no había ningún ejecutivo en el mundo de los negocios que _____. Hoy en día hay muchos ejecutivos que _____.
3. Hoy en día muchas empresas permiten que sus empleados _____. En el pasado las empresas no querían que (ellos) _____.
4. En el pasado, muchos jóvenes creían que una carrera en el mundo de los negocios _____. Hoy en día muchos jóvenes piensan que _____.
5. En el pasado, los jefes querían que sus secretarias _____. Hoy las secretarias piden que sus jefes _____.

D. ✺ **¡Necesito compañero!** Con el tiempo cambian nuestras actitudes —no sólo con respecto a los negocios sino también hacia muchas otras cosas. Trabajando con un compañero de clase, complete las siguientes oraciones para indicar si han cambiado sus actitudes o sentimientos (*feelings*) hacia los siguientes temas. Cuidado con el uso del presente y del pasado del subjuntivo.

1. Cuando era niño/a, me parecía muy importante que _____. Ahora me parece más importante que _____.
2. De niño/a, dudaba que mis padres _____. Ahora (dudo/estoy seguro de) que ellos _____.
3. Creo que en el pasado mis padres dudaban que yo _____. Ahora (dudan/saben) que yo _____.
4. En el pasado pensaba que la educación _____. Ahora (creo/no creo) que _____.
5. Antes, los jóvenes buscaban ropa que _____. (Todavía/Pero) hoy buscan ropa que _____.
6. Hace unos años, yo no creía que el matrimonio _____. (Todavía/Pero) hoy me parece que _____.

E. Situaciones y reacciones

1. Una vez, siendo niño/a, fuiste a pasar la noche en casa de un amiguito (una ambiguita). ¿Qué te recomendó tu madre?
2. Estudiabas en la biblioteca y dos estudiantes desconocidos se sentaron cerca y se pusieron a hablar en voz alta. ¿Qué les pediste?
3. Al final del semestre el rector de la universidad les pide sugerencias a los estudiantes sobre maneras de mejorar el sistema de seguridad y vigilancia en el recinto universitario (*campus area*), o de reducir la incidencia de delitos (*crimes*). ¿Qué le sugieren?
4. El secretario del Departamento de Educación de tu estado te solicita unas recomendaciones sobre la mejor manera de atraer hacia puestos en las escuelas secundarias a los individuos más inteligentes y talentosos. ¿Qué le recomiendas?
5. Llegó el día en que ibas a examinarte para obtener la licencia de conducir. ¿Qué te recomendaron tus amigos o tus padres? ¿Qué te dijeron que *no* hicieras?
6. Tu novio/a va a conocer a tus padres. ¿Qué le sugieres?

F. Este dibujo cómico, que salió en una revista española, se burla de (*pokes fun at*) los anuncios y los métodos que utilizan para «vender» sus productos. ¿Cuáles son algunas de las técnicas de las que se burla? ¿Pueden Uds. identificar por lo menos dos? En los Estados Unidos, ¿qué fama tienen los militares como hombres de negocios? ¿Son buenos para encontrar gangas (*bargains*)?

G. ![icon] **¡Necesito compañero!** Con un compañero, investiguen sus experiencias personales con respecto a cuestiones de trabajo. Pueden utilizar estas preguntas para empezar, y agregar otras si quieren.

1. ¿Qué clase de trabajo buscabas cuando eras más joven? ¿Querías un trabajo de tiempo completo o de tiempo parcial? ¿Por qué?
2. ¿Querías un trabajo más de tipo intelectual o un trabajo manual? ¿Preferías trabajar a solas o en equipo? ¿Por qué?
3. En realidad, ¿trabajabas por gusto o por necesidad? ¿Era indispensable que ganaras mucho dinero? ¿que recibieras algún entrenamiento especial?
4. ¿Qué opinaban tus padres con respecto a tu trabajo? ¿Creían que era bueno que trabajaras o se oponían? ¿Por qué?
5. ¿Cómo terminaban tus padres esta oración? «Queremos que tú trabajes porque así vas a ____.»

   - ganar mucho dinero
   - obtener experiencia muy valiosa en el mundo de los negocios
   - aprender a ser más independiente
   - pasar menos tiempo mirando televisión
   - ¿____?

Compartan con los otros grupos de la clase algo de lo que aprendieron. ¿Tuvieron todos Uds. algunas experiencias similares con respecto al trabajo?

35. USE OF SUBJUNCTIVE AND INDICATIVE IN ADVERBIAL CLAUSES

An adverb is a word that indicates the manner, time, place, extent, purpose, or condition of a verbal action. It usually answers the questions *how, when, where,* or *why.*

Vamos al cine **después**.	*Let's go to the movies afterward.*

A clause that describes a verbal action is called an *adverbial clause.* It is joined to the main clause by an adverbial conjunction.

Vamos al cine **después de que ellos cenen**.	*Let's go to the movies after they have dinner.*

As you know, the existence of a subordinate clause is the structural requirement that must be met for the subjunctive to be used (Section 21). The subjunctive—not the indicative—is used in adverbial clauses when they describe or imply something that is unknown to the speaker, or that lies outside the speaker's direct experience. (A further use of subjunctive in adverbial clauses is presented in Section 36, Chapter 8.)

A. Anticipated vs. experienced

An action can be unknown to the speaker because it has not yet occurred, because it is outside his or her knowledge or experience, or because it does not exist at all. The following adverbial conjunctions are followed by the subjunctive or by the indicative depending on whether they express the speaker's unknown or the speaker's objective reality.

antes de que	*before*	hasta que	*until*
cuando	*when*	mientras (que)	*while, as long as*
después de que	*after*	tan pronto como	*as soon as*
en cuanto	*as soon as*		

1. When the actions of the main and subordinate clauses have not yet occurred (anticipated actions), the subjunctive is used in the subordinate clause. The indicative in this clause is used to describe an action that is habitual or that occurred before the action of the main verb.

ANTICIPATED ACTION: UNKNOWN	EXPERIENCED ACTION: KNOWN
——— SUBJUNCTIVE ———	——— INDICATIVE ———
Te van a dar más crédito **después de que pagues** el balance de la cuenta.	Te dan más crédito **después de que pagas** el balance de la cuenta.
They will give you more credit after you pay off the balance of the account.	*They give you more credit after you pay off the balance of the account.*
La compañía pensaba invertir en la Bolsa **hasta que fuera** a la bancarrota.	A veces las compañías invierten en la Bolsa **hasta que van** a la bancarrota.
The company was planning to invest in the stock market until it went bankrupt.	*Sometimes companies invest in the stock market until they go bankrupt.*
Piensan escribirlo a máquina **tan pronto como** se lo **demos**.	Lo escribieron a máquina **tan pronto como** se lo **dimos**.
They are planning to type it as soon as we give it to them.	*They typed it as soon as we gave it to them.*
Ibamos a hacer un viaje por el mundo **cuando se jubilara**.	Hicimos un viaje por el mundo **cuando se jubiló**.
We were going to take a trip around the world when she retired.	*We took a trip around the world when she retired.*

2. The adverbial conjunction **antes de que** is always followed by the subjunctive because, by definition, it introduces an anticipated event.

Cambió un cheque **antes de que**
fueran de compras.

He cashed a check before they went shopping.

Siempre cambia un cheque **antes de que vayan** de compras.

He always cashes a check before they go shopping.

3. You have learned that a subordinate clause is usually present if a sentence contains two different subjects. However, most of the adverbial conjunctions listed on page 212 introduce a subordinate clause even when there is no change of subject.

Vengo **cuando** tengo tiempo.

I come when I have time.

Vengo **cuando** él me llame.

I come whenever he calls me.

The adverbial conjunctions **antes de que**, **después de que**, and **hasta que** can be followed by a conjugated verb when there is no change of subject. Alternatively, the **que** can be dropped and the preposition followed by an infinitive.

CONJUNCTION
PREPOSITION
Voy a salir **después de** $\left\{ \begin{array}{l} \textbf{que termine} \\ \textbf{terminar} \end{array} \right\}$ esto.

B. Unknown vs. known

ahora que	*now that*	de modo que	*in such a way that*
aunque	*although, even if*	donde	*where*
como	*as; how*	puesto que	*since*
de manera que	*in such a way that*	ya que	*since*

1. The subjunctive is used with these conjunctions to express the speaker's speculation about an action or situation. The indicative expresses what is actually known by the speaker or has been experienced by him or her.

UNKNOWN SITUATION —— SUBJUNCTIVE ——	KNOWN SITUATION —— INDICATIVE ——
Lo iba a hacer **aunque fuera** difícil.	Lo iba a hacer **aunque era** difícil.
He was going to do it although it might be difficult.	*He was going to do it although it was difficult.*
Ponlo **donde quieras**.	Ponlo **donde quieres**.
Put it wherever you want to.	*Put it where you want to.*
Habló **de modo que lo entendieran**.	Habló **de modo que lo entendieron**.
He spoke in such a way that they might understand him.	*He spoke in such a way (and the result was) that they understood him.*

2. The adverbial conjunctions **ahora que**, **puesto que**, and **ya que** are always followed by the indicative since they convey the speaker's perception of reality as being already completed or inevitable.

Ya que vas a venir, dime lo que quieres comer.	*Since you're going to come, tell me what you would like to eat.*
Ahora que estás en ventas, vas a viajar mucho.	*Now that you're in sales, you're going to travel a lot.*

PRACTICA

A. Exprese las siguientes oraciones en inglés. En cada caso, explique el uso del subjuntivo o del indicativo.

1. Aunque no tenga necesidad, creo que voy a trabajar. Aunque muchas personas no están de acuerdo conmigo, para mí el trabajo es interesante y hasta divertido.
2. En muchas escuelas secundarias se enseñan ahora las clases académicas de manera que los estudiantes ven la aplicación que tiene la materia en la vida práctica. Saben que, aunque un estudiante se haya graduado en la escuela secundaria, esto no significa que tenga suficientes conocimientos para funcionar en la sociedad moderna puesto que el mundo es cada vez más complicado.
3. A mi parecer, es necesario que la universidad sea más responsable con respecto al futuro de sus estudiantes. Aunque no lo quieran admitir, el futuro está en los negocios. Los estudiantes pagan mucho para prepararse de modo que encuentren buenos empleos después de recibir su título. Por consiguiente, no es bueno que la universidad obligue a los estudiantes a tomar clases que no tengan nada que ver con sus intereses profesionales. Debe permitir que los estudiantes diseñen sus programas de estudios de manera que los preparan para el futuro.

B. Complete las oraciones en una forma lógica. Conjugue el verbo indicado en indicativo o subjuntivo según el contexto. Cuidado con la secuencia de tiempos.

——————— REALIDADES ———————

Con respecto al trabajo

1. Cuando yo (*ser*) estudiante de la escuela secundaria, _____.
2. Depués de que yo (*graduarse*) en la escuela secundaria,

   _____.

3. De joven, en cuanto yo (*ganar*) algún dinero, yo _____.

——————— ANTICIPACIONES ———————

Cuando yo (*no ser*) estudiante universitario, _____.

Después de que yo (*graduarse*) en la universidad, _____.

En el futuro, en cuanto yo (*ganar*) algún dinero, yo _____.

Con respecto a los privilegios y responsabilidades

4. Cuando yo (*tener*) 9 años, mis padres ____.

   Cuando mis hijos (*tener*) 9 años, yo ____.

5. Tan pronto como yo (*llegar*) a casa después de la escuela, yo ____.

   Tan pronto como mis hijos (*llegar*) a casa después de la escuela, ellos ____.

6. Cuando yo (*sacar*) notas muy malas, (yo/mis padres) ____.

   Cuando mis hijos (*sacar*) notas muy malas, (ellos/yo) ____.

C. 🌅 **¡Necesito compañero!** En muchos aspectos de la vida se nos imponen ciertas condiciones para hacer o tener ciertas cosas. A continuación hay algunas «condiciones» que se oyen con alguna frecuencia. ¿Reconoce Ud. algunas? Con un compañero, completen las oraciones en una manera lógica. Agreguen una condición más a cada lista para que sus otros compañeros de clase las completen.

Dicen los padres a sus hijos

1. No vas a poder manejar el auto hasta que ____.
2. Puedes mirar la televisión tan pronto como ____.
3. Puedes salir con chicos/as cuando ____.
4. No puedes comer el postre hasta que ____.
5. ¿____?

Dicen los profesores a sus estudiantes

1. No va a sacar buenas notas hasta que ____.
2. Puede sacar libros de la biblioteca en cuanto ____.
3. Va a ser uno de los primeros en escoger sus clases cuando ____.
4. Levante la mano cuando ____.
5. ¿____?

Dicen los gerentes a sus empleados

1. No va a tener éxito hasta que ____.
2. Va a recibir un mes de vacaciones después de que ____.
3. Le vamos a dar un reloj de oro cuando ____.
4. Le vamos a dar un puesto con *percs* tan pronto como ____.
5. ¿____?

D. Describa los dibujos en la página siguiente de varias maneras incorporando estas palabras en la descripción. ¿Quiénes son las personas? ¿Cómo son? ¿Qué hacen?

ahora que	hasta que
aunque	mientras
cuando	tan pronto como
de manera que	ya que
donde	

1. el piloto, el hombre de negocios, correr, llegar, el avión, despegar
2. ser famoso, viajar, llevar, la tarjeta de crédito, reconocerlo, poder comprar cosas
3. el mensajero, el paquete, pesado, hablar por teléfono, colocar

1.   2.   3.

¡Ojo!

perder — faltar a — echar de menos — extrañar

To miss an opportunity or a deadline because of poor timing is expressed in Spanish with **perder**. *To miss* an appointment or an event in the sense of not attending it is expressed with **faltar a**. *To miss* a person who is away or absent can be expressed by either **echar de menos** or **extrañar**.

María llegó tarde y **perdió** el tren.	*María arrived late and missed the train.*
Joaquín estaba enfermo y **faltó a** la reunión. Lo **echamos de menos**.	*Joaquín was sick and missed the meeting. We missed him.*

fecha — cita

Date has several equivalents in Spanish. A *calendar date* is expressed with **fecha**. An *appointment* or *social arrangement* is expressed with **cita**. Unlike the English word *date*, **cita** can never mean a *person*.

¿Cuál es la **fecha** de hoy?	*What is today's date?*
¿Con quién tienes una **cita**?	*With whom do you have a date?*

El me acompañó a la fiesta.	*He was my date for (accompanied me to) the party.*
Quiero presentarle a mi compañero.	*I'd like to introduce you to my date.*

Expressing *both*

English *both* is expressed in Spanish with **los/las dos** and **ambos/as**, which agree in gender with the nouns to which they refer. The English expression *both . . . and . . .* , however, is expressed in Spanish with **tanto... como...**, which is invariable.

Tengo dos hijas y voy al partido con **las dos (ambas)**.	*I have two daughters and I'm going to the game with them both.*
Ambos (Los dos) socios quieren comprar las acciones.	*Both partners want to buy the stock.*
Tanto los perros **como** los gatos son carnívoros.	*Both dogs and cats are carnivorous.*

PRACTICA

A. Dé la palabra española que se corresponde mejor con la palabra en *letras cursivas*.

1. John *missed* the party because he had a previous *engagement*.   2. *Both* friends are going with us to the concert.   3. When Jane went off to college, her parents *missed* her a lot.   4. What is the *date* of the party? Oh, no! *Both* of my suits are at the cleaners!   5. *Both* professors and students attended the party.   6. Who is your *date* for the party? Can you *both* arrive early to help?
7. It's an important *date* in the history of Mexico for *both* the Indians and the Spaniards.   8. You can't imagine how much I *miss* him.

B. Indique la palabra o frase que mejor complete la oración. ¡OJO! Hay también palabras de los capítulos anteriores.

1. Hace mucho que no visito a mis padres y ____ mucho. (*they miss me*)
2. Tengo un poco de ____ libre esta tarde. ¿Quieres ____ al parque? (*time, return*)
3. Me ____ cuando tú ____ una de mis fiestas. (*it hurts, miss*)
4. No somos amigos ____, ____ sí nos conocemos bien. (*close, but*)
5. No quiero ____ la entrevista. ¿Cuál es ____? ¿Y ____? (*to miss, the date, the time*)
6. Ellos siempre ____ ____ su energía y determinación. Nunca ____ esforzarse. (*succeed, because of, they stop*)
7. Cuando ____ un viaje, es necesario ____ al perro a un lugar donde lo pueden ____. (*you take, to take, care for*)

8. ____ películas ____ buenas. ¿A qué ____ comienzan? (*Both, look, time*)
9. ____ el vendedor ____ el comprador ____ furiosos cuando el gobierno no ____ las medidas (*measures*) económicas. (*Both . . . and, become, support*)
10. Es ____ de qué candidato prefieres ____. (*a question, support*)

C. Situaciones y preguntas

1. ¿Eres una persona que generalmente pierde los límites absolutos (*deadlines*)? ¿Llegas a clase a tiempo? ¿Entregas las tareas cuando debes o después del límite? Cuando viajas, ¿a veces pierdes el tren o el avión por llegar tarde? En cuanto a las citas, ¿te fastidia una persona que falte mucho?
2. ¿Eres una persona obsesionada con la hora? ¿Tienes siempre presente la hora y la fecha? ¿Tienes un reloj que indique tanto la fecha como el día? Cuando haces citas, ¿llegas siempre antes o a tiempo? Cuando tienes citas con tu novio/a, ¿tienden ambos a llegar a tiempo? ¿Ves mucho a tu novio/a? ¿Se ven tanto durante los fines de semana como durante la semana? Cuando no se ven, ¿se echan mucho de menos?

 # **Repaso**

A. Complete el párrafo, dando la forma correcta del verbo. La historia empieza en el tiempo presente; luego cambia al pasado. Cuando se dan varias palabras entre paréntesis, escoja la palabra apropiada.

El «mercantilismo»

Aunque hay muchas diferencias entre el sistema político económico norteamericano y el de los países de Latinoamérica, es interesante notar que en los dos continentes hay varias coincidencias históricas. Se ha dicho que los exploradores ingleses (*venir*[1]) al Nuevo Mundo para colonizar y desarrollar° *to develop* la zona mientras que los españoles (*llegar*[2]) con la intención de conquistar y explotar estas tierras. Hay que admitir que eso (*ser/estar*[3]) verdad, pero sólo hasta cierto punto.

En ambos casos, la llegada de los europeos (*significar*[4]) el establecimiento de un sistema económico muy beneficioso para Inglaterra y España, pero desastroso para sus colonias. Este sistema (*llamarse*[5]) «mercantilismo». Se creía que la economía de una colonia (*deber*[6]) complementar la de la madre patria. Según el mercantilismo, la colonia (*dar*[7]) los productos que la madre patria (*necesitar*[8]) y a su vez° (*recibir*[9]) productos *a... in turn* fabricados por su patrón. Pero no (*ser/estar/haber*[10]) libre empresa, ni mucho menos. Las naciones europeas—Inglaterra y España en este caso—querían que sus colonias (*tener/ser/estar*[11]) éxito económico sólo si esto servía a sus propios intereses. (*Ser/Estar*[12]) bueno que las colonias (*producir*[13]) materias primas° y especialmente aquellos productos agrícolas que no (*cultivarse*[14]) en Europa, pero al mismo tiempo no se permitía el cultivo de ningún producto que (*poder*[15]) ser competitivo. Los comerciantes americanos, tanto los del norte como los del sur, (*odiar*[16]) las restricciones que (*imponerles*[17]) Inglaterra y España. Estas normas, además del deseo de lograr la libertad de expresión, luego (*convertirse*[18]) en una de las principales causas de las guerras por la independencia.

materias... raw materials

B. Complete las oraciones en una forma lógica. ¡OJO! A veces hay que usar el pasado del subjuntivo. Luego compare sus oraciones con las de los otros estudiantes de la clase. ¿Cuántas experiencias o creencias tiene en común con los demás?

1. Como niño, no pude creer que los bancos (no) _____.
2. Como adolescente, creía que como adulto querría (*I would want*) trabajar en una compañía que _____.
3. Cuando llegué por primera vez a la universidad, creía que _____.
4. Al terminar mi primer semestre (trimestre) aquí, estaba contento de (que) _____.
5. Cuando solicité una tarjeta de crédito, (no) sabía que _____.
6. Ayer me puse furioso de que _____.

CAPITULO OCHO

La Mezquita en Córdoba, España

Creencias e ideologías

En la mayor parte de Hispanoamérica, el catolicismo, y en los años recientes, el protestantismo evangélico, y sus ritos ejercen una gran influencia sobre la vida de los ciudadanos. En los Estados Unidos también, especialmente en los pueblos pequeños, la religión tiene gran importancia. Las iglesias no sólo les ofrecen a sus miembros una educación religiosa, sino también actividades sociales.

¿Pertenece (o pertenecía) Ud. a una iglesia? ¿Puede Ud. nombrar algunas actividades sociales de las iglesias? ¿culturales? ¿deportivas? ¿En cuál(es) de estas actividades suele (o solía) Ud. participar? ¿Es difícil vivir en un pueblo pequeño de los EEUU sin pertenecer a una iglesia? ¿Es difícil vivir en una ciudad sin pertenecer a una iglesia? ¿Cree Ud. que la iglesia ejerce más influencia en la vida de los habitantes de una ciudad grande o de un pueblo? ¿Por qué es así?

¿Cree Ud. que las personas que no pertenecen a una religión pierden un aspecto importante de la vida? ¿Por qué sí o por qué no? ¿Cree Ud. que la religión limita el desarrollo de las personas o lo enriquece? En su opinión, ¿es más importante hoy la religión en la vida de los jóvenes que hace diez o quince años?

La religión también tiene—y ha tenido—mucha importancia en el desarrollo de la historia mundial. ¿Puede Ud. identificar los participantes en los siguientes acontecimientos (*happenings*) históricos en que la religión ha hecho un papel importante?

———— ACONTECIMIENTO ————	———— PARTICIPANTES ————
1. ____ la creación de la Iglesia de Inglaterra	a. los cruzados y los musulmanes
2. ____ las Cruzadas	b. los árabes y los israelitas
3. ____ el conflicto irlandés-británico	c. los soldados y frailes españoles
4. ____ el descubrimiento y la colonización del Nuevo Mundo	d. Enrique VIII y sus seis esposas
5. ____ el conflicto en el Medio Oriente	e. los protestantes y los católicos

Vocabulario para conversar

animar to encourage
cambiar de opinión to change one's mind
el clero clergy
competir (i, i) to compete
comprometerse to make a commitment
  comprometido committed
convertir(se) (ie, i) to convert
  la conversión conversion
cooperar to cooperate
la creencia belief
la cruzada crusade
el cura priest
dedicarse a to dedicate oneself to
el ejército army
la fe faith
fomentar to promote, stir up

la iglesia church
el militar military man
el misionero missionary
la monja nun
motivar to give a reason for; to motivate
negociar to negotiate
la oración prayer
el pastor pastor, clergyman
predicar to preach
  predicar con el ejemplo to practice what one preaches
el propósito purpose; end, goal
el rabino rabbi
rezar to pray
la sinagoga synagogue
el valor value

 CREENCIAS Y CREYENTES

el agnóstico agnostic
el altruista altruist
el ateo atheist
el católico Catholic
el conservador conservative
el (no) creyente (non)believer
el derechista rightist, right wing
el egoísta egotist

el hipócrita hypocrite
el izquierdista leftist, left wing
el judío Jew
el liberal liberal
el materialista materialist
el musulmán Moslem
el pagano pagan
el protestante protestant

Practiquemos

A. Examine la lista del vocabulario y luego organice todas las palabras que pueda según las categorías indicadas a continuación. ¿Qué otras palabras o expresiones sabe Ud. que también se podrían colocar en alguna de estas categorías?

los practicantes

LA RELIGION

las acciones de los practicantes

los no practicantes

los lugares

B.   Las palabras a continuación tienen cognados en inglés. ¿Los reconoce Ud. en cada caso?

1. competir
2. negociar
3. convertir
4. la cruzada
5. fomentar
6. el hipócrita

7. el liberal
8. el misionero
9. el pagano
10. el protestante
11. el valor

C.   ¿Cuál de las palabras del ejercicio B corresponde a las siguientes definiciones? Dé una definición para las palabras que quedan sin definición.

1. incitar, motivar, instigar (una rebelión)   2. el que profesa la doctrina que declara inaccesible el conocimiento de Dios o de su existencia   3. expediciones a la Tierra Santa contra los infieles durante la Edad Media   4. el que no es católico ni judío ni musulmán pero sí es creyente   5. el que dice una cosa y hace lo contrario

D.   ¿Qué palabra no pertenece al grupo? Explique por qué.

1. sincero, generoso, egoísta, altruista
2. el conservador, el derechista, el materialista, el izquierdista
3. dedicarse, cambiar de opinión, comprometerse, cooperar
4. rezar, la oración, negociar, la fe
5. el militar, la conversión, el soldado, el ejército

Conversemos

A.   En el dibujo de la página 222 se ven varias escenas con elementos religiosos y políticomilitares. ¿Cuántas escenas puede Ud. identificar? ¿Quiénes son las personas retratadas? ¿Puede Ud. identificar las religiones que motivaron los conflictos? ¿Qué símbolos religiosos puede Ud. identificar?

B.   Además de la defensa de la fe católica, ¿qué otros motivos fomentaron las Cruzadas? ¿la exploración del Nuevo Mundo por curas y militares? ¿la Inquisición española? ¿la creación de la Iglesia de Inglaterra? ¿el conflicto entre los católicos y los protestantes irlandeses? ¿Hay otros conflictos actuales que tengan motivos religiosos y también políticos? ¿Cuáles son?

C.   ¿Qué relación hay entre el clero y el gobierno en los Estados Unidos? ¿Cuál fue el propósito de la separación de la iglesia y el estado en este país? Hoy en día, ¿hay grupos que quieran cambiar esta separación? ¿Cómo se llaman? ¿Qué relación hay entre el clero y el ejército en los Estados Unidos?

D.   En su opinión, ¿es más importante en la cultura norteamericana la cooperación o la competencia? Cuando Ud. era niño/a, ¿qué tipo de actividades fomentaban más sus padres, aquéllas en que Ud. podía ganar premios (*awards, prizes*) o aquéllas en que Ud. debía ayudar a otros de alguna manera? ¿Era necesario que Ud. compartiera sus cosas o su cuarto con otro? ¿Cree Ud. que esto sea una experiencia positiva para un niño? Explique.

E. Si Ud. no sabe o no recuerda la palabra exacta, ¿cómo puede hacer una paráfrasis de estas palabras en español?

1. optimista   2. inmoral   3. el ideal   4. pesimista

 **Gramática**

36. USES OF THE SUBJUNCTIVE—ADVERBIAL CLAUSES: INTERDEPENDENCE

a condición de que	*provided that*	en caso de que	*in case*
a fin de que	*so that*	para que	*so that, in order that*
a menos que	*unless*	sin que	*without*
con tal de que	*provided that*		

In Section 35 you learned to use the subjunctive with adverbial conjunctions that express the speaker's unknown. The adverbial conjunctions in this section indicate that the actions in the two clauses are interdependent in special ways: when one event takes place, so does the other; one event will not take place unless the other does too; one event happens so that another will happen.

Mi propósito era hablarle **para que cambiara** de opinión.	*My purpose was to talk to him so that he might change his mind.*
Ud. no puede ganar la elección **a menos que tenga** el apoyo del pueblo.	*You cannot win the election unless you have the support of the people.*

Unlike the adverbial conjunctions in Section 35, which take either the indicative or the subjunctive according to whether they refer to known or unknown realities, *the adverbial conjunctions of interdependence are always followed by the subjunctive when there is a change of subject.*

When there is no change of subject the **que** is generally dropped and each is followed by an infinitive.

No puedo ir **sin que me señalen** el camino.	*I can't go without your showing me the way.*
No puedo ir **sin despedirme** de mis padres.	*I can't go without saying good-bye to my parents.*

PRACTICA

A. A continuación hay unas oraciones sobre la historia de Cristóbal Colón. Junte las oraciones con las palabras entre paréntesis, usando palabras o frases de la lista a continuación. Use el subjuntivo, el indicativo o el infinitivo según el caso. Se puede usar una expresión más de una vez.

aunque	antes de (que)	a condición de (que)
a menos de (que)	cuando	de modo que
por	para (que)	en cuanto
a fin de (que)	hasta (que)	sin que

1. Cristóbal Colón creía que el mundo era redondo. (negarlo todos)
2. Colón no pudo hacer nada. (recibir dinero)
3. Colón le pidió dinero a Isabel, la reina católica. (poder hacer una expedición)
4. Isabel I de Castilla se lo dio. (conquistar él nuevas tierras en nombre de ella)
5. Muchos hombres querían unirse a la expedición. (hacerse ricos)
6. Colón quería seguir hacia el oeste. (encontrar ellos tierra)
7. Los marineros tenían miedo. (entrar los barcos en aguas desconocidas)
8. Los marineros se enfermaron muchas veces. (llegar la expedición al Nuevo Mundo)
9. Pero Colón sabía que los marineros se iban a poner contentos. (ver la tierra)
10. Los indios se sorprendieron. (desembarcar los europeos)

B. A continuación hay unas oraciones sobre la historia de los Menchú, una familia de inmigrantes. Usando palabras o frases de la lista del ejercicio A, junte las oraciones con las palabras entre paréntesis. Use el subjuntivo, el indicativo o el infinitivo según el caso. Al terminar el ejercicio, ¿qué sabe Ud. sobre los valores y creencias de los Menchú?

1. Los señores Menchú vinieron a Nueva York en 1985. (ser muy difícil dejar su patria)
2. Trabajaron mucho. (tener que comer sus hijos)
3. Nunca se compraron ropa nueva. (ser una necesidad absoluta)
4. Enseñaron a sus hijos mucho sobre la cultura de su patria de origen. (entender y apreciar los valores de esa cultura)
5. Lo compraron todo de segunda mano. (ahorrar dinero)
6. Trataron de mantener la unidad familiar. (ser esto parte de su tradición cultural)
7. Los padres insistieron en que se aplicaran a sus estudios. (graduarse los hijos en la escuela secundaria)
8. Los padres querían que asistieran a la universidad. (tener buenas oportunidades de empleo)
9. Los hijos no se olvidaron de sus raíces (*roots*). (estar lejos de sus padres)

C.  **¡Necesito compañero!** Dos valores que normalmente se asocian con el mundo de los negocios—la competición y el deseo de obtener ganancias—han llegado a influir en muchos otros aspectos de la vida. Con un compañero de clase, completen las siguientes oraciones como Uds. creen que lo harían (*would do*) los individuos indicados.

─────── UN JUGADOR DE FUTBOL ───────

1. No acepto su oferta para jugar en el equipo de su universidad a menos que _____.
2. Necesito tomar esteroides puesto que _____.
3. Sólo pienso estudiar aquí hasta que _____.

─────── UN EVANGELIZADOR ───────

1. Es importante usar la televisión como medio de comunicación para que _____.
2. La comercialización de las fiestas religiosas (la Navidad y las Pascuas, especialmente) no se puede justificar ya que _____.
3. No es posible tener éxito evangelizando sin que uno _____.

─────── UN POLITICO ───────

1. Es verdad que muchos sólo contribuyen con dinero a una campaña política con tal de que _____.
2. Ningún representante vota por una ley a menos que _____.
3. Para ser político, el ser guapo es tan importante como ser inteligente ya que _____.
4. Hoy en día es imposible ganar una campaña política sin que uno _____.

D. Describa los dibujos de varias maneras incorporando estas palabras a la descripción.

para que	ya que	sin que
puesto que	a menos que	en caso de que
a fin de que	ahora que	

1. cortar, estar sentado, ver mejor, ser bonito   2. despertarse, salir, beber, servir   3. casarse, saberlo nadie, tener 21 años, estar enamorados   4. predicar, no escuchar, aceptar, gritar

1. 2. 3. 4.

E. Situaciones y preguntas. En general, se escribe a máquina un trabajo para que se pueda leer con facilidad. ¿Con qué propósito hacen las siguientes personas estas acciones?

1. entrar en el ejército un joven
2. tatuarse un marinero
3. estudiar español un estudiante
4. asistir a la universidad Uds.
5. pintarse los ojos una mujer
6. predicar con el ejemplo un padre
7. renovar un apartamento el dueño

8. bautizar a su hijo los padres
9. llevar un traje de tres piezas un hombre (una mujer) de negocios
10. fumar una pipa un hombre
11. llorar un niño en el supermercado
12. negarse a votar un ciudadano (*citizen*)

▼ Aries

AMOR: Una actitud reflexiva, contraria a la improvisación, y donde la comprensión sea la base, beneficiará tus relaciones sentimentales.
SEXUALIDAD: No cabe duda que estás físicamente en un momento pletórico, sin embargo, hay serias interferencias psíquicas que condicionan tu bienestar sexual.
TRABAJO: Será buen día para todos aquellos que se encuentren relacionados con el trato con el público, especialmente artistas.
DINERO: Si tienes un trabajo relacionado con viajes, hoy tendrás ocasión de hacer una operación muy provechosa.

▼ Leo

AMOR: No es por desanimarte, sino para advertirte, pero hoy puede ser un día muy malo para tus relaciones sentimentales.
SEXUALIDAD: La tendencia en un día hostil para los afectos como hoy, es ir despistado y hacer más de un acto incongruente.
TRABAJO: Afortunadamente en este capítulo, las cosas parecen andar bien para ti. Tienes además la posibilidad de hacer valer tus criterio y salir airosamente de una situación.
DINERO: No será todo color de rosa. Hay circunstancias que inducen al bloqueo y retrasos en cobros e ingresos de dinero.

▼ Sagitario

AMOR: No es hoy un día bueno para tu vida afectiva. Un mínimo contratiempo puede crearte una ruptura o una disputa con tu pareja.
SEXUALIDAD: Escucha los consejos que puedan darte las personas que están cerca de ti. Y aun mejor escúchate a ti mismo en la parte más profunda de tu ser.
TRABAJO: La astucia es a veces necesaria cuando te enfrentas con personas que pueden perjudicarte gravemente.
DINERO: En el nivel económico puede decirse perfectamente que todo va muy bien. Sigue así, con ese espíritu tan positivo.

Una lágrima se evapora
Una flor se marchita
Solo las oraciones llegan a Dios

Agradecimiento e Invitación

Al recordar con profundo dolor el primer mes del prematuro fallecimiento de nuestra querida e inolvidable

Verónica
Romano Vinueza

Sus atribulados padres: Antonio Romano F. y Anita Vinueza de Romano; sus hermanos: Amparito, Renato y Margarita, Aracely y Elson, Patricia y Sergio, Luis Alberto y Rommy, María Augusta y Vyttia Romano Vinueza; sus tíos, sobrinos: Romano Silva, De Mello Romano, Salvador Romano, Romano Lara y demás familiares, expresamos nuestro profundo agradecimiento a todas las personas, amigos e instituciones, que de una u otra manera se solidarizaron con nosotros en esos momentos de tan dura prueba, e invitamos a elevar sus plegarias al altísimo y compartir de la Santa Eucaristía que por el eterno descanso de su alma se oficiará mañana jueves 26 del presente a las 18h00 (6 p.m.) en la capilla del Colegio de "La Inmaculada" (Avda. González Suárez Nº 315 y San Ignacio). Su asistencia compromete nuestra eterna gratitud.

Quito, julio 25 de 1990

(0182932)

F. Mire los anuncios de estas dos páginas, y luego conteste las preguntas.

1. ¿Qué tipos de anuncios son? (invitación, informe, propaganda publicitaria, ¿?)
2. ¿Qué anuncia cada uno?
3. ¿Es posible identificar quién o quiénes han escrito cada anuncio? ¿Para qué los han escrito? ¿Con qué propósito?
4. ¿Existen en los Estados Unidos anuncios semejantes a cada uno de estos? Comenten.

G. ☀ **Sondeo** En general, nuestras acciones dependen de ciertas condiciones: se toman decisiones *con tal de que* existan determinadas circunstancias
y *para que* ocurran ciertas cosas. ¿Qué circunstancias tienen que existir para
que nos decidamos a hacer cosas diferentes o contrarias a lo que siempre
hacemos? Siguiendo los pasos que se han establecido en los capítulos anteriores, ¡hagan un sondeo para descubrirlo! Escriban las respuestas de los
entrevistados en otro papel.

MODELO: ¿Con tal de qué decides...	ENTREVISTADOS
1. ...aceptar a un inquilino en tu casa? *lo normal:* *circunstancias necesarias para cambiar:*	Normalmente no acepto a inquilinos en mi casa. Aceptaría uno con tal de que no fumara y me pagara muy bien.

Grupo 1

¿Con tal de qué decides...

	A	B	C
1. ...salir con un(a) joven desconocido/a? *lo normal:*			
circunstancias necesarias para cambiar:			
2. ...participar en un experimento psicológico? *lo normal:*			
circunstancias necesarias para cambiar:			
3. ...hacer trampa en un examen? *lo normal:*			
circunstancias necesarias para cambiar:			

Grupo 2

¿Con tal de qué decides...

	A	B	C
4. ...comprar una prenda (*article*) de vestir que sólo viste en un catálogo? *lo normal:*			
circunstancias necesarias para cambiar:			
5. ...comprar un coche de segunda mano? *lo normal:*			
circunstancias necesarias para cambiar:			
6. ...llevar a tu hermano/a al cine? *lo normal:*			
circunstancias necesarias para cambiar:			

Grupo 3			
¿Con tal de qué decides...	**A**	**B**	**C**
7. ...prestarle dinero a un desconocido?			
lo normal:	____	____	____
circunstancias necesarias para cambiar:	____	____	____
8. ...permitir que alguien maneje tu coche?			
lo normal:	____	____	____
circunstancias necesarias para cambiar:	____	____	____
9. ...comer un plato sin saber lo que es o lo que contiene?			
lo normal:	____	____	____
circunstancias necesarias para cambiar:	____	____	____

¿Qué revelan los resultados? En su conducta habitual, ¿son precavidos (*conservative, cautious*) o aventureros los miembros de la clase? ¿Qué tipo de motivación necesitan para cambiar de conducta rutinaria? ¿económica? ¿psicológica? ¿Hay algo que nadie haría nunca en ninguna circunstancia?

37. *POR* AND *PARA*

Prepositions establish relationships between the noun that follows them and other elements in the sentence.

> The book is **on** the table.   This is **for** you.

    Although most prepositions have a specific meaning, their use is not always consistent with that meaning. For example, the English preposition *on* indicates a position over a surface, while *in* indicates location inside something; putting a paper *on* a box is quite different from putting a paper *in* a box. But we arbitrarily say *to ride* **on** *a bus* and *to ride* **in** *a car,* even though the relationship between the two vehicles and a passenger is the same.

    A single preposition can have many different and seemingly unrelated meanings. Think about the many different uses of the preposition *on* in the following phrases: to turn *on* the lights, to be *on* the right, to be *on* fire, to be *on* time (which is quite different from *to be* **in** *time*), to put the dog's collar *on,* to be or get high *on* something, and so *on.*

    Just as *in* and *on* in English are often used with no consistent relationship to their primary meaning or function, the use of prepositions in Spanish can be equally arbitrary. Although each preposition has a basic meaning, the choice of the correct preposition for some situations depends on usage, and many Spanish prepositions have a number of English equivalents.

Two Spanish prepositions that have several different English equivalents are **por** and **para**. The choice between them can radically affect the meaning of a sentence.

A. *Por* versus *para:* Cause and effect

Por expresses the motive for an action or the agent performing the action. **Para** expresses the goal of an action or the recipient of the action. **Por** points back toward the cause ($\leftarrow$); **para** points forward toward the effect ($\rightarrow$).

—————— POR ($\leftarrow$) ——————	—————— PARA ($\rightarrow$) ——————
Lo mataron por odio. *They killed him out of (motivated by) hate.*	Estudia para ingeniera. *She is studying (in order) to become an engineer.*
Lo hago por mi hermano. *I'm doing it for (on behalf of, on account of) my brother.*	Lo hizo para sobrevivir. *He did it (in order) to survive.*
El libro fue escrito por Jaime. *The book was written by Jaime.*	El libro es para Ud. *The book is for you.*
Mandaron por el médico. *They sent for the doctor (motive of the call).*	Son juegos para niños. *They are games for (to be used to entertain) children.*
Fue a la tienda por café. *He went to the store for coffee (motive of the errand).*	Es una taza para café. *It's a coffee cup (a cup intended to be used for coffee).*

Note also the use of **para** before infinitives to mean *in order to*. This meaning, often understood from context in English, must always be expressed in Spanish: **Estamos aquí para estudiar**. *We're here to study.*

B. *Por* versus *para:* Movement through versus movement toward

To express movement in space and time, **para** retains its basic meaning of movement toward an objective ($\rightarrow|$). **Por** takes on a different meaning of duration or movement through space or time with no destination specified ($\leftrightarrow$).

—————— POR ($\leftrightarrow$) ——————	—————— PARA ($\rightarrow|$) ——————
Pablo va por el pueblo. *Pablo passes through the town.*	Pablo va para el pueblo. *Pablo heads toward the town.*
Estaremos en clase por la mañana.	Termínenlo para mañana.

We will be in class during the morning.	*Finish it by tomorrow.*
Ana estará en México por tres días.	Ana estará en México para el tres de junio.
Ana will be in Mexico for a period of three days.	*Ana will be in Mexico by the third of June.*

Note that many native speakers of Spanish use no preposition at all to express duration of time: **Ana estará en México tres días**.

C. *Por* versus *para*: Other uses

Por and **para** also have uses that do not fit into the preceding categories. **Por** expresses *in exchange for* or *per* in units of measurement, as well as the means by which an action is performed.

Te doy cinco dólares por el libro.	*I'll give you five dollars for the book.*
El camión sólo corre 20 kiló- metros por hora.	*The truck only goes 20 kilometers per hour.*
Lo mandaron por avión (barco).	*They sent it by plane (boat).*

Para expresses *in comparison with* and also *in the opinion of*.

Para (ser) perro, es muy listo.	*He's smart for a dog.*
Para mí, la fe tiene mucha importancia.	*For me, my faith is very important.*

RECUERDE UD.

Remember that the prepositions that follow some English verbs are expressed by the simple verb form in Spanish.

buscar *to look for*	pagar *to pay for*
esperar *to wait for*	pedir *to ask for*

However, English *to ask after* or *about* someone is expressed with a preposition: **preguntar por**.

Preguntaron por ti en la reunión.	*They asked about you at the meeting.*

PRACTICA

A. Exprese en inglés. Luego explique el uso de **por** o **para**.

1. Anoche tuvimos que guardar la comida para el cura.   2. Permanecieron allí por las negociaciones.   3. Debido a la lluvia, los militares no salieron para las montañas.   4. Hicimos un tour por la catedral.   5. Las noticias corrieron

por todo el partido liberal. 6. Para ser tan egoísta, muestra mucho interés en los otros. 7. Lo llamaron por teléfono. 8. Julio pagó $20,00 por la radio. 9. La conversión de su hijo fue muy importante para la madre. 10. Fueron a la tienda por helado.

B. Dé la palabra española que se corresponde mejor con la palabra en *letras cursivas*. ¡OJO! A veces puede ser que la palabra no se traduzca con preposición (examine el verbo con cuidado).

1. The Moslems were in Spain *for* 7 centuries. 2. They were looking *for* a better church. 3. The cross is *for* your mother. 4. We threw the ball *through* the window. 5. This homework is *for* next week. 6. Steve was walking *along* the river. 7. He came *because of* the candidate. 8. She's very old *for* a cat. 9. That story was first told *by* my mother. 10. They've done so much *for* me. 11. I need glasses *to* see. 12. I asked the professor *for* 2 more weeks.

C. Cambie las palabras en *letras cursivas* por **para** o **por**.

1. *A causa de* la guerra, se perdieron todas las cosechas (*harvests*). 2. No podían respirar *a causa de* la contaminación. 3. El volcán estuvo en erupción *durante* un mes. 4. Corrieron *a lo largo de* la sinagoga. 5. Nos dio un regalo *a cambio de* nuestra ayuda. 6. Salieron *en dirección a* la ciudad. 7. Tengo que acabar el sermón *antes de* las 6:30. 8. Estudia *a fin de* ser clérigo. 9. Querían que la monja fuera *en busca del* cura. 10. Fueron a El Salvador *a fin de* trabajar como misioneros. 11. Le dieron un premio *debido a* sus sacrificios. 12. Me gusta mucho estudiar *durante* la mañana, cuando todo el mundo duerme todavía.

D. Complete el siguiente pasaje con las preposiciones apropiadas—o **por** o **para**—según el contexto.

«Somos el mundo»*

En 1985 había hambre y gran sufrimiento _____[1] muchas personas de Africa, especialmente de Etiopía. Un grupo de músicos norteamericanos, encabezados° _____[2] Bob Geldorf y   *led*
Harry Belafonte, decidieron grabar un concierto _____[3] reunir° fondos _____[4] ayudar a los hambrientos.° Vinieron más de   *to raise / starving*
40 músicos, y trabajaron _____[5] una noche entera _____[6]   *people*
grabar la canción «Somos el mundo», que fue escrita _____[7]
Michael Jackson y Lionel Richie especialmente _____[8] este proyecto. La canción tuvo un éxito tremendo y el dinero de su venta se utilizó _____[9] proporcionar° alimentos y medicinas a   *to provide*
las personas de las zonas más necesitadas de Africa. Este esfuerzo° sirvió de modelo _____[10] otros grupos de músicos—   *effort*
entre ellos un grupo de músicos latinos—quienes donaron su talento y su tiempo _____[11] la lucha contra el hambre en el mundo.

---

*Este proyecto se incluyó como parte de la campaña llamada «*U.S.A. for Africa*». En este contexto, la palabra *for* expresa un sentimiento de solidaridad o apoyo y equivale a la preposición **con**: «U.S.A. con Africa».

Estrategias para la comunicación

¡Cómo no!... *How to express and react to personal feelings*

Using Spanish interjections at appropriate moments in a conversation will communicate your emotional response to what is being said and give your partner the kind of feedback that encourages a continuing conversation. Here are a few conversational rejoinders.

AMAZEMENT	¡Qué barbaridad!	¡Vaya!
DISBELIEF	¡No me digas!	¡Qué va!
AGREEMENT	¡Claro! ¡Claro que sí!	Por supuesto.
ACQUIESCENCE	¡Cómo no!	
DISMAY	¡Ay, no!	¡Qué desgracia!
	¡Qué horror!	¡Qué mala suerte!
CONGRATULATIONS	¡Qué bien!	¡Ay, qué bueno!
	¡Cuánto me alegro!	¡Enhorabuena!
	¡Te felicito!	¡Felicidades! (*on birthdays*)
COMMISERATION	¡Ay, mujer (hombre)!	¡Qué lástima!
	¡Eso sí que está malo!	¡Qué le vamos a hacer, pues!
INDIFFERENCE	¡Y (a mí) qué!	¡Me da igual!

 ¡Necesito compañero!

A. While talking with your friend Pilar, you discover the following information. React, then ask questions to find out more information.

1. Pilar sacó una F en un examen importante.   2. El padre de Pilar es un izquierdista radical.   3. Se le murió el perro a Pilar.   4. Acaba de comprometerse (*to get engaged*) un amigo de Uds. que es un viejo solterón (*old bachelor*).   5. Hoy Pilar habla con los alumnos admitidos a la universidad para el año que viene.   6. Celebra hoy su cumpleaños.   7. Por fin dejó de fumar después de varios intentos inútiles.   8. La universidad no le dio «permanencia» (*tenure*) a su profesor favorito.   9. Acaba de ganar un premio en la lotería.   10. Se fue a comprar leche.

B. Con un compañero, proponga una opinión sobre los temas siguientes. Sus opiniones no tienen que coincidir con sus creencias personales (pueden ser exageradas para provocar una fuerte reacción). Compártalas con sus compañeros de clase para que reaccionen usando las expresiones de la lista.

1. la censura de la música y de los vídeos   2. la oración en las escuelas públicas   3. el examen obligatorio para determinar si usan drogas los empleados públicos/los atletas profesionales/los estudiantes   4. el casarse con alguien muchísimo más joven (mayor)   5. la legislación para los derechos civiles de los homosexuales   6. un incremento en los impuestos

38. REVIEW OF *SE* CONSTRUCTIONS

Se can communicate many different meanings in Spanish. In Section 8 you learned that **se** can express the impersonal agents "one," "you," or "people," as well as express passive constructions. In Sections 12 and 14 you reviewed how **se** and the other reflexive pronouns can signal both reflexive (*self*) and reciprocal (*each other*) actions, in which the agents and the objects of the action involve the same persons.

IMPERSONAL	**Se vive** muy bien aquí.	*People live very well here.*
PASSIVE	**Se malgastaron** millones de dólares en la campaña.	*Millions of dollars were wasted in the campaign.*
REFLEXIVE	La monja **se miró** en el espejo.	*The nun looked at herself in the mirror.*
RECIPROCAL	Las monjas **se miraron** con sorpresa.	*The nuns looked at each other in surprise.*

PRACTICA

Exprese las siguientes ideas en inglés. ¿Cuántos usos del *se* puede Ud. identificar?

1. Juan *se* escribió un recado para recordar las fechas importantes.   2. *Se* perdieron muchas vidas en la guerra.   3. No *se* tolera este tipo de comportamiento.   4. El general MacArthur *se* consideraba un buen soldado.   5. Los niños *se* lavaron las manos antes de comer.   6. La señora Riera y su esposo *se* conocieron durante la guerra y *se* escribieron por muchos años antes de su matrimonio.   7. Cada año *se* publican miles de libros sobre ese tema.   8. En ese salón no *se* entiende nada.

39. PROCESS *SE*

In the ¡OJO! section of Chapter 4, you learned how **se** can be used with certain verbs to express the idea of *get* or *become:*

El niño **se puso** furioso.	*The child got (became) angry.*
Se hizo rica trabajando día y noche.	*She got (became) rich by working day and night.*

This use of **se** to signal inner feelings or processes, especially changes of physical, emotional, or mental state, is very frequent in Spanish. It occurs with many verbs, several of which are in the **Vocabulario** of this chapter.

Enrique **se convirtió** al judaísmo el año pasado.	*Enrique converted to Judaism last year.*

> Al principio Carolina no **se llevó** bien con Alberto, pero luego **se enamoró** de él y **se casaron** hace un año.

> *At first Carolina did not get along well with Alberto, but later she fell in love with him and they got married a year ago.*

With these verbs the reflexive pronouns signal inner feelings or processes, especially changes of physical, emotional, or mental state or of position (location). This process is frequently expressed in English with *become, get,* or an *-en* suffix: *to become bright, to get bright, to brighten.* However, in contrast to reflexive constructions, English does not have a special way to indicate a process. For example, in the phrases *the water freezes* and *the snow melts,* it is clear from the context that the water and the snow are not performing actions. Rather, each is undergoing a process, in this case a change in physical state. In Spanish, a process is always signaled by a reflexive pronoun.

> El niño **se enfermó**.
> Todos **nos levantamos** cuando entró y luego **nos sentamos** a la vez.
> **Me puse** furiosa al recibir las noticias.

> *The child got sick.*
> *We all stood when he entered, and then we sat down at the same time.*
> *I became (got) furious upon receiving the news.*

Because both reflexive and process constructions use the same set of pronouns, the two structures look very similar. In addition, many verbs can be used with both meanings.

REFLEXIVE	El niño **se secó** después del baño.	*The child dried himself off after his bath.*
PROCESS	El café **se seca** al sol por varias semanas.	*The coffee dries (out) in the sun for several weeks.*

Actually, the process use of **se** is much more common than the reflexive use. You may find that being aware of the process meaning can help you to interpret many constructions more accurately when context makes the reflexive meaning unlikely.

The following verbs are frequently used to signal processes.*

------------------------------- PHYSICAL CHANGE -------------------------------

acostarse (ue) *to lie down; to go to bed*
calentarse (ie) *to get warm*
despertarse (ie) *to wake up, awaken*
dormirse (ue, u) *to fall asleep*
enfermarse *to get sick*

enfriarse *to get cold*
levantarse *to rise, get up*
mojarse *to get wet*
secarse *to become dry*
sentarse (ie) *to sit down*

---

*Most of these verbs can also be used without the reflexive pronouns. They then have a nonprocess meaning. For example, **acostar** means *to put someone to bed,* **despertar** is *to wake someone up,* **dormir** is *to sleep,* **levantar** is *to raise* or *to lift,* and **sentar** means *to seat someone.*

────── EMOTIONAL OR MENTAL CHANGE ──────

alegrarse (de) *to get happy* (*about*)
asustarse (de) *to become frightened* (*of*)
casarse (con) *to get married* (*to*)
comprometerse (a) *to make a commitment* (*to*)
divertirse (ie, i) *to enjoy oneself, have a good time*
divorciarse (de) *to get divorced* (*from*)
enamorarse (de) *to fall in love* (*with*)
enfadarse (con) *to get angry* (*with*)
enojarse (con) *to get angry* (*with*)
oponerse (a) *to be opposed* (*to*)
preocuparse (de/por) *to worry* (*about*)
quejarse (de) *to complain* (*about*)

PRACTICA

A. Organice los verbos según las categorías sugeridas por los dibujos a continuación.

1.

2.

B. Complete las oraciones en una forma lógica usando los verbos indicados. Cuidado con el uso del subjuntivo y del indicativo.

1. En esta clase no hay nadie que _____. (preocuparse por, oponerse a, asustarse de)
2. En mi iglesia, hay algunos que _____. (enojarse con, alegrarse de, comprometerse a)

3. Todos mis amigos ＿＿＿. (preocuparse de, alegrarse de, quejarse de)

4. De niño/a, no me gustaba que (*nombre de una persona*) ＿＿＿. (enojarse con, enamorarse de, quejarse de)

C. ¡**Necesito compañero!** Con un compañero de clase, usen las siguientes expresiones para hacerse preguntas. Luego compartan con la clase lo que han aprendido.

1. a quién / familia / parecerse más
2. gustar / quedarse en casa por la noche / salir
3. hora / levantarse / hoy
4. reaccionar / alguien reírse de Ud.
5. aspecto / universidad / quejarse más / este semestre
6. con qué postura política / enojarse más
7. en qué situación / divertirse más / este año
8. en qué situación / ponerse nervioso/a
9. qué solución / usar / calmarse

D. Situaciones y preguntas

1. De niño/a, ¿te importaba mucho el dinero? ¿Cómo conseguías dinero cuando lo necesitabas? ¿Qué solías comprar?

   Hoy, ¿cómo gastas tu dinero? ¿Cuál de las siguientes sería (*would be*) tu manera preferida de manejar cien dólares? ¿Por qué?

   - invertirlo o ponerlo en el banco
   - comprar algún artículo de uso personal (ropa, zapatos, etcétera)
   - comprar algo para tu diversión (un disco, un juego, un libro, una revista, etcétera)
   - pagar boletos para un concierto, una cena en un restaurante, boletos para hacer un viaje, etcétera
   - comprar un regalo para otra persona

2. En esta universidad, ¿has conocido (*have you met*) a muchas personas de distintos grupos sociales o étnicos? ¿De qué hablan Uds. cuando están juntos? Cuando hay desacuerdos entre tú y tus amigos, ¿suelen Uds. tratar de resolver las diferencias o respeta cada uno el punto de vista del otro? Explica.

   En tu opinión, ¿entre cuál(es) de estos grupos suele existir más (y más graves) diferencias de opinión? Explica.

   - personas de distintas generaciones
   - personas de distintas religiones
   - personas de distintos partidos políticos
   - personas de distintas razas
   - los hombres y las mujeres
   - personas de distintos grupos étnicos
   - personas de distintas clases sociales

3. ¿Te importan las creencias políticas de tus amigos? ¿su religión? ¿su origen étnico? ¿Te diviertes con un amigo que es muy optimista? ¿altruista? ¿temerario (*foolhardy*)? ¿prudente? ¿Te pones irritado/a con un amigo que tiende a ser egoísta o pesimista?

E. 🏛️ **Guiones**   A continuación hay un episodio en la vida de la familia Valdebenito que ocurrió el año pasado. Incluye varios verbos que pueden expresar conceptos reflexivos, recíprocos o de proceso. En grupos de tres o cuatro personas, narren en el pasado la historia, usando los verbos indicados para cada dibujo y añadiendo todos los detalles que Uds. creen necesarios. ¡OJO! En cada caso hay que decidir si la forma con **se** es necesaria o no.

- ¿Quiénes son esas personas y cuál es la relación entre ellas?
- ¿Cuál era el contexto del episodio? ¿Qué planeaba el protagonista? ¿Cuáles eran sus motivos?
- ¿Qué pasó?
- ¿Cómo reaccionaron los miembros de la familia? ¿Por qué?

VOCABULARIO UTIL: calvo, el ejército, el peligro, peligroso, el recluta, el sargento, el soldado, el uniforme

1. animar(se), entusiasmar(se), comprometer(se), alistar(se), estrechar(se) (*to shake*) la mano
2. asustar(se), preocupar(se), disuadir, luchar, cambiar de opinión, convencer(se)
3. despedir(se), abrazar(se), sentir(se), quedar(se)
4. afeitar(se), mirar(se), horrorizar(se), hacer cola, reírse de
5. enojar(se), gritar(se), motivar(se), levantar(se), acostar(se), predicar con el ejemplo
6. volver(se), vestir(se), alegrar(se), sentir(se)

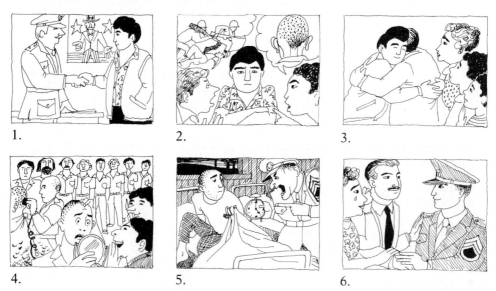

1.   2.   3.

4.   5.   6.

40. REVIEW OF THE SUBJUNCTIVE: AN OVERVIEW

Two conditions must be met for the subjunctive to be used. The first has to do with sentence structure. The sentence must contain at least two clauses, an independent or main clause and a dependent or subordinate clause. The subjunctive generally occurs in the subordinate clause.

Los liberales se alegraron de que nombráramos a una mujer.	*The liberals were happy that we named (nominated) a woman.*
Los conservadores se pusieron furiosos de que gastáramos tanto dinero en el bienestar social.	*The conservatives became furious that we spent so much money on social welfare.*

The second condition has to do with meaning. There are three basic types of messages that cue the subjunctive.

1. NONEXPERIENCE: when the subordinate clause describes or refers to something that is unknown to the speaker, that is, beyond his or her experience, and is thus not considered real or factual

   Persuasion

Prefiero que no vayas a Europa.	*I prefer that you not go to Europe.*

   Doubt

Dudaban que fuera tan egoísta.	*They doubted that he was such an egotist (so egotistical).*

   Description of something unknown or nonexistent

El optimista buscaba una solución que les ayudara a todos.	*The optimist looked for a solution that would help everyone.*
Van a firmar el contrato después de que se arreglen los detalles.	*They are going to sign the contract after the details are finalized.*

2. SUBJECTIVE REACTION: when the main clause makes a value judgment or expresses a subjective, emotional reaction

Es increíble que sea tan derechista.	*It's incredible that she is so right wing (politically to the right).*

3. INTERDEPENDENCE: when the main clause describes the conditions under which the event in the subordinate clause will take place

Te entrego el dinero con tal de que me des las fotos.	*I will hand the money over to you provided that you give me the pictures.*

PRACTICA

A. Los ultraliberales y los ultraconservadores representan puntos de vista extremos. En su opinión, ¿cómo reaccionarían (*would react*) estos individuos a las siguientes noticias? Use una de las frases de la lista para comentar sus reacciones. Luego explique por qué piensa Ud. que reaccionan así.

se preocupa de   se enoja de   se opone a
se alegra de   se escandaliza de

MODELO: El gobierno legaliza la mariguana. →
            El ultraliberal se alegra de que el gobierno legalice la mariguana
            ya que no la considera una droga realmente peligrosa. El ultra-
            conservador se opone a que el gobierno la legalice porque cree
            que va a contribuir al deterioro de la sociedad.

1. El gobierno aumenta los impuestos a las grandes corporaciones.   2. El congreso recorta el presupuesto (*budget*) militar para poder proporcionar más dinero a los programas sociales.   3. El gobierno prohíbe la oración en las escuelas públicas.   4. La Corte Suprema prohíbe el aborto.

¿Tiene Ud. más ideas en común con un ultraliberal o con un ultraconservador?

B. Usando las frases del ejercicio anterior, comente cómo reaccionan un pacifista y un soldado tipo Rambo a las siguientes noticias. Luego explique por qué piensa Ud. que reaccionan así.

1. Los Estados Unidos declara la guerra a Cuba.   2. El gobierno declara ilegal la venta de toda clase de armas de fuego.   3. Los Estados Unidos y Rusia deciden abandonar eliminar por completo las armas nucleares.   4. Una mujer es elegida presidente.

¿Tiene Ud. más ideas en común con un pacifista o con un soldado tipo Rambo?

C. 🐚 **¡Necesito compañero!**   ¿Cuáles son sus propios valores? Con un compañero de clase, contesten el siguiente cuestionario dando el presente del subjuntivo de los verbos entre paréntesis. Luego hagan preguntas para averiguar el por qué de sus respuestas. Luego compartan con la clase lo que han aprendido.

1. Si tengo una opinión, no cambio de idea a menos que _____.

   a. mis padres o varios de mis amigos (*pensar*) lo contrario
   b. (*haber*) bastante información en los libros o en los periódicos que me convenza
   c. (*convencerme*) alguna autoridad religiosa o política respetada

2. Si me decido a trabajar por alguna causa, es probable que _____.

   a. (*proteger*) a los animales o el medio ambiente (*environment*)
   b. (*dedicarme*) a los pobres o a los inválidos
   c. (*tener*) algún propósito político

3. Cuando me comprometo a una causa, normalmente lo hago _____.

   a. después de muchas investigaciones sobre lo que representa la causa y quiénes son sus proponentes (*supporters*)
   b. impulsivamente, siguiendo alguna intuición personal
   c. porque muchos amigos míos trabajan por la misma causa

4. Con respecto a diversas causas, es probable que yo _____.

   a. (*donar*) dinero
   b. (*contribuir*) con mi tiempo, como voluntario
   c. no (*dar*) nada; normalmente no contribuyo a ninguna causa

5. Si pudiera (*I could*) descubrir una cura definitiva para solamente uno de los siguientes problemas, me gustaría inventar una píldora (*pill*) que eliminara _____.

   a. el SIDA (*AIDS*)   b. el hambre   c. la violencia

6. Las personas muy comprometidas me _____, porque _____.

   a. inspiran admiración   b. ponen nervioso/a   c. dan igual

 **¡Ojo!**

mudarse—trasladar(se)—moverse

When *to move* means to change residence, use **mudarse**. *To move* or *to be moved* from place to place—from city to city or from office to office, for example—is expressed with **trasladar(se)**. Use **moverse (ue)** to express *to move* an object or a part of the body.

Como mi padre era militar, **nos mudábamos** mucho.	*Since my father was in the military, we moved a lot.*
La compañía la **trasladó** a otra oficina.	*The company moved (transferred) her to another office.*
¡Hijo! No **te muevas**. Tienes una abeja en el brazo.	*Son! Don't move. You have a bee on your arm.*

realizar—darse cuenta (de)

Both of these verbs mean *to realize*. **Realizar** means *to achieve* a goal or an ambition, that is, *to accomplish* something. **Darse cuenta (de)** means *to realize* as in *to be aware* or *to understand*.

El estudiante **realizó** su sueño; sacó una A en el curso.	*The student realized his dream; he got an A in the course.*
No **me di cuenta de** que había una venta.	*I didn't realize that there was a sale.*

sentir—sentirse

Both of these verbs mean *to feel*. **Sentir** is always followed by nouns, **sentirse** by adjectives.

Yo **siento** un gran **alivio** sabiendo que vas a estar conmigo.	*I feel a great relief knowing that you're going to be with me.*
Yo **me siento** muy **aliviada** sabiendo que vas a estar conmigo.	*I feel very relieved knowing that you're going to be with me.*

Neither **sentir** nor **sentirse** can express *to feel* in the sense of *to believe* or *have the opinion*. These concepts must be expressed with **pensar**, **creer**, or **opinar**.

Piensan (Creen, Opinan) que es una poeta excelente.	*They feel that she is an excellent poet.*

Sentir can also mean *to regret*.

Lo **siento**.	*I'm sorry. (I regret it.)*

PRACTICA

A.   Dé la palabra española que se corresponde mejor con la palabra en *letras cursivas*.

1. The missionary hopes *to move* to Chile next year, although *he realizes* that it will be difficult to convince his superiors, who *feel* that it would be better for him to stay here.
2. After that meal, I *feel* so stuffed that I can't even *move*!
3. Don't you *feel* warm? If you *move* the curtains back a little, we'll be able *to feel* the breeze a bit more.
4. Although he can't *move* his arms at all, the specialists *feel* that his condition will surely improve.
5. She is an overachiever, *realizing* goals that seem way beyond her ability.
6. I *felt* awful that he fell down because I *had moved* the chair.
7. When Jane *moved* to her own apartment she began *to feel* more independent, although she *realized* that she would be lonely sometimes, too.
8. *I'm sorry* that *they moved* to Cleveland, but most people *feel* that it was for the best.

B.   Dé la forma correcta de la palabra o frase que mejor complete la oración, según las palabras indicadas entre paréntesis. ¡OJO! Hay también palabras de los capítulos anteriores.

1. No es ____ de gustos. ____ la Sra. Benítez cambió de trabajo, era preciso que ____ a Lima. (*question/Since/she move*)

2. ¿____ si ____ a casa ahora? Tengo una ____ esta noche y quiero vestirme con cuidado. (*Do you care/I return/date*)

3. Me ____ cuando tú ____ una de mis fiestas, pero ____ que hay ____ que no puedes hacer otra cosa. (*it hurts/miss/I realize/times*)

4. ____ se sabe que el fumar causa el cáncer, ¿____ que ____ deben ____ fumar? (*Since/do you feel/both of you/stop*)

5. Si tú ____ a San Francisco, ____. (*move/we are going to miss you*)

6. En vez de caminar a su casa, ____ he decidido ____ el metro (*subway*). Así puedo ____ conmigo varios regalitos. (*this time/to take/to take*)

7. Si esos zapatos ____ quizás debes ____. Puedes ____ otro par un poco más grande. (*hurt you/return them/look for*)

8. Mi padre trataba de ____ el sofá cuando ____ la espalda. Mi madre lo ____ al hospital porque ____ realmente mal. (*to move/he hurt/took/he felt*)

C. Situaciones y preguntas

1. ¿Cuántas veces se mudó Ud. antes de cumplir los 18 años? ¿Sintió Ud. mucho que se mudara su familia? ¿Qué problemas le puede causar una mudanza a un niño? Imagínese que Ud. tiene que mudarse ahora. ¿A qué sitio quisiera ir? ¿Por qué?

2. ¿Qué sueños importantes realizó Ud. durante la primera década de su vida? ¿Qué sueños quiere realizar durante la próxima década? ¿Tiene Ud. un sueño imposible de realizar? ¿Cuál es? ¿Por qué no lo va a poder realizar?

3. ¿Cuándo se dio Ud. cuenta de que quería hacer estudios universitarios? ¿Cuándo se dio cuenta de que quería estudiar en esta universidad? ¿Cuándo se dieron cuenta sus padres de que Ud. ya era adulto/a?

4. ¿Cómo te sientes ahora que ya estás en la universidad? ¿Te sientes contento/a con tu vida? ¿Cómo te sentías durante la primera semana de clases? ¿Te fue fácil o difícil acostumbrarte? ¿Por qué?

Repaso

A. Complete el párrafo, dando la forma correcta del verbo y expresando en español las frases en inglés. Cuando se dan dos palabras entre paréntesis, escoja la palabra apropiada.

El mito del quinto sol

Todas las religiones, tanto las modernas como las antiguas, tienen una explicación de la creación del mundo. Probablemente no hay nadie de la tradición judeocristiana que no conozca la historia bíblica. Los aztecas tenían una explicación más complicada de la creación. Se llamaba la historia del Quinto Sol.

Según este mito, (*many, many years ago*[1]) no había nada en el mundo. A los dioses no les gustaba que el universo (*ser*[2]) tan oscuro y por eso un día (*reunirse*[3]) para resolver el problema. El malévolo dios de la noche (*hablar*[4]) primero. «Es evidente que nosotros (*necesitar*[5]) un sol. Y para que Uds. (*ver*[6]) mi poder y mi fuerza,° ¡yo lo crearé!°»   strength / shall create

De repente, (*aparecer*[7]) un sol grande y esplendoroso. Pero todavía no había hombres que (*habitar*[8]) la tierra, sólo gigantes monstruosos. Al cabo° de trece siglos, unos jaguares enormes   final
los (*devorar*[9]) y (*destruir*[10]) el sol. Por eso los dioses le (*poner*[11]) a este primer sol el nombre de sol del Jaguar.

Entonces fue necesario que los dioses (*empezar*[12]) de nuevo. Como cada dios quería que los otros dioses lo (*admirar*[13]), uno tras° otro, los dioses trataron de crear un sol duradero.°   después de / lasting
Ninguno tuvo suerte. Unos huracanes horribles (*devastar*[14]) el segundo sol; sólo hubo unos hombres (*who*[15]) (*poder*[16]) escapar. Subieron a los árboles y se convirtieron en monos. Una tercera y una cuarta vez los dioses usaron su magia sin que ninguno (*tener*[17]) éxito. Durante el tercer sol apareció una misteriosa lluvia de fuego, (*which*[18]) quemó toda la tierra menos a algunos hombres, que se convirtieron en pájaros. Después de la creación del cuarto sol, una terrible inundación°   flood
(*cubrir*[19]) el mundo. Algunos hombres sobrevivieron al convertirse en peces.°   fish

Después del cuarto sol los dioses (*decidir*[20]) reunirse una vez más. (*Saber: ellos*[21]) que no (*ir*[22]) a poder crear un sol perfecto a menos que (*hacer*[23]) un sacrificio especial, un sacrificio divino. Dos dioses se ofrecieron para el sacrificio. Mientras ellos (*were preparing themselves*[24]), los otros dioses construyeron un gran fuego. Al quinto día, los dos dioses (*arrojarse*°[25]) al fuego. Los otros dioses esperaron nerviosos.   to throw oneself
Pronto (*descubrir*[26]) su error: por el cielo subían dos discos rojos. ¡Qué horror!

No era posible que (*vivir: ellos*[27]) con dos soles. El calor sería° demasiado intenso. Por eso, uno de los dioses (*arrojar*[28])   would be
un conejo° contra uno de los soles, reduciendo así un poco su   rabbit
luz. Este sol se convirtió en la luna. (Hasta hoy los mexicanos no hablan del hombre de la luna (*pero/sino*[29]) del *conejo* de la luna.)

Pero el otro sol todavía (*estar*[30]) muy débil. «Puedo empezar a cruzar el cielo—les anunció ese sol—con tal de que Uds. (*darme*[31]) sus corazones.»

Todos los dioses (*arrojarse*[32]) al fuego y el sol (*comer*[33]) sus corazones. El quinto sol, ahora fuerte y brillante, empezó a caminar lentamente por el cielo, donde lo podemos ver hoy. Los otros soles se pueden ver también en el famoso calendario azteca que hay en el Museo de Antropología de México.

B. Los mitos no son totalmente fantásticos. Muchos aspectos de los mitos se basan en la realidad y en los esfuerzos del hombre por comprenderla. ¿Dónde ve Ud. la influencia de los siguientes datos en el mito mexicano de la creación?

1. En México, se encuentran restos de muchos dinosaurios.
2. En el pasado, México era una tierra con muchos volcanes activos.
3. La costa mexicana fue inundada en varias ocasiones por maremotos (*tidal waves*) causados por huracanes violentos.

¿Conoce Ud. algunos mitos norteamericanos que expliquen los siguientes fenómenos naturales? Si no conoce un mito verdadero, intente inventar uno.

- la diferencia de color entre las razas humanas
- por qué cambian las estaciones del año
- por qué hay tantas lenguas diferentes en el mundo
- el sonido del trueno (*thunder*)

CAPITULO NUEVE

Una calle de Washington Heights, Ciudad de Nueva York

Los hispanos en los Estados Unidos

Los hispanos son sólo uno de los muchos grupos étnicos que han emigrado a los Estados Unidos. ¿Sabe Ud. dónde viven y cuándo llegaron los siguientes grupos? ¡OJO! En algunos casos hay más de una respuesta posible.

1. los cubanos	a. Minnesota	(1) siglo XVI
2. los alemanes	b. California	(2) siglo XVII
3. los escandinavos	c. la Florida	(3) siglo XVIII
4. los irlandeses	d. Ohio	(4) siglo XIX
5. los polacos	e. Boston	(5) siglo XX
6. los españoles	f. Virginia	
7. los ingleses	g. Michigan	
8. los chinos	h. Nuevo México	

¿Pertenecían sus antepasados a alguno de estos grupos? ¿De dónde vinieron y cuándo llegaron a los Estados Unidos?

¿Conoce Ud. a los siguientes hispanos famosos?

——————— PERSONAS ———————

1. _____ Jimmy Smits
2. _____ Javier Suárez
3. _____ Raúl Julia
4. _____ Rita Moreno
5. _____ Nancy López
6. _____ Antonia Coello Novello
7. _____ César Chávez
8. _____ Gloria Estefan
9. _____ Rubén Blades
10. _____ Roberto Clemente

——————— IDENTIDADES ———————

a. Cirujana General, puertorriqueña
b. golfista chicana profesional
c. beisbolista puertorriqueño
d. alcalde cubano de Miami
e. organizador chicano del sindicato de los trabajadores agriculturales
f. actor chicano
g. cantante puertorriqueño
h. actriz puertorriqueña
i. actor/director de cine puertorriqueño
j. cantante cubanoamericana

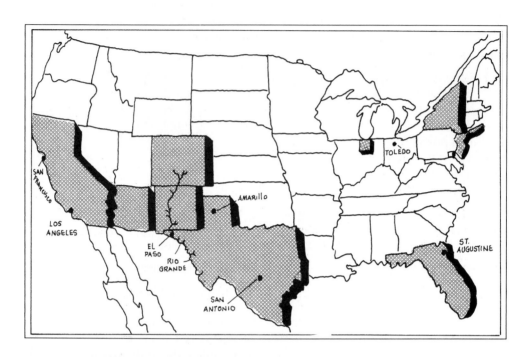

Vocabulario para conversar

acoger to welcome
  acogedor welcoming
acostumbrarse to become accustomed
adaptarse to become adapted
el anglo(sajón) Anglo(-Saxon)
aportar to bring, contribute
  el aporte contribution
asimilarse to become assimilated
bilingüe bilingual
el ciudadano citizen
  la ciudadanía citizenship
el crisol melting pot
cubano Cuban
chicano Chicano, Mexican-American*

emigrar to emigrate
  la emigración emigration
  el emigrante emigrant
establecerse to get settled
el exiliado exile (person)
la identidad identity
inmigrar to immigrate
  la inmigración immigration
  el inmigrante immigrant
el orgullo pride
  orgulloso proud
la patria native land
puertorriqueño Puerto Rican
el refugiado refugee

 OTROS INMIGRANTES

el costarricense Costa Rican
el guatemalteco Guatemalan
el haitiano Haitian
el hondureño Honduran

el nicaragüense Nicaraguan
el panameño Panamanian
el salvadoreño Salvadoran

Practiquemos

A. Explique la diferencia entre cada par de palabras.

1. el anglosajón/el norteamericano
2. el cubano/el puertorriqueño
3. la inmigración/la emigración
4. el exiliado/el ciudadano
5. aceptar/acoger

B. Dé ejemplos de las siguientes personas, grupos o conceptos.

1. un inmigrante
2. un crisol
3. un grupo bilingüe
4. el aporte de distintos grupos a los EEUU

C. Defina brevemente en español.

1. establecerse
2. el orgullo
3. la patria
4. acostumbrarse
5. la identidad

---

*Within the Mexican-American community, there is considerable discussion about the acceptability of this term, which originally had very radical connotations. At one time the younger generation preferred **chicano**, while others preferred **mexicanoamericano** o **méxicoamericano**. Now, however, the word **chicano** is gaining wide acceptance as a term for describing people with Mexican ancestry who were born and brought up in the United States.

D. ☀ **¡Necesito compañero!** ¿Cuántas ideas asocia Ud. con cada una de las siguientes palabras clave? Trabajando con un compañero de clase, completen los cuadros con todas las ideas que puedan. No es necesario limitarse a las palabras de la lista del vocabulario. Luego comparen sus cuadros con los de los otros grupos de la clase para agregar aún más ideas.

1. Palabra clave: asimilarse

2. Palabra clave: emigrar

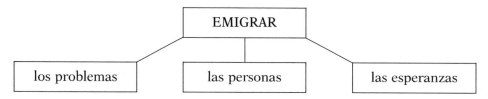

Conversemos

A. ¿Dónde se nota más la presencia hispánica en los Estados Unidos? ¿Cuáles son los grupos hispánicos que predominan en cada área? ¿Dónde hay más chicanos (mexicanoamericanos)? ¿más puertorriqueños? ¿más cubanos? ¿Puede Ud. explicar estas concentraciones regionales de hispanohablantes? ¿Qué se entiende por «hispano»? ¿Representa un grupo lingüístico? ¿un grupo cultural? ¿ambos? ¿Otra cosa?

B. ¿Qué grupo étnico vive desde hace varios siglos en lo que es hoy territorio de los Estados Unidos? ¿Qué grupos tienen una concentración de exiliados políticos? ¿de inmigrantes recién llegados? ¿Por qué cree Ud. que muchos hispános inmigraron a los Estados Unidos y no a otros países?

C. ¿Cuáles son algunos de los problemas que los inmigrantes tienen que enfrentar en los Estados Unidos? ¿Es necesario que se asimilen o deben mantenerse separadas las personas de distinto origen étnico? ¿Qué entiende Ud. por «asimilarse»? ¿Cree Ud. que la educación bilingüe beneficia la asimilación de los inmigrantes? ¿Por qué sí o por qué no? ¿Qué entiende Ud. por «crisol»? En su opinión, ¿es los Estados Unidos un crisol?

D. ¿Qué son algunas maneras en que las costumbres de los hispanos se incorporan a la cultura norteamericana mayoritaria? Por ejemplo, ¿puede Ud.

dar ejemplos específicos relacionados con cada una de las siguientes categorías generales?

    la comida   la música   la lengua   las fiestas

E. Si Ud. no sabe o no recuerda la palabra, ¿cómo puede expresar estas palabras en español?

1. *bilingual* 2. *an exile* 3. *native land* 4. *an emigrant*

 Gramática

41. THE PASSIVE VOICE

In both English and Spanish, actions that have objects can be expressed either actively or passively.

ACTIVE	El gobierno ayudó a los exiliados.	*The government helped the exiles.*
PASSIVE	Los exiliados fueron ayudados por el gobierno.	*The exiles were helped by the government.*

In the active voice (**la voz activa**), the agent, or doer, of the action is the subject of the sentence, and the receiver of the action is the direct object. In the passive voice (**la voz pasiva**), the functions are reversed: the receiver of the action is the subject, and the agent, or doer, is expressed with a prepositional phrase (*by + agent*).

Spanish has two ways of expressing the passive idea: the **ser** passive and the **se** passive.

ACTIVE VOICE (LA VOZ ACTIVA)				
subject/agent	+	verb	+	object/recipient
Laura		*painted*		*the house.*
Laura		pintó		la casa.
The government		*helped*		*the exiles.*
El gobierno		ayudó		a los exiliados.
The immigrants		*requested*		*citizenship.*
Los inmigrantes		solicitaron		la ciudadanía.

PASSIVE VOICE (LA VOZ PASIVA)		
subject/recipient +	*to be* + past participle +	agent
The house La casa	*was painted* fue pintada	*by Laura.* por Laura.
The exiles Los exiliados	*were helped* fueron ayudados	*by the government.* por el gobierno.
Citizenships La ciudadanía	*was requested* fue solicitada	*by the immigrants.* por los inmigrantes.

A. *Ser passive*

This passive construction is very similar to the English one: a form of *to be* (**ser**), plus the past participle and the agent introduced with a *"by"* (**por**) phrase. The past participle functions as an adjective, agreeing in gender and number with the subject.

	———— SINGULAR ————	———— PLURAL ————
MASCULINE	**El** libr**o** fue escrit**o** por Elena.	**Los** libr**os** fueron escrit**os** por Elena.
FEMININE	**La** fiest**a** fue planead**a** por Carlos.	**Las** fiest**as** fueron planead**as** por Carlos.

B. *Se passive*

In addition to the passive construction illustrated above, Spanish also has another way of expressing the passive idea. Note the following comparison.

SER PASSIVE   Las casas fueron construidas por los inmigrantes.
The houses were built by the immigrants.

SE PASSIVE   Se construyeron las casas en 1988.
The houses were built in 1988.

As you learned in Section 8, the passive **se** construction always has these three parts.

se + third person verb + receiver (object) of the action

Se reciben miles de peticiones cada año.	*Thousands of petitions are received every year.*
Se aprueba sólo un pequeño porcentaje de ellas.	*Only a small percentage of them is approved.*
Se rechazaron las aportaciones de esa grupo.	*The contributions of that group were rejected.*

The passive **se** verb agrees in number with the recipient of the action (**miles**, **porcentaje**).

The following paragraph about the settling of the American Southwest shows a number of examples of the various uses of **se** as well as the two passive forms. How many can you recognize?

La enorme extensión del territorio permitía que los recién llegados se establecieran y siguieran viviendo de acuerdo con sus costumbres y tradiciones, manteniéndose al margen de los mexicanos. Al principio el gobierno mexicano estaba contento de tener pobladores de cualquier origen, pero al notar la rápida americanización de su territorio empezó a alarmarse. En 1830 la inmigración procedente de los EEUU fue prohibida, pero ya era demasiado tarde. Para muchos americanos un plan divino° parecía haber dispuesto que todo el territorio entre el río Misisipí y el océano Pacífico formara parte de los Estados Unidos. Motivado en parte por el deseo de realizar este plan y en parte por otros conflictos políticos y económicos, el territorio de Texas se rebeló en 1836 y logró independizarse de México. Pronto Texas votó para incorporarse a los EEUU y, para evitar que México recuperara este territorio, tuvo lugar la guerra entre los EEUU y México en 1846. El Tratado de Guadalupe Hidalgo puso fin a esta guerra en 1848, dando a los EEUU las tierras de Texas, Nuevo México, Arizona, y parte de California, Nevada y Colorado. México había perdido la mitad de su territorio total, y los EEUU había ganado un tercio° del suyo. A los 75.000 ciudadanos mexicanos que se encontraban en lo que era ahora territorio norteamericano se les ofreció la alternativa de volver a México o de convertirse en ciudadanos norteamericanos. La gran mayoría decidió quedarse y aceptar la ciudadanía. Fueron éstos los primeros méxicoamericanos... que llegaron a serlo, no por medio de una inmigración deliberada, sino por medio de la conquista. No se puede comprender la historia de los chicanos sin reconocer este acontecimiento° decisivo.

° = el Destino Manifesto

° un... ⅓

° evento

PRACTICA

A.   Imagine que Ud. conoce a Rodolfo Cortina, un inmigrante cuya familia llegó a los EEUU hace tiempo ya. Describa algunas de las actividades de Rodolfo y su familia, usando la voz pasiva según el modelo.

> MODELO: los hijos menores: matricular, colegio, madre
> Los hijos menores fueron matriculados en el colegio por su madre.

1. una casa: alquilar, padre
2. un carro usado: comprar, padres
3. unas cartas a los viejos amigos: escribir, los hijos
4. la atención médica: conseguir, padres
5. el permiso de conducir: solicitar, Rodolfo
6. unos muebles de segunda mano: regalar, amigos de la familia

B.   En las siguientes oraciones activas no se menciona un agente específico. Por lo tanto, también se puede usar la voz pasiva con **se**. Haga este cambio. ¡OJO! No olvide la concordancia entre el verbo y el sujeto.

> MODELO: Vieron la estatua al entrar en el puerto (*port*). →
> Se vio la estatua al entrar en el puerto.

1. Siempre anuncian las noticias importantes en la televisión.   2. Abandonaron la patria por razones económicas.   3. Repartieron (*They distributed*) los cuestionarios entre todos los inmigrantes.   4. Hicieron una investigación de sus actividades políticas previas.   5. Primero firman los documentos y luego tienen que jurar (*swear*) lealtad al nuevo gobierno.   6. Organizaron una manifestación y denunciaron los abusos del gobierno.   7. Siempre aprobaban nuestras decisiones.   8. No quisieron aceptar sus documentos.

C.   Dé información sobre los siguientes individuos y hechos, usando oraciones pasivas.

> MODELO: América → América fue descubierta en 1492.

1. Abraham Lincoln
2. la bombilla eléctrica y el fonógrafo
3. la ciudad de Hiroshima
4. la Declaración de Independencia de los Estados Unidos
5. George Bush y Dan Quayle
6. las civilizaciones indígenas de Sudamérica
7. la viruela (*smallpox*)
8. esta universidad

D.   Situaciones y preguntas

1. A los grupos minoritarios les es muy difícil a veces adaptarse a diferencias lingüísticas y culturales. ¿Qué se hace en los EEUU para que se asimilen lingüísticamente los distintos grupos de inmigrantes? ¿para ayudarles a mantener sus propias costumbres?

2. Un aspecto de la propia cultura que tanto la comunidad hispana como muchas otras comunidades étnicas tratan de mantener es la comida. ¿Qué comidas o platos étnicos has probado? ¿Has probado platos hispanos? ¿Cuáles? ¿Qué ingredientes básicos asocias con la cocina hispana? ¿Hay una «comida hispana» típica o varía según el país?

3. Mire el anuncio a continuación. La compañía Goya vende comidas hispanas como frijoles, arroz, etcétera. ¿Qué se vende en el anuncio? ¿Qué grupos hispanos cree Ud. que se asocian con los platos mencionados? ¿Qué hay en el anuncio que se lo indica? Las comidas congeladas para prepararse en hornos de microondas representan una adaptación de la cocina hispana al estilo de vida norteamericana. ¿Qué otras adaptaciones puede mencionar Ud.? Mire las fotos y el texto de la página 258. ¿Es esto también otra «adaptación» de la cocina hispana al estilo de vida norteamericano? Explique.

POLLO REBOLDE

TORTAS DE SALVA

¡FIBRA EN TODO!

PANECILLOS DE AVENA.

*La avena, y sobre todo la cáscara o
salvado, combate el colesterol,
proporciona fibra, dicen que es una
maravilla para la salud... ¡y estas
ricas recetas contienen cantidad!*

(Encontrarás todas las recetas en la página 80.)

C. Passive with *ser* versus passive *se*

These two constructions differ in meaning as well as in form.

1. *Whenever the **ser** passive construction is used, the agent of the action is either stated in the sentence or is very strongly implied.* When mentioned, the agent is generally introduced by the preposition **por**.

AGENT MENTIONED: Los países hispanoamericanos fueron colonizados por los españoles en el siglo XVI.

AGENT IMPLIED BY PREVIOUS CONTEXT: Los españoles llegaron al Nuevo Mundo a finales del siglo XV. América fue descubierta en 1492 y los países hispanoamericanos fueron colonizados en el siglo XVI.

2. *In general, when the agent is known, Spanish will use an active construction instead of the passive with* **ser**.

——————— ENGLISH PASSIVE ———————

The laws were passed by the Congress.

——————— SPANISH ALTERNATIVES ———————

active (common)
El Congreso aprobó las leyes.
ser *passive (infrequent)*
Las leyes fueron aprobadas
por el Congreso.

The **ser** passive construction is used relatively infrequently in speech and is only slightly more common in writing, where writers may use it to vary their style.

3. *When the agent of the action is unknown or unimportant* to the message, the idea should be expressed by using a *passive* **se** *construction*. In a passive **se** sentence, the speaker simply wants to communicate that an action is or was being done to someone or something. This construction is used regularly in both written and spoken Spanish.

——————— ENGLISH PASSIVE ———————

Money was sent to the exiles.
(Who sent the money is not known or is unimportant.)
Many machines were bought.
(Who bought them is not known or is unimportant.)

——————— SPANISH ALTERNATIVES ———————

se passive
Se mandó dinero a los exiliados.
se passive
Se compraron muchas máquinas.

4. *In summary, if you know who the agent is, use the active voice. When you don't know the agent, use the passive* **se** *construction.*

PRACTICA

A. Imagine que Ud. se ha decidido a emigrar o otro país. ¿Adónde quiere ir? Conteste según el modelo. ¡OJO! Como no es un país específico, ya conocido, tiene que usar el subjuntivo.

MODELO: ayudar la asimilación →
Quiero ir a un país donde se ayude la asimilación.

1. cometer menos crímenes   2. ofrecer mejores sueldos   3. tener más libertad de expresión   4. ofrecer muchas oportunidades para instruirse   5. disfrutar (*to enjoy*) de un mejor nivel de vida   6. poder vivir cerca de la naturaleza   7. no pagar tantos impuestos   8. proteger los derechos humanos   9. no necesitar prestar servicio militar   10. hablar inglés

B. El autor de este artículo quiere variar su estilo, sustituyendo la voz activa por la voz pasiva con **ser** en las frases subrayadas. Haga ese cambio.

1. <u>S. I. Hayakawa, un senador japonés-americano, y John Tanton, un oftal-mólogo de Michigan, fundaron *U.S. English*</u> en 1983. Estos presionaron el caso de la asimilación lingüística como una forma de liberar a los no angloparlantes de la pobreza.

2. El debate sobre «English Only» provocó más que palabras. Durante la década de los 80, <u>diecisiete estados pasaron resoluciones</u> haciendo del inglés la lengua oficial.

3. Los objetivos del movimiento son claros: Quieren que <u>publiquen los documentos oficiales</u> solamente en inglés, que <u>limiten todo debate público o político</u> al inglés y que <u>reduzcan la educación bilingüe.</u>

4. Es importante distinguir entre el bilingüismo y la educación bilingüe. Los <u>partidarios</u> de «English Only» con frecuencia no <u>hacen esta distinción;</u> ellos atacan los programas bilingües pero no buscan fondos para mejorar la enseñanza del inglés.

5. Dicen algunos que <u>el temor al poder de la creciente población hispana provocó el debate,</u> no el deseo de resolver la pobreza.

C. ¡**Necesito compañero!**   Repase los usos del **se** impersonal (Section 8). Después, con un compañero de clase, expresen las siguientes oraciones en inglés. Luego piensen si existen otras alternativas gramaticales para expresar la misma idea en español en cada caso. ¿Pueden Uds. explicar también los usos del subjuntivo? Prepárense para justificar sus respuestas. Las alternativas gramaticales son

    voz pasiva con **ser**   voz pasiva con **se**   **se** impersonal

1. En 1979 era necesario que se importaran estos productos.   2. La nueva ley fue aprobada por el Congreso en 1962 después de ser enmendada varias veces.   3. Se cortó la inmigración del Oriente durante esa época.   4. El primer alcalde (*mayor*) mexicoamericano fue elegido en Texas, ¿verdad?   5. Se vive mejor en los países donde no se cometen tantos crímenes.   6. El gobierno va a conceder la ciudadanía a los Romero tan pronto como se presenten los documentos necesarios.   7. Muchos programas especiales para adultos fueron diseñados por la escuela.   8. Se duda que la educación bilingüe haya mejorado la situación.   9. No hay ningún problema que haya sido resuelto por ese comité.

D. ¡**Necesito compañero!**   Con un compañero de clase, hagan y contesten preguntas para descubrir la siguiente información. Luego compartan con la clase lo que han aprendido.

Donde tú vives, ¿qué se hace generalmente en los siguientes casos?

1. El dinero _____.

    a. se ahorra (*is saved*)
    b. se gasta
    c. se da a causas políticas o sociales

2. Los papeles importantes _____.

   a. se encuentran por todas partes
   b. se ordenan con cuidado
   c. se pierden con frecuencia

3. Las cuentas _____.

   a. se pagan inmediatamente
   b. se acumulan por varios meses
   c. se mandan a los padres

4. Los estudios _____.

   a. se consideran muy importantes
   b. se consideran poco importantes
   c. se consideran fuente de un gran sufrimiento

5. El refrigerador _____.

   a. se abre sólo tres veces al día
   b. se abre con frecuencia
   c. se encuentra siempre vacío (*empty*)

6. La música _____.

   a. se oye a todas horas
   b. se oye principalmente por la tarde
   c. se toca a un volumen muy alto

7. La comida _____.

   a. es preparada por el individuo que la va a comer
   b. es preparada colectivamente
   c. se compra ya preparada

8. La televisión _____.

   a. se mira todo el tiempo
   b. se mira sólo como escape o como diversión
   c. se mira solamente para informarse

E. **Sondeo** Los tres grupos más numerosos de hispanos que han venido a los Estados Unidos son distintos. Comparten ciertas características, pero, por razones de historia y cultura, representan tres grupos diversos. ¿Reconoce Ud. algunas de las cualidades que los hacen diferentes? Siguiendo los pasos que se han establecido en los capítulos anteriores, ¡hagan un sondeo de la clase para investigarlo! Conjuguen los infinitivos en la forma apropiada del **pretérito** o del **imperfecto**. ¡OJO! Algunas características pueden aplicarse a más de un grupo.

P = Puertorriqueños	C = Cubanos	M = Mexicanoamericanos

Grupo 1

	A	B	C
¿Quiénes son?	PCM	PCM	PCM
1. ...*llegar* a los EEUU como refugiados políticos.	___	___	___
2. ...*venir* a principios del siglo XX.	___	___	___
3. ...son el grupo hispano más numeroso en los EEUU.	___	___	___
4. ...muchos tienen sangre india.	___	___	___

Grupo 2

	A	B	C
¿Quiénes son?	PCM	PCM	PCM
5. ...*ganar* su independencia de España al final del siglo XIX.	___	___	___
6. ...*luchar* contra los EEUU en una guerra en el siglo XIX.	___	___	___
7. ...*servir* como soldados en el ejército norteamericano durante la Segunda Guerra Mundial.	___	___	___
8. ...practican la religión católica.	___	___	___

Grupo 3

	A	B	C
¿Quiénes son?	PCM	PCM	PCM
9. ...son ciudadanos de los EEUU.	___	___	___
10. ...ya *estar* en los EEUU cuando *estallar* la revolución americana.	___	___	___
11. ...*utilizar* el boicoteo como arma contra injustas prácticas de empleo.	___	___	___
12. ...la mayoría vive en las grandes ciudades del noreste de los EEUU.	___	___	___

¿Cuánto sabía la clase con respecto a estos tres grupos hispanos?

F. ![icon] **¡Necesito compañero!** Ud. y su compañero deciden alistarse en el Cuerpo de Paz pero sólo pueden escoger entre los siguientes lugares. ¿A cuál les va a ser más difícil adaptarse? ¿Por qué? Por fin, ¿cuál de los lugares disponibles eligen? ¿Por qué?

1. un país poco desarrollado donde no existen las comodidades—electricidad, teléfono, agua corriente—a que Uds. están acostumbrados   2. un país con un clima radicalmente diferente del de los Estados Unidos   3. un país en el que no hay oportunidades de trabajo para los del sexo de uno de Uds.   4. un país en el que hay muy poca libertad de expresión   5. un país en el que se habla una lengua que Uds. no saben   6. un país en el que no hay tolerancia para quien no practica la religión oficial (y Uds. *no* la practican)

42. RESULTANT CONDITION VERSUS PASSIVE VOICE

In Section 4 you learned about the use of **estar** with the past participle to express a state or condition resulting from some prior action.

Los niños rompieron la ventana jugando al béisbol; todavía **estaba rota** cuando yo fui de visita dos días después.	*The children broke the window playing baseball; it was still broken when I went visiting two days later.*

English sometimes distinguishes between an action and a condition by using two different verb forms.

——— ACTION ———	——— CONDITION ———
The window was *opened* by the inspector.	The window was *open* when I got here.
The cans were *flattened* by a special machine.	The cans were so *flat* that thousands could fit into the box.
The soup is *thickened* by adding flour.	This soup is so *thick* you need a fork!

In general, however, English uses the same verb form to indicate both an action and a condition. In the following examples, *closed* and *broken* can indicate either an action or a condition that results from an action. The exact interpretation is determined by context.

The window was *broken* by the thief.	I couldn't open the window because it was *broken*.
The stores were *closed* by the police to prevent looting.	By six o'clock all the stores were *closed*.

In Spanish, however, the action/condition contrast is always marked by the choice between **ser** and **estar**.

——— ACTION: **ser** ———	——— CONDITION: **estar** ———
La ventana **fue rota** por el ladrón. (1.)	La ventana **estaba rota**. (3.)
Las tiendas **fueron cerradas** por la policía. (2.)	Todas las tiendas **estaban cerradas**. (4.)

1.   2.   3.   4.

Ser plus the past participle indicates a passive action. Since passive actions usually focus on the completion of the event, **ser** in the past is conjugated in the preterite (**fue, fueron**). **Estar** plus the past participle expresses the condition that results from an action. Since description of a condition generally focuses on the middle aspect, **estar** in the past is conjugated in the imperfect (**estaba, estaban**). Note that with both **ser** and **estar**, the past participle functions as an adjective in these constructions and must agree in gender and number with the noun modified.

PRACTICA

A. Indique las oraciones que se corresponden mejor con cada dibujo.

a. La leña (*firewood*) fue hacinada (*stacked*).
b. La cena está preparada.
c. La cena fue preparada.
d. La leña está cortada.
e. La leña está hacinada.
f. La mesa fue puesta.

1.   2.   3.   4.

B. Escoja el verbo correcto según el contexto.

1. Los cubanos que llegaron a los Estados Unidos en la segunda oleada (*wave*) no (*estaban/fueron*) tan bien recibidos como los de la primera oleada.
2. Al principio, los inmigrantes pueden experimentar choques culturales ya que (*están/son*) acostumbrados a otro ritmo de vida.
3. En el pasado, grandes cantidades de inmigrantes (*estaban/fueron*) traídos a este país en barco y pasaron incluso semanas en el viaje.
4. No necesitábamos ayudarlos porque cuando los conocimos ellos ya (*estaban/fueron*) bien establecidos.
5. Los papeles de ciudadanía que les dieron a los inmigrantes (*están/son*) escritos en inglés.
6. ¿Cuándo (*estuvieron/fueron*) trasladados (*transferred*) los refugiados al otro campamento?

Estrategias para la comunicación

Gracias, pero no... *How to decline invitations*

It is hard enough to say "no" politely in one's own native language. How can you refuse an invitation or get out of a difficult situation in Spanish without being rude or insulting? Just as in English, you need to be firm but polite. You can avoid rude answers and still firmly turn down an unwanted invitation. It is helpful if you follow up a refusal with a concrete reason for declining and with specific expressions of sincerity. Here is a list of useful expressions.

¡Cuánto me gustaría, pero de veras... !	*How I would like to, but really . . . !*
Lamento (Siento) mucho no poder..., pero...	*I am really sorry (I regret very much) not to be able to . . . , but . . .*
Lo siento, pero ya tengo un compromiso/tengo un compromiso anterior.	*I'm sorry, but I already have an engagement/I have a previous engagement.*
Es Ud. muy amable, pero...	*You are very kind, but . . .*
Me encantaría..., pero...	*I would love to . . . , but . . .*
No, gracias.	*No, thank you.*
Quizás otro día.	*Maybe another day.*
No, no tengo la costumbre de...	*No, I don't usually (am not in the habit of) . . .*

More important than specific words is the need to project confidence. This means that you should not even appear to hesitate. Try to answer firmly, in brief but complete sentences.

A. Answer the following invitations with concrete reasons for why you cannot accept. Use some of the expressions of courtesy listed above and in other chapters in combination with a firm refusal. Some situations require less courtesy and more firmness than others. Choose the appropriate strategy according to the situation.

1. You are sitting in a sidewalk café and a young man (woman) sits down with you and asks you for a date.
2. You have just been introduced to a boring friend of a friend and he/she asks you to go and have a **copa**.
3. You are visiting the relatives of some friends; they insist you stay for dinner.
4. A couple who shares none of your interests invites you to accompany them on a day trip to a nearby tourist attraction.

B. **Improvisaciones** Working with a classmate, write a dialogue between a native Argentinian and a visiting American. The Spanish speaker is a business acquaintance and obviously feels that it is his/her responsibility to entertain the visitor during the three days the American is spending in Buenos Aires. The Argentinian makes a number of suggestions concerning visits to museums, restaurants, the theater, and so on. The American would really prefer to explore on his/her own but doesn't want to hurt the Argentinian's feelings and would not mind having some guidance in finding his/her way around. Be creative and polite, but firm.

43. "NO FAULT" *SE* CONSTRUCTIONS

The passive **se** construction is also used with a group of Spanish verbs to indicate unplanned or unexpected occurrences.

A Elena se le perdieron los papeles.	*Elena lost her papers. (Her papers "got lost.")*
Se me olvidó el asunto.	*I forgot about the matter. (The matter slipped my mind.)*

Note that, since these are passive **se** constructions, the third person verb agrees with the recipient: **papeles**, **asunto**. The indirect object indicates the person or persons involved—usually as "innocent victims"—in the unplanned occurrence.

Here are some verbs that are frequently used in the "no fault" construction. You have already used most of them in active constructions.

acabar	Se nos acabó la gasolina.	*We ran out of gas.*
caer	Se le cayeron los libros.	*He dropped his books.*
ocurrir	¿Se te ocurre alguna solución?	*Can you come up with a solution?*
olvidar	Se le olvidaron las gafas.	*She forgot her glasses.*
perder	Se me perdió el carnet.	*My I.D. got lost.*
quedar	Se les quedó el discurso en casa.	*They left the speech at home.*
romper	Se le rompieron los pantalones.	*Her pants split (tore).*

PRACTICA

A. Exprese en inglés.

1. Al niño se le rompió la camisa.   2. Se les ocurrió trabajar como corredores de Bolsa.   3. Se me quedaron las gafas en el hotel.   4. Bueno, ya se nos acabó la hora; son las 10.   5. ¡Cuidado! No quiero que se te caigan los platos. 6. Se me durmió la pierna.

B. Exprese en español.

1. Oh! My watch broke!   2. We ran out of funds (**los fondos**).   3. His books got lost.   4. They forgot the word in English.   5. She dropped her keys (**las llaves**).   6. A great idea just hit us!

C. Guiones   ¡El pobre señor Pereda! El señor Pereda trabaja en la oficina de Inmigración. Ayer tuvo un día malísimo. En grupos de tres o cuatro personas, narren en el pasado lo que le pasó, usando el pretérito y el imperfecto según las circunstancias. ¡OJO! La historia contiene varios usos de **se**.

VOCABULARIO UTIL: el artista, cortar(se), el cuarto de baño, estar resignado, el lavabo, el lienzo, mojar(se), mojado, la maquinilla de afeitar, manchar(se), la mancha, el pijama, (poner) el despertador

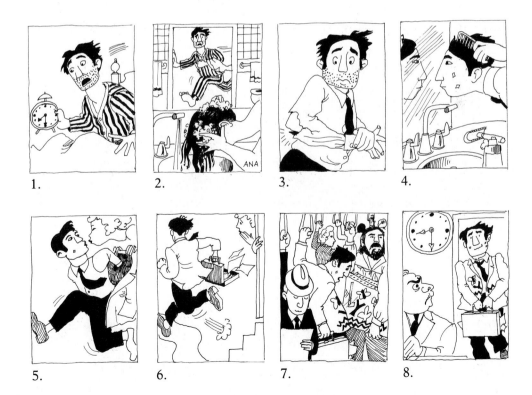

1.   2.   3.   4.

5.   6.   7.   8.

44. *A* AND *EN*

As you learned in Section 37, in most languages prepositions do not have a single meaning. Even though we generalize and say that the preposition *on* in English means *on top of,* we also say things like *get on the bus* (we are really *in* it), *hang the picture on the wall* (it is not really the same as *on the shelf*), and *arrive on time* (no relation whatsoever to *on top of*). In Spanish the prepositions **a** and **en** generally mean *to* and *in,* respectively, but often they have different meanings, depending on their context.

A. The uses of *a*

1. **movement toward: A** basically expresses movement toward in a literal and figurative sense. Note that this same idea is sometimes expressed with *to* in English when the movement is directed toward a noun, but is usually not expressed with any preposition at all when the movement is directed toward another verb.

Fue **a la oficina**.	*She went to the office.*
Les mandó el paquete **a sus abuelos**.	*He sent the package to his grandparents.*
Comenzaron **a llegar** en 1981.	*They began to arrive in 1981.*

Some of the most common verbs that are followed by the preposition **a** to imply *motion toward* are

acostumbrarse	comenzar (ie)	ir
adaptarse	empezar (ie)	salir
aprender	enseñar	venir (ie)
asimilarse	invitar	volver* (ie)

2. **by means of: A** occurs in a number of set phrases to indicate means of operation or locomotion, or how something was made. English often uses *by* to express the same idea.

Está hecho **a mano**.	*It is made by hand.*
Lo hicieron **a máquina**.	*They made it by machine.*
Viajó **a caballo**.	*He traveled on horseback.*
Salió Ud. **a pie**, ¿verdad?	*You left on foot, right?*

---

*The expression **volver a** + *infinitive* means *to do something again.*

Volvió a leer el párrafo.	*He read the paragraph again.*

3. **a point in time or space, or on a scale:** English *at* is expressed in Spanish by **a** when *at* expresses a particular point in time or on a scale, or when a point in space means position relative to some physical object.

Tengo clase **a las ocho**.	*I have class at eight.*
Al principio, no querían quedarse.	*At the beginning (At first), they didn't want to stay.*
Los compré **a diez dólares** la docena.	*I bought them at ten dollars a dozen.*
Manejó **a ochenta millas** la hora.	*She drove at eighty miles an hour.*
Todos se sentaron **a la mesa**.	*Everyone sat down at the table.*

B. The uses of *en*

1. **position on or within: En** normally expresses English *in, into,* or *on*.

Viven **en una casa vieja**.	*They live in an old house.*
Los pusieron **en la maleta**.	*They put them into the suitcase.*
La carta está **en la mesa**.	*The letter is on the table.*

In time expressions **en** has the sense of *within*.

Lo hicimos **en una hora**.	*We did it in (within) an hour.*
Tendremos el dinero **en dos días**.	*We will have the money in (within) two days.*

English sometimes uses the preposition *at* to express the idea of *within an enclosure*. Spanish uses **en**.

¿Has estudiado **en la universidad**?	*Have you studied at the university?*
Estaban **en casa** cuando ocurrió el robo.	*They were at home when the robbery occurred.*

2. **observation of, or participation in, an event:** English distinguishes between being *at* an event as an observer and being *in* an event as a participant. Spanish does not, using the preposition **en** for both meanings. Additional context usually clarifies the sense intended.

¿Estuviste **en la boda**?	*Were you $\begin{Bmatrix} in \\ at \end{Bmatrix}$ the wedding?*
Estuvieron **en el partido**.	*They were $\begin{Bmatrix} in \\ at \end{Bmatrix}$ the game.*

Some of the more common verbs that take the preposition **en** are

consistir	insistir
convertirse (ie, i)	tardar

PRACTICA

A. Describa los dibujos incorporando el vocabulario indicado y utilizando las preposiciones **a** o **en** según el contexto.

1. el trono (*throne*), el príncipe, la princesa, besar
2. convertirse, la rana (*frog*), correr
3. manejar, seguir, pensar, ponerle una multa (*fine*)
4. insistir, (no) exceder el límite de velocidad, explicar, la hija, el hospital

1.

2.

3.

4.

B. Haga oraciones juntando elementos de la columna A con otros de la columna B. No se olvide de usar todas las preposiciones necesarias.

———— A ————		———— B ————	
ir	llegar	el mercado	la oficina
inmigrar	volver	otro país	estudiar
insistir	convertirse	aprender	la universidad
estar	empezar	el cine	otra persona
establecerse		emigrar	

C. Repase las reglas para el uso de **por** y **para** (Sección 37). Luego complete el siguiente pasaje con la preposición apropiada según el contexto: **a, en, de, por, para.** ¡OJO! No se necesita preposición en todos los contextos.

El crisol

(*Por/Para*[1]) muchos americanos, la cultura de los Estados Unidos está representada (*por/para*[2]) el concepto del crisol. (*Por/Para*[3]) muchos años los inmigrantes han venido (*a/en*[4]) los Estados Unidos. Vienen (*por/para*[5]) barco y avión y cuando llegan, no saben (*a/en/de*[6]) hablar inglés y desconocen las costumbres del país. Pero, según ellos, el crisol empieza (*a/en/de*[7]) funcionar desde los primeros momentos y los inmigrantes no tardan (*a/en/de*[8]) aprender (*a/en/de*[9]) expresarse en el nuevo idioma y buscan (*por/para*[10]) maneras de adaptarse a la cultura.

Otros niegan la existencia del crisol. (*Por/Para*[11]) ellos, la realidad es otra. El inmigrante en realidad nunca se convierte (*a/en/de*[12]) un «americano» en el sentido de dejar (*a/en/de*[13]) ser lo que era. Después de tres o cuatro generaciones, el italiano católico sigue siendo° católico y el escandinavo protestante, protestante. (*Por/Para*[14]) razones de su cultura y de su religión, el judío suele casarse (*con/en/a*[15]) otro judío, y el anglosajón muchas veces espera (*por/para/a*[16]) alguien de su mismo origen étnico. No es que no haya ninguna mezcla, pero es menos frecuente y menos rápida de lo que se cree.

sigue... *continues being*

 ¡**Ojo!**

pensar—pensar en—pensar de

Used alone, **pensar** means *to think* referring to mental processes. It is also synonymous with **creer**, meaning *to have an opinion* about something. Followed by an infinitive, **pensar** means *to intend* or *to plan* to do something.

Pienso; luego existo.	*I think; therefore I am.*
Piensa (Cree) que está muy bien asimilado.	*He thinks (believes) that he is well assimilated.*
¿**Piensan** venir con nosotros?	*Are they planning to come with us?*

Both **pensar en** and **pensar de** mean *to think of,* but each is used in a slightly different context. **Pensar en** means *to have general thoughts about* someone or something. **Pensar de** indicates an opinion or point of view.

Pensaba en mi novio todo el día.	*I thought about my fiancé all day.*

Un viejo matrimonio baila inspirado por la música que toca este grupo de mariachis en un café de Texas. A los que visitan el suroeste de los EEUU no se les olvida fácilmente el sabor hispano de la región.

Si **pienso en** la guerra, me pongo triste.	*If I think about war, I become sad.*
¿Qué **piensas de** este libro?	*What do you think of (about) this book? (What is your opinion of it?)*
No **pienso** nada **de** su familia.	*I don't think much of their family. (I don't have a high opinion of them.)*

consistir en–depender de

Two frequently used verbs that take different prepositions in English and Spanish are **consistir** and **depender**. The English *to depend on* corresponds to Spanish **depender de**; *to consist of* is expressed with **consistir en**. The English expression *it depends* is expressed in Spanish with **depende**.

Dependen de sus hijos económica y emocionalmente.	*They depend on their children financially and emotionally.*
La clase **consiste en** ejercicios prácticos.	*The course consists of practical exercises.*
¿Te gustan las películas de ciencia ficción? —**Depende**. No me gustan si son violentas.	*Do you like sci-fi films? —It depends. I don't like them if they're violent.*

enamorarse de—casarse con—soñar con

To fall in love with someone is expressed by **enamorarse de alguien**. *To marry* is expressed by **casarse**, followed by the preposition **con** when the person one marries is specified. English *to dream of* is **soñar con**.

Se enamoró de la hija de unos exiliados chilenos.	*He fell in love with the daughter of Chilean exiles.*
Mi abuelo **se casó** por segunda vez **con** una ciudadana rusa.	*My grandfather got married for the second time to a Russian citizen.*
Soñó con caer de un acantilado.	*She dreamed of falling off a cliff.*

PRACTICA

A. Dé la palabra española que se corresponde mejor con la palabra en *letras cursivas.*

1. She *married* a younger man.
2. *Are you thinking about* your vacation plans?
3. Many immigrants *depend on* their relatives for support.
4. What *are you planning* to do this summer?
5. The nuclear family *consists of* parents and children.
6. The little boy *dreamed of* flying.
7. What *do you think of* the solution?
8. I *fell in love with* him the first time I met him.

B. Elija la palabra que mejor complete la oración. ¡OJO! Hay también palabras de los capítulos anteriores.

1. La decisión de (*volver/devolver*) estos documentos no depende (*en, de*) mí.
2. Carlota se enamoró (*de/con*) mi primo, (*pero/sino que/sino*) sus padres estaban en contra y ella nunca (*sucedió/logró*) hacerles cambiar de idea. Por fin él se (*mudó/trasladó*) a otra ciudad; ella (*sentía/se sentía*) triste al principio pero luego se olvidó de él.
3. (*Como/Porque*) en las escuelas no les piden mucho trabajo escrito, los jóvenes no (*realizan/se dan cuenta de*) la importancia de escribir bien.
4. Estoy pensando (*en/de/—*) todo el trabajo que me queda esta semana. En realidad, ¡(*mira/parece/busca*) una semana horrible!
5. De niña, soñaba (*con/de*) monstruos (*muchas veces/muchos tiempos*) (*por/ya que*) mis hermanos siempre me contaban (*cuentos/cuentas*) de horror.
6. Mi padre debe (*detener/dejar de*) fumar, pero no (*le importa/cuida*). Se (*pone/hace*) furioso cada vez que se lo decimos.
7. ¿Por qué piensas (*de/en/—*) consultar con un siquiatra? Yo te puedo asegurar que estás perfectamente (*cuerdo/sano*).
8. Cuando llegó (*la hora/el tiempo/la vez*) de su boda, la princesa insistió en que no quería (*casarse con/casar*) él.

9. El estudiante (*faltó a/echó de menos*) la clase (*como/porque*) pensó que sólo consistía (*en/de*) ejercicios aburridos.
10. ¿Piensas (*en/de/—*) (*llevar/tomar/hacer*) un viaje este verano? —No, tengo que (*cuidar/importar*) a mis hermanitos.

C.   Situaciones y preguntas

1. ¿Cree Ud. que todavía depende de su familia? ¿en qué aspectos? ¿En qué aspectos *no* depende de ella? ¿En qué consiste una familia unida? ¿En qué consiste un matrimonio feliz?
2. ¿Te importa casarte con una persona de tu misma religión? ¿de tu mismo grupo étnico? ¿Tienen tus padres la misma opinión?
3. ¿Por qué crees que tu padre se enamoró de tu madre? ¿y ella de él? ¿Se casa uno a veces con una persona que no tiene nada que ver con el ideal con que siempre soñaba? ¿Fue éste el caso de tus padres? ¿Por qué sí o por qué no?
4. ¿Qué piensa Ud. hacer después de clase hoy? ¿esta noche? ¿este fin de semana? ¿después de terminarse el semestre (trimestre)?
5. ¿Piensa Ud. mucho en sus amigos de la escuela secundaria? Ahora que Ud. asiste a la universidad, ¿qué piensa de su escuela secundaria?

 **Repaso**

A.   Complete el párrafo, dando la forma correcta del verbo y expresando en español las frases en inglés. Cuando se dan dos palabras entre paréntesis, escoja la palabra apropiada.

El barrio Pilsen

(*Fifteen years ago*[1]) si uno caminaba (*por/para*[2]) el barrio Pilsen en Chicago, se sentía profundamente deprimido.° El barrio (*mirar/parecer*[3]) quieto y apagado, casi a punto de derrumbarse.° Hoy la misma caminata° produce una impresión completamente distinta. No hay duda que una parte de Pilsen—una buena parte dirían° algunos—todavía (*tener*[4]) el aspecto gris y monótono de cualquier barrio pobre. Pero acá° y allá (*are seen*[5]) brillantes colores rojos, verdes y amarillos. Ahora viejos autos Ford y Chevrolet comparten las calles con héroes de la historia de México. Gigantescas figuras aztecas y mayas luchan contra el deterioro urbano. (*It is*[6]) el muralismo.
　　Durante la revolución mexicana de la década de los 20, el arte mural (*ayudar*[7]) a crear una nueva conciencia nacional entre los mexicanos, un nuevo orgullo cultural. Aquí en Pilsen, el pequeño México de Chicago, (*ser/estar*[8]) evidente que los murales (*tener*[9]) el mismo objetivo y el mismo efecto. (*Por/*

depressed

to fall apart / walk

would say
here

(*Para*[10]) ser un arte público, el muralismo (*prestarse*[11]) fácilmente a expresar los objetivos y las ansias de una generación de artistas (*who*[12]) tratan de afirmar su propia identidad cultural. La mayoría de los murales sugieren que la clave° del progreso (*por/para*[13]) los hispanos actuales (*ser/estar*[14]) en su pasado indio, no en la tradición europea.

key

(*A short while back*[15]) las obras de los muralistas (*were exhibited: exhibir*[16]) (*por/para*[17]) el Museo de Arte Contemporáneo de Chicago como parte de una exposición itinerante de arte hispano, «Raíces° Antiguas/Visiones Nuevas», que (*was shown: exponer*[18]) en diez museos de los Estados Unidos. Sin embargo, (*por/para*[19]) los muralistas, el impacto de su arte en su propia comunidad es más importante. Este arte callejero° (*is welcomed: acoger*[20]) con entusiasmo por los residentes de Pilsen; esto no debe sorprendernos, ya que los murales (*are aimed: dirigir*[21]) a la comunidad y (*ser/estar*[22]) pintados por artistas (*who*[23]) viven en ella. En el barrio, donde antes (*haber*[24]) una melancólica decadencia, ahora (*is found*[25]) un naciente sentimiento de orgullo y nuevas ansias de reconstrucción.

Roots

of the streets

B. ¡Necesito compañero!   Es muy probable que casi todos los de la clase tengan parientes, amigos o conocidos inmigrantes. ¿Cuáles fueron las circunstancias que motivaron la emigración de esas personas? ¿Cómo era su vida al llegar a los Estados Unidos? Trabajando con un compañero de clase, preparen un cuestionario usando las siguientes frases para formar sus preguntas. (¡OJO! Es necesario seleccionar una de las formas entre paréntesis y tener cuidado con las formas verbales.) Agreguen dos preguntas más y después pónganlas todas en un orden lógico.

> MODELO: tener / parientes / (ser, estar) / originariamente de otro país
> ¿Tienes parientes que sean originariamente de otro país?

_____ al llegar / vivir con otros de su misma cultura
_____ todavía mantener / tradiciones de su patria
_____ (saber, conocer) hablar inglés / cuando llegar
_____ (qué, cuál) pariente / venir como inmigrante
_____ dónde / establecerse en los Estados Unidos
_____ de (qué, cuál) país / (ser, estar)
_____ por qué / salir de su país
_____ cuándo / llegar
_____
_____

Luego cada uno debe utilizar el cuestionario para entrevistar a otro compañero de clase acerca de las experiencias de sus parientes, amigos o conocidos inmigrantes. Después de hacer las entrevistas, compartan con la clase lo que han aprendido. ¿Encontraron muchas experiencias similares?

Madrid, España

Hábitos y
dependencias

La siguiente lista contiene algunas acciones que llegan a ser habituales en la vida de muchas personas. Estudie la lista y luego indique cuáles de esas acciones Ud. hace todos los días, cuáles hace sólo de vez en cuando y cuáles no hace nunca. Luego compare sus respuestas con las de otros miembros de la clase para determinar cuáles son las más habituales para todos.

1 = todos los días   3 = a veces   5 = nunca

1. _____ tomar café
2. _____ beber Coca-Cola (Pepsi, etcétera)
3. _____ fumar cigarrillos (cigarros)
4. _____ comer algo a las 10 de la noche
5. _____ hacer ejercicio
6. _____ leer un periódico
7. _____ mirar la televisión
8. _____ escuchar la radio
9. _____ hablar por teléfono
10. _____ lavarse el pelo
11. _____ comprar billetes de lotería
12. _____ jugar «Dungeons & Dragons»
13. _____ tomar vitaminas
14. _____ ir de compras

¿Son «dependencias» todas las acciones habituales? ¿Por qué sí o por qué no? ¿Cuál es la diferencia?

Primer paso

Vocabulario para conversar

el alcohol alcohol
aprobar (ue) to approve
  la aprobación approval
el cigarrillo cigarette
el coctel cocktail, drink
comilón (comilona) heavy eater
comportarse to behave
consumir drogas to take drugs
el contrabando contraband, smuggling
depender de to depend on
  la dependencia dependence
desaprobar (ue) to disapprove
drogarse to take drugs

emborracharse to get drunk
  la borrachera drunkenness
  borracho drunk
goloso sweet-toothed, greedy (*about food*)
prohibir to forbid, prohibit
la televisión television (programming)
el televisor television set
tomar una copa to have a drink
la toxicomanía (drug) addiction
  el toxicómano drug addict
el vicio bad habit

Practiquemos

A. ¿Qué palabra no pertenece al grupo? Explique por qué.

1. el alcohol, el coctel, el toxicómano, la borrachera
2. comilón, el cigarrillo, goloso, los dulces
3. la toxicomanía, consumir drogas, drogarse, aprobar

B. ¡Necesito compañero! Trabajando con un compañero de clase, decidan cuáles de las palabras de la lista del vocabulario se pueden categorizar según los tres siguientes factores (vean la página siguiente). Cada palabra puede colocarse en una sola categoría.

Causan problemas	Resultan de problemas	Resuelven problemas

Cuando terminen su clasificación, compárenla con lo que han hecho sus otros compañeros de clase. ¿Hay gran diferencia de opiniones? ¿Hay palabras que en realidad es *necesario* colocar en más de una categoría? Expliquen.

C. Explique la diferencia entre cada par de palabras.

1. desaprobar / prohibir
2. tomar una copa / emborracharse
3. la televisión / el televisor
4. el hábito / el vicio

Conversemos

A. Describa Ud. lo que pasa en cada apartamento en la página 278. ¿Cuáles son los hábitos que se ven? Póngalos en orden de gravedad, justificando su clasificación. ¿Hay actividades que no sean dependencias? Explique.

B. ¿Cómo se siente una persona después de consumir alcohol? ¿Cómo se comporta? ¿Cómo se siente y se comporta uno después de consumir café? ¿tabaco? ¿marihuana? ¿cocaína? ¿después de comer una comida rica enorme? ¿después de mirar la televisión muchas horas? En su opinión, ¿cuáles de estas actividades se practican con más frecuencia entre los jóvenes de hoy? ¿entre los mayores?

C. ¿Se debe prohibir el uso de la marihuana? ¿el uso del tabaco? ¿el uso del alcohol? ¿el uso de las drogas más fuertes? Explique. ¿Por qué fue prohibido el uso del alcohol en los Estados Unidos durante los años 20? ¿Por qué se cambió luego la ley? ¿Se cambiaron recientemente las leyes de los Estados Unidos sobre el uso de la marihuana? ¿sobre el uso del tabaco? ¿Cree Ud. que van a cambiarse las leyes en el futuro?

D. ¿Piensa Ud. que se debe limitar el uso de la televisión de alguna manera? ¿Hay semejanzas entre los intentos de controlar la televisión y los intentos de controlar la venta de tabaco? ¿Es posible controlar a las personas muy comilonas, ya que se hacen daño a sí mismas?

E. De todas estas dependencias, ¿cuáles tienen mayores repercusiones en la vida de los amigos y familiares de la persona adicta? ¿Por qué? ¿Es Ud. una persona adicta a ciertos estimulantes? ¿Fuma? ¿Se emborracha a veces? ¿Pasa muchas horas delante del televisor? ¿Es Ud. muy goloso/a?

Ante las drogas nadie puede esconder la cabeza.
Porque es un problema que nos afecta a todos.

 **Gramática**

45. FUTURE AND CONDITIONAL

The Spanish future corresponds to English *will,* the conditional to English *would.*

A. Forms of the future and conditional

Unlike other verb forms you have learned, both the future and conditional are formed with the entire infinitive as the stem. Note the familiar person/number cues: **tú → -s, nosotros → -mos, vosotros → -is, ellos/ellas/Uds. → -n.**

FUTURE		CONDITIONAL	
hablar**é**	hablar**emos**	hablar**ía**	hablar**íamos**
hablar**ás**	hablar**éis**	hablar**ías**	hablar**íais**
hablar**á**	hablar**án**	hablar**ía**	hablar**ían**
comer**é**	comer**emos**	comer**ía**	comer**íamos**
comer**ás**	comer**éis**	comer**ías**	comer**íais**
comer**á**	comer**án**	comer**ía**	comer**ían**
vivir**é**	vivir**emos**	vivir**ía**	vivir**íamos**
vivir**ás**	vivir**éis**	vivir**ías**	vivir**íais**
vivir**á**	vivir**án**	vivir**ía**	vivir**ían**

Eleven frequently used verbs have irregular stems in the future and in the conditional.

decir:	diré	diría		**saber:**	sabré	sabría
haber:*	habré	habría		**salir:**	saldré	saldría
hacer:	haré	haría		**tener:**	tendré	tendría
poder:	podré	podría		**valer:**	valdré	valdría
poner:	pondré	pondría		**venir:**	vendré	vendría
querer:	querré	querría				

Compound verbs will have the same irregularity: *componer:* **compondré, compondría;** *deshacer:* **desharé, desharía;** and so on.

---

*Forms of **haber** will be practiced in Section 49.

B. Use of the future and conditional

In Spanish and in English, the most important use of the future and conditional is to indicate subsequence (what will happen later). The future describes an action that will take place sometime after a *present* reference point; the conditional describes an action that will take place sometime after a *past* reference point.

——— REFERENCE POINT ———	——— SUBSEQUENT ACTION ———
PRESENT Prometen que	no se **emborracharán** otra vez.
They promise that	*they won't get drunk again.*
PAST Prometieron que	no se **emborracharían** otra vez.
They promised that	*they wouldn't get drunk again.*

The use of the future tense, however, is less frequent in Spanish than in English. Two common alternatives to the future tense are

1. the simple present tense for actions that will occur in the immediate future.

Los estudiantes **se reúnen** con el decano en diez minutos.	*The students will meet with the dean in ten minutes.*
¡Está bien! **Hablo** con ellos hoy.	*Very well! I'll speak with them today.*
El examen empieza en una hora.	*The examination will begin in one hour.*
Nos vemos mañana.	*We'll see each other tomorrow.*

2. the **ir a** + *infinitive* (*to be going to* + *infinitive*) construction. To express the future, **ir** is conjugated in the present tense; to express the conditional, it is conjugated in the imperfect.

Pedro **va a asistir** mañana.	*Pedro is going to attend (will attend) tomorrow.*
Pedro **asistirá** mañana.	
Sara pensaba que todos **iban a llegar** temprano.	*Sara thought that everyone was going to arrive (would arrive) early.*
Sara pensaba que todos **llegarían** temprano.	

The simple future can imply a stronger commitment or sense of purpose on the part of the speaker than the **ir a** construction. Compare these examples.

¡**Iré** al concierto!	*I **will** go to the concert!*
Voy a ir al concierto esta noche.	*I'm going to go to the concert tonight.*

As in English, commands can also be expressed by the future in Spanish.

Comerás las espinacas.	*You **will** eat your spinach.*
No **matarás**.	*Thou shalt not kill.*

C. Future and conditional of probability

Besides indicating subsequence, the future and conditional have another major use in Spanish: to express conjecture or uncertainty. The future expresses English *probably* + *present tense*, and the conditional expresses English *probably* + *past tense*. Compare these sentences.

	EXPRESSION OF A FACT	PROBABILITY OR CONJECTURE
present	¿Qué hora **es**? *What time is it?* **Son** las tres. *It is three o'clock.*	¿Qué hora **será**? *I wonder what time it is.* **Serán** las tres. *It's probably three o'clock.*

	EXPRESSION OF A FACT	PROBABILITY OR CONJECTURE
past	¿Cuántos años **tenía**? *How old was she?* **Tenía** treinta años. *She was thirty years old.*	¿Cuántos años **tendría**? *I wonder how old she was.* **Tendría** treinta años. *She was probably thirty years old.*

D. Other ways of expressing *will* and *would*

English *will* and *would* do not always correspond to Spanish future and conditional. Note the following uses.

1. When English *will* and *would* express *willingness to perform an action*, they are expressed with **querer**.

   ¿Quieres abrir la ventana? Do (Would) you mind opening the window?

   No quiso abrir la botella. He wouldn't (refused to) open the bottle.

2. *Polite requests* with *would* in English are frequently expressed with the imperfect subjunctive in Spanish.

   ¿Quisieras abrir la ventana? Would you please open the window?

   ¿Pudiera Ud. ayudarme? Would you (please) help me?

3. English *would* meaning *used to* is expressed with the imperfect tense in Spanish.

   Caminábamos a la escuela todos los días. We would (used to) walk to school every day.

PRACTICA

A. Paco es un adolescente de 15 años. No le gusta obedecer a sus padres para nada y, por lo tanto, cada vez que ellos le indican que haga algo, les contesta que lo hará al día siguiente. ¿Cómo contesta Paco las siguientes órdenes de sus padres? No se olvide de usar los complementos pronominales cuando sea posible.

MODELO: Paco, por favor, limpia tu habitación. → La limpiaré mañana.

1. Paco, por favor, saca la basura.   2. Paco, por favor, deja de fumar.
3. Paco, por favor, echa esos cigarrillos a la basura.   4. Paco, por favor, lee este libro.   5. Paco, por favor, ¿podrías poner la mesa?   6. Paco, por favor, tráeme unas galletas.   7. Paco, por favor, ¿me puedes hacer un postre para la fiesta?   8. Paco, por favor, sal a tomar el aire.

B. ¡**Necesito compañero!**   Hágale estas preguntas a un compañero de clase. Luego comparta con la clase lo que ha aprendido, usando el condicional según el modelo.

MODELO: ESTUDIANTE A: ¿Qué harás al salir de esta clase?
ESTUDIANTE B: Iré a mi clase de biología.
ESTUDIANTE A: Roberto dijo que iría a su clase de biología.

1. ¿Qué harás al salir de esta clase?   2. ¿Qué harás al llegar a casa esta noche?   3. ¿Qué harás antes de cenar?   4. ¿Qué harás para ser más feliz el próximo semestre (trimestre)?   5. ¿Qué harás para continuar tu educación?   6. ¿Qué harás este año para ayudar a otra persona?   7. ¿Qué vicio dejarás en el futuro? ¿Cómo lo dejarás?

C. Cuando Ud. era más joven, ¿cómo creía que reaccionaría ante las siguientes experiencias? Use los verbos indicados e invente una oración con otro verbo para cada una de las experiencias. ¡OJO! No es necesario usar los verbos en una sola oración, ni usarlos en el mismo orden en que aparecen a continuación.

MODELO: la universidad (asistir, vivir, aprender, __?__) →
Creía que asistiría a una universidad lejos de mi casa, que viviría en la residencia durante mi primer año, que aprendería muchas cosas nuevas y que **conocería a mucha gente interesante**.

1. la primera cita (salir, pagar, llevar, __?__)
2. las drogas (consumir, experimentar, gustar, __?__)
3. el examen para conseguir la licencia de manejar un coche (tener problemas, practicar, chocar, __?__)
4. el primer trabajo (emplear, poder, ganar, __?__)
5. la primera experiencia con el alcohol (tomar, emborracharse, descubrir, __?__)
6. vivir lejos de la familia (ser difícil/fácil, estar, escribir, __?__)

D. ░░░ **¡Necesito compañero!** Los diez mandamientos. Con un compañero de clase, elijan una de las siguientes clasificaciones y preparen una lista de diez mandamientos, usando el tiempo futuro.

MODELO: para los compañeros de cuarto →
No monopolizarás el teléfono.
No fumarás en el cuarto.

1. para los hermanos menores 2. para los profesores 3. para los estudiantes del primer año 4. para los estudiantes del cuarto año 5. para los que fuman mucho 6. para los golosos 7. para los que beben mucho 8. *Sugieran un grupo a la clase.*

E. Exprese en español las palabras en *letras cursivas.*

1. *Would you please approve* the investment?
2. *You will wash* the dishes!
3. *Will you wash* the dishes, please?
4. *We will visit* them next month.
5. *They would* always *have a drink* with us.
6. We said *we would adapt* to the situation.
7. *They wouldn't take drugs* because they knew it was illegal.
8. I knew *you would know* it.
9. *Do you mind helping* me with this?

F. Situaciones y reacciones. Reaccione a las siguientes situaciones, usando una petición o un mandato apropiado según el caso.

MODELOS: Ud. entra en una tienda y necesita ayuda. →
¿Pudiera Ud. ayudarme?

Ud. quiere que su hermana menor salga de su cuarto. →
¡Sal de aquí y déjame en paz!

1. Ud. tiene los brazos cargados (*loaded*) de libros y quiere que un desconocido le abra la puerta. 2. Un perro tiene su libro de español en la boca. 3. Ud. está cuidando a su sobrinito e insiste en que él se acueste. ¿Cómo se lo indica la primera vez? ¿y la décima? 4. Ud. está en la cafetería y quiere sentarse en una mesa donde hay otras personas sentadas. 5. Ud. está jugando al fútbol y grita a un compañero que le tire la pelota. 6. Ud. está en un ascensor (*elevator*) y no quiere que un desconocido fume. 7. Ud. no quiere que un amigo fume los cigarrillos que Ud. acaba de comprar. 8. Ud. es Dios y tiene que darles unos mandamientos a Adán y Eva en el paraíso. 9. Ud. no quiere que el profesor dé un examen final este semestre (trimestre). 10. *Invente una situación para la clase.*

G. Ud. no conoce a las personas que aparecen en los siguientes dibujos pero, fijándose en los detalles de cada dibujo, puede especular sobre su personalidad, sobre su estilo de vida, sobre su pasado, etcétera. En grupos de tres o cuatro personas, describan a los individuos que se ven en las secuencias a continuación. Usen el futuro o el condicional según el caso.

MODELO: Los niños tendrán 10 años. Esta será la primera vez que fuman. Una de las mujeres será la madre de los niños y la otra será la esposa de un clérigo. La madre.... La otra mujer.... Los niños....

1.   2.

H.  **Sondeo**   Algunos creen que la compulsión de consumir drogas o de emborracharse nace del deseo de escapar de los aspectos desagradables de la vida. ¿Está Ud. de acuerdo? ¿Qué otros motivos habrá para consumir drogas? Siguiendo los pasos que se han establecido en los capítulos anteriores, haga un sondeo de la clase para averiguarlo. Utilice la siguiente escala para averiguar la opinión de los miembros de la clase respecto a la importancia que tendrá *cada* factor en el consumo de *cada* sustancia. Escriba sus datos en otro papel.

3 muy importante	2 de alguna importancia	1 no tiene importancia

Grupo I

	A	B	C
1. En cuanto al consumo de (alcohol, tabaco, drogas), ¿qué importancia tendrán los siguientes factores?			
a. el deseo de escapar de los aspectos desagradables de la vida			
b. la presión de los amigos			
2. En cuanto al consumo de (alcohol...), ¿qué importancia tendrá el siguiente factor?			
a. la cultura o grupo étnico del individuo			
b. el ambiente familiar, las actitudes familiares			

Grupo 2

	A	B	C
3. En cuanto al consumo de (alcohol, tabaco, drogas), ¿qué importancia tendrá el siguiente factor?			
a. la pura curiosidad	— — —	— — —	— — —
b. el deseo de aparecer mayor o muy experimentado (*sophisticated*)	— — —	— — —	— — —
4. En cuanto al consumo de (alcohol...), ¿qué importancia tendrá el siguiente factor?			
a. el sexo del individuo	— — —	— — —	— — —
b. la edad del individuo	— — —	— — —	— — —

Grupo 3

	A	B	C
5. En cuanto al consumo de (alcohol, tabaco, drogas), ¿qué importancia tendrá el siguiente factor?			
a. la atracción del peligro	— — —	— — —	— — —
b. el placer que produce o la diversión	— — —	— — —	— — —
6. En cuanto al consumo de (alcohol...), ¿qué importancia tendrá el siguiente factor?			
a. la profesión u ocupación del individuo	— — —	— — —	— — —
b. la clase social, el nivel de educación del individuo	— — —	— — —	— — —

¿Qué revelan los resultados? ¿Hay muchas opiniones diferentes con respecto a las causas del consumo de estos productos? ¿Hay factores que no se incluyeron en el sondeo que también son de importancia? Expliquen. ¿Por qué creen Uds. que algunas personas no consumen nunca estos estimulantes? Comenten.

46. *IF* CLAUSES WITH SIMPLE TENSES

An *if*-clause (*If it rains . . .*) is joined to a result clause (*. . . I'll bring my umbrella.*). The two clauses can occur in either order.

If you have time
   if clause
	you should see that movie.
	   result clause

They will let us know
   result clause
	if they need anything.
	   if clause

The *if* clause can introduce three different perceptions of reality: (1) as possible or probable, (2) as improbable, or (3) as false (contrary to fact). The speaker's perception determines the mood of the verbs that occur in the two clauses.

A. Possible or probable situation: Indicative

If the situation is perceived as possible or probable, the indicative mood—present or past—is used in both clauses.

——————————————— POSSIBLE/PROBABLE ———————————————

Lo **veré** si **voy** a España.	*I'll see him if I go to Spain* (which is entirely possible).
Si **fue** al hospital, es que **estaba** muy enfermo.	*If he went to the hospital* (which is very possibly true), *then he was really sick.*

The *if* clause can precede or follow the result clause.

B. Improbable or false situation: Subjunctive

When the situation is perceived as improbable or false, the *past subjunctive* is used in the *if* clause, and the result clause verb is in the conditional.

> **Si**   *past subjunctive, conditional.*
>   OR
> *Conditional*   **si**   *past subjunctive.*

——————————————— IMPROBABLE ———————————————

Si no **saliera** bien en el examen, **dejaría** el curso.	*If I failed the exam,* (but I don't think I did) *I would drop the course.*
Tendría que buscar un puesto si **me graduara** el año que viene.	*I would have to look for a job if I were to graduate next year* (I probably won't).

——————————————— FALSE ———————————————

Si **tuviera** mucho dinero, **compraría** un avión.	*If I had a lot of money* (but I don't), *I would buy an airplane.*
Cambiaría esa ley si **fuera** presidente.	*I would change that law if I were the president* (but I'm not).

*In most dialects of Spanish, the present subjunctive **never** occurs in an **if** clause.* When a situation is perceived as improbable or false, it must be expressed in the past subjunctive.

Sometimes the *if* clause is only implied, not explicitly stated. In this case the result clause is still expressed in the conditional.

¿Qué **haría** Ud.?   *What would you do?* (if you were in that situation, if you were me, etc.)

No lo **diría** yo, claro.   *I wouldn't say that, of course.* (if I were to be asked, etc.)

C. Past subjunctive with *como si*

The phrase **como si** (*as if*) is always followed by the past subjunctive in Spanish because it signals improbability.

Habla **como si fuera** toxicómano.   *He speaks as if he were an addict.*

Anda **como si estuviera** ciega.   *She walks as if she were blind.*

PRACTICA

A. Diga si se debe usar *el subjuntivo* o *el indicativo* en las siguientes oraciones. Luego exprese en español las palabras en *letras cursivas*.

1. If *this is* a French restaurant, *I'll eat* my hat.   2. If *I knew* the answer, *I wouldn't ask.*   3. If *he weren't* drunk, *he wouldn't say* that.   4. *You can call* if *you need* anything.   5. *He speaks* as if *he approved* of it all.   6. My friends *would understand* if *I arrived* late.   7. If *you come, bring* your records.   8. If *I see* him, *we* usually *watch* television.

B. Pasamos mucho tiempo pensando en cómo sería nuestra vida si cambiáramos algunos de nuestros hábitos. En la lista que sigue aparecen algunos de los hábitos que tienen ciertas personas. Explique qué pasaría si dejaran esos hábitos.

MODELO: Antonio consume drogas. →
           Si no las consumiera, tendría menos problemas en su trabajo.

1. María Pilar es muy comilona.   2. Antoñito mira la televisión todo el día. 3. Pedro se emborracha todas las noches.   4. Angela fuma cigarros.   5. Rafael escucha música rock todo el día.   6. Amalia bebe 10 tazas de café al día.

C. Situaciones y reacciones. Reaccione a las siguientes situaciones, completando las oraciones con tres frases por lo menos.

1. Yo no fumo. Pero si fumara, _____.
2. Tengo dos clases esta tarde pero no quiero ir. Si no voy a las clases, _____.

3. No pienso hacer una carrera política ni me interesa mucho la política. Pero si fuera presidente (presidenta), _____.
4. No tengo hijos, pero si los tuviera, con respecto a las drogas, yo _____.
5. Los programas de televisión son demasiado (violentos/infantiles/deprimentes/aburridos/__?__). Si yo fuera director(a) de televisión, _____.

D. Todos tenemos nuestra manera de manejar las pequeñas molestias (*hassles*) de todos los días. ¿Cómo reacciona Ud. en las siguientes situaciones comunes? Puede usar una de las soluciones que se dan en la lista de la derecha, o agregar otras.

———— SITUACION COMUN ————

1. Si estoy nervioso/a, _____.
2. Si estoy aburrido/a, _____.
3. Si estoy preocupado/a por mis clases, _____.
4. Si tengo mucho trabajo y poco tiempo, _____.
5. Si tengo mucho tiempo y poco trabajo, _____.

———— REACCIONES POSIBLES ————

ir al bar
ir de compras
llamar a un amigo
dormir
mirar la televisión
fumar
hacer ejercicio
comer chocolate
sonreír
¿____?

¿Cuáles son los mecanismos que se utilizan con más frecuencia para poder soportar las molestias? ¿Hay diferencias entre los usados por los hombres y los que usan las mujeres? ¿Cree Ud. que las respuestas serían diferentes si se entrevistara a personas de la edad de sus padres? ¿de sus abuelos? ¿Qué haría Ud. en una situación menos común como una de las siguientes?

6. Si me suspendieran en un examen importantísimo, _____.
7. Si ganara un millón de dólares en la lotería, _____.
8. Si un amigo me dijera que tenía problemas a causa del consumo de alguna droga, _____.
9. Si *todos* los pantalones me quedaran demasiado estrechos (*tight*), _____.
10. Si tuviera cinco exámenes en una sola semana, _____.

E. Situaciones y preguntas

1. ¿Aprenderían Uds. si no tuviéramos exámenes? ¿si no tuviéramos que asistir a clases? ¿En qué se basarían las notas?
2. ¿Cómo sería la vida si no hubiera estaciones? ¿si todos habláramos el mismo idioma? ¿si se pudiera «oír» los pensamientos de otros? ¿si todos fuéramos inmortales?
3. Si pudieras ser cualquier persona del mundo, ¿quién serías? ¿Por qué? ¿Qué persona no serías nunca de ninguna manera? ¿Por qué? Si pudieras cambiar algún aspecto de tu personalidad o de tu cuerpo, ¿qué cambiarías? ¿Por qué? ¿Qué aspecto no cambiarías nunca?
4. Si ganaras un viaje para dos por todo el mundo, ¿a quién invitarías? ¿Adónde irían? ¿Qué harían durante el viaje?

5. ¿Qué haría Ud. si no tuviera que ganarse la vida? ¿Qué sueño realizaría? ¿Qué no haría nunca más (*anymore*)? Si pudiera tener mucho éxito en una cosa, ¿cuál sería?

F. ¡**Necesito compañero!**   Con un compañero de clase, hagan y contesten las siguientes preguntas. Luego compartan con la clase lo que han aprendido sobre su pareja.

1. Si estuvieras en la calle y encontraras 100 dólares, ¿qué harías? ¿y si encontraras el dinero en la biblioteca de la universidad? ¿Por qué?   2. Si manejaras tu coche a solas por la noche y vieras que una persona atacaba a otra, ¿qué harías?   3. Si el gobierno te seleccionara para ir a vivir en otro planeta, ¿irías?   4. Si la MGM te «descubriera» y quisiera llevarte a Hollywood para ser artista de cine, ¿irías?   5. Si dieras una fiesta y un invitado te preguntara si se puede fumar mariguana, ¿qué le dirías?

Estrategias para la comunicación

Puede ser, pero...   *Ways to comment and explain*

When you travel in another country, you may want to comment on customs and habits that seem different from those in the United States. Similarly, if you meet Hispanics who have either traveled to the United States or read about it or known other Americans, they will probably have their own observations concerning U.S. culture. It is important to remain objective and open in these situations and to try to use them to learn more about both cultures. It is especially important to maintain a courteous, nonargumentative tone; otherwise, the conversation may quickly become a debate about the virtues and defects of the respective cultures.

You have already learned how to talk about facts and opinions and likes and dislikes. You have also practiced agreeing and disagreeing and expressing personal feelings. In this chapter you have studied the future and the conditional, and those forms, along with many expressions of conjecture requiring the subjunctive, will help make your comments sound more objective and sensitive.

> (No) Me parece que + *indicative*
> Sería raro que + *imperfect subjunctive*
> A veces ocurre que + *indicative*
> Es muy frecuente que + *subjunctive*
> Es probable que + *subjunctive*
> En los Estados Unidos, + *future of probability*
> Puede ser, pero... + *indicative*

A.   Ud. está estudiando en una universidad donde hay muchos estudiantes de otros países. Uno de ellos le hace los siguientes comentarios sobre la cultura norteamericana. Primero, asegure que Ud. entiende lo que quiere decir con sus comentarios. Luego, trate de dar posibles explicaciones a las conductas que él ha observado. Utilice todas las estrategias aprendidas hasta ahora para mantener un tono cordial.

1. Los norteamericanos no ayudan a los extranjeros cuando no hablan bien el inglés.
2. Aunque los Estados Unidos es un país muy poderoso política y económicamente, los ciudadanos saben muy poco de lo que pasa fuera de su país.
3. Los norteamericanos son un poco fríos. En las calles no hablan mucho y en los autobuses ni le miran a uno.
4. Aunque muchos norteamericanos están obsesionados por estar delgados, hay otros que son enormemente gordos.
5. Los estudiantes universitarios pasan mucho tiempo mirando las telenovelas (*soap operas*). Esto no me parece una actividad que estimule el intelecto.

B. ¡**Necesito compañero!**   Con un compañero de clase, dramatice un diálogo entre un extranjero y un norteamericano sobre uno de los siguientes temas. Trate de usar varias de las estrategias que ya se han practicado.

1. la importancia de los deportes y la competencia en el sistema educativo de los Estados Unidos   2. la preocupación por el tiempo, la puntualidad y la rapidez en la sociedad norteamericana   3. la falta de interés por aprender otras lenguas

47. COMPARISONS

Comparisons establish equality (*as big as, as small as,* etc.) or inequality (*bigger than, smaller than,* etc.) between two or more objects. Comparisons may involve adjectives, nouns, adverbs, or verbs.

ADJECTIVE: *He is **as tall as** she is.*
NOUN: *We have **as many books as** they do.*
ADVERB: *She runs **as fast as** you do.*
VERB: *We **read as much as** Henry does.*

The form of Spanish comparisons is determined by what is being compared and by whether the statement expresses equality or inequality.

A. Comparisons of equality

Comparisons of equality are expressed in three forms: one for adjectives and adverbs, one for nouns, and one for verbs. All contain the word **como**.

tan	+ $\begin{Bmatrix} adjective \\ adverb \end{Bmatrix}$	+ **como**
tanto, tanta, tantos, tantas $\Big\}$ +	*noun*	+ **como**
	verb	+ **tanto como**

1. When *adjectives* are involved, the adjective always agrees with the first noun mentioned. Adverbs do not show agreement.

ADJECTIVE:	La cerveza es **tan embriagadora como** el vino.	*Beer is as intoxicating as wine.*
	El vino es **tan embriagador como** la cerveza.	*Wine is as intoxicating as beer.*
ADVERB:	La cerveza no te afecta **tan rápido como** el vino.	*Beer does not affect you as quickly as wine.*

2. When *nouns* are involved, **tanto** agrees with the noun in number and gender.

Ud. tiene **tantos amigos como** un millonario.	*You have as many friends as a millionaire (does).*
Le darán a él **tanta ayuda como** a los otros.	*They'll give as much help to him as to the others.*

3. When *verbs* are the point of comparison, the expression **tanto como** follows the verb. This expression shows no agreement.

Trabaja **tanto como** un mulo.	*He works as hard as a mule.*
Beben **tanto como** yo.	*They drink as much as I do.*

Note that subject pronouns are used after **como**.

In addition to their comparative meanings, expressions with **tan(to)** also have quantitative meanings: **tanto** = *so much/many;* **tan** = *so.*

¡Tengo **tantos problemas**!	*I have so many problems!*
¡Era **tan joven**!	*He was so young!*
No debes **fumar tanto**.	*You shouldn't smoke so much.*

B. Comparisons of inequality

Comparisons of inequality are expressed in two forms in Spanish. Both forms contain **más/menos** and **que**.

$$
\begin{array}{l}
\textbf{más/menos} + \left\{ \begin{array}{l} \textit{adjective} \\ \textit{adverb} \\ \textit{noun} \end{array} \right\} + \textbf{que} \\[2ex]
\textit{verb} \qquad + \textbf{más/menos} + \textbf{que}
\end{array}
$$

In most ways, comparisons of inequality are very similar to comparisons of equality.

1. As in comparisons of equality, the adjective agrees with the first noun. Adverbs do not show agreement.

ADJECTIVE:	El tabaco es **menos peligroso que** la cocaína.	*Tobacco is less dangerous than cocaine.*
ADVERB:	La marihuana se consume hoy **más frecuentemente que** en el pasado.	*Marijuana is used more frequently today than in the past.*
NOUN:	Hay **más tráfico de drogas** hoy **que** en el pasado.	*There is more drug trafficking today than in the past.*
VERB:	Cristóbal merece **ganar más que** su patrón.	*Cristóbal deserves to earn more than his boss.*

2. As with comparisons of equality, when a pronoun follows **que**, the subject pronoun is used.

When a number (including any form of the indefinite article **un**) follows an expression of inequality, **que** is replaced by **de**.*

No tienen **más de un** dólar.	*They do not have more than one dollar.*
Tenemos **más de diez** dólares.	*We have more than ten dollars.*

C. Irregular comparative forms

A few adjectives have both regular and irregular comparative forms.

ADJECTIVES	REGULAR	IRREGULAR
grande viejo	más grande(s) más viejo (-a, -os, -as) }	mayor(es)
pequeño joven	más pequeño (-a, -os, -as) } más joven (jóvenes)	menor(es)
bueno malo	más bueno (-a, -os, -as) más malo (-a, -os, -as)	mejor(es) peor(es)

1. **grande / pequeño**   The regular comparative forms for **grande** and **pequeño** refer primarily to the *size* of people or things.

Angelito no es **tan grande como** su hermana.	*Angelito is not as big as his sister.*
Esta mesa es **más pequeña que** ésa.	*This table is smaller than that one.*

---

*The word **que** is retained with numbers in the expression **no** + *verb* + **más que** + *number*, meaning *only;* that is, when no comparison is implied: **No tenemos más que diez dólares.** (*We have only ten dollars.*)

The irregular forms **mayor/menor**, when used with things, indicate a difference in *importance* or degree.

Los efectos de la heroína son **mayores que** los de la marihuana pero **menores que** los de la cocaína.	*The effects of heroin are greater than those of marijuana, but less serious than those of cocaine.*

2. **nuevo, joven / viejo (antiguo)**   The regular comparative forms for **nuevo** and **viejo (antiguo)** are used to describe the *age of objects*.

El estadio es **más antiguo que** la biblioteca.	*The stadium is older than the library.*
Esta carretera no es **tan nueva como** la otra, ¿verdad?	*This highway is not as new as the other one, right?*

The irregular forms are preferred when describing the *age of people*.

Angelito es **menor que** su hermana.	*Angelito is younger than his sister.*
El señor Rodríguez es mucho **mayor que** su esposa.	*Mr. Rodríguez is much older than his wife.*

Note that **mayor** is the best word to use whenever you want to communicate the idea of *old* or *older* with reference to people, regardless of the actual age involved.

Nora Sánchez es muy **mayor**— tendrá treinta y tantos, ¿no?	*Nora Sánchez is really old—she must be thirty something, right?*
¿Te has enterado de como **los mayores** nunca entienden nada?	*Have you noticed how grown-ups never understand anything?*

3. **bueno / malo**   The regular comparative forms for **bueno** and **malo** refer primarily to the *moral behavior or characteristics* of people.

Teresa es **más buena que** su hermano.	*Teresa is more good-hearted (kinder/more generous) than her brother.*
Luisito no es **tan malo como** Carlitos.	*Luisito is not as naughty (obnoxious) as Carlitos.*

The irregular forms are used to compare the quality of things and to describe *physical abilities* of people.

Uds. son **mejores** jugadores que ellos.	*You guys are better players than they are.*
Esta película es **mejor que** la otra.	*This film is better than the other one.*

Mejor and **peor** are also the irregular comparative forms of the adverbs **bien** and **mal**.

No, no cantas **tan mal como**   *No, you don't sing as badly as*
    Ernesto. Cantas **peor**.   *Ernesto does. You sing worse.*

PRACTICA

A.   Combine las dos oraciones para expresar una comparación de igualdad.

1. Paco es comilón. Su hermana Celia es comilona también.   2. Se toma mucha cerveza aquí. También se toma mucho vino.   3. La casa se quemó rápidamente. El garaje se quemó rápidamente también.   4. Hay mucho humo aquí. También hay mucho humo en el comedor.   5. El alcohol hace daño al cuerpo. El tabaco también hace daño.   6. Juan se emborrachaba con frecuencia. Su padre se emborrachaba mucho también.   7. Los cigarrillos franceses son muy fuertes. También lo son los cigarrillos españoles.

B.   ¿Son ciertas o falsas las siguientes oraciones? Corrija las oraciones falsas.

1. El vino es tan embriagador como la cerveza.   2. Se toma tanto alcohol aquí como en España.   3. Las mujeres se emborrachan tanto como los hombres.   4. Se fuma menos hoy que antes.   5. Los adultos consumen menos azúcar que los niños.   6. El café crea más adicción que la marihuana.   7. Se consumen menos drogas entre los miembros de la clase alta que entre los de la clase baja.   8. Respirar el humo de otro hace menos daño que cuando uno mismo fuma.   9. El azúcar sin refinar es mejor para el cuerpo que el azúcar refinado.   10. La televisión es tan peligrosa para los adultos como para los niños.

C.   Exprese sus opiniones sobre los siguientes asuntos, usando comparaciones de igualdad o de desigualdad según sea necesario.

> MODELO: difícil: aprender a hablar otro idioma, aprender a escribirlo
> Es más (menos) difícil aprender a hablar otro idioma que aprender a escribirlo.

1. interesante: el español, la historia
2. bueno: un coche nacional, un coche importado
3. fácil: pedir dinero, prestarlo
4. inteligente: los perros, los gatos
5. peligroso: las drogas, el alcohol
6. importante: trabajar, divertirse
7. hacer daño al cuerpo: el azúcar, la cafeína
8. malo: ser toxicómano, ser alcohólico
9. agradable: dar regalos, recibirlos
10. bueno: vivir solo, tener un compañero

D.   Situaciones y preguntas

1. Ultimamente, en Europa así como en los Estados Unidos, se ha iniciado una campaña contra el fumar, especialmente en los lugares públicos. ¿Dónde se ve evidencia de este esfuerzo en los Estados Unidos? En su opinión, ¿ha tenido un impacto positivo o negativo esta campaña? ¿Por qué piensa Ud. eso?

2. En general, se han visto dos tipos de anuncio en esta campaña. Uno trata de convencer al fumador de que debe dejar el hábito, describiendo el fumar como perjudicial para la salud; el otro quiere que el fumador piense en los demás, ya que el hábito también perjudica a quienes inhalan el humo de los fumadores. ¿Cuál de estas dos técnicas se ve en el anuncio a continuación? En su opinión, ¿es más efectiva una de estas técnicas que la otra? Explique.

3. La actual campaña contra las drogas, ¿utiliza las mismas técnicas que la campaña contra el fumar? Describa Ud. uno de los anuncios de esta campaña. ¿Cómo trata de convencer a alguien de que debe dejar (o no comenzar) el consumo de alguna droga?

48. SUPERLATIVES

A statement of comparison requires two elements: one bigger (smaller, better, and so forth) than the other. In a superlative statement more than two elements are compared, with one being set apart from the others as the biggest (smallest, best, and so forth) of the group.

	COMPARATIVE	SUPERLATIVE
John is *tall*.	John is *taller* than Jim.	John is the *tallest* (in the group).

In Spanish the superlative of adjectives and nouns is formed by adding the definite article to the comparative form.

	COMPARATIVE	SUPERLATIVE
Juana es **alta**.	Juana es **más alta** que Jaime.	Juana es **la más alta** (del grupo).
Nevada es un estado **grande**.	Texas es **más grande** que Nevada.	De todos los estados, Texas y Alaska son **los más grandes**.
Este helado es **bueno**.	Este helado es **mejor** que ése.	Este helado es **el mejor** (del mundo).

1. A comparison group, when mentioned, is preceded by the preposition **de (del grupo)**.
2. Note the following contrast between Spanish and English in the word order of superlative statements.

SPANISH	*article* +	*noun* +	$\left\{\begin{array}{l}\textbf{más}\\ \textbf{menos}\end{array}\right\}$ +	*adjective*	
	la	profesora	más	interesante	
ENGLISH	*article* +	$\left\{\begin{array}{l}\textit{most}\\ \textit{least}\end{array}\right\}$ +	*adjective* +	*noun*	
	the	most	interesting	professor	

However, the four irregular forms **mayor/menor/mejor/peor** precede rather than follow the noun: **Es *la mejor profesora* de la universidad**.

PRACTICA

A. Gilda siempre insiste en que sus amigos, parientes o experiencias son mejores o peores que los de todos los demás. ¿Qué contestaría Gilda a las siguientes afirmaciones? No se olvide de usar las expresiones de concesión que aprendió en las Estrategias para la comunicación (página 291).

> MODELO: PEDRO: Mi calle es muy segura. →
> GILDA: Puede ser, pero mi calle es la más segura de la ciudad.

1. PEDRO: Estos cigarrillos son muy fuertes.
2. JAVIER: El tráfico en mi país es terrible.
3. ANA MARIA: El tratamiento de la toxicomanía es muy bueno en mi país.
4. OSCAR: Mi sobrino es muy goloso.
5. TERESA: El consumo del alcohol es muy alto entre los de mi generación.

B. Describa los elementos indicados, usando frases comparativas o superlativas.

1. mi profesor favorito, los otros profesores de esta universidad   2. mi padre, yo   3. yo, los otros de la clase   4. un cigarro, un cigarrillo   5. un borracho, una persona que no bebe

C. A continuación hay una serie de descripciones de varios aspectos de la vida en los Estados Unidos al principio de este siglo. Compare la vida de aquel entonces (*back then*) con la de ahora, usando expresiones comparativas y superlativas cuando sea posible.

> MODELO: Se hacía la compra de comestibles diariamente y se comía sólo comida fresca (no congelada, no enlatada [*canned*]). →
> En aquel entonces se hacía la compra con más frecuencia que hoy en día, pero no se compraban tantos productos cada vez que se iba de compras. Se comía más comida fresca que hoy, y se comía menos comida enlatada.

1. Muchos hombres fumaban, pero sólo usaban tabaco. Las mujeres «decentes» no fumaban; tampoco bebían mucho.
2. Sólo las familias muy ricas tenían coche. La mayoría de la gente todavía montaba a caballo.
3. No había muchos teléfonos. Uno se comunicaba con los amigos y parientes que vivían en otra parte por carta. También se mandaban muchos telegramas. En la ciudad donde uno vivía, cuando uno quería ponerse en contacto con alguien, se mandaba a un niño con un recado (*message*).
4. Casi todas las familias—aun las familias de clase media—tenían una criada que vivía en la misma casa con la familia.
5. Los abuelos y bisabuelos vivían con sus hijos. Muchas veces una hija soltera vivía en casa durante toda su vida para cuidar a sus padres.

D. ¡**Necesito compañero!**   Con un compañero de clase, den tres cosas, animales o tipos de personas que pertenecen a las siguientes categorías. Luego compárenlas según el modelo.

> MODELO: tres profesores → los profesores de idiomas
> los profesores de química
> los profesores de psicología
>
> Los profesores de psicología son los más locos de los tres. Los profesores de idiomas son los más habladores de los tres. Los de química son los más serios.

1. tres animales
2. tres bebidas
3. tres milagros (*miracles*) de la ciencia moderna
4. tres programas de televisión
5. tres adicciones
6. tres coches

E. Situaciones y preguntas

1. ¿Qué marca de coche es la mejor? ¿Qué marca de café instantáneo? ¿Qué marca de desodorante? ¿Qué marca de helado? ¿Por qué?
2. ¿Son los estudios universitarios más o menos difíciles que los de la escuela secundaria? ¿Qué otras diferencias hay entre los dos niveles? ¿Es Ud. diferente ahora de lo que era cuando asistía a la secundaria? ¿en qué sentido(s)?
3. Describa a los miembros de su familia y compárelos entre sí.
4. ¿En qué se diferencian la generación estudiantil de hoy y la de hace diez años? ¿los políticos demócratas y los republicanos?

 **¡Ojo!**

ahorrar—salvar—guardar

All of these words express *to save*. **Ahorrar** is used to refer to money (savings). **Salvar** refers to *rescuing* or *saving* a person or thing from danger. *To save* in the sense of *to set aside* is expressed with **guardar**, which also means *to keep*.

Hoy en día es difícil **ahorrar**.	*Nowadays, it's difficult to save (money).*
El salvavidas **salvó** al niño.	*The lifeguard saved the child.*
José **guardó** un pedazo de pan.	*José saved a piece of bread.*
¿Te lo **guardo**?	*Shall I keep it for you?*

asistir a—atender—ayudar

Asistir is a false cognate. Its primary meaning is *to attend* a function or *to be present* at a class, a meeting, a play, and so on. *To attend* meaning *to take into account, to take care of,* or *to wait on* is expressed with **atender (ie)**. *To assist* meaning *to help* is expressed with **ayudar**. **Asistir** is always followed by the preposition **a**.

Pablo **asistió** a la reunión.	*Pablo attended the meeting.*
El jefe va a **atender** a los clientes.	*The boss will take care of the clients.*
Nos **ayudaron** mucho.	*They assisted us a great deal.*

dejar—salir

Both verbs express *to leave*. **Dejar** is used to express *to leave* in the sense of *to abandon* or *to leave behind*. **Dejar de** + *infinitive* means *to stop* or *to quit*.

Salir is a verb of motion used to express a person's physical movement away from a place or location. It is used with **de** when followed by a noun.

La estudiante **dejó** su libro en la clase.	*The student left her book in the classroom.*
Matilde **dejó de** escribir el trabajo a las once.	*Matilde stopped writing the paper at eleven o'clock.*
Aunque el médico **saliera** ahora mismo, no podría salvar al niño.	*Even if the doctor left now, he couldn't save the child.*
¿Cuándo **salen** Uds. **de** Madrid?	*When are you leaving Madrid?*

intentar – tratar de – tratar – probar(se)

All these words can express English *to try*. **Intentar** means *to try* or *to make an attempt*, as does **tratar de**, which is always followed by an infinitive in this meaning. In contrast, **intentar** can be used alone or with **lo**. **Probar** means *to try* someone in the sense of testing him or her.

Voy a **intentarlo**. No sé si tendré éxito.	*I'll try. I don't know if I'll succeed.*
No sé. **Trataré de** hacer todo lo posible.	*I don't know. I'll try to do all I can.*
Van a **probarte**. No les digas nada.	*They're going to test you. Don't tell them anything.*

Tratar de can also mean *to deal with*. The fixed expression **se trata de** expresses *it's about* or *it's a question of;* it can never be used with a specific subject. When used without **de**, **tratar** means *to treat* someone or something in a particular way.

Se trata de la justicia.	*It's a question of justice.*
Este libro **trata de** La Raza.	*This book deals with La Raza.*
Los **trató** sin respeto.	*He treated them without respect.*

Probarse means *to try on* (an article of clothing).

Pruébeselo antes de comprarlo.	*Try it on before buying it.*

PRACTICA

A. Dé la palabra española que se corresponde mejor con la palabra en *letras cursivas*.

1. Mr. Serrano *saves* a part of his earnings each week.   2. He *left* his family and joined the army.   3. Elsa expects *to attend* the meeting with us.   4. The members *will take care of* a variety of matters.   5. The dog *saved* the boy's life. 6. John *tried* to complete the work on time.   7. *Try it on* and see for yourself. 8. He *left* at 7:00 and *tried* to call us later.   9. Are you going *to be* in class today? If so, I can *help* you.   10. Don't worry—*I'll save* your seat for you.

B.   Dé oraciones usando las siguientes palabras en cualquier orden.

1. camarera, familia, atender, a causa de
2. ahorrar, dejar, banco, hermano
3. guardar, pedir, silla, ti, como
4. salir, perro, perder, puesto
5. programa, asistir, salvar, intentar

C.   Situaciones y preguntas

1. ¿Trata Ud. de ahorrar algo todos los meses? ¿Por qué sí o por qué no? Si uno quiere ahorrar, ¿qué debe hacer? ¿Es mejor ahorrar dinero o invertirlo? ¿Le parece una buena idea guardar comida en caso de emergencia? ¿Qué otras cosas se deben guardar?
2. ¿Qué se debe hacer para salvar a una persona que cayó al agua y que no sabe nadar? ¿para salvar a alguien que ha sufrido (*has had*) un ataque al corazón? ¿para salvar a alguien que es toxicómano?
3. ¿Asistes a muchos conciertos en la universidad? ¿a muchas conferencias? ¿A qué funciones asistes?
4. Si Ud. entra en una tienda y no lo/la atienden, ¿qué hace? ¿Ha decidido no comprar algo porque no lo/la atendían bien? Explique brevemente qué pasó en aquella ocasión.
5. ¿Has intentado dejar un hábito alguna vez? ¿Qué te ayudó a dejarlo? ¿Qué le recomiendas a una persona que quiere dejar algún mal hábito?

Repaso

A.   Complete el párrafo, dando la forma correcta del verbo y expresando en español las frases en inglés. Cuando se dan dos palabras entre paréntesis, escoja la palabra apropiada.

Un hábito peligroso

En todas partes (*are heard*[1]) graves advertencias° sobre las consecuencias del uso de las drogas y (*are organized*[2]) campañas nacionales para educar y convencer al público de su peligro. En Washington y en otras capitales del mundo, hay organizaciones (*that*[3]) se dedican a tratar de detener el tráfico mundial de las drogas. Aparte de los traficantes, parece que no hay nadie que (*apoyar*[4]) su consumo. Es evidente que las drogas (*causar*[5]) mucho sufrimiento y muchos problemas.

    Sin embargo, hay muchos que (*afirmar*[6]) que aun si (*were eliminated*[7]) la marihuana y la heroína todavía habría otro hábito igual de peligroso—según ellos—y aún más extendido. ¿Qué dependencia es ésta que (*empezar*[8]) antes de los siete años de edad y nos (*acompañar*[9]) hasta la muerte? Los

warnings

científicos lo (*conocer/saber*[10]) como $C_{12}H_{22}O_{11}$ o la sacarosa refinada. (*It is bought*[11]) y (*consumed*[12]) en grandes cantidades bajo el nombre de azúcar.

El azúcar (*ser/estar*[13]) tan peligroso porque su consumo produce calorías vacías, es decir, energía sin nutrimentos. Para un funcionamiento eficaz, (*ser/estar/hay*[14]) necesario (*mantener*[15]) en el organismo humano un delicado equilibrio químico. La ingestión excesiva de azúcar produce un constante desequilibrio que tarde o temprano (*afectar*[16]) todos los órganos del cuerpo, incluso el cerebro. Está comprobado° que *proven* el azúcar (*causar*[17]) obesidad y (*provocar*[18]) síntomas de diabetes, cáncer y enfermedades del corazón. Puede que el azúcar (*producir*[19]) energía momentánea pero su efecto a largo plazo° es la fatiga, la nerviosidad y una debilidad general. *a... in the long run* ¿Cuánto azúcar consume Ud.?

B. Con un compañero de clase, invente y describa una droga nueva, uno de los milagros de la ciencia futura. ¿Para qué servirá la droga? ¿Qué enfermedades curará? ¿Por qué será mejor que la marca X? ¿Cuáles serían las consecuencias si la gente la usara? ¿y si no la usara?

CAPITULO ONCE

Madrid, España

La ley y la libertad
individual

Hay algunas infracciones de la ley que son más serias que otras y hay algunas que casi todos cometemos alguna vez. ¿Cuáles de las siguientes infracciones ha cometido Ud.? ¿Cuáles piensa Ud. que podría cometer en el futuro? Explique en qué situaciones las ha cometido o las cometería. Si Ud. cree que nunca cometería ninguna, explique por qué.

1. Manejar un coche a velocidad mayor del límite legal
2. Cruzar la calle cuando la señal le indica que espere
3. Llevarse una toalla o un cenicero de un hotel
4. Salir de un restaurante sin pagar la cuenta
5. Manejar un coche sin tener permiso para conducir (*to drive*)
6. Beber alcohol siendo menor de edad
7. Tirar basura en la calle (*to litter*)
8. Fumar marihuana
9. Vender marihuana (u otras drogas ilegales)
10. Denunciar a un conocido o amigo por un delito que ha cometido

Vocabulario para conversar

el abogado lawyer
las autoridades authorities
**cometer un crimen (una infrac-
ción)** to commit a crime
el crimen crime (*in general*); murder
  el criminal criminal
la delincuencia delinquency;
  criminality
  el delincuente delinquent, criminal
el delito crime, criminal act
encarcelar to imprison
  la cárcel prison
  la cadena perpetua life
  imprisonment
hacer trampas to cheat

juzgar to judge
  el juez judge
obedecer to obey
la pena de muerte death penalty
la policía police force*
  el policía policeman
poner una multa to fine
  la multa fine
proscribir to outlaw, prohibit
  proscrito forbidden; illegal
proteger to protect
seguro safe, secure
la víctima victim
violar (infringir) la ley to break the law
la violencia violence

 LOS DELITOS

asaltar to attack, assault
  el asalto attack, assault
asesinar to murder
  el asesinato to murder
  el asesino murderer
atracar to hold up
  el atraco holdup, mugging
el chantaje blackmail
la estafa graft

el ladrón thief, robber
raptar to kidnap
  el rapto kidnapping
robar to rob, steal
  el robo theft, robbery
secuestrar to kidnap
  el secuestro kidnapping
violar to rape
  la violación illegal act; rape

Practiquemos

A. Haga un mapa o cuadro conceptual para «la delincuencia», organizando todas las palabras de la lista del vocabulario (u otras palabras apropiadas que no estén en la lista) según las categorías indicadas.

individuos que
la combaten

actos para
combatirla

LA DELINCUENCIA

individuos
contribuyentes

actos
contribuyentes

---

*The phrase **la mujer policía** is used to express *policewoman* in many Hispanic countries.

¿Hay palabras que puedan colocarse en más de una categoría? Explique cómo o en qué contextos puede catalogarse una palabra en otra categoría.

B.   ¿Cuáles de los siguientes delitos acaban en violencia a la persona? ¿Cuáles son más bien impersonales? Explique.

1. el asesinato
2. el atraco
3. la estafa
4. el chantaje
5. la violación
6. el rapto

C.   Explique la diferencia entre cada par de palabras.

1. el policía/la policía
2. detener/proscribir
3. violar la ley/castigar
4. el robo/el secuestro
5. la víctima/el criminal
6. hacer trampas/asaltar

D.   ¿Cuáles son los delitos que Ud. asocia con los siguientes castigos?

1. poner una multa
2. encarcelar
3. la cadena perpetua
4. la pena de muerte

Conversemos

A.   Imagine que Ud. es testigo/a del episodio que se ve en el dibujo de la página 306. Describa a los personajes y narre lo que pasa. Si Ud. fuera el policía, ¿le pondría una multa? ¿Por qué sí o por qué no?

B.   Mencione algunas leyes relacionadas con el reglamento de tránsito. ¿Cuáles de las leyes que Ud. acaba de mencionar protegen al conductor (*driver*)? ¿Cuál es el propósito de las otras? ¿Cuáles se desobedecen con mayor frecuencia? ¿Se debe de proscribir el ir en coche sin ponerse el cinturón de seguridad (*safety belt*)? ¿montar una moto o bicicleta sin llevar casco (*helmet*)? ¿Se les debe de exigir a los conductores mayores de setenta años que tomen un examen de conducir cada año? ¿Qué otras prácticas deben ser proscritas?

C.   ¿Hay más o menos violencia en la actualidad (*right now*) que hace 20 años? ¿que en el siglo pasado? ¿Cómo se puede explicar este cambio? ¿Qué actos violentos parecen ser más frecuentes hoy?

D.   ¿Cómo se trata a los criminales en nuestra sociedad? ¿Qué factores determinan la clase de castigo que recibe un criminal? ¿Debería ser menos grave el castigo que se da por un delito político? ¿y por un delito donde no hay ninguna víctima? ¿Es posible la rehabilitación de un asesino? ¿de un ladrón?

E.   Si Ud. no sabe o no recuerda la palabra, ¿cómo puede expresar estas palabras en español?

1. *mace*   2. *a burglar alarm system*   3. *a safe*   4. *a pickpocket*

Gramática

49. THE OTHER FORMS OF THE PERFECT INDICATIVE

Each simple tense in Spanish has a corresponding perfect form. Remember that the perfect forms consist of a conjugated form of **haber** plus the past participle of the main verb. The conjugation of **haber** shows person/number, tense, and mood. The past participle does not change.*

A. Forms of the perfect indicative

In Section 28 you learned that the present perfect indicative is formed with the present tense of **haber** and the past participle: **he comido**, **he estudiado**, **he vivido**. The other forms of the perfect indicative are as follows:

PERFECT FORM	TENSE OF **haber**	EXAMPLE
pluperfect	imperfect	había comido
future perfect	future	habrá comido
conditional perfect	conditional	habría comido

PLUSCUAMPERFECTO†		FUTURO PERFECTO		CONDICIONAL PERFECTO	
había	andado	habré	vivido	habría	visto
habías	andado	habrás	vivido	habrías	visto
había	andado	habrá	vivido	habría	visto
habíamos	andado	habremos	vivido	habríamos	visto
habíais	andado	habréis	vivido	habríais	visto
habían	andado	habrán	vivido	habrían	visto
I had walked		*I will have lived*		*I would have seen*	

*The form of the past participle does change when it occurs with either **ser** or **estar**. See Section 42.
†Literally, the *imperfect perfect*. There are also preterite perfect forms in Spanish: **hube trabajado**, **hubiste trabajado**, **hubo trabajado**, and so on. However, the preterite perfect is gradually disappearing; its use is now limited primarily to literature.

B. Uses of the perfect forms

With these forms the word *perfect* implies *completion;* that is, the action described by the verb is viewed as completed with respect to some point in time. The present perfect expresses an action completed prior to a point in the present; the pluperfect expresses an action completed prior to a point in the past.

Similarly, the future and conditional perfect forms express actions that will be completed before an anticipated time in the future.

Lo detuvieron porque había cometido tres asaltos.*	*They arrested him because he had committed three assaults.*
Sé que lo habrán detenido para mañana.	*I know they will have arrested him by tomorrow.*
Sabía que lo habrían detenido para el día siguiente.	*I knew that they would have arrested him by the next day.*

In most cases the use of the Spanish perfect forms corresponds closely to the use of the English perfect forms. Unlike English, however, no words can come between the elements of the Spanish perfect forms.

No lo **he visto** nunca.   ***I have** never **seen** him.*

In both English and Spanish, the future and conditional perfect are complex tenses that are used relatively infrequently. In *Lengua*, you will actively practice the present perfect and pluperfect verb forms and will learn to recognize the future and conditional perfect.

PRACTICA

A. Conteste según el modelo, usando complementos pronominales en los casos en que sea posible.

MODELO: ¿Por qué no quería Ud. visitar el museo? →
No quería visitarlo porque ya lo había visitado antes.

1. ¿Por qué no quería Ud. practicar la canción?
2. ¿Por qué no quería correr Tomás?
3. ¿Por qué no les pusieron una multa a los conductores?
4. ¿Por qué no iban a proscribir esa actividad?
5. ¿Por qué no le ibas a decir la historia?

---

*In this example, the point in the past is indicated by the verb **detuvieron**: he had committed the assaults before that point.

B. Complete las oraciones en una forma lógica, usando la forma apropiada del perfecto de un verbo lógico, según las indicaciones.

> Punto de referencia: el presente
> Acción completada antes del punto de referencia

1. Este semestre yo _____ 2 ó 3 películas realmente buenas.
2. ¿Alguna vez en tu vida _____ ancas de rana (*frogs' legs*)?
3. ¿Cuántos exámenes _____ (tú) este año?
4. Todo el mundo cree que mis amigos y yo _____ en otra ocasión.

> Punto de referencia: el pasado
> Acción completada antes del punto de referencia

5. Antes de conocer a mi novio/a, yo ya _____ muchos otros/muchas otras.
6. Pudieron identificar al ladrón porque él _____ muchos muebles en la casa y no _____ guantes.
7. ¿_____ esta universidad antes de empezar tus estudios aquí?
8. Antes de cumplir los quince años, yo nunca _____.

C. Complete las oraciones en una forma lógica, usando la forma apropiada del perfecto de un verbo lógico.

> MODELO: Cuando yo tenía 10 años, ya _____. →
> Cuando yo tenía 10 años, ya había aprendido a montar en bicicleta.

1. Cuando yo tenía 10 años, ya _____.
2. Mi padre me dijo que a los 10 años, él ya _____.
3. Antes de llegar a esta universidad, yo nunca _____.
4. Este mes, por primera vez en mi vida, yo _____.
5. Se dice que el delincuente típico, antes de cumplir los 20 años, ya _____.
6. Cuando los detectives llegaron, el criminal ya _____.
7. El ladrón pudo entrar fácilmente en la casa porque nadie _____.

D. Lea las siguientes oraciones sacadas de *El indulto* de Emilia Pardo Bazán. Identifique la forma verbal de los verbos subrayados, y luego expréselos en inglés.

1. Nadie <u>había olvidado</u> la lúgubre (*dismal*) tarde en que la vieja <u>fue asesinada</u>.
2. Además de la declaración de la esposa, <u>había</u> un indicio vehementísimo.

3. ¿Y no habrá remedio mujer, no habrá algún remedio?
4. Pues, ¿aquel tigre no había matado a la mujer?
5. El criado de la casa le dijo que habría indulto (*pardon*) de fijo (seguramente).
6. El nacimiento de un varón habría ocasionado más indultos.
7. Ya le habían indultado una vez.
8. Si quería matarle, el vecindario estaba despierto y oiría sus gritos.
9. Era la habitación en que había cometido el crimen.
10. El hombre que había pasado la noche la llamó muchas veces.

E.   Situaciones y preguntas

1. ¿Qué acciones están proscritas en esta universidad? ¿Se han violado algunas de las prohibiciones este semestre (trimestre)? ¿Cuál(es)? ¿Qué motivos se pueden tener para no obedecer las leyes universitarias? ¿Ha habido algún crimen en la universidad este año? Explique brevemente las circunstancias del crimen. ¿Qué pasó? ¿Cómo ocurrió? ¿Qué hacían las personas que estaban cerca cuando ocurrió? ¿Qué se hizo después para detener al criminal?
2. Según las estadísticas, es mucho mayor la probabilidad de sufrir daños en un accidente que en un crimen. Entonces, ¿por qué piensa Ud. que todos tenemos más miedo al crimen que a los accidentes?
3. Dentro de la cultura norteamericana, ¿son considerados los criminales figuras positivas o negativas? ¿Puede Ud. dar algunos ejemplos de criminales que sean—o hayan sido—admirados o respetados? ¿A qué se debe este fenómeno?
4. ¿Es positiva o negativa la imagen del policía en los Estados Unidos? ¿Cree Ud. que esta imagen esté cambiando hoy día? ¿Por qué sí o por qué no?

F.   ¡Necesito compañero!   Con un compañero de clase, hagan y contesten las siguientes preguntas. Luego compartan con la clase lo que han aprendido sobre su pareja.

1. ¿Qué habías hecho antes de venir a esta universidad que influyó en tu decisión de venir?
2. Desde que llegaste, ¿qué experiencia(s) ha(n) tenido un gran impacto en tu vida? ¿qué persona(s)? Explica.
3. ¿En qué sentido ha sido diferente este semestre (trimestre) del semestre (trimestre) pasado? ¿Ha sido mejor o peor? ¿Por qué?
4. ¿Qué han hecho recientemente tus padres (o tus amigos) para que tu vida sea más cómoda o más feliz? ¿Qué favor le has hecho tú a alguno de tus amigos?
5. ¿Qué experiencias has tenido tú o en qué actitividad has participado que crees que es única comparada con las experiencias de otras personas? ¿Cómo te ha afectado?

50. PERFECT SUBJUNCTIVE

There are only two perfect subjunctive forms: the present perfect, which you learned in Section 29, and the pluperfect.

PRESENTE PERFECTO DEL SUBJUNTIVO		PLUSCUAMPERFECTO DEL SUBJUNTIVO	
haya	leído	hubiera	comprado
hayas	leído	hubieras	comprado
haya	leído	hubiera	comprado
hayamos	leído	hubiéramos	comprado
hayáis	leído	hubierais	comprado
hayan	leído	hubieran	comprado
I may have read		*I might have bought*	

The cues for the choice of the perfect forms of the subjunctive versus the indicative are the same as for the simple forms of the subjunctive (Section 40). Like the present perfect indicative, the present perfect subjunctive expresses an action completed prior to the point in the present indicated by the main verb. The pluperfect subjunctive expresses an action completed prior to the point in the past indicated by the main verb.

Me alegro de que me haya escrito.	*I'm glad that she has written me.*
Me alegraba de que me hubiera escrito.	*I was glad that she had written me.*

In both examples, the act of writing is completed before the act of becoming glad.

PRACTICA

A. Conteste las preguntas según el modelo.

MODELO: ¿Qué le molestaba al juez? (criminal / haber violar la ley) →
Le molestaba que el criminal hubiera violado la ley.

1. ¿De qué dudaba el rector (*president*) de la universidad? (estudiante / haber mentir)
2. ¿Qué negaba el hombre? (su hijo / haber conducir / 80 millas por hora)
3. ¿Qué les enfadó a los jueces? (los abogados / no haber llegar / a tiempo)
4. ¿Qué no le gustaba al ladrón? (los perros / haberle seguir / la pista [*trail*])
5. ¿Qué esperaba el delincuente? (amigo / haber traer / una lima [*file*])
6. ¿Qué soñaban los Moreno? (su hijo / haber ganar / un premio en la lotería)

B. Haga oraciones juntando un elemento de la primera columna con otro de la segunda. ¡OJO! Será necesario cambiar el verbo en la segunda parte de la oración.

MODELO: Le sorprendió mucho al juez que hubiéramos detenido al asesino.

Me alegré de que...
El profesor estaba furioso de que...
La policía se enojó de que...
No nos gustó nada que...
Le sorprendió mucho al juez que...

El ladrón había escapado.
Los policías habían mentido.
Yo no había respetado sus prohibiciones.
Habíamos detenido al asesino.
Tú habías pagado la multa.
Uds. habían hecho chantaje.
El profesor nos había prohibido comer en clase.
Los dos estudiantes habían copiado las respuestas.

C. Complete las oraciones con la forma apropiada de **haber** (o **haya[n]** o **hubiera[n]**) según el contexto.

1. De niño/a, yo, no podía creer que mis padres _____ sido jóvenes, se _____ conocido y se _____ enamorado. Hoy, me alegro mucho de que ellos _____ decidido formar una familia.
2. El policía dudaba que el delincuente le _____ dicho la verdad en el pasado. No cree que se la _____ dicho esta vez tampoco.
3. Buscan a alguien que lo _____ visto la noche del atraco porque dudan que _____ podido cometerlo.
4. ¡Es increíble que las autoridades lo _____ dejado salir de la cárcel sólo porque no encontraron a nadie que lo _____ visto y que pudiera refutar su coartada (*alibi*)!
5. Esperábamos que los miembros del jurado _____ llegado a un acuerdo aunque ahora no creemos que _____ considerado bien toda la evidencia.

D. «Rebelde con causa», dice el anuncio de la página siguiente. ¿Qué tipo de libertad individual subraya este anuncio? ¿Qué tipo de rebeldía subraya? ¿Qué tienen que ver los «vaqueros» que sirven de fondo al anuncio con lo que éste comunica? Piense en el dueño de esta alcoba. ¿Cree que sería una persona conformista o rebelde? ¿Por qué? ¿Cómo serían sus amistades? ¿sus costumbres? ¿su modo de vestir? ¿de pensar? ¿Con qué persona famosa se asocia el anuncio? ¿Por qué es famosa? ¿Qué sabe Ud. de su vida?

51. MORE ON THE SEQUENCE OF TENSES

Remember that the tense of the subjunctive—present or past—used in the subordinate clause is determined by the verb form used in the main clause.

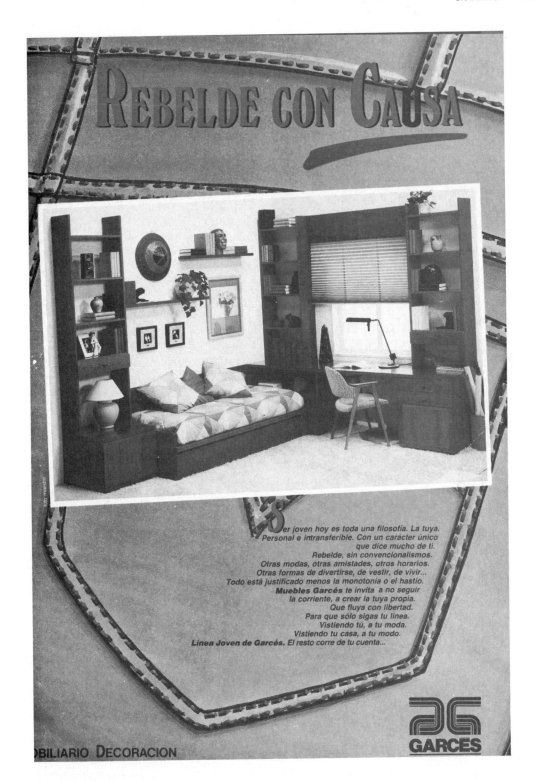

Here is the chart that you saw in Section 34, with all the forms included.

MAIN CLAUSE	SUBORDINATE CLAUSE
present present perfect future future perfect command	present subjunctive present perfect subjunctive
preterite imperfect pluperfect conditional conditional perfect	past subjunctive pluperfect subjunctive

A. Main verb present: Subordinate verb present

When the main clause verb is in the present, present perfect, future, or future perfect, or is a command, the subordinate clause verb is usually in the present subjunctive.

1. The present subjunctive expresses an action that occurs at the *same time* as the action of the main clause verb, or *after* it.
2. Present perfect subjunctive is used when the action in the subordinate clause occurs *before* the action of the main clause verb.

	MAIN CLAUSE	SUBORDINATE CLAUSE
BEFORE	PRESENT Espera que Diego... *He hopes that Diego . . .*	PRESENT PERFECT SUBJUNCTIVE ...ya le haya hablado. *. . . has already spoken to him.*
SIMULTANEOUS	PRESENT Insiste en que Diego... *He insists that Diego . . .*	PRESENT SUBJUNCTIVE ...le hable todos los días. *. . . speak to him every day.*
AFTER	PRESENT PERFECT Ha insistido el lunes en que Diego... *He insisted on Monday that Diego . . .*	PRESENT SUBJUNCTIVE ...le hable luego. *. . . speak to him later on.*

	MAIN CLAUSE	SUBORDINATE CLAUSE
AFTER	FUTURE Insistirá en que Diego... *He will insist that Diego . . .*	PRESENT SUBJUNCTIVE ...le hable mañana. *. . . speak to him tomorrow.*
	FUTURE PERFECT Habrá insistido en que Diego... *He will have insisted that Diego . . .*	PRESENT SUBJUNCTIVE ...le hable mañana. *. . . speak to him tomorrow.*
	COMMAND Insista en que Diego... *Insist that Diego . . .*	PRESENT SUBJUNCTIVE ...le hable mañana. *. . . speak to him tomorrow.*

B. Main verb past: Subordinate verb past

When the main clause verb is in the preterite, imperfect, pluperfect, conditional, or conditional perfect, the subordinate clause verb is in the past subjunctive (simple or perfect).

1. The imperfect subjunctive expresses an action that occurred at the *same time* as the action of the main clause verb, or *after* it.
2. The pluperfect subjunctive is used when the action in the subordinate clause occurs *before* the action of the main clause verb.

	MAIN CLAUSE	SUBORDINATE CLAUSE
BEFORE	IMPERFECT Era bueno que Diego... *It was good that Diego . . .*	PLUPERFECT SUBJUNCTIVE ...ya le hubiera hablado. *. . . had already spoken to him.*
SIMULTANEOUS	IMPERFECT Era bueno que Diego... *It was good that Diego . . .*	IMPERFECT SUBJUNCTIVE ...le hablara todos los días. *. . . spoke to him every day.*
AFTER	PRETERITE El lunes pedí que Diego... *On Monday I asked that Diego . . .*	IMPERFECT SUBJUNCTIVE ...le hablara luego. *. . . speak to him later on.*

	MAIN CLAUSE	SUBORDINATE CLAUSE
AFTER	*IMPERFECT*	*IMPERFECT SUBJUNCTIVE*
	Pedía que Diego...	...le hablara luego.
	I used to ask that Diego . . .	*. . . speak to him later.*
	PLUPERFECT	*IMPERFECT SUBJUNCTIVE*
	El lunes había pedido que Diego...	...le hablara luego.
	On Monday I had asked that Diego . . .	*. . . speak to him later on.*
	CONDITIONAL	*IMPERFECT SUBJUNCTIVE*
	Pediría que Diego...	...le hablara luego.
	I would ask that Diego . . .	*. . . speak to him later.*
	CONDITIONAL PERFECT	*IMPERFECT SUBJUNCTIVE*
	Habría pedido que Diego...	...le hablara luego.
	I would have asked that Diego . . .	*. . . speak to him later.*

PRACTICA

A.   Exprese las siguientes oraciones en inglés y explique si la acción del verbo que está en el subjuntivo ocurre antes, al mismo tiempo o después que la acción del verbo principal.

1. Es bueno que María nos llame.
2. Recomendaban que salieran de su país.
3. Dudaban que tú lo hubieras hecho.
4. Negarán que sus padres lo hayan mandado.
5. No me gusta que salgas a las dos de la mañana.
6. Habían pedido que lo trajeran al día siguiente.
7. Nadie quería que emigraran.
8. Es una lástima que no hayan escrito.

B.   **Guiones**   Ud. y su esposo(a) han invitado a cenar a su casa a otra pareja. De repente ellos notan la placa que Uds. recibieron el año pasado por su heroísmo al capturar a varios ladrones peligrosos. Trabajando con un compañero de clase, cuéntenles la historia de todo lo que ocurrió y cómo se solucionó el caso gracias a su astucia y valor. Traten de usar en su narración, cuando sea apropiado:

- el subjuntivo
- complementos pronominales
- ejemplos del *no fault* **se**
- formas perfectas de los verbos

¡Usen la imaginación para dar un final interesante al cuento!

C.   Haga oraciones completas juntando una frase de la primera columna y el sujeto indicado con otra de la segunda.

1. La acción de la segunda columna ocurre *al mismo tiempo* o *después que* la acción de la primera columna.

No me gusta		fumar mariguana
Es imposible		casarse este sábado
Será difícil	que ellos	llamar al juez
Dudo		conseguir la custodia de los hijos

2. La acción de la segunda columna ocurrió *antes que* la acción de la primera columna.

Es increíble		capturar al criminal
Temo		no obedecer la ley
Me alegro mucho de	que Uds.	ponerle una multa
Me parece mentira		darle la pena de muerte

D.   Haga oraciones completas juntando una frase de la primera columna y el sujeto indicado con otra de la segunda. La acción de la segunda columna ocurría *al mismo tiempo* o *después que* la acción de la primera columna.

Insistían en		leer el documento secreto
No querían		ver al abogado
Era injusto	que (nosotros)	copiar en el examen
Estaban tristes		ser detenidos

E.   Complete las siguientes oraciones usando un tiempo verbal apropiado.

MODELO: Cuando yo tenía 8 años, _____. →

———— ACCION FUTURA ————	——— ACCION YA COMPLETADA ———
...temía que no llegara a ser adulto nunca.	...me alegraba de que ya hubiera aprendido a escribir con letra cursiva (*in script*).

1. Cuando llegué a la clase de español una mañana, temía _____.
2. Después de ver mis notas el semestre pasado, dudaba _____.
3. Para mi próximo cumpleaños, quiero _____.
4. Después de morir, espero _____.
5. Al graduarme en la universidad, mis padres temen _____.

F.   **Sondeo**   No es tan fácil determinar lo que debe de ser legal o ilegal. En otras épocas de la historia, ciertas prácticas que hoy se consideran perfectamente aceptables, eran consideradas ilegales y viceversa. ¿Qué piensa la clase respecto al estatus legal de las siguientes? Siguiendo los pasos que se han establecido en los capítulos anteriores, ¡hagan un sondeo para saberlo! Escriba las respuestas de los entrevistados en otro papel.

Grupo 1

¿Cuál es el estatus actual de las siguientes? ¿Qué opinas de eso? Explica.

	Legal	Illegal	Debe haber una (nueva) ley porque...
1. la pornografía	____	____	_____
2. la homosexualidad	____	____	_____
3. faltar sin permiso a la escuela	____	____	_____
4. la profanación de la bandera nacional	____	____	_____
5. la holgazanería (la vagancia)	____	____	_____

Grupo 2

6. tirar basura en zonas rurales o urbanas	____	____	_____
7. la prostitución	____	____	_____
8. matar a un criminal (la pena de muerte)	____	____	_____
9. maltratar a animales	____	____	_____
10. dar declaraciones falsas a las autoridades	____	____	_____

Grupo 3

11. tomar alcohol en lugares públicos	____	____	_____
12. hacer trampas o dar informes falsos en documentos oficiales (exámenes, impuestos, aduanas)	____	____	_____
13. portar armas de fuego	____	____	_____
14. ayudar a una persona a cometer suicidio	____	____	_____
15. obligar a todo empleado(a) a someterse a la prueba del SIDA	____	____	_____

Con respecto a las prácticas consideradas ilegales, ¿hay algunas que en otra época eran consideradas legales (o viceversa)? ¿Hay alguna en la opinión de la clase cuyo estatus debe modificarse en el futuro? Comenten.

Estrategias para la comunicación

Perdón, pero... *How to handle complications courteously*

When you are traveling in another country, you may find that not all interactions evolve smoothly. There may be a complication that you need to explain or a difficulty that you have to solve. This can be especially problematic when the person you are talking with is the *cause* of the difficulty! In Spanish as in English, it is considered impolite to express a request bluntly without prefacing it with an introductory statement. For example, you would not walk into a store in this country and say "Give me a quart of milk." The preferred form is something like: "I would like a quart of milk, please." If the salesperson brought you the wrong item, you would not tell him or her bluntly "That's wrong. I don't want that." You would probably soften your refusal of the incorrect item in some way, perhaps by saying something like this: "I'm sorry. I wanted a quart, not a half-gallon."

In Spanish, the imperfect indicative and subjunctive and the pluperfect subjunctive are often used to soften statements or requests. They can also be used to express regret if you misunderstand a custom or unintentionally blunder in a social interaction. The *if* clauses are also useful for expressing regret or making polite inquiries.

Here are some phrases that are useful in these kinds of situations.

¿Pudiera Ud. (ayudarme, traerme...)?	*Could you please (help me, bring me . . .)?*
Quisiera (un vaso de agua, una copa...)	*I would like (a glass of water, a glass of wine . . .)*
Es que yo buscaba...	*It's just that I was looking for . . .*
Yo pensaba que...	*I thought that . . .*
¿No tendría Ud. algo... ?	*Wouldn't you have something . . . ?*
Lo siento, pero...	*I'm sorry, but . . .*
Si Ud. pudiera... (yo) estaría...	*If you could . . . I would be . . .*

A. **¡Necesito compañero!** Imagine que Ud. se encuentra en las siguientes situaciones. ¿Qué se puede decir para manejar la situación cortésmente? Con un compañero, piense en las estrategias y en el vocabulario de este capítulo y de los capítulos anteriores. Luego invente por lo menos *dos* respuestas para cada situación.

1. You enter a store to buy some leather wallets (**carteras de cuero**). Get the salesperson's attention and explain what you want. When he/she brings them over, you decide that they are all ugly and too expensive as well, and you don't want to buy any.
2. You are in a sidewalk café. When the waiter/waitress appears, you order something to drink. Explain that the drink cannot have any sugar in it because you are allergic to sugar. He/She brings you something that, after one taste, you are sure has sugar in it. Explain to the waiter that you do not want to pay for the drink.
3. You meet an acquaintance on the street. He/She seems a bit upset and asks why you never showed up for dinner the night before. You don't remember ever getting the invitation.

B. **Improvisaciones** Con su compañero/a, dramaticen una de las situaciones en A.

 **¡Ojo!**

dato—hecho

Fact has two equivalents in Spanish. Use **dato** when referring to *findings, results,* or *data.* Use **hecho** to refer to a *proven fact, deed,* or *event.* Two expressions that contain the word **hecho** are **el hecho es que...** (*the fact is [that] . . .*) and **es un hecho** (*it's a fact*).

Los **datos** del estudio indican que el tabaco causa cáncer.	*The results of the study indicate that tobacco causes cancer.*
El descubrimiento del cobre fue un **hecho** de gran importancia para el país.	*The discovery of copper was an event of great importance for the country.*
Es un hecho que se va en junio.	*It's a fact that he's leaving in June.*
El hecho es que no podemos invertir más dinero todavía.	*The fact is we can't invest any more money yet.*

Remember that English *date* is expressed in Spanish by **cita** to refer to an appointment or social arrangement, and by **fecha** to refer to a calendar date. (See **¡Ojo!** Chapter 7).

pagar—prestar atención—hacer caso—hacer una visita

The verb **pagar** expresses *to pay for* (something); *to pay attention* (and not let one's mind wander) is expressed with **prestar atención.** *To pay attention* in the sense of heeding or taking into account is **hacer caso (de).** The equivalent of *to pay a visit* is **hacer una visita.**

Tuvimos que **pagar** todos los gastos de su educación.	*We had to pay for all the expenses related to his education.*
Los estudiantes nunca **prestan atención** a los maestros.	*Students never pay attention to their teachers.*
No le **hagas caso**; es tonto.	*Don't pay any attention to him; he's a fool.*
Vamos a **hacerle una visita** este verano.	*We're going to pay her a visit this summer.*

PRACTICA

A. Dé la palabra española que se corresponde mejor con la palabra en *letras cursivas.*

1. What is the *date* of your birthday?   2. There are many *facts* to acquire for

the study.   3. I have a *date* with my new neighbor.   4. A judge looks at all the *facts* before reaching a verdict.   5. How much did you *pay for* that dress? 6. That's what you get for not *paying attention to* the sign.   7. *The fact is that* they are rookie policemen.   8. *Pay attention!* I'm not going to tell you again. 9. We're planning *to pay a visit to* my parents this weekend.   10. No one ever *pays* any *attention to* my advice.

B.   Exprese en español. ¡OJO! Hay también palabras de los capítulos anteriores.

1. *I was thinking of* going to the party, but *I didn't realize* that *the date* was this weekend and I haven't had *time* to (**para**) buy her a present!
2. *It looks like* the arrested man will only have *to pay* a fine because his lawyer *paid a visit* to the judge.
3. *Do you mind looking* at your calendar? What is *the date* of our *appointment* with the lawyer?
4. Sometimes *the facts don't support* the conclusions; you have *to be very careful to try to look at* all the evidence. *It's a question of* patience.

C.   Situaciones y preguntas

1. ¿En qué fecha naciste? ¿Recuerdas otras fechas históricas importantes? ¿Por ejemplo, la fecha del ataque sobre Pearl Harbor? ¿de la muerte de Elvis? Da dos fechas importantes—¡a ver si los otros de la clase las pueden reconocer!
2. ¿A qué miembro de tu familia prefieres hacer visitas? ¿Por qué? ¿Y a quién prefieres *no* hacer visitas?
3. Si tú sales con un chico (una chica), ¿quién suele pagar? Y si tú prefieres pagar (o insistes en no pagar), ¿te hace caso tu pareja? En los siguientes casos, ¿quién pagaría, tú o la otra persona? ¿Por qué?

la primera cita
una cita con tus padres
una cita con tu hermano

una cita con unos amigos íntimos
una cita con tu novio/a (son novios
   desde hace mucho tiempo)

¿Hay situaciones en que el uno o el otro *debe* pagar? Explica.

Repaso

A.   Complete el párrafo, dando la forma correcta del verbo y expresando en español las frases en inglés. Cuando se dan dos palabras entre paréntesis, escoja la palabra apropiada.

Cómo llegar a ser policía

Yogi y Mark trabajan (*por/para*[1]) la policía británica. (*Both Yogi and Mark*[2]) están entre los muchos policías y detectives famosos (*who*[3]) (*have worked*[4]) en la gran Scotland Yard de

Londres. Pero cuando Yogi y Mark comentan su trabajo entre sus amigos, no (*hacer*[5]) referencia al largo «brazo» de la ley, (*sino/pero*[6]) a la larga «pata».° Yogi y Mark (*ser/estar*[7]) perros-policía.

paw

La policía británica (*utilizar*[8]) más de 1.500 perros que están especialmente (*trained: entrenar*[9]) para (*colaborar*[10]) en los distintos aspectos de la guerra contra el crimen, especialmente contra el tráfico de drogas y en la búsqueda de personas (*lost: perder*[11]). En 1979, casi 14.000 arrestos fueron efectuados (*por/para*[12]) perros-policía.

Aunque (*dogs have been used*[13]) como guardianes desde el Antiguo Egipto, no fue hasta la década de los 40 que (*were established*[14]) los primeros centros de entrenamiento (*por/para*[15]) perros-policía. Allí (*is developed: desarrollar*[16]) su olfato° y (*they learn*[17]) técnicas de rastreo.° Es necesario que las lecciones (*ser/estar*[18]) breves y que los entrenadores (*repeat them*[19]) hasta que las reacciones de los perros (*become*[20]) automáticas. Se insiste mucho en la obediencia absoluta: durante todas las fases del entrenamiento, es importante que cada perro (*be trained by*[21]) una sola persona para que luego (*obedecer*[22]) una sola voz.

sense of smell / tracking

La relación entre el perro y su amo empieza temprano; desde los tres meses el cachorro° que (*will be*[23]) perro-policía vive en la casa del policía (*who*[24]) lo va a (*cuidar/importar*[25]), a fin de que (*establecerse*[26]) los lazos° de cariño y comprensión sin los cuales no puede existir una total confianza entre (*both*[27]). En realidad, (*they will not be*[28]) simplemente perro y amo (*sino/pero*[29]) verdaderos compañeros.

puppy

bonds

B. ¡**Necesito compañero!** Con un compañero de clase, sugieran lo que se podría hacer para evitar los siguientes problemas.

MODELO: el robo de la casa →
Si cerráramos todas las puertas con llave y dejáramos encendidas algunas luces, podríamos evitar el robo de la casa.

1. el robo del coche
2. los actos de vandalismo en los edificios públicos
3. el conducir en estado de embriaguez (*drunkenness*)
4. la violación
5. el plagio (*plagiarism*)
6. la crueldad hacia los animales
7. el maltratar a los niños
8. el tráfico de drogas

CAPITULO DOCE

Sevilla, España

El trabajo y el ocio

En toda cultura, los momentos de ocio son tan importantes como los momentos dedicados a actividades profesionales. Pero el tipo de diversión, al igual que la profesión u ocupación que uno elige, está relacionado con su personalidad y formación. El nivel económico, la preparación intelectual y la clase social hacen que un individuo prefiera ciertas diversiones y no otras. Después de estudiar la lista de profesiones y ocupaciones y la de actividades recreativas que siguen, determine a qué actividades se inclinarían más los individuos mencionados. Luego explique por qué Ud. cree que sería así.

———— PROFESIONES ————	——— ACTIVIDADES RECREATIVAS ———
un experto en computadoras	ver películas extranjeras
una cirujana especializada en hacer trasplantes de corazón	ir a un bar a tomar cerveza
	asistir a conciertos
un profesor de español	hacer muebles de madera
un policía	correr
una secretaria	leer novelas
un jugador de fútbol profesional	reparar coches viejos
un cura	ir a la ópera
un jardinero	jugar al golf
	cultivar flores
	pasear en bicicleta

Ahora nombre otras ocupaciones y profesiones y las actividades recreativas que le parezcan más apropiadas para personas con esa ocupación.

Vocabulario para conversar

el adiestramiento job training
el aprendizaje apprenticeship
convenir (ie, i) to be appropriate
el descanso rest; leisure
las diversiones amusements
ejercer una profesión to practice a
    profession
el entretenimiento entertainment
entrevistar to interview
  entrevistarse con to have an inter-
    view with; to be interviewed by
  la entrevista interview
escoger to choose
especializarse en to specialize in;
    to major in
  la especialización major

el expediente dossier, vita, resumé
jubilarse to retire
el ocio leisure time; relaxation
el oficio trade
el pasatiempo pastime; hobby
el prestigio prestige
relajarse to relax
solicitar to apply (for) (*a job*)
  la solicitud (job) application
el status status
el tiempo libre free time
tomar vacaciones to take a vacation
valorar to value; to appreciate

 PROFESIONES Y OFICIOS*

el abogado lawyer
el artista artist; movie star
el bailarín dancer
el banquero banker
el basurero garbage collector
el beisbolista[†] baseball player
el bombero firefighter
el científico scientist
el dependiente store clerk
el enfermero nurse
el escritor writer
el maestro teacher

el médico doctor
el militar career military person
el músico[‡] musician
el oficinista office clerk
el periodista journalist
el político politician
el profesor professor
el reportero reporter
el torero bullfighter
el vaquero cowboy
el vendedor salesperson

---

*There is much variation in the Hispanic world regarding the formation of the female equivalent of names of professions that have traditionally been occupied by males. In most cases, the feminine form can be made simply by changing final **-o** to **-a** (**médico, médica**) or by adding an **-a** to a noun that ends in a consonant (**contador, contadora**). If the noun ends in another vowel, the article usually indicates sex (**el artista, la artista**). However, these guidelines cannot be applied in all cases if the newly created word already exists in Spanish with another meaning. For example, **el químico** means *the male chemist*, but **la química** means *chemistry*; **el político** means *the male politician*, but **la política** means *politics*. Often the feminine form is used to refer to the wife of the male professional; for example, this interpretation is given to **la presidenta** in many countries. A solution adopted with increasing frequency is to refer to the female professional as **la mujer** + *name of profession*; in this way, pairs such as **el policía** and **la mujer policía**, **el soldado** and **la mujer soldado** are created.

†The ending **-ista** can be added to many sports to indicate the individual who specializes in that sport: **futbolista, tenista, basquetbolista**. Remember that in most other parts of the world, **fútbol** refers to soccer, and a **futbolista** is a soccer player.

‡The ending **-ista** can be added to many musical instruments to indicate the individual who specializes in playing that instrument: **pianista, guitarrista, flautista**.

Practiquemos

A. ¿Qué palabra o frase de la segunda columna asocia Ud. con cada palabra o frase de la primera? Explique en qué basa su asociación.

1. relajarse		a.	el tiempo libre
2. el dependiente		b.	el enfermero
3. el maestro		c.	la música
4. el militar		d.	tomar vacaciones
5. el reportero		e.	el juez
6. el bailarín		f.	la tienda
7. el banquero		g.	la escuela
8. el médico		h.	el caballo
9. el vaquero		i	el dinero
10. el abogado		j.	estar bien
11. convenir		k.	la guerra
12. el descanso		l.	la entrevista

B. ¿Qué palabra no pertenece al grupo? Explique por qué.

1. el artista, el escritor, el torero, el científico
2. la solicitud, el status, la entrevista, el expediente
3. divertirse, relajarse, jubilarse, solicitar
4. valorar, entrevistar, escoger, especializarse
5. el gerente, el oficinista, la secretaria, el político
6. el ocio, el oficio, el aprendizaje, el adiestramiento
7. el bombero, el basurero, el descanso, el militar

C. Ponga las siguientes palabras en un orden lógico. Luego conjugue los verbos en la primera persona singular (**yo**) del pretérito.

recibir el adiestramiento / ejercer una profesión / entrevistarse con / especializarse en / hacerse / jubilarse / solicitar / graduarse

D. Explique la diferencia entre cada par de palabras.

1. el expediente/la solicitud
2. el oficinista/el
3. el trabajo/la carrera
4. el pasatiempo/la diversión

E. **¡Necesito compañero!** Con un compañero de clase, arreglen en la línea a continuación las siguientes profesiones y oficios según su prestigio.

◄─────────────────── prestigio ───────────────────►

mucho		poco
el abogado	el beisbolista	el maestro
el artista	el científico	el periodista
el bombero	el enfermero	el político

¿Pondrían Uds. las profesiones en el mismo orden si los extremos de la línea indicaran la clase de sueldo (alto, bajo)? ¿si indicaran la importancia que tienen en la sociedad (mucha, poca)? Según los resultados, ¿existe una relación entre el sueldo y el prestigio? ¿entre la importancia y el prestigio?

Conversemos

A. Identifique las profesiones y los oficios que se ven en el dibujo de la página 328 y explique brevemente qué es lo que hace el individuo que los ejerce. ¿Cuál es la diferencia entre una profesión y un oficio? ¿Qué nombres de la lista del vocabulario representan profesiones y cuáles no?

B. ¿Qué profesiones se asocian con una carrera universitaria? Si una persona se preparara para alguna de estas profesiones, ¿en qué se especializaría? ¿Qué oficios se asocian con un aprendizaje práctico? ¿con mucho talento artístico? ¿con mucho poder? ¿con mucha responsabilidad? ¿con mucho prestigio?

C. ¿Se prepara Ud. para alguna de las carreras que se ven en el dibujo? ¿Qué ha hecho para prepararse? ¿Qué aspectos de esa carrera le atraen más?

D. ¡Necesito compañero! A veces lo más atrayente de una profesión son las condiciones de trabajo o la satisfacción personal que la profesión proporciona al individuo. Aquí hay una lista de beneficios y condiciones de trabajo. Con un compañero de clase, elijan los cuatro más importantes y los cuatro de menor importancia. Luego expliquen su decisión a la clase.

poder resolver un grave problema internacional
tener un conocimiento perfecto del campo
la seguridad económica para el resto de la vida
ser el jefe de la compañía
el respeto y la admiración de los compañeros de trabajo
la oportunidad de viajar mucho
horas flexibles de trabajo
compañeros de trabajo simpáticos
un trabajo interesante y siempre variado

poder trabajar en casa
mucha (poca) responsabilidad
la fama mundial
un salario muy alto y mucho prestigio
tres meses de vacaciones todos los años
un trabajo que sólo Ud. puede hacer
tener un trabajo seguro para el resto de la vida
aportar algo importante a la sociedad
un lugar cómodo y bonito en que trabajar

E. Si Ud. no sabe o no recuerda la palabra, ¿cómo puede expresar estas palabras en español?

1. *heart surgeon*
2. *flight attendant*
3. *insurance agent*
4. *referee*

 **Gramática**

52. REVIEW OF VERB FORMS

There are three main groups of Spanish verbs, those with infinitives ending in **-ar**, **-er**, and **-ir**. A conjugated verb has two main parts: a stem and an ending. The stem identifies the action (**habl-**), and the ending indicates the tense, mood, and person/number of the action (**-amos**): **hablamos**.

You have learned five indicative forms: the present, imperfect, preterite, future, and conditional. Each of these has a perfect equivalent: the corresponding form of **haber** with the past participle. You have also learned two subjunctive tenses, the present and the past, with their corresponding perfect forms. The imperative does not show tense; the different forms of the imperative correspond to the subject (formal, informal, singular, plural) and to whether the command is affirmative or negative.

		SIMPLE VERB FORMS				
		INDICATIVE	SUBJUNCTIVE	IMPERATIVE		
					AFF.	NEG.
-ar	Present	hablan	hablen	Ud.	hable	hable
	Imperfect	hablaban	hablaran	Uds.	hablen	hablen
	Preterite	hablaron		tú	habla	hables
	Future	hablarán		vosotros	hablad	habléis
	Conditional	hablarían				

The charts on this and the following page show the verbs **hablar**, **comer**, and **vivir** conjugated in all of these forms in the third person plural. Can you give the remaining persons of each conjugation?

		SIMPLE VERB FORMS				
		INDICATIVE	SUBJUNCTIVE	IMPERATIVE		
					AFF.	NEG.
-er	Present	comen	coman	Ud.	coma	coma
	Imperfect	comían	comieran	Uds.	coman	coman
	Preterite	comieron		tú	come	comas
	Future	comerán		vosotros	comed	comáis
	Conditional	comerían				

		SIMPLE VERB FORMS				
		INDICATIVE	SUBJUNCTIVE	IMPERATIVE		
-ir	Present Imperfect Preterite Future Conditional	viv**e**n viv**ía**n viv**iero**n vivir**á**n vivir**ía**n	vivan vivieran	Ud. Uds. tú vosotros	viva vivan vive vivid	viva vivan vivas viv**á**is

	PERFECT VERB FORMS: **haber** + *participle*		
	INDICATIVE	SUBJUNCTIVE	PARTICIPLE
Present Pluperfect Preterite Future Conditional	han hab**ía**n hub**iero**n habr**á**n habr**ía**n	hay**a**n hub**iera**n	habl**ado** com**ido** viv**ido**

PRACTICA

A. Complete las oraciones con la forma apropiada del verbo indicado. ¡OJO! A veces hay más de una posibilidad.

1. **ponerse**

   a. Te recomiendo que (tú) _____ un abrigo; hace mucho frío hoy.
   b. De niña, (yo) _____ furiosa cuando alguien me tomaba el pelo.
   c. Si vinieran los nietos, los abuelos _____ contentos, ¿verdad?
   d. Es una lástima que Ud. _____ tan enfermo ayer.

2. **escoger**

   a. ¿Cuántos caramelos _____ tú cuando te los ofrecieron?
   b. No conozco a nadie que _____ esa carrera.
   c. Era necesario que nosotros _____ una profesión antes de empezar los estudios universitarios.
   d. A los 6 años, Ernesto ya _____ su futura profesión.

3. **especializarse**

   a. Si tú _____ en computadoras, no tendrás ninguna dificultad en encontrar empleo.
   b. No hay duda que su hijo _____ en medicina, como su papá.
   c. Mientras todos mis amigos estudiaban ciencias, yo _____ en arqueología.
   d. Sería bueno que nosotros _____ en algo más práctico.

B.   Ud. es consejero/a en la universidad y los siguientes estudiantes lo/la visitan para que los aconseje sobre las clases que deben tomar. Dados los planes que tienen ellos para el futuro, ¿qué clases les recomienda Ud.?

> MODELO: Carmen quiere hacerse periodista. →
> Sería conveniente que estudiara inglés y ciencias políticas. También convendría que tomara algunas clases de oratoria (*public speaking*).

1. Laura quiere hacerse médica.   2. Roberto quiere hacerse diplomático.
3. Julio quiere hacerse hombre de negocios.   4. Mercedes quiere hacerse abogada.   5. Francisco quiere hacerse psicólogo.

C.   Mire el anuncio de la siguiente página. ¿Qué servicios le ofrece al negociante el Club El Nogal de Bogotá? ¿Cuáles son para un negociante las ventajas de una facilidad que dice combinar el trabajo con el ocio? ¿Qué tipo de negociante usaría tal facilidad? En la lista de servicios que se ofrecen, ¿cuáles se usan para los negocios? ¿para la diversión? ¿para ambos?

D.   Mire el anuncio de la página 336. ¿Qué producto se vende? ¿Cree Ud. que tener un teléfono móvil le ayude al negociante a ser independiente? ¿Le ayuda a combinar el trabajo con el ocio? ¿Quiénes son las personas que Ud. asocia más con este aparato? ¿Qué le sugiere la marca del teléfono móvil? En su opinión, ¿es preferible combinar el trabajo con el ocio o prefiere Ud. separarlos? Explique.

E.   Situaciones y preguntas

1. Cuando Ud. era niño/a, ¿qué profesión u oficio querían sus padres que Ud. ejerciera de adulto? ¿Por qué? ¿Estaba Ud. de acuerdo con los deseos de sus padres o tenía otras ambiciones profesionales? Y ahora, ¿qué profesión le parece más atractiva? ¿Qué personas o experiencias han influido en su decisión? Si Ud. tuviera toda la preparación necesaria, ¿qué profesión u oficio le gustaría ejercer? ¿Por qué?
2. Si Ud. ya ha escogido una profesión, ¿qué ha hecho hasta ahora para prepararse? ¿Qué más tiene que hacer? ¿Le han ayudado a prepararse los estudios universitarios? Explique. ¿Cree Ud. que la función de la universidad debe ser la de preparar a los estudiantes para futuros empleos? ¿Cuál era la función de la universidad en el siglo pasado?
3. En tu opinión, ¿es necesario tener una profesión para estar satisfecho con la vida? ¿Por qué sí o por qué no? ¿Trabaja el hombre medio porque quiere trabajar o porque debe trabajar? ¿Puede considerarse como «trabajo» la preparación de la comida para la familia? ¿Es un «trabajo» el escribir un poema? ¿Qué es lo que consideras «trabajo»?

F.   🔆 **¡Necesito compañero!**   En los Estados Unidos, la norma establecida es trabajar 40 horas a la semana en 5 días (de 9 a 5). Pero quizás sería posible mejorar el sistema si se hicieran algunos cambios. Con un compañero de

clase, comenten las ventajas o desventajas que resultarían si se hicieran los siguientes cambios. Completen las oraciones con las formas apropiadas del pasado del subjuntivo; luego háganse preguntas para averiguar el por qué de sus respuestas.

1. Sería (mejor/peor/igual) si se *poder* trabajar 40 horas en menos días (tres o cuatro).
2. Sería (mejor/peor/igual) si se *empezar* y *terminar* la jornada (*workday*) a la hora que la persona quisiera (con tal de trabajar el total de horas debido).
3. Sería (mejor/peor/igual) si se *mantener* una edad límite obligatoria para la jubilación.
4. Sería (mejor/peor/igual) si los papás también *recibir* un descanso pagado por el tiempo que pasan cuidando a sus hijos recién nacidos.

5. Sería (mejor/peor/igual) si se *permitir* que una persona *empezar* a trabajar jornada de tiempo completo a la edad que quisiera.
6. Sería (mejor/peor/igual) si se *permitir* que una persona *aceptar* dinero extra en vez de asistencia médica (*health benefits*).

De todos los cambios sugeridos, ¿cuál es el que Uds. creen que tendría el efecto más beneficioso? Compartan con la clase lo que han decidido.

Llamada de libertad

La independencia es uno de los bienes más preciados en nuestro mundo. Ser independiente es tener libertad para comunicarse donde y como se quiera. Estar disponible en cualquier momento. Y al mismo tiempo, disfrutar la libertad de estar solo para pensar.

Es la clase de libertad que da HotLine.

Todos los teléfonos móviles de la marca HotLine son los más avanzados en fiabilidad, en sencillez de manejo. Se adaptarán perfectamente a sus necesidades, en el futuro tanto como hoy. Su funcionamiento diario es tan eficaz como nuestro servicio técnico. Y su precio llama: durante este mes desde 336.000 pesetas (I.V.A. no incluido). Además, durante un año estará cubierto por:

• Garantía de reparación gratuita (mano de obra y piezas).

• Certificado suscrito con Atlántida Seguros contra robo, incendio y accidentes.

Para obtener más detalles, llámenos con toda libertad, gratuitamente al 900.313.313

TEMSA (Terminales y Equipos Móviles, S. A.) C/ Silva, 6. 28013 Madrid.
Tel. 559.06.03. Fax 559.07.88.
GRUPO ERICSSON ESPAÑA

HotLine
ERICSSON

G. **Sondeo** Según muchos expertos, las actitudes y prioridades entre las mujeres y los hombres con respecto al trabajo son distintas. Siguiendo los pasos que se han establecido en los capítulos anteriores, ¡hagan un sondeo para descubrir si estas diferencias existen dentro de la clase también! (El sondeo del grupo tres está en la proxima página.)

Al recoger los datos, se debe anotar el sexo (varón, mujer) de los entrevistados. Los entrevistados deben responder usando la siguiente escala.

5 = Describe muy bien mi forma de pensar.	2 = No describe bien mi forma de pensar.
4 = Describe más o menos mi forma de pensar.	1 = Esa NO es mi forma de pensar.
3 = No sé; no estoy seguro/a.	

Grupo 1

ENTREVISTADOS

	A VM	B VM	C VM
¿Describen tu forma de pensar las siguientes afirmaciones?			
1. Estoy dispuesto/a a trabajar por la noche y los fines de semana para triunfar en mi profesión.	___	___	___
2. Estoy dispuesto/a a dejar mi trabajo y buscar otro si mi novio/a o esposo/a encuentra un buen trabajo en otra ciudad.	___	___	___
3. Estoy dispuesto/a a dejar mi trabajo y quedarme (*to stay*) en casa si es necesario cuidar a un pariente enfermo.	___	___	___

Grupo 2

	A VM	B VM	C VM
¿Describen tu forma de pensar las siguientes afirmaciones?			
4. El trabajo es una manera de contribuir a la sociedad.	___	___	___
5. Es necesario tener mucha suerte para tener éxito en el mundo de los negocios.	___	___	___
6. El trabajo es una manera de realizarme (*to fulfill myself*) personalmente.	___	___	___

Grupo 3

¿Describen tu forma de pensar las siguientes afirmaciones?	A VM	B VM	C VM
7. El trabajo es primariamente una manera de ganar dinero.	___	___	___
8. El éxito en el mundo profesional depende más que nada de la preparación y habilidades que tengo.	___	___	___
9. Para tener éxito profesional, las mujeres tienen que ser como los hombres.	___	___	___

Para cada pregunta, hagan un promedio para calcular los valores correspondientes a cada sexo. ¿Qué semejanzas o diferencias notan en las actitudes de ambos sexos? ¿Qué revelan los resultados? ¿Pueden tener consecuencias positivas o negativas en la capacidad de una persona para ejercer una profesión? Expliquen.

53. PRESENT PARTICIPLE: FORMATION

In English, the present participle ends in *-ing: singing, writing*. The Spanish present participle (**el participio presente**) ends in **-ndo: cantando, escribiendo**. One of the most important uses of the present participle is to form the progressive (Section 54).

The present participle of **-ar** verbs ends in **-ando**; that of **-er** and **-ir** verbs ends in **-iendo**.*

cantar → **cantando**   correr → **corriendo**   vivir → **viviendo**

If the stem of an **-er** or **-ir** verb ends in a vowel, the **i** of the participle ending changes to **y**.

caer   →   cayendo
oír   →   oyendo
leer   →   leyendo
construir →   construyendo

-Ir stem-changing verbs show the second stem change in the participle: **e → i, o → u**.[†]

pedir → pidiendo   dormir → durmiendo

---

*The present participles of **ir** and **poder** are irregular: **yendo** and **pudiendo**. They are used infrequently.
[†]When the **e → i** stem change produces a stem ending in **i**, the **i** of the progressive ending is dropped: **reír: ri- + -iendo → riendo**.

54. PROGRESSIVE FORMS

A. Formation of the progressive

The progressive consists of a conjugated form of the auxiliary verb **estar** plus the present participle. As with the perfect forms, only the auxiliary verb shows tense, mood, and person; the form of the present participle never changes.

The five simple forms of the indicative have corresponding progressives, as do the two simple forms of the subjunctive. Can you complete the conjugations of these verbs?

EL PROGRESIVO: INDICATIVO	
PRESENTE	IMPERFECTO*
estoy bailando *I am dancing*	estaba riendo *I was laughing*
FUTURO	CONDICIONAL
estaré diciendo *I will be saying*	estaría viendo *I would be seeing*
EL PROGRESIVO: SUBJUNTIVO	
PRESENTE	IMPERFECTO
esté terminando *I may be finishing*	estuviera oyendo *I might be hearing*

B. Placement of object pronouns with progressive forms

Object pronouns may precede the auxiliary verb or follow and be attached to the participle.

Se está **entrevistando** con la IBM. }
Está **entrevistándose** con la IBM.[†] } *He's interviewing with IBM.*

---

*There are also preterite progressive forms in Spanish: **estuve bebiendo**, **estuviste bebiendo**, and so on. The preterite progressive conveys both a completed action (implicit in the preterite auxiliary) and the sense of an action in progress (indicated by the use of the present participle). For this reason, its use is limited to contexts where the end of the action is clearly indicated. It is rarely used in spoken Spanish.

Estuvimos hablando hasta la madrugada. *We were talking until dawn.*

[†]Note the use of a written accent mark when the pronoun is attached to the participle. See Appendix 1 ("Syllabication and Word Stress").

PRACTICA

Ud. ayuda a redactar (*to edit*) un manuscrito. En ciertos párrafos, el autor quiere poner énfasis en la idea de que la acción que describe está en progreso. Para lograrlo, Ud. necesita cambiar los siguientes verbos por la forma progresiva usando **estar**. ¿Qué forma se debe usar en cada caso?

1. mira
2. decías
3. se despertará
4. morirían
5. viste
6. dieran
7. puse
8. nos bañamos
9. traigo
10. duermas
11. repetían
12. vea
13. leerían
14. te afeitas
15. lo oyéramos

C. Uses of the progressive forms

The perfect forms describe actions that are completed at some point in the past. The progressive forms describe actions that are ongoing or in progress. Because both the simple present tense and the simple imperfect tense can also describe actions in progress, it is important to learn the difference between those two simple tenses and the progressive forms.

The progressive is used in Spanish

1. to indicate an *action in progress* at the moment of speaking

No puede hablar con Ud. porque **está durmiendo**.
¿Qué **estará haciendo**?

He can't speak with you because he's sleeping.
What can she be doing?

2. to describe an *action that is different from what is normal* or customary, whether or not it is in progress at the moment of speaking

Este semestre **estoy tomando** cinco cursos.
Estaba pasando las vacaciones en casa.

I'm taking five classes this semester. (I usually take four.)
He was spending his vacation at home. (He usually took a trip.)

3. to *add emotional impact* to the narration of an ongoing action

¡Qué diablos **estaría pensando**!

¡Por fin **estamos terminando** este libro!

What in the world could he be thinking!
We are finally finishing this book!

The subjunctive progressive expresses the same three meanings as the indicative progressive. It is used whenever the structural and message criteria for the use of the subjunctive (Section 40) are met. The choice between present and past progressive forms of the subjunctive is determined by the same criteria as for the simple forms (Section 40).

Dudo que el niño **esté divirtiéndose** en este momento. Mírele la cara.	*I doubt that the child is having a good time right now. Look at his face.*
¡Cuánto **nos alegraba** que **estuviera especializándose** en física!	*We were really pleased that she was majoring in physics!*

In general, the progressive forms are used much less frequently in Spanish than in English. The progressive is *not* used in Spanish

1. to indicate a future or anticipated action; simple forms are used for this purpose.

Nos casamos en junio.	*We are getting married in June.*
Dijo que iban con Raúl.	*She said they were going with Raúl.*

2. with the verbs **ser**, **ir**, **venir**, **poder**, and **tener** (except in very infrequent cases); use the simple forms with these verbs.

Tenemos muchos problemas últimamente.	*We are having lots of problems lately.*
Venían a la fiesta cuando ocurrió el choque.	*They were coming to the party when the crash occurred.*

 DE PASO

Other verbs that can be used as auxiliaries with the progressive are **seguir/continuar**, **ir**, **venir**, and **andar**. The use of each changes the meaning of the progressive slightly.

seguir/continuar + *participle:* to continue in progress, to keep on (doing something)

La semana que viene seguiremos hablando de la violencia en la sociedad actual.	*Next week we will continue talking about violence in contemporary society.*

ir + *participle:* to focus on progress toward a goal

Vamos avanzando en la construcción de la casa.	*We are making progress in the construction of the house.*

venir + *participle:* emphasizes the repeated or uninterrupted nature of an action over a period of time

Desde hace tiempo vienen diciendo lo mismo.	*For some time now they have kept on saying the same thing.*

andar + *participle:* implies that the action in progress is disorganized or unfocused

Anda pidiéndoles ayuda a todos.	*He's going around asking everyone for help.*

PRACTICA

A.   Decida si se debe usar un tiempo simple o una forma progresiva para expresar los verbos en *letras cursivas*. Luego dé la forma apropiada.

1. They *are having* problems with crime in that area.   2. What *are you doing*? Stop that!   3. Don't talk so loud; your father *is sleeping*.   4. He *is going to get* another interview.   5. They *are visiting* Tahiti later this summer.   6. *Will* you *be arriving* by plane or by boat?   7. They*'re leaving* at 9:00.   8. It was time for reforms—the workers *were causing* lots of problems.

B.   Complete las oraciones con una forma progresiva según el modelo. Use pronombres cuando sea posible.

MODELO: Suelo estudiar español por la mañana, pero hoy _____ porque
_____.→
Suelo estudiar español por la mañana, pero hoy estoy estudiando por la tarde porque fui a una fiesta anoche, volví a casa muy tarde y dormí hasta el mediodía.

1. Generalmente los políticos hablan de subir los impuestos, pero últimamente _____ porque _____.
2. Antes muchos jóvenes estudiaban para médico pero ahora _____ porque _____.
3. Hace 10 o 20 años muchos hombres de negocios se mudaban con frecuencia para obtener un ascenso en su compañía, pero ahora _____ porque _____.
4. Antes me alegraba de que mis padres trabajaran tanto, pero ahora temo que _____ porque _____.

C. **Guiones**   En grupos de tres o cuatro personas, narren lo que pasa en los siguientes dibujos, contestando las preguntas a continuación e incorporando complementos pronominales cuando sea posible: ¡Usen la imaginación y recuerden las estrategias para la comunicación!

- ¿Quiénes son esas personas?
- ¿Cuál es la relación entre ellas?
- ¿Dónde están y qué están haciendo?
- ¿Cuál es el contexto general?
- ¿Por qué están haciendo lo que hacen?

VOCABULARIO UTIL: la caja, pelear, la pintura, el ruido, la sirena, el tambor, tocar la trompeta

1.   2.   3.   4.

D. Situaciones y preguntas

1. En su opinión, ¿está trabajando la gente de hoy día más o menos que antes? ¿Se pone más énfasis en la actualidad en tener una carrera o una profesión de mucho prestigio? ¿Qué efecto tiene esto en los jóvenes? ¿en sus padres?

2. En qué profesiones se están especializando los estudiantes universitarios en los Estados Unidos? En 10 años, ¿cree Ud. que los estudiantes estarán especializándose en las mismas profesiones? Explique.

3. ¿Qué actitud se tiene en los Estados Unidos hacia la jubilación? ¿Cree Ud. que esta actitud ha cambiado o que está cambiando? ¿Por qué sí o por qué no? ¿Cree Ud. que debe haber una edad obligatoria para jubilarse? ¿Por qué sí o por qué no?

4. ¿Cuáles son algunas de las nuevas diversiones que están apareciendo hoy en día? ¿Cree Ud. que los juegos para ordenadores (computadoras) estén ayudando a los niños a desarrollar nuevas aptitudes? ¿y los vídeo juegos? Explique.

E. ¡Necesito compañero! Con un compañero de clase, hagan y contesten preguntas para descubrir qué actividades—verdaderas o imaginadas—podrán estar haciendo las personas citadas en los momentos indicados.

MODELO: Acaban de nombrarte el premio Nóbel de matemáticas. ¿Y tu maestro de matemáticas de la escuela secundaria? →
Estará sufriendo un ataque al corazón.

1. Los Sres. Alonso acaban de llegar al teatro. ¿Y la niñera (*baby-sitter*)?
2. Acabas de nacer. ¿Y tu padre?
3. Acabas de conocer al hombre (a la mujer) de tus sueños. ¿Y él (ella)?
4. Acabas de llegar a casa después de estudiar todo el día. ¿Y tus compañeros?
5. Los de tu clase se gradúan hoy en la universidad. ¿Y tú y tus amigos?
6. Tus amigos te miran asombrados y te aplauden. ¿Y tú?

Estrategias para la comunicación

¿Cuánto cuesta? *How to deal with numbers*

Many people believe that the way to determine a multilingual person's strongest language is to ask him/her what language he/she counts in. Even people who have studied a language for a long time find that they may have difficulties when they need to use numbers. But numbers are extremely important when you travel. You will inevitably want to find out how much something costs or what size a shoe or dress or shirt is. You will need to change dollars or traveler's checks for the local currency or get the phone number of an acquaintance. If you have to fill out any official documents, it is very possible that you will be asked your date of your birth, passport number, address, and telephone number. Here are several useful expressions involving numbers.

Clothing

Clothing and shoes in Europe and Latin America are sized differently than in the United States, so don't be surprised to find that instead of a size 9 shoe you wear a size 26 (in Mexico) or a size 39 (in Spain). Until you learn what sizes you wear (**usar, llevar**), just ask the salesclerk to recommend something for you to try on (**probarse**) first.

- *To ask for sizes of clothing*

    ¿Qué talla es... ?

- *To ask for sizes of shoes*

    ¿Qué número es/son... ?

- *To ask for prices in general*

$$\text{¿Cuánto} \begin{cases} \text{cuesta(n)} \\ \text{es/son} \\ \text{vale(n)} \end{cases} \text{... ?}$$

Food

In most other parts of the world, food and drink are measured by the metric system, so when you go to the market you will be buying fruit and vegetables by the **kilo** (2.2 lbs) or by **gramos** (.04 oz) and liquids by the **litro** (.26 gal). To express partial measures (e.g., 2 1/2 or 2 1/4 kilos) say **dos kilos y medio**, or **dos kilos y cuarto**.

- *To ask for prices in general*

    (see **Clothing**)

- *To ask for prices, primarily for fruits and vegetables*

    ¿A cuánto/¿Cómo está(n)... ?

Writing prices

In English a period is used when expressing the decimal to distinguish cents from dollars. The comma is used to separate the hundreds column from the thousands, or the thousands from the millions. In the Hispanic world, the reverse is often true. English $100,000.75 would be written $100.000,75 in many Spanish-speaking areas.

Personal information

- ASK: **¿Cuál es tu número de teléfono?**
    ANSWER: Say each number individually. Thus 297–2330 is **dos nueve siete dos tres tres cero**. It is also common to group the last six numbers like this: **dos *noventa y siete veintitrés treinta***.
- ASK: **¿Cuál es el prefijo (de tu teléfono)?**
    ANSWER: Area codes are not used in all Hispanic countries. If used, state each number individually: 312 = **tres uno dos**.

- ASK: **¿Cuál es tu dirección?**
  ANSWER: In Spain and Latin America, the street name is given first, followed by the building number, and then the floor on which the apartment is located.* For example: **Anaya, veintitrés, quinto.** This would be written **Anaya, 23-5°.**
- ASK: **¿Cuál es tu código (zona) postal?**
  ANSWER: Zip codes are not used in all Hispanic countries. Where used, state each number individually.
- ASK: **¿Cuál es la fecha (de hoy)?**
  ANSWER: Give the day first, then the month. For example, November 20, 1987, is **el viente de noviembre de mil novecientos ochenta y siete.** The date is often written as **20 noviembre 1987.** This could be abbreviated as either **20-xi-87** or **20-11-87.** Centuries are expressed with cardinal numbers and require a definite article: **el siglo veinte (XX).** An expression like *the fifties* or *the seventies* is expressed as **los cincuenta (los años 50)** or **los setenta (los años 70).**

¡Necesito compañero!

A. Con un compañero, hagan y contesten preguntas para averiguar la siguiente información.

1. local telephone number   2. local address   3. student ID number   4. hometown telephone number   5. hometown address   6. date and place of birth   7. shirt (blouse) size   8. shoe size

B. Usando la siguiente información, dramaticen varios diálogos entre cliente y dependiente en una tienda pequeña. El cliente busca los ingredientes para hacer una paella[†] o la fruta para hacer una sangría.[‡] Todos los precios se dan en pesetas (un dólar = 100 pesetas).

arroz	140,0/kg	limones	120,0/kg
azafrán	760,0/gr	mejillones	1.175,5/kg
cebolla	30,5/kg	melocotones	170,0/kg
chorizo	295,0/kg	naranjas	185,5/kg
fresas	313,5/kg	pimiento verde	194,5/kg
gambas	1.130,5/kg	pollo	575,5/kg
guisantes	75,0/kg	tomates	196,5/kg

C. Imaginen que están en el Perú, donde la moneda es el nuevo sol. Un dólar equivale aproximadamente a 80 soles. Cada estudiante en la clase va a hacer al mismo tiempo el

---

*In many large cities of Europe and Central and South America, most people own and live in apartments rather than single-family homes.
†You will need 1/2 tsp saffron, 5 lbs chicken, 1 onion, 1/4 lb chorizo, 3 cups rice, 18 small mussels, 1 lb shrimp, 1/4 lb peas, 2 bell peppers, and 2 tomatoes.
‡You will need 6 oranges, 3 lemons, 2 peaches, and 1/2 lb of strawberries.

papel de comprador y el de vendedor. Como vendedor, debe traer algo para «vender»—puede ser una pequeña artesanía, una foto, una prenda de ropa, un libro, cualquier cosa pequeña y un poco rara—y ponerle un precio (en soles). Como comprador, cada estudiante también tendrá un talonario o chequero (*checkbook*) con unos mil dólares en la cuenta. El objeto del juego es tratar de comprar el mayor número de artículos sin agotar totalmente la cuenta corriente. Al final del juego, cada estudiante debe hacer los cálculos e informar sobre lo que compró, cuánto le costó cada artículo en dólares y cuánto dinero le quedó al final. ¡OJO! ¡Se puede regatear (*bargain*)!

55. PRESENT PARTICIPLE VERSUS CONJUGATED VERB

In English, the present participle can be used as an adjective. In most cases where the English present participle functions as an adjective, this idea is expressed in Spanish with an adjectival clause introduced by **que**. Compare these sentences.

La mujer **que canta** es una contralto.	*The woman singing is a contralto.*
Tuvieron una carta **que describía** el puesto.	*They got a letter describing the job.*

 DE PASO

Some Spanish verbs have a special adjectival form that is created by adding **-ante**, **-ente**, or **-iente** to the stem: **interesante, creciente**.

Ese niño **sonriente** es mi hijo.	*That smiling child is my son.*
Tienen muchas plantas **colgantes**.	*They have a lot of hanging plants.*

Since not all verbs have this special form, it is best to consult a dictionary.

PRACTICA

Exprese en español las palabras indicadas entre paréntesis, según el contexto.

1. El hombre (*reading*) allí es un consejero (*working*) con los delincuentes.
2. Vi a muchos estudiantes (*studying*) en la biblioteca.   3. El texto (*dealing*) del aprendizaje no está en ningún sitio.   4. El perro se entusiasmó cuando vio un gato (*crossing*) la calle.   5. La mujer científico (*entering*) con el policía tenía un enorme pájaro en el hombro.   6. Los criminales (*receiving*) la pena de muerte son los peores.

56. PRESENT PARTICIPLE VERSUS INFINITIVE

In English, the present participle can function as a noun: it can be the subject or direct object of a sentence, or the object of a preposition. *In Spanish, the present participle can never function as a noun.* The only Spanish verb form that can do so is the infinitive. Compare these sentences:

SUBJECT	(El) **Leer*** es mi pasatiempo favorito.	*Reading is my favorite pastime.*
DIRECT OBJECT	Prefieren **nadar** en una piscina.	*They prefer swimming in a pool.*
OBJECT OF A PREPOSITION	Después de **comer** la fruta, se sintió mal.	*After eating the fruit, he felt sick.*

PRACTICA

A. Decida si se debe usar *el participio presente* o *el infinitivo* para expresar las palabras indicadas entre paréntesis. Luego indique si Ud. está de acuerdo o no con cada declaración.

1. Antes de (*tomar/tomando*) una decisión importante consulto con mis padres.
2. (*Vivir/Viviendo*) en una residencia estudiantil, uno aprende muchas cosas importantes de la vida.
3. A los estudiantes de hoy no les gusta (*meterse/metiéndose*) en asuntos políticos o sociales.
4. (*Sufrir/Sufriendo*) es bueno para el alma (*soul*).
5. La persona que pasa mucho tiempo cada día (*mirar/mirando*) la televisión es poco creativa.
6. La mayor parte de lo que he aprendido en la universidad, lo aprendí (*leer/leyendo*) libros.
7. (*Escribir/Escribiendo*) los ejercicios en el cuaderno realmente me ayudó a mejorar mi español.
8. Es muy difícil tener éxito en el mundo de la política sin (*tener/teniendo*) mucho dinero.
9. En los Estados Unidos, (*trabajar/trabajando*) es más importante que (*relajarse/relajándose*).

B. ¿Qué actividades preceden y siguen a las siguientes acciones? Siga el modelo.

MODELO: Me lavo los dientes. →
Me lavo los dientes después de comer y antes de hablar con alguien por la mañana.

---

*The use of the article **el** with the infinitive when it functions as a subject or direct object is optional.

1. Me pongo el pijama.   2. Le compro flores a mi novio/a.   3. Voy a la biblioteca.   4. Me pongo muy contento/a.   5. Le hablo a mi profesor de español en español.

C. ¡**Necesito compañero!**   Las gráficas y la tabla a continuación se basan en datos recogidos en una encuesta que se hizo en 1988 sobre la juventud española. Trabajando con un compañero de clase, decidan si las siguientes oraciones son ciertas o falsas según los datos.

1. _____ Tanto los varones como las mujeres pasan más tiempo en actividades de trabajo a medida que se hacen mayores.

2. _____ En general, las personas mayores de ambos sexos pasan menos tiempo en actividades de ocio que los jóvenes.

3. _____ En general, los varones pasan más tiempo en actividades de trabajo y menos tiempo en actividades de ocio que las mujeres.

4. _____ Las mujeres pasan más tiempo en actividades de mantenimiento que los varones.

5. _____ Las mujeres pasan más tiempo en las tres distintas actividades de trabajo que los varones.

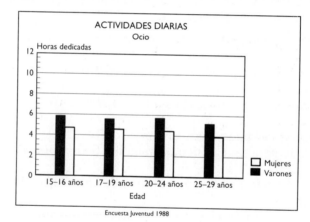

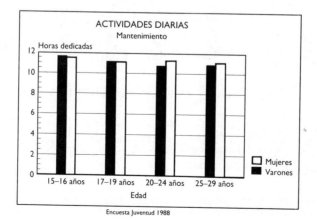

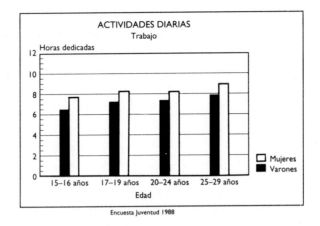

ACTIVIDADES DIARIAS
Trabajo

Encuesta Juventud 1988

Actividades a las que ha dedicado el día (en días laborables)
(Horas y décimas de hora)

	VARONES	MUJERES
TIEMPO DEDICADO (medias)* (Bases: 15–29 años)	(2.703)	(2.546)
ACTIVIDADES DE MANTENIMIENTO	11,1 h.	11,2 h.
Mantenimiento físico	9,8 h.	10,1 h.
«Mantenimiento social»	1,0 h.	0,9 h.
Desplazamientos	0,2 h.	0,2 h.
ACTIVIDADES DE TRABAJO	7,4 h.	8,4 h.
Actividad económica	4,2 h.	2,3 h.
Estudio	2,8 h.	3,1 h.
Trabajo doméstico	0,4 h.	3,0 h.
ACTIVIDADES DE OCIO	5,7 h.	4,5 h.
Actividad asociativa y religiosa	0,1 h.	0,1 h.
Ocios específicos	3,6 h.	2,9 h.
Ocio inespecífico	2,0 h.	1,6 h.

Compartan sus respuestas con los otros grupos de la clase. ¿Creen Uds. que hay gran diferencia entre la juventud española y la norteamericana con respecto al tiempo dedicado a las actividades presentadas en las gráficas? ¿En qué área(s) específica(s)?

---

*Medias de tiempo calculadas sobre la base del total de sujetos.

 **¡Ojo!**

Los ejercicios en esta sección son un repaso de todas las secciones ¡OJO! a lo largo del libro.

PRACTICA

A. Dé la palabra española que se corresponde mejor con la palabra en *letras cursivas.*

1. It *looked* like we would never be able to do it, *but* my family *saved* for years and finally *succeeded* in buying a cottage by the lake.
2. *Because* the food was awful, he *became* angry and refused *to pay the bill.* *Both* the chef *and* the maitre d' talked to him *because* they were afraid the scene *would hurt* business in the restaurant.
3. They *both* lived only three miles from here and *attended* services regularly every *time* Father Miles spoke. *Since they moved* to Peakwood we don't see them much anymore.
4. She works very hard to *support* her family; her parents *insist on* helping *to take care of* the children *since they realize* that she cannot afford *to take* them to a sitter.
5. I *don't care* if you *miss* two or three meetings, but I *get* upset if you *stop* others from *attending.* If you *feel* dissatisfied, fine, but *don't try to* influence others.
6. When the man *left* the room, he *did not realize* that he *had left* his briefcase next to the chair. I *think he returned* the next day *to look for* it.

B. Elija la palabra que mejor complete la oración.

1. Estoy pensando (*en/de/—*) ir a McDonald's esta tarde.
2. El niño (*se movía/se mudaba*) constantemente. Por fin se cayó de la cama (*pero/sino que*) no se (*hizo daño/ofendió*).
3. (*Perdieron/Echaron de menos/Faltaron a*) el autobús porque estaban trabajando y no (*realizaron/se dieron cuenta*) de (*el tiempo/la hora/la vez*) hasta que era demasiado tarde.
4. ¿Te (*importa/cuida*) (*dejar de/detener*) fumar? Estoy (*tratando/probando*) de concentrarme y el humo me molesta mucho.
5. ¿No quiere Ud. (*tratar/probarse*) el suéter antes de (*llevárselo/tomárselo*) a su casa?
6. Es (*un hecho/una fecha/un dato*) muy conocido/a que en los parques nacionales los osos (*bears*) dependen demasiado (*en/de/—*) los humanos. Precisamente si queremos (*ahorrarlos/salvarlos*) tenemos que (*dejar de/detener*) «civilizarlos» tanto.
7. Si Uds. quieren (*tener éxito/suceder*) en el mundo de los negocios, tienen que (*pagar/prestar*) mucha atención a toda esta información. Es una (*pregunta/cuestión*) de dedicación y disciplina.

 **Repaso**

A. Complete el diálogo, dando la forma correcta de los verbos entre paréntesis y expresando en español las frases en inglés. Cuando se dan dos palabras entre paréntesis, escoja la palabra apropiada.

Una decisión importante

> (*Luis visita a su amigo Ernesto, quien a sólo cuatro meses de graduarse piensa dejar la universidad para ir a correr mundo.*)

LUIS: (*Mirar: tú*[1]), Ernesto, yo creo que (*ser/estar*[2]) una idea excelente viajar (*por/para*[3]) el mundo. Es bueno que tú, que todos, (*ver*[4]) otros países y que (*conocer*[5]) a la gente (*who*[6]) vive allí. Un día, cuando (*tener*[7]) yo la oportunidad, yo también (*viajar*[8]). (*What*[9]) yo todavía no (*entender*[10]) es por qué diablos tienes que (*hacerlo*[11]) ahora mismo. En cuatro meses, (*you realize*[12]), en sólo cuatro meses, te (*haber*[13]) graduado y (*tener*[14]) tiempo para (*hacer*[15]) todos los viajes que quieras. Me parece increíble que no (*poder: tú*[16]) esperar un poco más.

ERNESTO: Cuatro meses o cuatro años... (*ser/estar*[17]) igual, Luis. (*I feel*[18]) como un hipócrita aquí y siempre (*I have felt*[19]) así. Tú sabes que yo (*venir*[20]) a estudiar aquí (*por/para*[21]) mis padres, (*who*[22]) insisten en que su hijo (*tener*[23]) una buena preparación académica. Sabes que ahora me (*especializar*[24]) en derecho (*law*) porque mi abuelo (*querer*[25]) que yo (*become*[26]) abogado. Yo (*haber*[27]) trabajado mucho y (*haber*[28]) sacado buenas notas a fin de que todos (*estar*[29]) orgullosos de mí...

LUIS: ¿Qué (*haber*[30]) de malo en eso? Es verdad que (*haber: tú*[31]) trabajado mucho. No conozco a nadie que (*ser/estar*[32]) un estudiante más serio que tú. Sin embargo, yo siempre pensaba que tú (*ser/estar*[33]) contento.

ERNESTO: Contento con los amigos, sí, pero con los estudios, jamás. ¿Es que voy a (*ser/estar*[34]) una persona culta porque me sé una serie de nombres y fechas? La sabiduría no (*consistir*[35]) en (*what*[36]) se sabe (*sino/pero/sino que*[37]) en (*what*[38]) se entiende y no hay nada aquí que me (*haber*[39]) ayudado a entender nada.

LUIS: Y tan pronto como (*haber: tú*[40]) visitado cinco o seis países, ¿crees que lo (*ir*[41]) a entender todo? No (*ser/estar: tú*[42]) tonto. Es posible que (*studying*[43]) no (*ser*[44]) la mejor manera de «instruirse», (*pero/sino/sino que*[45]) el viajar tampoco lo es. Si (*ser*[46]) así, todos (*would become*[47]) pilotos y azafatas, ¿verdad que sí?

ERNESTO: (*Reírse: tú*[48]), si quieres, Luis, pero ya (*haber: yo*[49]) tomado mi decisión.

B. ¿Se identifica Ud. más con el punto de vista de Luis o con el de Ernesto? Si Ud. decidiera dejar los estudios por un tiempo indefinido para viajar, ¿cómo se sentirían sus padres? ¿Por qué? ¿Tendrían la misma reacción si los dejara para trabajar en vez de viajar? Con un compañero de clase, prepare una lista de cuatro razones o motivos para dejar la universidad y cuatro para no hacerlo.

Appendices

I. SYLLABICATION AND STRESS

A. Syllabication Rules

1. The basic rule of Spanish syllabication is to make each syllable end in a vowel whenever possible.

   ci-vi-li-za-do   ca-ra-co-les   so-ñar   ca-sa-do

2. Two vowels should always be divided unless one of the vowels is an unaccented **i** or **u**. Accents on other vowels do not affect syllabication.

   fe-o   bue-no   ac-tú-e   des-pués
   pre-o-cu-pa-do   ne-ce-sa-rio   rí-o   a-vión

3. In general, two consonants are divided. The consonants **ch, ll,** and **rr** are considered single letters and should never be divided. Double **c** and double **n** *are* separated.

   en-fer-mo   ban-de-ra   mu-cha-cha   ac-ci-den-te
   doc-to-ra   cas-ti-llo   a-rroz   in-na-to

4. The consonants **l** and **r** are never separated from any consonant preceding them, except for **s**.

   ha-blar   a-trás   a-brir   pa-dre
   com-ple-to   is-la   o-pre-si-vo   si-glo

5. Combinations of three and four consonants are divided following the rules above. The letter **s** should go with the preceding syllable.

   es-truc-tu-ra   con-ver-tir   ex-tra-ño   obs-cu-ro
   cons-tan-te   es-tre-lla   in-fle-xi-ble   ins-truc-ción

B. Stress

How you pronounce a specific Spanish word is determined by two basic rules of stress. Written accents to indicate stress are needed only when those rules are violated. The two rules are as follows:

1. For words ending in a vowel, **-n,** or **-s,** the natural stress falls on the next-to-last syllable. The letter **y** is not considered a vowel for purposes of assigning stress (see example in rule 2, below).

   ha-blan   pe-*rri*-to   tar-*je*-tas   a-me-ri-*ca*-na

2. For words ending in *any other letter,* the natural stress falls on the last syllable.

   pa-*pel*   di-fi-cul-*tad*   es-*toy*   pa-re-*cer*

If these stress rules are violated, stress must be indicated with a written accent.

re-li-*gión*	e-*léc*-tri-co	fran-*cés*	ha-*blé*
ár-bol	*Pé*-rez	*cés*-ped	ca-*rác*-ter

Note that words that are stressed on any syllable other than the last or next-to-last will always show a written accent. Particularly frequent words in this category include adjectives and adverbs ending in **-ísimo** and verb forms with pronouns attached.

mu-*chí*-si-mo   la-*ván*-do-lo   *dár*-se-las   *dí*-ga-me-lo

Written accents to show violations of stress rules are particularly important when diphthongs are involved. A diphthong is a combination of a weak (**i, u**) vowel and a strong (**a, e, o**) vowel (in either order), or of two weak vowels together. The two vowels are pronounced as a single sound, with one of the vowels being given slightly more emphasis than the other. In all diphthongs the strong vowel or the second of two weak vowels receives this slightly greater stress.

*a*i: paisaje   u*e*: vuelve   i*o*: rioja   u*i*: fui   i*u*: ciudad

When the stress in a vowel combination does not follow this rule, no diphthong exists. Instead, two separate sounds are heard, and a written accent appears over the weak vowel or first of two weak vowels.

a-*í*: país   *ú*-e: acentúe   *í*-o: tío   *ú*-i: flúido

C.   Use of the Written Accent as a Diacritic

The written accent is also used to distinguish two words with similar spelling and pronunciation but different meaning.

1.   Nine common word pairs are identical in spelling and pronunciation; the accent mark is the only distinction between them.

dé	give	**de**	of	**sí**	yes	**si**	if
él	he	**el**	the	**sólo**	only	**solo**	alone
más	more	**mas**	but	**té**	tea	**te**	you
mí	me	**mi**	my	**tú**	you	**tu**	your
sé	I know	**se**	*pronoun*				

2.   Diacritic accents are used to distinguish demonstrative adjectives from demonstrative pronouns. This distinction is disappearing in many parts of the Spanish-speaking world.

aquellos países	those countries	**aquéllos**	those ones
esa persona	that person	**ésa**	that one
este libro	this book	**éste**	this one

3.   Diacritic accents are placed over relative pronouns or adverbs that are used interrogatively or in exclamations.

cómo	how	**como**	as, since	**por qué**	why	**porque**	because
dónde	where	**donde**	where	**qué**	what	**que**	that

II. SPELLING CHANGES

In general, Spanish has a far more phonetic spelling system than many other modern languages. Most Spanish sounds correspond to just one written symbol. Those that can be written in more than one way are of two main types: those for which the sound/letter correspondence is largely arbitrary and those for which the sound/letter correspondence is determined by spelling rules.

A.   In the case of arbitrary sound/letter correspondences, writing the sound correctly is partly a matter of memorization. The following are some of the more common arbitrary, or *nonpatterned*, sound/letter correspondences in Spanish.

— SOUND —	— SPELLING —	—— EXAMPLES ——
/b/ + *vowel*	b, v	barco, ventana
/y/	y, ll, i + *vowel*	haya, amarillo, hielo
/s/	s, z, c	salario, zapato, cielo
/x/ + e, i	g, j	general, jefe
		gitano, jinete

Note that, although the spelling of the sounds /y/ and /s/ is largely arbitrary, two patterns occur with great frequency.

/y/   Whenever an unstressed **i** occurs between vowels, the **i** changes to **y**.

le**i**ó → le**y**ó   cre**i**endo → cre**y**endo   ca**i**eron → ca**y**eron

/s/   The sequence **ze** is rare in Spanish. Whenever a **ze** combination would occur in the plural of a noun ending in **z** or in a conjugated verb (for example, an **-e** ending on a verb stem that ends in **z**), the **z** changes to **c**.

lu**z** → lu**c**es   vo**z** → vo**c**es   empe**z**- + é → empe**c**é   ta**z**a → ta**c**ita

B.   There are three major sets of *patterned* sound/letter sequences.

— SOUND —	— SPELLING —	— EXAMPLES —
/g/	g, gu	gato, pague
/k/	c, qu	toca, toque
/gʷ/	gu, gü	agua, pingüino

/g/   Before the vowel sounds /a/, /o/, and /u/, and before all consonant sounds, the sound /g/ is spelled with the letter **g**.*

gato   gorro   agudo   grave   gloria

Before the sounds /e/ and /i/, the sound /g/ is spelled with the letters **gu**.

guerra   guitarra

/k/   Before the vowel sounds /a/, /o/, and /u/, and before all consonant sounds, the sound /k/ is spelled with the letter **c**.

casa   cosa   curioso   cristal   club   acción

Before the sounds /e/ and /i/, the sound /k/ is spelled with the letters **qu**.

queso   quitar

/gʷ/   Before the vowel sounds /a/ and /o/, the sound /gʷ/ is spelled with the letters **gu**.

guante   antiguo

Before the sounds /e/ and /i/, the sound /gʷ/ is spelled with the letters **gü**.

vergüenza   lingüista

---

*Remember that before the sounds /e/ and /i/ the *letter* **g** represents the sound /x/: **gente, lógico**.

These spelling rules are particularly important in conjugating, because a specific consonant sound in the infinitive must be maintained throughout the conjugation, despite changes in stem vowels. It will help if you keep in mind the patterns of sound/letter correspondence, rather than attempt to conserve the spelling of the infinitive.

/ga/ =	**ga**	lle*ga*r	/ge/ =	**gue**	lle*gue*	(*present subjunctive*)
/ga/ =	**ga**	lle*ga*r	/ge/ =	**gué**	lle*gué*	(*preterite*)
/gi/ =	**gui**	se*gui*r	/go/ =	**go**	si*go*	(*present indicative*)
/gi/ =	**gui**	se*gui*r	/ga/ =	**ga**	si*ga*	(*present subjunctive*)
/xe/ =	**ge**	reco*ge*r	/xo/ =	**jo**	reco*jo*	(*present indicative*)
/xe/ =	**ge**	reco*ge*r	/xa/ =	**ja**	reco*ja*	(*present subjunctive*)
/gʷa/ =	**gua**	averi*gua*r	/gʷe/ =	**güe**	averi*güe*	(*present subjunctive*)
/ka/ =	**ka**	sa*ca*r	/ke/ =	**qué**	sa*qué*	(*preterite*)

III. VERB CONJUGATIONS

The chart on pages 356–357 lists common verbs whose conjugation includes irregular forms. The chart lists only those irregular forms that cannot be easily predicted by a structure or spelling rule of Spanish. For example, the irregular **yo** forms of the present indicative of verbs such as **hacer** and **salir** are listed, but the present subjunctive forms are not, since these forms can be consistently predicted from the present indicative **yo** form. For the same reason, irregular preterites are listed, but not the past subjunctive, since this form is based on the preterite. Spelling irregularities such as **busqué** and **leyendo** are also omitted, since these follow basic spelling rules (Appendix II).

IV. PREPOSITIONAL PRONOUNS

A. Forms of Prepositional Pronouns*

mí	nosotros/nosotras
ti	vosotros/vosotras
él, ella, Ud.	ellos, ellas, Uds.

With the exception of the first and second person singular forms (**mí, ti**), the prepositional pronouns are the same as the subject pronouns. They are used when preceded by **para, por, a, de, en, sin,** and most other prepositions. The preposition and pronoun together form a prepositional phrase.

¿Piensas mucho **en ella**?	*Do you think of her a lot?*
Toma, es **para ti**.	*Take it, it's for you.*

When **mí** or **ti** occurs with **con,** the special forms **conmigo** and **contigo** are used.

Lo siento, pero no puedo ir **contigo**.	*I'm sorry, but I can't go with you.*

Note that the prepositions **según** and **entre** are always used with subject pronouns.

Según tú, el partido fue aburrido, ¿verdad?	*According to you, the game was boring, right?*
Entre tú y yo, es un imbécil.	*Between you and me, he's an idiot.*

*These forms of the Spanish prepositional pronouns appear in Chapter 1.

Verb Conjugations

| INFINITIVE | INDICATIVE | | | | | PRESENT SUBJUNCTIVE | AFFIRMATIVE TÚ COMMAND | PARTICIPLES | |
	Present	Imperfect	Preterite	Future	Conditional			Present	Past
1. abrir									abierto
2. andar			anduve						
3. caer	caigo								
4. conocer	conozco								
5. cubrir									cubierto
6. dar	doy		di diste dio dimos disteis dieron			dé			
7. decir (i)	digo		dije	diré	diría		di	diciendo	dicho
8. escribir									escrito
9. estar	estoy		estuve			esté			
10. haber	he has ha hemos habéis han		hube	habré	habría	haya			
11. hacer	hago		hice	haré	haría		haz		hecho
12. ir	voy vas va vamos vais van	iba	fui fuiste fue fuimos fuisteis fueron			vaya	ve	yendo	
13. morir (ue, u)									muerto
14. oír	oigo oyes oye oímos oís oyen								

INFINITIVE	INDICATIVE					PRESENT SUBJUNCTIVE	AFFIRMATIVE TU COMMAND	PARTICIPLES	
	Present	Imperfect	Preterite	Future	Conditional			Present	Past
15. oler (ue)	huelo hueles huele olemos oléis huelen								
16. poder (ue)			pude	podré	podría			pudiendo	
17. poner	pongo		puse	pondré	pondría		pon		puesto
18. querer (ie)			quise	querré	querría				
19. reír (i, i)			rió (3rd sing.) rieron (3rd pl.)					riendo	
20. romper									roto
21. saber	sé		supe	sabré	sabría	sepa			
22. salir	salgo						sal		
23. ser	soy eres es somos sois son	era	fui fuiste fue fuimos fuisteis fueron			sea	sé		
24. tener (ie)	tengo		tuve	tendré	tendría		ten		
25. traducir	traduzco		traduje						
26. traer	traigo		traje						
27. valer	valgo			valdré	valdría				
28. venir (ie)	vengo		vine	vendré	vendría		ven	viniendo	
29. ver	veo	veía							visto
30. volver (ue)									vuelto

B. Uses of Prepositional Pronouns

Third person object pronouns may have more than one meaning: **le** = *to him, to her, to you;* **les** = *to them, to you all.* This ambiguity is often clarified by using a prepositional phrase with **a.**

Le doy el libro { a él. / a ella. }

I'm giving the book { to him. / to her. }

Les escribo { a ellos. / a Uds. }

I'm writing { to them. / to you all. }

The prepositional phrase with **a** is also used with object pronouns for emphasis.

Me da el libro **a mí,** no **a ella.**

*He's giving the book to **me,** not to **her.***

V. *TENER* AND *HACER* EXPRESSIONS

Besides **ser** and **estar,** Spanish also uses the verbs **tener** and **hacer** to express the concept of *to be.*

Tener combines with certain nouns that are usually expressed with *to be + adjective* in English.

tener (mucho/a) frío/calor	*to be (very) cold/hot*
hambre/sed/sueño	*hungry/thirsty/sleepy*
éxito/suerte	*successful/lucky*
razón (no tener razón)	*right (to be wrong)*
cuidado/prisa	*careful/in a hurry*
miedo/vergüenza	*afraid/embarrassed*
_____ años	*_____ years old*

Another expression that uses the infinitive is **tener ganas de** + *infinitive,* which expresses English *to feel like + present participle.*

Tengo ganas de dormir.

I feel like sleeping.

Weather conditions expressed with *to be* in English are usually expressed with **hacer** in Spanish.

Hace (mucho) frío/calor/fresco.	*It is (very) cold/hot/cool.*
sol/viento.	*sunny/windy.*
Hace (muy) buen tiempo.	*It is (very) nice out.*
mal tiempo.	*bad weather.*

Verbs that refer to precipitation, such as **nevar (ie), llover (ue),** and **lloviznar,** are conjugated only in the third person singular. There is no **hacer** expression to describe these conditions.

Nieva mucho en Colorado.
Llueve ahora, pero antes sólo
  lloviznaba.

It snows a lot in Colorado.
It's raining now, but before it was
  only drizzling.

When using these expressions in the past, the focus of the speaker is usually on an ongoing state rather than on the beginning or end of that state. For this reason, these expressions are usually found in the imperfect tense.

VI. ANSWERS TO *REPASO* EXERCISES

CAPITULO 1

1. son 2. están (estamos) 3. Es 4. las 5. considera 6. expresa 7. son
8. producen 9. causan 10. muchos 11. intentamos 12. estamos 13. un
14. es 15. son 16. comprenden (comprendemos) 17. vive 18. forma
19. hay 20. grandes 21. hay 22. son

CAPITULO 2

1. es 2. están 3. son 4. es 5. está 6. ser 7. están 8. Es 9. son

CAPITULO 3

Here is one possible answer to this exercise.

Una conversación en la clase de español del profesor O'Higgins

O'H: Bueno, clase, es hora de entregar la tarea de hoy. Todos tenían que escribirme una breve composición sobre la originalidad, ¿no es cierto? ¿Me *la* escribieron, pues?

J: Claro. Aquí tiene Ud. *la (composición) mía*.

O'H: Y Ud., señora Chandler, ¿también hizo la tarea?

CH: Sí, *la* hice, profesor O'Higgins, pero no *la* tengo aquí.

O'H: Ajá. Ud. *la* dejó en casa, ¿verdad? ¡Qué original!

CH: No, no *la* dejé en casa. Sucede que mi hijo tenía prisa esta mañana, el carro se descompuso y mi marido *lo* llevó al garaje.

O'H: Ud. me perdona, pero no veo la conexión. ¿Me *la* quiere explicar?

CH: Bueno, anoche, después de escribir la composición, *la* puse en mi libro como siempre. Esta mañana, salimos, mi marido, mi hijo y yo, en el coche. Siempre dejamos a Paul—mi hijo—en su escuela primero, luego mi marido me deja en la universidad y entonces él continúa hasta su oficina. Esta mañana, como le dije, mi hijo tenía mucha prisa y cogió mi libro con *los suyos* cuando bajó del coche. Desgraciadamente no vi que cogió *el mío*. Supe que *lo* cogió cuando llegamos a la universidad. Como ya era tarde, no pude volver a la escuela de mi hijo para quitar*le* el libro. Así que mi marido se ofreció a buscármelo. Pero no me *lo* ha traído todavía. Yo *lo* llamé antes de la clase para saber el motivo de su retraso y él me explicó que en la ruta se descompuso el carro y tuvo que dejar*lo* en el garaje. Pero ahora también era muy tarde para él y no le quedaba tiempo para traerme el trabajo y llegar a su oficina a tiempo. Entonces...

O'H: Entonces, ¿quién tiene su tarea ahora? ¿*La* tiene su hijo?

CH: No, mi marido *la* tiene. El *se la* quitó a mi hijo, pero no pudo traérme*la* antes de clase. El carro se descompuso y él...

O'H: ...tuvo que llevar*lo* al garaje. Bueno, Ud. me *la* puede traer mañana, ¿no?

CH: Sin duda, profesor. *Se la* traigo tan pronto como llegue a la universidad. A Ud. le va a gustar. En mi composición propongo algunas maneras creativas para combatir el aburrimiento de la rutina diaria.

O'H: Me parece un tema extraordinariamente apropiado pero... ¡espero que sea breve!

CAPITULO 4

1. me pongo 2. por 3. me contesta 4. tienes 5. digas 6. llevaba 7. era
8. teníamos 9. vivíamos 10. empezábamos 11. era 12. ayudar 13. trabajábamos

14. Limpiábamos   15. dábamos   16. Ya que   17. era   18. tenía   19. caminábamos
20. cuenta   21. se hace   22. había   23. tienen   24. era   25. era   26. que   27. nos
daba   28. lo hacía   29. pagaba   30. le pegaba   31. guardaba   32. me vengas
33. leas   34. pasan

CAPITULO 5

1. sea   2. pasar   3. Escuche   4. sea   5. Compre   6. se la prepare   7. se la lave
8. se preocupe   9. se lo haga   10. empiece

CAPITULO 6

1. levanté   2. vi   3. estaba   4. pensaba   5. Sabía   6. podía   7. grité   8. salí
9. pensaba   10. llegué   11. abrí   12. salía   13. me preguntó   14. respondí
15. sonrió   16. explicó   17. venía   18. le gustaba   19. Quise   20. tenía   21. dije
22. necesitaba   23. conocía   24. pudo   25. le dije   26. éramos   27. hacías
28. quería   29. Nos poníamos   30. me miró   31. sugirió   32. volvió   33. balbuceé
34. había   35. Me senté

CAPITULO 7

1. vinieron   2. llegaron   3. es   4. significó   5. se llamaba   6. debía   7. daba
8. necesitaba   9. recibía   10. había   11. tuvieran   12. Era   13. produjeran
14. se cultivaban   15. pudiera   16. odiaban   17. les imponían   18. se convirtieron

CAPITULO 8

1. hace muchísimos años   2. fuera   3. se reunieron   4. habló   5. necesitamos
6. vean   7. apareció   8. habitaran   9. devoraron   10. destruyeron   11. pusieron
12. empezaran   13. admiraran   14. devastaron   15. que   16. pudieron   17. tuviera
18. que (la cual)   19. cubrió   20. decidieron   21. Sabían   22. iban   23. hicieran
24. se preparaban   25. se arrojaron   26. descubrieron   27. vivieran   28. arrojó
29. sino   30. estaba   31. me den   32. se arrojaron   33. comió

CAPITULO 9

1. Hace quince años   2. por   3. parecía   4. tiene   5. se ven   6. Es   7. ayudó   8. es
9. tienen   10. Por   11. se presta (se prestó)   12. que   13. para   14. está   15. Hace
poco   16. fueron exhibidas   17. por   18. fue expuesta   19. para   20. es acogido
21. se dirigen   22. son   23. que   24. había   25. se encuentra

CAPITULO 10

1. se oyen   2. se organizan   3. que   4. apoye   5. causan   6. afirman   7. fueran
eliminadas (se eliminaran)   8. empieza   9. acompaña   10. conocen   11. Se compra
12. se consume   13. es   14. es   15. mantener   16. afecta   17. causa   18. provoca
19. produzca

CAPITULO 11

1. para   2. Tanto Yogi como Mark (Yogi tanto como Mark)   3. que   4. han trabajado
5. hacen   6. sino   7. son   8. utiliza   9. entrenados   10. colaborar   11. perdidas

12. por   13. se han usado los perros (los perros han sido usados)   14. se establecieron
15. para   16. se desarrolla   17. aprenden   18. sean   19. las repitan   20. lleguen a
ser (se hagan)   21. sea entrenado por   22. obedezca   23. será   24. que   25. cuidar
26. se establezcan   27. los dos (ambos)   28. no serán   29. sino

CAPITULO 12

1. Mira   2. es   3. por   4. vean (veamos)   5. conozcan (conozcamos)   6. que
7. tenga   8. viajaré   9. Lo que   10. entiendo   11. hacerlo   12. te das cuenta
13. habrás   14. tendrás   15. hacer   16. puedas   17. es   18. Me siento   19. me he
sentido   20. vine   21. por   22. que (quienes)   23. tenga   24. especializo   25. quería
(quiere)   26. me hiciera (me haga)   27. he   28. he   29. estén   30. hay   31. has
32. sea   33. estabas   34. ser   35. consiste   36. lo que   37. sino   38. lo que
39. haya   40. hayas   41. vas   42. seas   43. (el) estudiar   44. sea   45. pero
46. fuera   47. se harían (nos haríamos)   48. Ríete   49. he

VII. POSSESSIVE ADJECTIVES AND PRONOUNS

Spanish possessive adjectives have two forms: a short form that precedes the noun and a long form that follows it.

A.   Possessive Adjectives that Precede the Noun*

The English possessive adjectives (*my, his, her, your,* and so on) do not vary in form. The Spanish possessive adjectives, like all adjectives in Spanish, agree in number with the noun they modify—that is, with the *object possessed*. The possessive adjectives **nuestro** and **vuestro** agree in gender as well. These forms of the possessive adjective always precede the noun.

Mi carro es viejo.	*My car is old.*
Mis carros son viejos.	*My cars are old.*
Nuestra abuela murió el año pasado.	*Our grandmother died last year.*
Nuestros tíos viven en New Jersey.	*Our aunt and uncle live in New Jersey.*

Since **su(s)** can express *his, her, its, your,* and *their,* ambiguity is often avoided by using a prepositional phrase with **de** and a pronoun object. In this case, the definite article usually precedes the noun.

El padre de él se sentó al lado de **la madre de ella** y viceversa.	*His father sat next to her mother and vice versa.*
Así que su carro venía por esta calle. ¿Y **el carro de él**?	*So, your car came up this street. And what about his car?*

B.   Possessive Adjectives that Follow the Noun†

The long, or emphatic, possessive adjectives are used when the speaker wishes to emphasize the possessor rather than the thing possessed. Note that all these forms agree in both number and gender, and that they always follow the noun, which is usually preceded by an article.

---

*These forms of the Spanish possessive adjectives appear on page 116, Chapter 4.
†These forms of the Spanish possessive adjectives appear on page 197, Chapter 7.

| José es **un amigo mío**. | José is a friend of **mine**. |
| Mi cartera está en la mesa; **la cartera tuya** está en el estante. | My wallet is on the table; **your** wallet is on the bookcase. |

Compare these sentences, in which emphasis is given to the possessor, with the following sentences expressed with the nonemphatic possessives.

| José es **mi amigo**. | José is my **friend**. (more emphasis on friend) |
| Mi cartera está en la mesa; **tu mochila** está en el estante. | My wallet is on the table; your **backpack** is on the bookcase. (more emphasis on the item) |

C. Possessive Pronouns

As you know (see Chapter 1, pages 40–41), whenever a noun is modified by an adjective or an adjective phrase, the noun can be omitted in order to avoid repetition within a brief context (such as one or two sentences). In such an instance, the definite article and the adjective or adjective phrase are left standing alone.

| Prefiero el café regular sobre **el** (café) **descafeinado**. | I prefer regular coffee over decaf (coffee). |
| Los jóvenes de los EEUU, como **los** (jóvenes) **de otras partes del mundo,** a veces tienen problemas con sus padres. | Young people in the United States, like those (the young people) of other places in the world, sometimes have problems with their parents. |

When possessive adjectives stand for nouns, the long form is used, preceded by the appropriate definite article.

Mi disfraz es más impresionante que **su disfraz**. → Mi disfraz es más impresionante que **el suyo**.	My costume is more impressive than her costume. → My costume is more impressive than hers.
Su presentación y **nuestra presentación** recibieron un premio. → Su presentación y **la nuestra** recibieron un premio.	Their presentation and our presentation received a prize. → Their presentation and ours received a prize.
Su foto se encontró mezclada con **mis fotos**. → Su foto se encontró mezclada con **las mías**.	His photo was found mixed in with my photos. → His photo was found mixed in with mine.

The definite article is usually omitted after forms of **ser**.

| **¿Es tuyo** ese libro? —No, no es **mío**. Será de Ramón. | Is that book yours? —No, it isn't mine. It must be Ramón's. |

VIII. DEMONSTRATIVE ADJECTIVES AND PRONOUNS*

A. Demonstrative Adjectives

To indicate the relative distance of objects from the speaker, English has two sets of demonstrative adjectives: *this/these* for objects close to the speaker and *that/those* for

---

*The forms of the Spanish demonstrative adjectives and pronouns appear on pages 119 and 120, Chapter 4.

objects farther away. English has two corresponding place adverbs: *here* and *there*. In Spanish, there are three sets of demonstrative adjectives.

If **libro** is the noun being described, the phrase **este libro** indicates a book near the speaker: **este libro, aquí. Ese libro** indicates a book away from the speaker but close to the person addressed: **ese libro, allí (ahí).*** **Aquel libro** indicates a book that is at a distance from both the speaker and the person addressed. It is a book that is at a distance from both: **aquel libro, allí (allá).** This relationship is indicated in the following diagram.

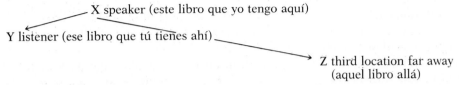

X speaker (este libro que yo tengo aquí)

Y listener (ese libro que tú tienes ahí)

Z third location far away
(aquel libro allá)

B. Demonstrative Pronouns

You can replace demonstrative adjectives and nouns with demonstrative pronouns in order to avoid unnecessary repetition by following the pattern that you have already seen with adjectives (see Chapter 1, page 14), and possessive constructions (see Appendix VII). Like the demonstrative adjectives, demonstrative pronouns agree with the noun in number and gender. Note that demonstrative pronouns are accented on the stressed syllable.

Este coche es de mi padre y **ese coche** es de mi madre. → Este coche es de mi padre y **ése** es de mi madre.	*This car is my father's and that car is my mother's. → This car is my father's and that one is my mother's.*
Esta mujer es mi madre y **aquellas mujeres** son mis tías. → Esta mujer es mi madre y **aquéllas** son mis tías.	*This woman is my mother and those women are my aunts. → This woman is my mother and those are my aunts.*

C. Neuter Demonstrative Pronouns

The neuter pronouns **esto, eso,** and **aquello** refer to concepts or processes that have no identifiable gender. The neuter forms are also used to ask for the identification of an unknown object. They have no written accent.

No comprendo **esto.**	*I don't understand this (concept, idea, action, and so on).*
Voy al laboratorio todos los días y **eso** me ayuda.	*I go to the lab every day, and that (going there often) helps me.*
¿Qué es **esto?**	*What is this?*

*****Ese libro** can also indicate a book away from both speakers. **Aquel libro** would then indicate a book even farther away from both than **ese libro.**

Spanish—English Vocabulary

This vocabulary does not include exact or reasonably close cognates of English; also omitted are certain common words well within the mastery of second-year students, such as cardinal numbers, articles, pronouns, possessive adjectives, and so on. Adverbs ending in **-mente** and regular past participles are not included if the root word is found in the vocabulary or is a cognate.

The gender of nouns is given except for masculine nouns ending in **-l, -o, -n, -e, -r,** and **-s,** and feminine nouns ending in **-a, -d, -ión,** and **-z.** Nouns with masculine and feminine variants are listed when the English correspondents are different words (*grandmother, grandfather*); in most cases (**trabajador, piloto**), however, only the masculine form is given. Adjectives are given only in the masculine singular form. Verbs that are irregular or that have a spelling change are followed by an asterisk. In addition, both stem changes are given for stem-changing verbs.

The following abbreviations are used in this vocabulary.

adj.	adjective	*n.*	noun
adv.	adverb	*pl.*	plural
conj.	conjunction	*p. p.*	past participle
f.	feminine	*prep.*	preposition
inv.	invariable	*sing.*	singular
m.	masculine	*indef. pron.*	indefinite pronoun

Words discussed in the **¡OJO!** sections of the text are indicated by the chapter number in parentheses at the end of the entry: **(5).**

A

abeja bee
abierto (*p. p.* of **abrir**) open; opened
abnegación self-denial
abogado lawyer
aborto abortion
abrazar* to hug
abreviatura abbreviation
abrigo overcoat
abrir* to open
abrochar to button up, fasten
abuela grandmother
abuelo grandfather; *pl.* grandparents
aburrido boring; bored
aburrimiento boredom
acá y allá here and there

acabar to finish, end; **acabarse** to run out of; **acabar con** to put an end to; **acabar de +** *inf.* to have just (*done something*); **acabar por +** *inf.* to end up by (*doing something*)
acantilado cliff
acaparar to buy up
acción action; share of stock
accionista *m./f.* stockholder
acerca (de) about, concerning, with regard to
acercarse* to approach
aclararse to clear up (*weather*)
acoger* to welcome
aconsejar to advise
acontecimiento event, incident
acordarse (ue) (de) to remember

acostar (ue) to put to bed; **acostarse** to go to bed; to lie down
acostumbrarse to become accustomed
actitud attitude
actividad activity
actual current, present-day, recent
actualidad: en la actualidad at the present time
actuar* to act, behave
acudir to come; **acudir a** to resort to
acuerdo agreement, pact; **estar de acuerdo** to be in agreement; **ponerse de acuerdo** to agree
acumularse to accumulate

acústica *sing.* acoustics
adecuado appropriate
adelante: de ahora en adelante from now on
además (de) in addition (to)
adiestramiento (*job*) training
adolescente *m./f.* adolescent
adquirir (ie) to acquire
aduana *sing.* customs
advertencia warning
afectivo emotional
afecto emotion, feeling
afeitar(se) to shave (oneself); **maquinilla de afeitar** razor
aficionado fan, supporter
afirmación statement
afligido sorrowful, grieved
afortunadamente fortunately
afuera *adv.* outside, outdoors
agobiado *p. p.* worn out
agotador exhausting
agotamiento exhaustion
agotar to exhaust
agradable pleasant, agreeable
agradar to please
agradecimiento gratitude
agregar* to add
agresividad aggressiveness
agrícola *inv.* agricultural
agrupar to group
agua *f.* (*but* **el agua**) water
aguantar to put up with
águila *f.* (*but* **el águila**) eagle
ahora *adv.* now; **ahora mismo** right now; **de ahora en adelante** from now on; **ahora que** *conj.* now that
ahorrar to save (*money*), economize; (**10**)
ahorros: cuenta de ahorros savings account
airosamente successfully
aislado isolated
ajá aha
alarmarse to become alarmed
alcalde mayor
alcanzar* to reach
alegrar to make happy; **alegrarse (de)** to be happy, glad (about)
alegre happy, glad
alemán *n.* and *adj.* German; **pastor alemán** German shepherd
alfabetización literacy
algo *indef. pron.* something; *adv.* somewhat
alguna vez sometime, sometimes
alimento food
alistarse to enlist
aliviado relieved
alivio relief
alma *f.* (*but* **el alma**) soul
almacén store, shop

almorzar (ue)* to eat lunch
alquilar to rent
alquiler *n.* rent
alternar to alternate
altísimo: El Altísimo God
alto tall; upper; high
alumno student
allá (*over*) there; **el más allá** the hereafter, life after death; **más allá** farther
allí there
amable kind
amanecer* *v.* to be (*in a certain condition*) at daybreak; *n.* dawn
amante *m./f.* lover
amarillo yellow
amasar to knead; to amass
ambiente atmosphere; **medio ambiente** environment
ambos *indef. pron.* and *adj.* both (**7**)
amigo friend
amistad friendship
amo master; **ama** *f.* (*but* **el ama**) **de casa** homemaker
amor love
amparo protection
amplio full
analfabetismo illiteracy
analfabeto illiterate
ancas de rana frogs' legs
andar* to walk
anglohablante *n.* English-speaker; *adj.* English-speaking
angloparlante *n.* English-speaker; *adj.* English-speaking
anglosajón *n.* and *adj.* Anglo-Saxon
anillo ring (*jewelry*)
animado *p. p.* animated; lively
animar to encourage
aniversario de bodas wedding anniversary
anoche last night
anónimo: sociedad anónima corporation, incorporated
ansia *f.* (*but* **el ansia**) yearning
ante *adv.* before; in the face of
antepasado ancestor, predecessor
anterior previous
antes *adv.* before; **antes de** *prep.* before; **antes (de) que** *conj.* before
anticipación: con dos semanas de anticipación two weeks in advance
antifantasma antighost, ghostbuster
antifumar antismoking
antiguo old; ancient; former
antipático disagreeable
anunciar to announce

anuncio announcement; advertisement; commercial
añadir to add
año year; **hace... años** . . . years ago; **tener... años** to be . . . years old; **todos los años** every year
apagado shut off; listless
aparato machine; appliance
aparecer* to appear, materialize
apariencia appearance
aparte de apart from
apenas scarcely
aplaudir to applaud; to praise
aplicado *p. p.* studious
aplicar* to apply
aportar to bring, contribute
aporte contribution
apoyar to support, back up; (**6**)
apoyo support
apreciar to appreciate; to hold in esteem, think well of
aprecio appreciation; esteem
aprender to learn
aprendizaje apprenticeship; act of learning
aprobación approval
aprobar (ue) to approve
apropiado appropriate, correct
aprovecharse (de) to take advantage (of)
aquel: en aquel entonces at that time
aquí here
árbol tree
archivos files
ardiente: capilla ardiente funeral chamber
arma *f.* (*but* **el arma**) weapon; **arma de fuego** firearm
arquitecto architect
arrancar* to start (*a car*)
arreglar to arrange
arriba above; **colina arriba** uphill
arrojar to throw, fling
arroz *m.* rice
artesanía *sing.* handicrafts
artista *m./f.* artist; movie star
asaltar to attack, assault
asalto attack, assault
asa *f.* (*but* **el asa**) handle
ascenso promotion
ascensor elevator
asco: dar asco to disgust
asegurar to assure, guarantee
asequible reasonable, moderate (*price*)
asesinar to murder
asesinato murder
asesino murderer
así *adv.* so, thus; in this (that) manner, like this (that); **así que** *conj.* so, then

asimilarse to become assimilated
asistencia presence; assistance
asistir (a) to attend; **(10)**
asociar to associate
aspecto aspect; appearance
aspiración aspiration, goal
aspirar a to aspire to
astucia shrewdness
asunto matter, affair, issue
asustar to frighten; **asustarse (de)** to be frightened (by)
ataque attack; **ataque al corazón** heart attack
atardecer *v.* to grow late in the day; *n.* late afternoon
atención: prestar atención to pay attention
atender (ie) to attend to; to wait on; **(10)**
ateniense *m./f.* Athenian
ateo atheist
Atlántida Atlantis
atleta *m./f.* athlete
atracar* to hold up, mug
atraco holdup, mugging
atraer* to attract
atrapar to catch
atrayente attractive
atribuido *p. p.* attributed
atribulado *p. p.* distressed
aumentar to increase
aumento increase
aun even
aún still, yet
aunque although, even if
autobús bus
autoridad authority
avena *sing.* oats
avenida avenue
aventurero adventurous
averiguar* to find out
avión *m.* airplane
avisar to inform
avispa wasp
ayer yesterday
ayuda help, assistance
ayudar to help, aid; **(10)**
azafata stewardess
azafrán saffron
azúcar sugar
azul blue

B

bailar to dance
bailarín dancer
baile dance
bajar to lower; to get (down) out of; to descend; **bajar de peso** to lose weight
bajo *adj.* short (*height*); low; lower; *adv.* under; **(1)**
balbucear to stutter, stammer

balonmano handball
bancario *adj.* bank
bancarrota bankruptcy; **estar en bancarrota** to be bankrupt; **ir a la bancarrota** to go bankrupt
bandera flag
banquero banker
bañar to bathe; **bañarse** to take a bath
baño bath; **cuarto de baño** bathroom
barato *adj.* inexpensive, cheap; *adv.* cheaply
barba beard
barbaridad nonsense; outrage
barco ship
barrio neighborhood, section of a city
basquetbolista *m./f.* basketball player
bastante *adv.* enough; a fair amount; rather; fairly
basura garbage
basurero garbage collector
batidora beater
bautizar* to baptize
beber to drink
bebida drink, beverage
beisbolista *m./f.* baseball player
belleza beauty; **salón de belleza** beauty parlor
bello beautiful; **la Bella Durmiente** Sleeping Beauty
bendición blessing
beneficiar to benefit
beneficio benefit
beneficioso beneficial
besar to kiss
biberón baby's bottle
biblioteca library
bibliotecario librarian
bien: *adv.* **bien educado** well-mannered; **llevarse bien** to get along well
bienes possessions
bienestar well-being
bienvenido welcome
bilingüe bilingual
billar billiards, pool
billete ticket
bisabuela great-grandmother
bisabuelo great-grandfather
bisnieta great-granddaughter
bisnieto great-grandson
blanco white
bloqueo freezing, blocking (*of funds*)
boca mouth
boda wedding
boleto ticket
bolígrafo ballpoint pen
bolos: cancha de bolos bowling alley

bolsa bag
Bolsa stock market; **corredor de Bolsa** stockbroker
bombero firefighter
bombilla light bulb
bondad kindness
bondadoso kind
bonito pretty
borrachera drunkenness
borracho *n.* drunkard; *adj.* drunk
bosque forest
bota boot
botella bottle
brazo arm
brebaje brew
breve brief, concise; **(1)**
brillante bright
brillar to shine
brocha brush
bruja witch
buen, bueno good, kind
burla joke
burlarse de to make fun of
busca search
buscar* to look for; **(1)**
búsqueda search

C

caballo horse
cabe: no cabe duda there is no doubt
cabeza head
cabo end; **al fin y al cabo** after all
cachorro puppy; cub
cada *inv.* each; every
cadena perpetua life imprisonment
cadmio cadmium
caer* to fall; **caer(le) bien/mal** to strike (one) well/badly
cafetera coffeepot
caja box
calavera skull
calcetín sock
calcular to calculate
cálculo calculation; calculus
calefacción heating
calentar(se) (ie) to warm up
calidad quality
caliente hot (*temperature*)
calmarse to calm down
caló language of the Spanish gypsies
calor heat; **hace calor** it's hot (*weather*)
caluroso hot
calvo bald
calle *n. f.* street
callejero *adj.* street
cama bed
camarera waitress

camarero waiter

cambiar to change, alter; to cash (*a check*); **cambiar de idea** to change one's mind

cambio change; **a cambio de** in exchange for

caminar to walk

caminata hike, walk; **hacer una caminata** to go on a hike

camino road, path

camión *m.* truck

camisa shirt

camiseta T-shirt

campamento camp

campaña campaign

campeón champion

campeonato championship

campesino peasant, country person

campo country, rural area

canción song

cancha court (*sports*); **cancha de bolos** bowling alley; **cancha de tiro** shooting range

cansar to tire

cantante *m./f.* singer

cantar to sing

cantidad quantity

capacidad capacity; talent, ability

capaz capable

capilla chapel; **capilla ardiente** funeral chamber

capítulo chapter

captar to capture, attract

cara face

caramelo candy

cárcel *f.* prison, jail

cargado loaded, burdened

cargo: a cargo (de) in charge (of)

caricia caress

cariño affection

cariñoso affectionate

carne *f.* meat

carnet *m.* identification card

carnicería butcher shop

carnicero butcher

caro expensive

carrera career, profession; university specialty, major; race

carretera highway

carrito shopping cart

carta letter (*correspondence*)

cartel poster

cartera wallet

casa house, home

casarse (con) to marry, get married (*to someone*); **(9)**

cáscara hull (*of grain*)

casco helmet

casi almost

caso case; **hacer caso (de)** to pay attention (to)

castigar* to punish

castigo punishment

catalán *adj.* from the Spanish region of Catalonia

causa: a causa de because of

cebolla onion

celoso jealous

cementerio cemetery

cena supper

cenar to eat supper

cenicero ashtray

ceniza ash

centro center; downtown

cerca *adv.* nearby, close by; **cerca de** near, close to; **(4)**

cercano *adj.* near, close; **(4)**

cerebro brain

cerrar (ie) to close

cerveza beer

césped *m.* lawn; grass

Cía. *abbrev. of* **compañía** company (Co.)

ciego blind

cielo sky

científico scientist

cierto certain, sure; true

cigarrillo cigarette

cine movie theater

cinturón de seguridad seat belt

cirugía surgery

cirujano surgeon

cita date; appointment; **(7)**

ciudad city

ciudadanía citizenship

ciudadano citizen

claro clear; **¡Claro!** Of course!

cláusula clause

clave *n. f.* key; main element; *adj.* key

clérigo cleric, clergyman

clero clergy

clima *m.* climate

climatizado *p. p.* air-conditioned

coartada alibi

cobijo: a cobijo under shelter

cobrar to cash (*a check*); to charge (*someone for something*)

cobre copper

cobro collection; cashing

cocina kitchen; cuisine

cocinar to cook

cocinero cook, chef

cóctel cocktail, drink

coche car

código postal zip code

coger* to take, pick up; to catch

cola tail; **hacer cola** to stand in line

colegio private elementary or secondary school

colgante hanging

colina arriba uphill

colocación placement

colocar* to place, put

colono colonist

colorado reddish; **ponerse colorado** to blush

combatir to fight

comedia play; drama; comedy

comedor dining room

comenzar (ie)* to begin, start

comer to eat; **dar de comer** to feed

comerciante *m./f.* merchant

comestibles provisions, food

comida food; meal

comienzo beginning

comilón heavy eater

como as, since; **(3)**

comodidades creature comforts

cómodo comfortable

compañero companion, partner; **compañero de clase** classmate; **compañero de cuarto** roommate; **compañero de trabajo** co-worker

compartir to share

competencia competition

complemento object (*grammar*)

completo: por completo completely; **tiempo completo** full time

comportamiento behavior

comportarse to behave

compra purchase; **ir de compras** to go shopping

comprador buyer

comprar to buy

comprender to understand

comprensión understanding

comprobar (ue) to verify, prove

comprometer(se) to promise, make a commitment

computador, computadora computer; calculator

común common; **común y corriente** everyday

comunidad community

concordancia agreement

concreto: en concreto succinctly

condición: a condición de que provided that

conducción transportation

conducir* to drive; **licencia/ permiso de conducir** driver's license

conductor driver

conejo rabbit

conferencia lecture

confianza confidence

confiar* to trust

congelado frozen
conmemorar to commemorate, remember
conocer* to know; to meet
conocimiento knowledge
conquistar to conquer
consciente conscious
conseguir (i, i)* to get, obtain
consejero counselor, advisor
consejo advice
conservador conservative
conservar to keep, maintain
consiguiente: por consiguiente consequently
consistir en to consist of; (**9**)
constituir* to constitute
construir* to construct, build
consuelo comfort
consultorio doctor's office
consumidor consumer
consumir to consume, use; **consumir drogas** to take drugs
consumo consumption, use
contador accountant
contaminación pollution
contar (ue) to tell, recount
contener (ie)* to contain
contenido content
contestación answer
contestar to answer
continuación: a continuación following, next
contra against; in opposition to
contratiempo mishap
contribuir* to contribute
control de la natalidad birth control
convenir (ie, i)* to be advisable, appropriate
convertirse (ie, i) en to become, turn into
copa wineglass; **tomar una copa** to have a drink
coqueta n. flirt (referring to women); adj. flirtatious
coquetón n. flirt (referring to men); adj. flirtatious
corazón heart; **ataque al corazón** heart attack
corbata tie
corredor de Bolsa stockbroker
corregir (i, i)* to correct
correr to run, jog
corriente n. current trend; current month; adj. running; current; **común y corriente** common, everyday; **cuenta corriente** checking account
cortar to cut, trim; to cut short
corte f. court (of law); **corte** m. **de pelo** haircut
cortés courteous
corto short (length); brief; (**1**)
cosa thing; matter; affair

cosecha harvest, crop
costumbre f. custom, habit
crear to create
creciente growing
crecimiento growth
creencia belief
creer* to believe, think
creyente believer
criado servant
crianza upbringing
criar* to raise, bring up (children)
criollo adj. Creole
crisol melting pot
cristianamente in a Christian manner
crítica criticism
criticar* to criticize
crucero cruise; ocean crossing
cruzada crusade
cruzar* to cross
cuaderno notebook
cuadra (city) block
cuadro square
cualificado p. p. qualified
cualquier, cualquiera adj. any; any . . . at all
cualquiera indef. pron. anyone at all
cuanto how; how much; **en cuanto** as soon as; **en cuanto a** as far as . . . is concerned
cuarto n. room; adj. fourth
cubierto (p. p. of **cubrir**) covered
cubrir* to cover
cuenta check, bill; account; (**3**); **cuenta corriente** checking account; **cuenta de ahorros** savings account; **darse cuenta (de)** to realize, become aware (of); (**8**); **tener en cuenta** to keep in mind
cuento story, tale, narrative; (**3**); **cuento de hadas** fairy tale
cuerdo sane; (**1**)
cuero leather
cuerpo body
cuestión question, matter, topic; (**6**)
cuidado careful; **con cuidado** carefully; **tener cuidado** to be careful
cuidar to care for, take care of; (**4**)
cultivo cultivation
culto learned, cultured
cumpleaños m. sing. birthday
cumplir to complete, fulfill (a goal); **cumplir... años** to have lived . . . years
cuñada sister-in-law
cuñado brother-in-law

cura m. priest; f. cure
cursivo cursive; **letras cursivas** italics
curso course
cuyo whose

CH

chantaje blackmail
charla chat, conversation
charlar to chat
chica girl
chicle chewing gum
chico boy
chileno n. and adj. Chilean
chino n. and adj. Chinese
chirimoya custard apple
chisme n. gossip; gadget
chismear to tell tales, gossip
chismoso adj. gossipy
chiste joke, prank
chistoso funny
chocar* to collide, crash
choque crash; accident
chorizo sausage

D

daño injury; **hacer daño** to do harm or bodily injury; (**5**)
dar* to give; **dar asco** to disgust; **dar de comer** to feed; **dar las gracias** to thank; **dar palmadas** to pat, slap; **dar sepultura a** to bury; **dar una fiesta** to have a party; **darle igual** to be all the same to one; **darse cuenta (de)** to realize, become aware (of); (**8**)
dato fact, result, datum; (**11**)
debajo (de) underneath, below
deber v. should, ought to; n. duty; debt
debido a due to, owing to, because of
débil weak
debilidad weakness
decano dean
decidir to decide; **decidirse** to make up one's mind
décimo tenth
decir (i, i)* to say, tell; **es decir** that is to say; **¡no me digas!** you don't say!; **querer decir** to mean
decisión: tomar una decisión to make a decision
declararse en huelga to go on strike
dedo finger
defecto fault

dejar to leave, leave behind; to quit; to put off; to drop (*a course*); to let, permit, yield; (**10**); **dejar de** + *inf.* to stop (*doing something*); (**6**); **dejar en paz** to leave alone; **dejar plantado** to leave in the lurch, jilt; **no dejar de** + *inf.* to not neglect to (*do something*)
delante (de) in front (of)
delgado thin
deliberado intentional; voluntary
delincuencia delinquency; criminality
delincuente delinquent; criminal
delito crime, criminal act
demás: lo demás the rest; **los demás** the others
demasiado *adj.* too much, too many; *adv.* too; too much
demografía population
demográfico *adj.* population
demostrar (ue) to demonstrate, show
dentro de in, within
d.e.p. *abbrev. of* **descanse en paz** rest in peace
depender (de) to depend (on); (**9**); **depende** that depends
dependiente *n.* sales clerk; *adj.* dependent
deporte sport
deportista *m./f.* sportsman, sportswoman
deportivo *adj.* sports
deprimente depressing
deprimido depressed
derecha right, right-hand (*side*)
derechista *m./f.* rightist
derecho right (*legal*), privilege; law
derrumbarse to collapse, cave in
desacuerdo disagreement
desagradable disagreeable, unpleasant
desagradar to displease
desanimar to discourage
desaparecer* to disappear
desaprobar (ue) to disapprove of
desarrollar to develop
desarrollo development; **en vías de desarrollo** developing
desayuno breakfast
descansar to rest
descanso rest; leisure
descomponer* to break down
descompuesto (*p. p. of* **descomponer**) broken down
desconocido *n.* unknown person; *adj.* unknown, unfamiliar
descrito (*p. p. of* **describir**) described

descubierto (*p. p. of* **descubrir**) discovered
descubrimiento discovery
descubrir* to discover
desde *prep.* since (*with time*); from; **desde que** *conj.* as soon as
deseable desirable
desear to desire, want
desechar to reject, scorn
desembarcar* to disembark; to set sail
desempleo unemployment
desenlace denouement, conclusion
deseo desire, wish
desequilibrio imbalance
desgracia disgrace; misfortune
desgraciadamente unfortunately
desigualdad inequality
desinflado flat (tire)
desnutrición malnutrition
desnutrido undernourished
desobedecer* to disobey
despacio slowly
despacho office (room)
despedir (i, i) to fire, dismiss
despedirse (i, i) (de) to say good-bye (to)
despegar* to take off (*airplane*)
desperdicio waste
despertador alarm clock
despertar(se) (ie) to awaken, wake up
despierto awake
despistado astray; absent-minded
desplazamiento displacement
despoblación rural movement away from the countryside
despreciar to look down on, scorn
desprecio scorn, contempt
después *adv.* afterwards; **después de** *prep.* after; **después (de) que** *conj.* after
destruir* to destroy
desventaja disadvantage
detalle detail
detener (ie)* to detain, stop; to arrest; (**6**)
deterioro deterioration
determinado specific, fixed
devolver (ue)* to return, give back; (**2**)
devuelto (*p. p. of* **devolver**) returned
día *m.* day; **al día** daily; **Día de los Difuntos (Muertos)** Halloween, All Souls' Day; **hoy (en) día** nowadays; **todo el día** all day; **todos los días** every day

diablo devil
diamante diamond
diario daily
dibujo sketch, drawing; **dibujo cómico** cartoon
dicho *n.* saying; (*p. p. of* **decir**) said
diente tooth
dieta: estar a dieta to be on a diet
difícil difficult
difuntos: Día *m.* **de los Difuntos** Halloween, All Souls' Day
dineral great sum of money
dinero money
Dios God
diplomático diplomat
dirección direction; address
dirigirse* a to be directed, aimed at
disco record; disco
discoteca discotheque
disculpa *n.* excuse
discurso speech
discutir to discuss; to argue
diseñar to design
diseño design, plan
disfraz *m.* disguise, costume
disfrazar* to disguise; to wear a costume
disfrutar (de) to enjoy
disgustar to annoy, upset
disminuir* to diminish
disponer* to arrange; to have available
disponible available
dispuesto ready
distinto different
diversión amusement
divertido amusing
divertirse (ie, i) to enjoy oneself, have a good time
doblar to turn; to fold
docena dozen
doler (ue) to ache, hurt; to grieve, distress; (**5**)
doliente mourning
dolor pain, ache
don title of respect used with a man's first name
doña title of respect used with a woman's first name
dormir (ue, u) to sleep; **dormir la siesta** to take a nap; **dormirse** to fall asleep
dormitorio bedroom
drogarse* to take drugs
ducharse to take a shower
duda doubt; **no cabe duda** there is no doubt
dudar to doubt
dudoso doubtful
dueño owner, landlord
dulces candy, sweets

duradero lasting
durante during
durar to last
durmiente: la Bella Durmiente Sleeping Beauty
duro hard; difficult

E

echar to throw; **echar de menos** to miss, long for; (7)
edad age
edificio building
educación education; socialization
educado: bien educado well-mannered
educativo educational
EEUU *m. pl.* U.S.A.
efectivo: en efectivo in cash
efectuado carried out
eficaz effective
egoísmo selfishness
egoísta *n. m./f.* egotist; *adj.* egotistical
ejecutivo *n.* and *adj.* executive
ejemplo example
ejercer* to practice (*a profession*); to exert (*influence*)
ejercicio exercise
ejército army
elección election; choice
elegir (i, i)* to elect; to choose
elevar to raise, lift
embargo: sin embargo nonetheless
embelesado fascinated, enthralled
emborracharse to get drunk, intoxicated
embriagador intoxicating
embriaguez intoxication
emocionado excited
emparejar to match
empezar (ie)* (a) to begin, start (to)
empleado employee
emplear to use; to employ, hire
empleo job; work
empollón grind, bookworm; nerd
empresa corporation; **libre empresa** free enterprise
enamorarse (de) to fall in love (with); (9)
encantador fascinating, charming
encantar to fascinate, charm
encarcelar to imprison
encargarse* de to take charge of
encendido bright; lit up
encontrar (ue) to find

encuentro encounter
encuesta survey
enfadar to anger
enfermarse to become sick
enfermedad illness, disease
enfermero nurse
enfermo sick, ill
enfrentar to confront; **enfrentarse con** to face
enfriarse* to cool down
¡Enhorabuena! Congratulations!
enlatado canned
enmendado amended
enojarse to become angry, irritated
enriquecer* to enrich
enseñanza teaching
enseñar to teach; to show
entender (ie) to understand
enterarse de to find out about, become aware of
entero entire, whole
enterrar (ie) to bury
entierro burial
entonces then; **en aquel entonces** at that time
entrada ticket
entrar to enter
entre between, among
entregar* to turn in
entrenador trainer, coach
entrenamiento training
entrenar to train
entretenimiento entertainment
entrevista interview
entrevistador interviewer
entrevistar to interview; **entrevistarse con** to have an interview with
entusiasmarse to become enthusiastic
enviar* to send
envidia envy
época time, age, epoch
equilibrio balance
equipo team; equipment
equivaler* to equal
escenario stage (*theater*); setting
escoger* to pick, choose
escolar *adj.* scholastic
escribir* to write; **escribir a máquina** to type
escrito (*p. p.* of **escribir**) written
escritor writer
escuchar to listen
escuela school; **escuela secundaria** high school
esforzarse (ue)* to try hard, make an effort
esfuerzo effort
espalda back
espanto ghost; fright
español *n.* and *adj.* Spanish

especialización major
especializarse* en to specialize in; to major in
especular to speculate
espejo mirror
esperanza hope
esperar to wait (for); to expect; to hope
espina thorn
espinacas *pl.* spinach
esplendoroso splendid
esposo spouse
esquela obituary notice
esqueleto skeleton
esquemático schematic
esquiar* to ski
esquina corner (*of a street*)
establecerse* to get settled
establecimiento establishment
estación station; season
estacionar to park
estadio stadium
estadística statistic
estafa graft; deceit
estallar to break out
estante bookcase; shelf
estar* to be; **estar a dieta** to be on a diet; **estar de acuerdo** to be in agreement; **estar de vacaciones** to be on vacation; **estar en bancarrota** to be bankrupt; **estar para +** *inf.* to be about to (*do something*)
estómago stomach
estrecharse la mano to shake hands
estrecho narrow; tight
estrella star
estudiantil *adj.* student; **residencia estudiantil** dormitory
estudiar to study
estudios studies
eucaristía: la Santa Eucaristía Holy Communion
evitar to avoid
exequias *pl.* funeral rites
exigente demanding
exigir* to demand; to require
exiliado exile, refugee
éxito success; **tener éxito** to be successful
expectativa expectation, hope
expediente dossier, vita, resumé
experimentar to experience, undergo; to experiment
explicación explanation
explicar* to explain
explotar to exploit
exponer* to exhibit
externo outer
extranjero *n.* abroad; *adj.* foreign, alien

F

extrañar to miss, long for; (**7**)
extraño strange
extrovertido outgoing, extroverted

fabricado manufactured
fácil easy
facilidad facility, ease
falda skirt
falta *n.* lack; **hacer falta** to need, be lacking
faltar to be lacking, missing; to need; **faltar a** to miss, not attend; (**7**)
fallecer* to die
fallecimiento death
familiar *n.* relative; *adj.* (of the) family; familiar
fantasma *m.* ghost
fascinar to fascinate
fastidiar to annoy, irk
fatal bad; deadly
favor: por favor please
fe *f.* faith
fecha date (*time*); (**7**)
¡Felicidades! Congratulations!
felicitar to congratulate
feliz happy
feo ugly
feroz ferocious, savage
fiabilidad reliability
fibra fiber
fiebre *f.* fever
fiesta party; **dar una fiesta** to have a party
fijarse (en) to notice
fijo: de fijo without a doubt
fin end; goal; **a fin de** + *inf.* in order to (*do something*); **a fin de que** so that; **al fin y al cabo** after all; **en fin** in short; **fin de semana** weekend; **poner fin a** to stop, put an end to; **por fin** finally
final: al final finally; **al final de** at the end of
finca farm
firmar to sign
física *n.* physics
físico *adj.* physical
flan baked custard
flojo lazy; not very bright (*slang*)
flor *f.* flower
fluir* to flow
fomentar to promote; to stir up
fondo background; essence; *pl.* funds
fontanería plumbing
forma form; manner, way
formación training, education

foto(grafía) *f.* photo; **sacar una foto** to take a picture
fraile friar, monk
francés *n.* and *adj.* French
frase *f.* phrase
fraternidad brotherhood
frecuencia: con frecuencia frequently
fregar (ie)* to scrub
frenética frantic, frenzied
frente a faced with; in front of; **en frente de** in front of
fresa strawberry
fresco cool; fresh
frijoles *pl.* beans
frío *n.* and *adj.* cold; **hace frío** it's cold (*weather*); **tener frío** to be cold
frito: patatas fritas french fries
frontera border
fuego fire; **arma** *f.* (*but* **el arma**) **de fuego** firearm
fuente *f.* source
fuera outside
fuerte strong
fuerza strength
fumador smoker
fumar to smoke
funcionamiento functioning, operation
funcionar to work (*mechanical*), function, run; (**1**)
fundar to found
fúnebre funereal, gloomy
fútbol soccer; **fútbol americano** football
futbolista soccer player; football player

G

gafas eyeglasses; **gafas oscuras** sunglasses
galleta cookie; cracker
gama range, gamut
gambas *pl.* shrimp
ganancias *pl.* earnings, profits
ganar to earn, win; **ganarse la vida** to make a living
ganas: tener ganas (de) + *inf.* to feel like (*doing something*)
gandules pigeon peas
ganga bargain
gastar to spend; to use; to waste
gasto expense, cost
gato cat
gazpacho cold soup prepared with oil, tomatoes, vinegar, garlic, onions, and bread
gemelo *n.* twin

gemir (i, i) to groan
general: por lo general in general
género gender
gente *f. sing.* people
gerencia management
gerente *m./f.* manager, director
gigante giant
gigantesco gigantic
gimnasia *sing.* gymnastics
gimnasio gymnasium
gitano gypsy
globo balloon
gobierno government
goloso having a sweet-tooth; greedy (*about food*)
goma rubber
gordo fat
gozar* de to enjoy
grabadora de vídeo video recorder
grabar to record
gracias thank you; **dar las gracias** to thank; **gracias a** thanks to
gran, grande great; large, big
gratis *inv.* free (*of charge*)
gratuito free (*of charge*)
grave serious
gravedad gravity, seriousness
griego *n.* and *adj.* Greek
gris gray
gritar to shout, yell
grito scream
grúa tow truck
grueso thick
guante glove
guapo handsome
guardar to keep, set aside; to save; (**10**)
guatemalteco *n.* and *adj.* Guatemalan
guerra war
guerrillero guerrilla
guía *m./f.* guide
guión script
guisado stew
guisantes peas
gustar to be pleasing
gusto taste

H

haber* to have (*auxiliary*)
habitación room
habitar to inhabit
hábito habit, dress; habit, custom
hablador talkative
hablante *m./f.* speaker
hablar to speak; to talk
hacelotodo *n.* do-it-all

hacer* to do; to make; **hace... años** . . . years ago; **hace buen tiempo/calor/frío** the weather is good/hot/cold; **hacer caso (de)** to pay attention (to); (**11**); **hacer cola** to stand in line; **hacer compras** to go shopping; **hacer daño** to do harm; (**5**); **hacer el papel** to play the role; **hacer falta** to need, be lacking; **hacer la maleta** to pack a suitcase; **hacer pipí** to urinate (*baby talk*); **hacer una pregunta** to ask a question; **hacer trampas** to cheat; **hacer travesuras** to play pranks; **hacer un viaje** to take a trip; (**2**); **hacer una caminata** to go on a hike; **hacer una visita** to pay a visit; (**11**); **hacerse** to become; to turn into; (**4**); **hacerse una idea** to conceive, imagine
hacia toward
hacinado *p. p.* stacked up
hacha *f.* (*but* **el hacha**) axe
hada *f.* (*but* **el hada**): **cuento de hadas** fairy tale
hambre *f.* (*but* **el hambre**) hunger; **tener hambre** to be hungry
hambriento starving person
hasta *prep.* until, up to; *adv.* even; **hasta que** *conj.* until
hastío boredom
hay (*from* **haber**) there is, there are
hazaña achievement, deed
hecho *n.* fact; deed, event; (**11**); (*p. p.* of **hacer**) done, made
helado ice cream
hermana sister
hermano brother; *pl.* siblings
hermoso beautiful, handsome
hervido boiled
hiedra ivy
hielo ice
hierro iron
hija daughter
hijastra stepdaughter
hijo son; *pl.* children
hispánico *n.* and *adj.* Hispanic
hispano *n.* and *adj.* Hispanic
hispanohablante *n.* Spanish-speaker; *adj.* Spanish-speaking
hispanoparlante *n.* Spanish-speaker; *adj.* Spanish-speaking
historia history; story
hoja sheet of paper
holgazanería idleness; loitering
hombre man; **hombre lobo** werewolf
hombro shoulder

homogéneo similar
hora time of day; hour; (**3**)
horario schedule
horno microondas microwave oven
horrorizar* to horrify, terrify
hoy today; **hoy (en) día** nowadays
huele (*from* **oler***) (it) smells
huelga strike; **declararse en huelga** to go on strike
huérfano orphan
huésped *m.* guest
humano: ser humano human being
humo smoke

I

ida: pasaje de ida one-way passage
idea: cambiar de idea to change one's mind; **hacerse una idea** to conceive, imagine
identificar* to identify
idioma *m.* language
iglesia church
igual equal, same; **al igual que** just as; **darle igual** to be all the same to one
igualdad equality
imagen *f.* image, picture
imitar to imitate
impedir (i, i) to impede, prevent; (**6**)
impermeable raincoat
implicar* to imply
imponer* to impose
importar to be important, of concern; (**4**); to import (*goods*)
imprescindible indispensable
impresionante impressive
impresionar to impress
impuesto tax
incapaz incapable
incendio fire
incertidumbre *f.* uncertainty
incinerado burnt
inclinarse a to be or feel inclined to
incluir* to include
incluso including
incómodo uncomfortable
incorporarse to participate; to join
increíble unbelievable
incremento increase
inculcar* to impress, teach
indicio sign
indígena *n. m./f.* native person; *adj.* indigenous, native

indio Indian
inducir* a to lead to
indultado pardoned
indulto pardon, exoneration
infantil *adj.* children's
infiel *m./f.* pagan
influir* to influence
informarse to find out
informática computer science
informe report
infringir* la ley to break the law
ingeniero engineer
Inglaterra England
inglés *n.* and *adj.* English
ingresos *pl.* income
iniciar to initiate
Inmaculada: La Inmaculada Virgin Mary
inmaduro immature
inmigrar to immigrate
inolvidable unforgettable
inquilino renter, tenant
instigar* to instigate
instruido well-educated
instruirse* to be informed
intachable irreproachable
integrarse to become integrated
intentar to try, attempt; (**10**)
intento attempt
intercambio interchange
interesarse (en) to become interested (in)
interiormente internally
interrumpir to interrupt
íntimo intimate, close; (**4**)
introvertido introverted, shy
intuir* to perceive intuitively
inundación flood
inundado flooded
inútil useless
invento invention
inversión investment
invertir (ie, i) to invest
invierno winter
invitado guest
ir* to go; **ir a** + *inf.* to be going to (*do something*); **ir de compras** to go shopping; **ir de visita** to visit; **irse** to go away, leave
irlandés *n.* and *adj.* Irish
itinerante *adj.* traveling
izquierda *n.* left
izquierdista *m./f.* leftist

J

jabón soap
jai alai *m.* Basque ball game
jamás never
jardín garden

jardinero gardener
jefe boss, supervisor
jornada working day
joven *n. m./f.* young person, youth; *adj.* young
joya jewel
jubilación retirement
jubilarse to retire (*from a job*)
judío *n.* Jew; *adj.* Jewish
juego game
jueves Thursday
juez *n. m./f.* judge
jugador player
jugar (ue)* (a) to play
juguete toy
juntar to join together
juntos together
jurado jury
jurar to swear
juventud youth; childhood
juzgar* to judge

L

laboral pertaining to work
laca hair spray
lado: al lado next door; **al lado de** next to
ladrar to bark
ladrón thief, robber
lágrima tear
lamer to lick
lápiz *m.* pencil
largo long; **a largo plazo** long-term; **a lo largo de** throughout
lástima pity, shame
lastimar to hurt, injure (*physically*); (**5**)
lavabo sink
lavar(se) to wash (*oneself*)
lazo bond; tie
lealtad loyalty
lección lesson
leche *f.* milk
lechuza owl
leer* to read
legumbre *f.* vegetable
lejos far
lengua language
lenguaje speech
lentamente slowly
leña firewood
letra letter (*of alphabet*); **letras cursivas** italics
letrero sign
levantar to raise, pick up; **levantarse** to get up; to stand up
ley *f.* law; **violar la ley** to break the law
liberar to liberate
libertad freedom
libre free (*to act*); unoccupied; **libre empresa** free enterprise

librería bookstore
libro book; **libro de texto** textbook
licencia de conducir/manejar driver's license
lienzo artist's canvas
ligar* to join, link
lima file (*tool*)
límite limit; deadline
limpiar to clean
limpieza cleaning
limpio clean
listo bright, smart; ready
lobo wolf; **hombre lobo** werewolf
loco crazy
lograr to achieve, attain; succeed (*in doing something*); (**5**)
Londres London
lucha fight
luchar to fight
luego then, next; later
lugar place, location
lúgubre dismal, gloomy
luz light; electricity

LL

llamar to call; to attract; **llamar a la puerta** to knock at the door; **llamarse** to call oneself, be named
llanta tire
llave *f.* key
llegar* to arrive, get to; **llegar a ser** to get to be, become; (**4**)
llenar to fill
lleno full
llevar to carry; to take; to wear; (**2**); **llevar una vida (feliz)** to lead a (happy) life; **llevarse** to take away, carry off; **llevarse bien** to get along well
llorar to cry, mourn
llover (ue) to rain
lluvia rain

M

madera wood
madrastra stepmother
madre *f.* mother; **madre patria** mother country
madrugada dawn, early morning
maestro teacher
magia magic
mal, malo *adj.* sick; bad; **mal** *adv.* badly; **portarse mal** to misbehave

malcriado bad-mannered
maleducado ill-mannered
maleta suitcase; **hacer la maleta** to pack a suitcase
malévolo evil
malgastar to waste, misspend
malhablado foulmouthed
maltratar *v.* to mistreat
manantial origin, source
mancha stain
manchar to stain
mandamiento commandment
mandar to order, command; to send
mandato command, order
manejar to drive; to handle; **licencia de manejar** driver's license
manera: de manera que so that
manicomio insane asylum
manifestación protest, demonstration, rally
manifestar (ie) to show, express
mano *f.* hand; **a la mano** at hand; **a mano** by hand; **de segunda mano** secondhand; **estrecharse la mano** to shake hands; **mano de obra** work force
manso tame; docile
mantener (ie)* to maintain; to support; (**6**); to keep up (*tradition*)
mantenimiento maintenance
mantilla baby's flannel wrap
manzana apple
mañana *n.* morning; *adv.* tomorrow
máquina machine; **escribir a máquina** to type
maquinilla de afeitar razor
maravilla marvel
marca brand (name)
marcharse to go away, leave
marchitarse to wilt
maremoto tidal wave
margen: al margen de to the side of
marido husband
marinero sailor
mariposa butterfly
Marte Mars
más more, most; **el más allá** the hereafter, life after death; **más allá** farther; **más de, más que** more than; **más que nada** more than anything
matar to kill, murder; **matar a puñaladas** to stab to death
materia subject matter; **materia prima** raw material
matricular to register, enroll

matrimonio matrimony; married couple
mayor *n.* elder; *adj.* older; greater, greatest
mayoría majority
media mean, average; stocking
medianoche *f.* midnight
médico doctor, physician
medida measure, means; **a medida que** at the same time as
medio *n.* middle; half; means; *adj.* average, mean; middle; **medio ambiente** environment; **Medio Oriente** Middle East
medir (i, i) to measure
mejillón mussel
mejor better, best
mejorar to make better, improve
melocotón peach
menear to wag
menor *n.* minor; *adj.* smaller, smallest; younger, youngest
menos less, lesser, least; **a menos (de) que** unless; **al menos** at least; **echar de menos** to miss, long for; **ni mucho menos** not by any means; **por lo menos** at least
mensaje message
mensajero messenger
mensual monthly
mentir (ie, i) to lie, deceive
menudo: a menudo often
mercaderías *pl.* merchandise
mercado market
merecer* to deserve
mes month
mesa table
meta goal, aim
meter to insert, put into
metro meter; subway
mezcla mixture
mezclar to mix, combine
microonda: horno microondas microwave oven
miedo fear; **tener miedo** to be afraid
mientras *adv.* meanwhile; **mientras que** *conj.* while
milagro miracle
milagroso miraculous
militar army man, career military person
milla mile
mimar to spoil (*a person*)
mirar to look (at), watch; (**1**)
misa Mass
mismo *adj.* same; oneself; *adv.* right; **ahora mismo** right now
mitad *n.* half
mito myth

mochila knapsack; backpack
moda fashion, style
modales manners, behavior
modificarse* to be modified, changed
modo way, manner; mood (*grammatical*); **de modo que** so that
mojarse to become wet
moler (ue) to grind
molestar to bother, annoy
molestia annoyance
momentáneo momentary
momia mummy
moneda currency
monja nun
monje monk
mono monkey
monocomponente one-piece
monstruo monster
montar to ride; to assemble
montón pile, heap
morado *adj.* violet, purple
morder (ue) to bite
morir (ue, u)* to die
mosca fly
mostrar (ue) to show
motivar to give a reason for; to motivate
motivo reason; motive
moto(cicleta) *f.* motorcycle
mover(se) (ue) to move (*an object or body part*); (**8**)
móvil mobile
muchacha girl
muchacho boy
muchedumbre *f.* multitude, crowd
mucho much, a lot; **muchas veces** often, frequently
mudanza move (*of residence*)
mudarse to move (*residence*); (**8**)
muebles *pl.* furniture
muerte *f.* death
muerto *n.* dead person, deceased; (*p. p. of* **morir**) dead; *adj.* dead, killed
mujer *f.* woman; wife
multa traffic ticket; fine
mundial *adj.* world, worldwide
mundo world; **todo el mundo** everybody
muñeca doll, puppet
músculo muscle
museo museum
músico musician
musulmán *n./adj.* Moslem

N

nacer* to be born
naciente growing

nacimiento birth
nada nothing; **más que nada** more than anything
nadar to swim
nadie no one, nobody
naranja orange (*fruit*)
nariz nose
narrar to narrate
natalidad: control de la natalidad birth control
naturaleza nature
Navidad Christmas
necesidad need
necesitar to need
necrológico *adj.* obituary
negar (ie)* to deny; **negarse a + inf.** to refuse to (*do something*)
negociante *m./f.* negotiator
negociar to negotiate
negocio business; **hombre/mujer** *f.* **de negocios** businessman/woman
negro *n. and adj.* black
nene baby; child, kid
neoyorquino of or pertaining to New York
nevar (ie) to snow
ni neither; nor; not a; not even; **ni mucho menos** not by any means; **ni siquiera** not even
nido nest
nieta granddaughter
nieto grandson; *pl.* grandchildren
nieve *f.* snow
ningún, ninguno *adj.* no, none
niña little girl
niñera nursemaid
niñez childhood
niño little boy; *pl.* children; **de niño** as a child
nitidez clarity, sharpness
nivel level, standard
noche *f.* night; **esta noche** tonight
nombrar to name
nombre name
noreste *n.* northeast
norte *n.* north
nota grade
notar to notice, note
notario notary public
noticias *pl.* news
novia girlfriend; fiancée; bride
noviazgo courtship; engagement
novio boyfriend; fiancé; bridegroom
nube *f.* cloud
nuera daughter-in-law
nuevo new; **de nuevo** again
nunca never, not ever
nutrimento nourishment

O

obedecer* to obey
obispo bishop
obligar* (a) to oblige, force
obra work (*of art, literature*);
   mano de obra work force
obrero worker
observador observant
obsesionado obsessed
obtener (ie)* to obtain, get
obvio obvious
ocasionar to cause
ocio leisure time; relaxation
ocurrir to occur; to take place
odiar to hate
odio hatred
oeste *n.* west
ofender to hurt someone's
   feelings; to offend; (**5**)
oferta offer
oficiar to officiate
oficinista *m./f.* office clerk
oficio trade, occupation
ofrecer* to offer
oír* to hear
ojalá I wish (that); I hope (that)
ojo eye; **¡Ojo!** Be careful!
oleada surging (*of a crowd*)
oler* to smell
olfato sense of smell
olvidar to forget; **olvidarse**
   (**de**) to forget
opinar to think, have an opinion
opinión: cambiar de opinión
   to change one's mind
oponerse* a to be opposed to
oración sentence; prayer
orador speaker
oratoria speech
orden *n.* order, arrangement; *f.*
   order, command; **a sus**
   órdenes at your disposal
ordenador (personal)
   computer (*Spain*)
oreja ear
orgullo pride
orgulloso proud
oriente east; **Medio Oriente**
   Middle East
originarse to originate
oro gold
oruga caterpillar
oscuridad darkness
oscuro *adj.* dark
oso bear
otoño *n.* autumn
otro another, other; **otra vez**
   again
oveja sheep

P

padre father; priest; *pl.* parents
paella rice dish typical of Spain

pagar* to pay (for); (**11**)
página page
país country
pájaro bird
palabra word
palabrota swear word
palidez paleness, pallor
palmadas: dar palmadas to
   slap; to pat
palo stick, pole
palomitas popcorn
pan bread
panadería bakery
panecillo bread roll
pantalones *pl.* pants
pantalla screen
pañal diaper
pañuelo handkerchief
papel paper; role; document;
   hacer el papel to play the
   role
paquete package
par pair
para for; in order to; toward;
   by; **estar para** to be about to;
   para que so that, for
paraíso paradise
parar to stop, halt; **pararse** to
   stand up
parcial: de tiempo parcial
   part-time
parecer* to seem, look as if;
   (**1**); **a mi parecer** in my
   opinion; **parecerse a** to look
   like
pared *f.* wall
pareja pair; (married) couple;
   partner
pariente relative (*family*)
parqueadero parking space
párrafo paragraph
parroquia parish
parte: en/por todas partes
   everywhere; **por otra parte**
   on the other hand
partida departure
partidario advocate
partido party (*political*); game,
   match
pasado *n.* past; *adj.* last (*in*
   time)
pasaje passage; **pasaje de ida**
   one-way passage
pasar to pass; to go on; to
   spend (*time*); to happen;
   pasarlo bien to have a good
   time
pasatiempo pastime; hobby
Pascuas: las Pascuas Easter
pasear to take a walk; to take a
   ride
pasillo hallway
paso step; **de paso** in passing
pastar to graze
pastelito pastry

pastor pastor, clergyman;
   pastor alemán German
   shepherd
pata (*animal's*) foot, leg
patata potato (*Spain*)
patria country; native land;
   madre patria mother
   country
patrón boss
paz peace; **dejar en paz** to
   leave alone
pecado sin
pedazo piece
pedir (i, i) to ask for, request;
   to order (*food*); **pedir**
   prestado to borrow
pegar* to hit, strike
peinado hair style
peinarse to comb one's hair,
   fix one's hair
pelear to fight
película movie, film
peligro danger
peligroso dangerous
pelo hair; **corte de pelo** haircut; **tomarle el pelo a uno**
   to pull someone's leg
pelota ball
peluquería barber shop
pena de muerte death
   penalty; **valer la pena** to be
   worthwhile
pensamiento thought
pensar (ie) to think; **pensar +**
   inf. to plan to (*do something*);
   pensar de to think of (*opin-*
   ion); **pensar en** to think
   about, focus on; (**9**)
peor worse, worst
pequeño *n.* child; *adj.* small
perder (ie) to lose; to miss
   (*a deadline*); (**7**)
pérdida loss
perezoso lazy
perfil profile
periódico newspaper
periodista *m./f.* journalist
perjudicar* to harm
perjudicial harmful
permanecer* to stay, remain
permanencia tenure
permiso permission; **permiso**
   de conducir driver's license
pero *conj.* but (**5**)
perpetuo: cadena perpetua
   life imprisonment
perro dog
personaje character (*in*
   literature)
pertenecer* to belong
pesado dull, uninteresting
pesar: a pesar de in spite of
peseta monetary unit of Spain
peso weight; **bajar de peso**
   to lose weight

petición petition, request
pez *m.* fish
piadoso pious
picadillo hash
pie foot (*of body*); **a pie** on foot
pierna leg
pieza piece
píldora pill
pimiento verde green pepper
pintar to paint
pintor painter
pintura painting, picture; paint
pipí: hacer pipí to urinate (*baby talk*)
piscina swimming pool
piso floor (*of building*)
pista trail
pizarra chalkboard
placa plaque
plagio plagiarism
planchar to iron
planear to plan
plantado: dejar plantado to leave in the lurch, jilt
plantear to present, pose (*a problem, argument, etc.*)
plato plate; dish
playa beach
plazo: a largo plazo long-term; **a plazos** in installments
plegaria prayer
pleno full
pletórico overabundant
pluma pen
población population
poblador settler
pobre *n. m./f.* poor person; *adj.* poor; unfortunate
pobreza poverty
poco *n.* a little bit; *adj.* and *adv.* little, scanty
poder (ue)* *v.* to be able to, can; *n.* power
poderoso powerful
policía police force; *m./f.* police officer, detective
polígono polygon
política *n. sing.* politics; policy
político *n.* politician; *adj.* political
pollo chicken
poner* to put, place, set; to administer (*medication*); **poner fin a** to stop, put an end to; **poner una multa** to fine; **ponerse** to become, turn; to put on (*clothing*); to set about; **(4); ponerse colorado** to blush; **ponerse de acuerdo** to agree; **ponerse en contacto con** to get in touch with
por *prep.* by; through; for; for the sake of; because of; per; **(3); por ciento** percent; **por completo** completely; **por consiguiente** consequently; **por el contrario** on the contrary; **por eso** for that reason; **por favor** please; **por fin** finally; **por la mañana** in the morning; **por lo general** in general; **por lo menos** at least; **por lo tanto** therefore; **por otra parte** on the other hand; **¿por qué?** why?; **por supuesto** of course; **por todas partes** everywhere
porcentaje percentage
porque *conj.* because; for; as; **(3)**
porqué *n.* reason, cause
portarse bien/mal to (mis)behave
porvenir future
poseer* to possess
postal: código postal zip code
postrarse to kneel down
postre dessert
postura position
práctica practice
practicar* to participate (*in a sport*); to practice
preciado *p. p.* prized
precio price
preciso necessary
predecir (i, i)* to predict
predicar* to preach
prefijo prefix
pregunta question (*of interrogation*); **(6); hacer una pregunta** to ask a question
preguntar to ask (a question)
prejuicio prejudice
premio prize
prenda (de vestir) garment (of clothing)
preocupar(se) to worry
preparativo preparation
presentar to present; to introduce (*one person to another*)
presente *n.* and *adj.* present; *n.* current month
presión pressure
presionar to press
prestado: pedir prestado to borrow
préstamo loan
prestar to lend; **prestar atención** to pay attention; **(11)**
presupuesto budget
prevenir (ie, i)* to prevent
primavera *n.* spring (*season*)
primer, primero first
primo *n.* cousin; *adj.* **materia prima** raw material
príncipe prince
principio: a principios de at the beginning of; **al principio** at first, in the beginning

prisa: tener prisa to be in a hurry
probar (ue) to try; to taste; **probarse** to try on (*clothing*); **(10)**
procedente *adj.* coming from
profanación desecration
profundo deep; profound
programación computer programming
programador computer programmer
prohibir to prohibit
promedio average
prometer to promise
pronombre pronoun
pronominal *adj.* pronominal
pronto soon; **tan pronto como** as soon as
propicio favorable
propiedad property
propio one's own; appropriate
proponer* to propose
proporcionar to provide; to offer
propósito purpose
proscribir* to outlaw, prohibit
proscrito (*p. p.* of **proscribir**) forbidden; illegal
proteger* to protect
provechoso beneficial
provocar* to provoke; to cause
próximo next
prueba test, trial
publicar* to publish
pueblo town; people, nation
puerta door
puerto port
puertorriqueño *n.* and *adj.* Puerto Rican
pues then; well
puesta del sol sunset
puesto *n.* position, job; (*p. p.* of **poner**) placed, put, set; **puesto que** *conj.* since, given that; **(3)**
pulmón lung
pulpo octopus
punto point; **a punto de** about to; **en punto** on the dot (*time*); **punto de vista** point of view
puñalada: matar a puñaladas to stab to death
Purísima: la Virgen Purísima Virgin Mary

quedar to be left; to have left; to fit (*clothing*); **quedarse** to stay, remain
quehacer chore
queja complaint

quejarse (de) to complain (of, about)
quemar(se) to burn
querer (ie)* to want, wish; to love; **no querer** (*preterite*) to refuse; **querer decir** to mean
querido *adj.* dear
queso cheese
quieto still, peaceful, calm
química chemistry
químico *n.* chemist; *adj.* chemical
quinto fifth
quitar to remove, take away; **quitarse** to take off
quizá(s) perhaps

R

rabino rabbi
raíz *f.* root, stem
ramo branch
rana frog; **ancas de rana** frogs' legs
rapidez rapidity
rápido *adj.* rapid; *adv.* rapidly
raptar to kidnap
rapto kidnapping
raro strange, odd
rascacielos *sing.* skyscraper
rasgo feature, trait
rastreo tracing, tracking
rato brief period of time
raza race (*ethnic*); **La Raza** community of Hispanics
razón *f.* reason
reaccionar to react
real real; royal
realizar* to accomplish, carry out; (**8**)
rebaño flock
rebelde rebellious
rebeldía rebellion
recado message, note
recelo mistrust
receta recipe
recibir to receive, get
recién + *p. p.* recently, newly + *p. p.*
recinto precinct; campus
recluta *m./f.* recruit
recoger* to pick up, retrieve
reconocer* to recognize
recordar (ue) to remember, recall
recreativo recreational
recreo recreation
rector president (*of a university*)
recuerdo remembrance
recuperar to regain
recurso resource
rechazar* to reject
red network

redactar to edit
redondo round
reductor *adj.* reducing
referirse (ie, i) (a) to refer (to)
reflejar to reflect
reforzar (ue)* to reinforce
refugiado refugee
regalar to give (*as a gift*)
regalo gift
regatear to bargain, haggle
regla rule
regresar to return, come back; (**2**)
rehacer* to do again; to make again
reina queen
reír(se) (i, i) (de) to laugh (at)
relación relationship
relacionado (con) related (to)
relacionar to connect; **relacionarse** to get acquainted
relajarse to relax
reloj *m.* watch, clock
remedio solution, way out
renovar (ue) to renovate
renunciar to reject
reparación repair
repartir to divide up, distribute
repasar to review
repaso review
repente: de repente suddenly
representante *m./f.* representative
requisito requirement
residencia (estudiantil) dormitory
resolución solution, resolution
resolver (ue)* to solve, resolve
respecto: al respecto in regard to the matter; **con respecto a** with respect to, compared with
respetar to respect
respeto respect, deference, admiration
respetuoso respectful
respirar to breathe
respuesta answer
resto rest; *pl.* remains
resuelto (*p. p.* of **resolver**) resolved
resultado result
resumen summary
retraso delay
retratado portrayed
reunión meeting; reunion
reunir to unite, assemble; **reunirse** to meet, get together
revelar to reveal
revista magazine
rey *m.* king
rezar* to pray
rico rich; delicious
riesgo risk
río river

ritmo rhythm
rito rite
robar to rob, steal
robo robbery, theft
rogar (ue)* to beg, plead
rojizo reddish
rojo red
rompecabezas *m. sing.* jigsaw puzzle; riddle
romper* to break; to tear
ropa clothing
roto (*p. p.* of **romper**) broken; torn
rubio blond(e)
rueda wheel
ruido noise
rural: despoblación rural movement away from the countryside
ruso *n.* and *adj.* Russian

S

saber* to know; to find out; **saber + *inf.*** to know how to (*do something*)
sabiduría knowledge, wisdom
sabor flavor
sacar* to take out; to obtain, get; **sacar una foto** to take a picture
sacarosa sucrose
sacramentos: santos sacramentos extreme unction
sala room; living room; **sala de estar** living room
salchicha sausage
salir* to leave, go out (*of a place*); (**10**)
salón room, salon, reception room; **salón de belleza** beauty parlor
salud health
salvado bran
salvadoreño *n.* and *adj.* Salvadoran
salvar to save; (**10**)
salvavidas *m. sing.* lifeguard
sangre *f.* blood
sangría wine and fruit drink
sano healthy, fit; (**1**)
Santa Eucaristía Holy Communion
Santidad: Su Santidad His Holiness (the Pope)
santo holy
satisfecho (*p. p.* of **satisfacer**) satisfied
secadora blow dryer
secar* to dry; **secarse** to dry up, off
secuestrar to kidnap
secuestro kidnapping

secundario: escuela secundaria high school
sed: tener sed to be thirsty
seguida: en seguida immediately, right away
seguidamente forthwith
seguir (i, i)* to follow, come after; to continue; to take (*courses*)
según according to
segundo *adj.* second; **de segunda mano** secondhand
seguridad security; **cinturón de seguridad** seat belt
seguro *n.* insurance; *adj.* sure; safe, secure
semana week; **fin de semana** weekend
semejante similar
semejanza similarity
sencillez ease
sensación physical feeling, sensation
sensibilidad sensitivity
sensible sensitive
sentarse (ie) to sit down
sentido sense (*bodily*); meaning; **tener sentido** to make sense
sentimiento emotion, feeling
sentir (ie, i) to feel (*with nouns*); to regret; **sentirse** to feel (*with adjectives*); (**8**)
señal *f.* traffic sign, light
señalar to point out
sepultura: dar sepultura a to bury
ser* *v.* to be; *n.* being; **ser humano** human being
serio serious; **en serio** seriously
servir (i, i) to serve
SIDA *m.* AIDS
siempre always; **siempre que** as long as, provided that
siento: lo siento I'm sorry
siesta: dormir la siesta to take a nap
siglo century
significación meaning
significar* to mean, signify
signo: signos soleados astral signs
siguiente following
silla chair
sillón armchair
simpático nice
simplificar* to simplify
sin *prep.* without; **sin duda** doubtless; **sin embargo** however; **sin que** *conj.* without
sindicalista *adj.* relating to labor unions
sindicato *n.* labor union

sino but, except, but rather; (**5**); **sino que** *conj.* but rather; (**5**)
síntoma *m.* symptom
siquiatra *m./f.* psychiatrist
siquiera: ni siquiera not even
sitio place, location
sobornar to bribe
sobrar to be in excess, left over
sobre *prep.* over; on; about, regarding; **sobre todo** especially
sobrenatural supernatural
sobrepoblación overpopulation
sobretiempo overtime
sobrevivir to survive
sobrina niece
sobrino nephew
sociedad society; **sociedad anónima** corporation; (*United States*) Inc.; (*Great Britain*) Ltd.
socio partner, associate
socorro help
sol sun; **hacer sol** to be sunny; **puesta del sol** sunset
solamente *adv.* only
soldado soldier
soleado: signos soleados astral signs
soler (ue) to be in the habit of
solicitar to solicit; to apply for (*a job*)
solicitud (job) application
solidarizarse* con to support, join
sólido stable, firm
solo *adj.* alone; only, sole; **a solas** by oneself
sólo *adv.* only; **no sólo** not only; (**5**)
soltero *adj.* single, unmarried
solterón bachelor
someterse to submit oneself
sonar (ue) to sound; to go off; to ring
sondeo survey
sondista *m./f.* surveyor
sonido sound
sonreír (i, i) to smile
sonriente smiling
soñar (ue) (con) to dream (about); (**9**)
sopa soup
soportar to support, hold up (*physically*); to bear, endure; (**6**)
sordo deaf
sorprendente surprising
sorprender to surprise; **sorprenderse** to be surprised
sorpresa surprise
sospechar to suspect
sospechoso *n.* and *adj.* suspect
subir to raise; to go up, climb

subrayar to underline; to emphasize
suceder to happen, occur; (**5**)
sucio dirty
suegra mother-in-law
suegro father-in-law; *pl.* in-laws
sueldo salary
suelo floor
sueño dream
suerte *f.* luck; **tener suerte** to be lucky
sufrimiento *n.* suffering
sufrir to suffer; to undergo
sugerencia suggestion
sugerir (ie, i) to suggest
sujeto subject
sumamente extremely
superficie *f.* surface
supermercado supermarket
súplica entreaty
suplicar* to entreat, implore
suponer* to suppose, assume
supuesto: por supuesto of course
sur *n.* south
surgir* to arise; to occur
suroeste *n.* southwest
suscrito (*p. p.* of **suscribir**) underwritten
suspender to fail, flunk (*someone*)
suspenso failing grade (*on a test*)
sustantivo noun
sustituir* to substitute

T

taberna tavern
tabla table, chart
tacaño stingy
tal such (a); **con tal (de) que** on condition that, provided that; **¿qué tal... ?** what about . . . ?; **tal vez** perhaps
talentoso talented
talonario checkbook
talla size (*clothing*)
tamaño size
también also
tambor drum
tampoco neither, not either
tan so, as; such; **tan... como** as . . . as; **tan pronto como** as soon as
tanto so much; as much; *pl.* so many; as many; **por lo tanto** therefore
tapas appetizers (*Spain*)
tardar (en) to take (*time*); (**2**)
tarde *n. f.* afternoon; *adv.* late; **más vale tarde que nunca** better late than never; **tarde o temprano** sooner or later

tarea homework, assignment; task, job; **tareas domésticas** household chores
tarjeta card
tasa rate
tatuarse* to get tatooed
taza cup
técnica technique
techo roof
tele *f.* TV
telenovela soap opera
televisión television (*programming*)
televisor television (*set*)
tema *m.* theme
temer to fear, be afraid of
temerario reckless, bold
temor fear
temporal temporary
temprano early; **tarde o temprano** sooner or later
tender (ie) to have a tendency
tener (ie)* to have, possess; to hold; **tener... años** to be . . . years old; **tener cuidado** to be careful; **tener en cuenta** to keep in mind; **tener éxito** to be successful; **(5)**; **tener frío** to be cold; **tener ganas (de)** *inf.* to feel like (*doing something*); **tener hambre** to be hungry; **tener miedo** to be afraid; **tener prisa** to be in a hurry; **tener que** + *inf.* to have to (*do something*); **tener que ver con** to have to do with; **tener sed** to be thirsty; **tener sentido** to make sense; **tener suerte** to be lucky
tenista *m./f.* tennis player
tercer, tercero *adj.* third
tercio *n.* third
terminar to finish, end
término term
terraza terrace
terrorífico terrifying
tesis *f.* thesis
testigo *m./f.* witness
texto: libro de texto textbook
tía aunt
tibio warm
tiempo time (*general*); **(3)**; weather; tense (*grammatical*); **a tiempo** on time; **de tiempo parcial** part-time; **hace buen tiempo** the weather is good; **tiempo completo** full-time
tienda store, shop
tierra land, earth
timbre bell
tío uncle; *pl.* aunts and uncles
tipo type, kind, sort; guy
tira cómica comic strip
tirar to throw, fling

tiro: cancha de tiro shooting range
título (*academic*) degree; title
toalla towel
tocar* to touch; to play (*an instrument*); **te toca a ti** it's your turn
todavía still, yet
todo all, everything, all of; **en/por todas partes** everywhere; **todo el día** all day; **todo el mundo** everybody; **todos los días** every day
tolerar to tolerate
tomar to take; **(2)** to drink; to eat; **tomarle el pelo a uno** to pull someone's leg; **tomar una decisión** to make a decision; **tomar (unas) vacaciones** to take a vacation
tonto silly, foolish
torero bullfighter
toro bull
toser to cough
total: en total in all
toxicomanía (drug) addiction
toxicómano drug addict
trabajador *n.* worker; *adj.* hardworking
trabajar to work; **(1)**
trabajo job; work; paper (*academic*)
traducir* to translate
traer* to bring
traficante *m./f.* drug dealer
traje suit (*of clothing*)
trampa: hacer trampas to cheat
tras *prep.* after, behind
trasladar(se) to move, transfer (*to another place*); **(8)**
trasnochar to stay up all night; to "pull an all-nighter"
tratamiento treatment
tratar to treat; **se trata de** it's a question of; **tratar de** + *inf.* to try to (*do something*); **tratar de** + *noun* to deal with (*a subject*); **(10)**
trato treatment; dealings
travesura trick, prank; **hacer travesuras** to play tricks
travieso mischievous
tren train
triste sad
tristeza sadness
trueno thunder

últimamente lately
último last; most recent; **por último** finally

único only, sole; unique
unidad unit
unido united, close; **(4)**
unirse a to join
universidad *n.* university
universitario *adj.* university
urbanismo urban development
urbanización migration into the cities
útil useful
utilizar* to use, utilize

vaca cow
vacaciones: estar de vacaciones to be on vacation; **tomar (unas) vacaciones** to take a vacation
vacío empty
vagabundo tramp
valentón bully
valer* to be worth; **más vale tarde que nunca** better late than never; **¿vale?** OK?; **valer la pena** to be worthwhile
valioso valuable
valor value
valorar to value; to appreciate
vaquero cowboy
varios several
varón male
vaso (*drinking*) glass
¡Vaya! Well! There!
vecindad neighborhood
vecindario neighborhood
vecino neighbor
vejez old age
velocidad speed
velorio wake, vigil
vendedor seller, salesman
vender to sell
venir (ie, i)* to come; **la semana que viene** next week
venta sale
ventaja advantage
ventana window
ver* to see; **tener que ver con** to have to do with
verano *n.* summer
verdad truth; **de verdad** really
verdadero real, genuine; true
verde green; **pimiento verde** green pepper
verduras green vegetables
vergüenza shame, embarrassment
vestido dress
vestir(se) (i, i) to dress; **prenda de vestir** garment (*of clothing*)
vez time, instance; **(3)**; **a la vez** at the same time; **a su vez** in its turn; **a veces** at times; **alguna vez** once; **de vez en**

cuando from time to time; **en vez de** instead of; **muchas veces** frequently; **otra vez** again; **tal vez** perhaps
vía: en vías de desarrollo developing (*country*)
viajar to travel
viaje trip; **hacer un viaje** to take a trip
viajero traveler
vicio vice, bad habit
vida life; **llevar una vida (feliz)** to lead a (happy) life
vídeo: grabadora de vídeo video recorder, VCR
vidrio glass
viejo *n.* old person; *adj.* old; longtime
viento wind
vino wine
violación violent act; rape

violar to rape; **violar la ley** to break the law
Virgen *f.* **Purísima** Virgin Mary
viruela smallpox
visita: hacer una visita to pay a visit; **ir de visita** to visit
visitante *m./f.* visitor
vista: punto de vista point of view
visto (*p. p.* of **ver**) seen
viuda widow
viudo widower
vivienda dwelling; housing
vivir to live
vivo *adj.* live
volar (**ue**) to fly
voluntad will
volver (**ue**)* to return, come back; (**2**); **volverse** to become, turn; (**4**)

voz voice; **en voz alta** in a loud voice; **en voz baja** in a low voice
vuelo flight
vuelto (*p. p.* of **volver**) turned; returned

Y

ya already; right away, now; **ya no** no longer; **ya que** since, given that; (**3**)
yate yacht
yerno son-in-law

Z

zapatería shoe store
zapato shoe
zona postal zip code

Index

Abbreviations in this index are identical to those used in the end vocabulary.

(*Continued from page ii*)

About the Authors

Mary Lee Bretz is Professor of Spanish at Rutgers University, where she teaches undergraduate and graduate courses in Spanish language and literature. Professor Bretz received her Ph.D. in Spanish from the University of Maryland. She has published several books and numerous articles on Spanish literature, and the application of contemporary literary theory to the study and teaching of Hispanic literature.

Trisha Dvorak is Director of the Language Resource Center and Special Assistant to the Dean regarding Instructional Technology at the University of Michigan. She has coordinated elementary language programs in Spanish and taught courses in Spanish language and foreign language methodology. She is a certified Oral Proficiency Trainer in Spanish. Professor Dvorak received her Ph.D. in Applied Linguistics from the University of Texas at Austin. She has published articles on aspects of foreign language learning and teaching, and is co-author of *Composición: Proceso y síntesis*, a writing text for third-year college students.

Carl Kirschner is Associate Professor and the chair of the Department of Spanish and Portuguese at Rutgers University, where he teaches courses in linguistics, applied Spanish linguistics, and second language acquisition. Professor Kirschner received his Ph.D. in Spanish Linguistics from the University of Massachusetts. He has published a book on Spanish semantics and articles on Spanish linguistics, and edited a volume on Romance linguistics.